Carlos Andre Reis Pinheiro

Inteligência Analítica

Inteligência Analítica - Mineração de Dados e Descoberta de Conhecimento
Copyright© Editora Ciência Moderna Ltda., 2008
Todos os direitos para a língua portuguesa reservados pela EDITORA CIÊNCIA MODERNA LTDA.
De acordo com a Lei 9.610 de 19/2/1998, nenhuma parte deste livro poderá ser reproduzida, transmitida e gravada, por qualquer meio eletrônico, mecânico, por fotocópia e outros, sem a prévia autorização, por escrito, da Editora.

Editor: Paulo André P. Marques
Produção Editorial: Camila Cabete Machado
Copidesque: Rafael Azzi
Capa: Cristina Satchko Hodge
Diagramação: André Oliva
Assistente Editorial: Vivian Horta

Várias **Marcas Registradas** aparecem no decorrer deste livro. Mais do que simplesmente listar esses nomes e informar quem possui seus direitos de exploração, ou ainda imprimir os logotipos das mesmas, o editor declara estar utilizando tais nomes apenas para fins editoriais, em benefício exclusivo do dono da Marca Registrada, sem intenção de infringir as regras de sua utilização. Qualquer semelhança em nomes próprios e acontecimentos será mera coincidência.

FICHA CATALOGRÁFICA

Pinheiro, Carlos Andre Reis
Inteligência Analítica - Mineração de Dados e Descoberta de Conhecimento
Rio de Janeiro: Editora Ciência Moderna Ltda., 2008.
1.Inteligência artificial; 2.Banco de dados.
I — Título
ISBN: 978-85-7393-707-7   CDD 006
005.74

Editora Ciência Moderna Ltda.
R. Alice Figueiredo, 46 – Riachuelo
Rio de Janeiro, RJ – Brasil   CEP: 20.950-150
Tel: (21) 2201-6662/ Fax: (21) 2201-6896
E-mail: lcm@lcm.com.br
www.lcm.com.br   06/08

A Dani, Lucas e Maitê.

AGRADECIMENTOS

Todo trabalho, seja acadêmico ou profissional, requer a criação de uma equipe. O resultado desse trabalho é normalmente traduzido pela competência e união desse time, pela forma com que os seus membros se completam e colaboram entre si.

Na Brasil Telecom, tive a honra e a oportunidade de experimentar um time onde cada peça se complementava de forma harmônica, permitindo a realização de um trabalho de excelente qualidade.

A Gerência de Desenho de Aplicações, responsável pela prospecção de novas soluções sistêmicas para a empresa, tanto do ponto de vista de suporte à operação quanto de apoio ao negócio, foi talvez a melhor tradução de time, quando todos trabalham para um objetivo único e focam no desempenho da equipe em detrimento da performance individual.

O trabalho com essa equipe me fez crescer como profissional, me permitindo aprender com as capacidades e experiências de cada um. A convivência com os membros desse time me fez melhorar como pessoa, me permitindo entender melhor as minhas fraquezas e tendo a sapiência necessária para usar os meus pontos fortes.

Por todos estes motivos, gostaria de agradecer nominalmente a estes profissionais excelentes pela contribuição durante as atividades da Brasil Telecom e pelo aprendizado contínuo, dentro e fora do ambiente de trabalho. Aos amigos Ranério Fernandes da Silva, Alexandre Pedrosa Carneiro, Amauri de Oliveira Albuquerque, Simone Pereira dos Santos, Marcelo Lopes Porto, Macelo José Lazary da Fonseca, Onias de Castro Passos Junior, André Cordeiro e Ronaldo Cesar Costa Chaves, o meu muito obrigado. Contudo, três pessoas possuem contribuição direta na confecção desse livro, com ensinamentos e colaboração na elaboração de alguns textos. São elas, Sabrina Martins Xavier, Luciana Teixeira Marques, e Fábio Luz de Alcântara. A vocês, meu especial agradecimento.

SOBRE O AUTOR

Carlos André Reis Pinheiro é Pós-Doutor em Probabilística pelo Instituto de Matemática Pura e Aplicada (IMPA) com pesquisa na área de modelos baseados em algoritmos genéticos para otimização. É Doutor em Sistemas Computacionais pela Coordenação de Pós-Graduação em Engenharia da Universidade Federal do Rio de Janeiro (COPPE/UFRJ) com tese focada na combinação de modelos baseados em Mapas Auto-Ajustáveis de Kohonen (SOM) e Redes Neurais Artificiais (RNA) para prevenção de inadimplência. Recebeu o grau de Mestre em Ciências da Computação pela Universidade Federal Fluminense (UFF) com uma dissertação voltada para a construção de bibliotecas virtuais baseadas em ambientes de Web Warehousing. Possui ainda pós-graduações em Master in Object Technology e Análise de Sistemas, ambas pelo Instituto Brasileiro de Pesquisa em Informática (IBPI).

Formado em Ciência da Computação pela Faculdade Carioca e Matemática pela Universidade Federal Fluminense, Carlos André atua como professor de Pós-Graduação da Fundação Getúlio Vargas (FGV-DF), no MBA em Administração Estratégica de Sistemas de Informação, da Universidade Católica de Brasília (UCB), no MBA em Data Warehouse, e da UPIS, no MBA em Inteligência Competitiva. É autor dos livros Web Warehousing – Extração e Gerenciamento de Dados na Internet (Axcel Books, 2003), Aplicações de Banco de Dados em Delphi (IBPI Press, 2000) e Como Usar o Correio Eletrônico na Internet (IBPI Press, 1996).

O professor Carlos André possui diversos trabalhos publicados nas áreas de data warehouse, banco de dados não convencionais e data mining em importantes congressos e jornais internacionais, como o SIGKDD Explorations Special Issue on Successful Real-World Data Mining Applications e o IEEE Data Mining Case Studies, TeleStrategies 2007 (EUA), IBM Information On Demand 2007 (EUA), M2007 – Data Mining Conference (EUA), SAS Global Forum 2007 (EUA), M2006 – Mining Conference (USA), Fórum Internacional de Fraude (2005, Inglaterra), International Conference on Data Mining (ICDM'2005 – EUA), M2005 – Mining Conference (EUA), Data Mining 2004 (Espanha), Data Mining 2003 (Brasil), International Conference on Data Mining (ICDM'1998 – Brasil), V

Congresso de Inteligência Competitiva 2007 (RJ), IDG Best Practices 2007 (SP), 1º Workshop Internacional de Inteligência Competitiva 2006 (DF), GUSAS 2006 (SP), IV Congresso de Inteligência Competitiva 2006 (RJ), GUSAS 2005 (SP), Developers Meeting 2004 (SC), Fenasoft 2003 (SP), dentre outros. Foi articulista da revista Developers Magazine, tendo publicado diversos de artigos na área de Business Intelligence. Foi revisor do IJCNN'2007 – International Join Conference on Neural Networks, do IEEE Computational Intelligence Society/International Neural Network Society.

Foi gerente de Desenho de Aplicações da Brasil Telecom, responsável pela concepção de novos projetos corporativos e pelo roadmap de evolução tecnológica para sistemas de suporte à operação e ao negócio. Atualmente, é responsável pela prospecção de aplicações de Business Intelligence e Gestão Empresarial na Diretoria Adjunta de Tecnologia e Arquitetura. Foi Coordenador de Projetos de TI relacionados a Data Mining, Garantia da Receita, Antifraude, Avaliação de Crédito, e Data Quality. Anteriormente, foi coordenador técnico do Data Warehouse Corporativo da Brasil Telecom. Trabalhou ainda na Embratel como coordenador técnico do Database Marketing/ Data Warehouse, no Grupo Libra, com aplicações analíticas e sistemas especialistas de informação, e no IBPI Software, no desenvolvimento de ferramentas CASE para análise e projeto de sistemas.

SOBRE OS COLABORADORES

Sabrina Martins Xavier é pós-graduanda em Gestão Estratégica de Sistemas de Informação pela Fundação Getúlio Vargas, e graduada em Ciência da Computação pelo UniCEUB, ambas de Brasília. Trabalha na Brasil Telecom como consultora de tecnologia da informação, sendo especialista em sistemas de Business Intelligence.

Luciana Teixeira Marques é pós-graduada em Análise, Projeto e Gerência de Sistemas pela Universidade Estácio de Sá, e graduada em Tecnologia de Processamento de Dados pelas Faculdades Integradas Hélio Alonso, ambas do Rio de Janeiro. Trabalhou na Brasil Telecom como consultora de tecnologia da informação, sendo especialista em sistemas de suporte e apoio ao atendimento de clientes. Atualmente, trabalha na Oi como especialista em tecnologia de informação na área de aplicações para atendimento ao cliente.

Fábio Luz de Alcântara é pós-graduado em Internet, Orientação a Objetos e Sistemas Distribuídos pela Universidade de Brasília, e graduado em Sistemas de Informação pela Uneb, Brasília. Trabalhou na Brasil Telecom como consultor de tecnologia da informação como especialista em sistemas de gerenciamento do relacionamento com os clientes. Atualmente trabalha na Infor como arquiteto de CRM em projetos na Europa.

PREFÁCIO

Os temas de mineração de dados e descoberta de conhecimento vêm sendo discutidos na comunidade acadêmica e aplicados na indústria já há algum tempo. Não se trata de um assunto novo, tampouco, uma tecnologia de ponta. Contudo, a idéia central desse livro é estruturar os conceitos que antecedem a mineração de dados, bem como, caracterizar alguns mecanismos de utilização dos resultados alcançados por meio de um processo de descoberta de conhecimento.

Muito do que será discutido aqui está relacionado com a disciplina de inteligência competitiva, e será apresentada neste livro basicamente em cinco diferentes grandes módulos.

A primeira parte do livro é uma introdução sobre o ciclo relacionado com a transformação dos dados em inteligência. A primeira parte desse ciclo se refere à extração de dados transacionais, associados aos processos operacionais da empresa. A segunda parte é a transformação desses dados em informações, pertinentes ao processo decisório, o qual é suportado por ambientes de Business Intelligence. A terceira parte do ciclo diz respeito à transformação dessas informações em conhecimento, por meio da utilização de técnicas e ambientes de mineração de dados e reconhecimento de padrões. A última etapa do ciclo é a transformação desse conhecimento em inteligência, que é a criação de ações práticas de mercado fazendo uso do conhecimento gerado pela fase anterior. Nesse caso, inteligência é a aplicação do conhecimento sob luz de um determinado problema de negócio. Uma fase adicional que se pode incluir neste ciclo é o da experiência, que é a persistência de todas as informações consolidadas, o conhecimento gerado e a inteligência aplicada em um repositório central e corporativo de dados. Esse processo pode ser executado por meio de aplicações de gestão do conhecimento.

A segunda parte do livro apresenta um ambiente associado com a geração de dados, proveniente normalmente dos sistemas transacionais que suportam a operação das empresas. Estas aplicações estão normalmente relacionadas às atividades de coleta e processamento das transações de uma determinada empresa, seja qual for o ramo de atividade da mesma, de faturamento, da cobrança, e do relacionamento com os seus clientes. Independente do segmento de negócio da empresa, ela deve possuir ferramentas que suportem suas transações, que são as operações relacionadas à natureza de sua atuação, à cadeia de suprimentos e de receita, e ao relacionamento com os clientes. Estes aplicativos geram um volume de dados substancial que, se bem utilizado, pode auxiliar no processo decisório da corporação, seja no nível tático, seja no nível estratégico.

A terceira parte apresenta os mecanismos de transformação dos dados transacionais, associados com as operações das empresas, em informação relevante para o processo decisório. Normalmente, esse processo deve ser suportado por ambientes analíticos, como por meio da criação de um ambiente de data warehouse corporativo, por exemplo, capaz de coletar os dados operacionais e transformá-los em informações que auxiliem às tomadas de decisões dos executivos das empresas. A transformação de dados em informação relevante ao negócio está normalmente associada à disciplina de Business Intelligence, ou, simplesmente, BI.

A quarta parte do livro aborda os ambientes de construção de modelos analíticos, de reconhecimento de padrões e de previsão. Nesta fase da cadeia da informação, o objetivo é transformar a informação gerada pelos ambientes de Business Intelligence em conhecimento pertinente à tomada de decisão. A informação por si só já auxilia o processo decisório, mas a dependência de uma análise humana é extremamente grande, tornando o processo mais vulnerável à qualidade dos analistas de negócio do que propriamente à infra-estrutura tecnológica disponível na corporação. Contudo, o conhecimento levantado por meio da implementação de um processo analítico, baseado na criação de modelos de data mining, por exemplo, pode apontar oportunidades de negócio não vistas em análises manuais, ou humanas, ou mesmo, gerar um conhecimento sobre determinado assunto por meio da manipulação de grandes volumes de dados. É o conhecimento intrínseco por trás da informação.

A quinta parte trata de um processo complexo e de extrema dificuldade na maioria das empresas que é a utilização efetiva do conhecimento gerado. Dessa forma, não basta a simples utilização dos dados transacionais, os quais são fundamentais no controle das operações da empresa, ou mesmo das informações produzidas com base nos dados operacionais processados. A efetiva utilização do conhecimento gerado por meio das informações inseridas nos modelos analíticos é fundamental para que as corporações possam criar um diferencial competitivo de mercado, entendendo melhor suas cadeias de suprimento e receita e, principalmente, os seus clientes e o uso que estes fazem de seus produtos e serviços. Estabelecer um plano de ação com base no conhecimento gerado por meio da mineração de dados é fator crítico de sucesso para que a empresa faça real uso do capital intelectual existente na corporação,,podendo, por meio de ações ativas e reativas, se conhecer melhor e, assim, se preparar de forma mais adequada para o competitivo mercado em que atuam. Essas ações normalmente fazem parte da disciplina de inteligência competitiva. Em suma, inteligência é a forma pela qual as empresas utilizam todo o conhecimento gerado, seja por geração de informações analíticas, seja por mineração de dados.

A sexta e última parte do livro caracteriza o processo de gestão do conhecimento, uma maneira pela qual todo o conhecimento gerado pelos processos de mineração de dados pode ser utilizado de forma a criar na empresa o senso de experiência. Coletar informações, conhecimento e inteligência, persisti-los de forma estruturada e disseminá-los de maneira adequada é o mecanismo ideal para preservar o capital intelectual das corporações, mantendo todas as realizações das empresas em um repositório corporativo de informações.

Por fim, o anexo I apresenta um cenário do mercado de Business Intelligence, abordando o posicionamento das empresas fornecedoras de soluções analíticas, desde bancos de dados, passando por ferramentas de integração de dados, até soluções de gerenciamento e otimização de campanhas. O anexo II apresenta um tutorial sobre redes neurais artificiais com maior detalhamento sobre suas características, modos de construção, configuração, avaliação de desempenho e resultado.

Sumário

Parte I: Introdução	**1**
Capítulo 1. Introdução ao Ciclo de Inteligência Competitiva	**3**
1.1. Dados	4
1.2. Informação	5
1.3. Conhecimento	6
1.4. Inteligência	9
1.5. Experiência	13
Parte II: Dados	**15**
Capítulo 2. Sistemas Transacionais	**17**
2.1. Gerenciamento do Relacionamento com o Cliente	18
2.1.1 Visão e estratégia de CRM	20
2.1.2 O ciclo de negócio de CRM	22
2.1.2.1 Compreensão & diferenciação	23
2.1.2.2 Customização & Personalização	24
2.1.2.3 Interação & Entrega	25
2.1.2.4 Aquisição & Retenção	26
2.1.3 Funcionalidades de CRM	27
2.1.3.1 Apoio para atividades de marketing	28
2.1.3.2 Suporte e serviços ao cliente	28
2.1.3.3 Gerenciamento de ordem de serviço	29
2.1.3.4 Gerência do contato do cliente, retenção e aplicações da lealdade	30
2.1.3.5 Serviço de cliente e aplicações da definição do problema do cliente	30
2.1.3.6 Serviço de qualidade ao cliente e gerenciamento de aplicações por nível de serviço	31
2.1.3.7 Auto-atendimento	31
2.1.3.8 Gerenciamento de vendas	31
2.2. Programa de Gerenciamento do Relacionamento com os Clientes	32
2.3. Ferramentas de Suporte Tecnológico	33
2.4. Mapa de Aplicações	35
Parte III: Informação	**43**
Capítulo 3. Sistemas de Suporte à Decisão	**45**
3.1. Data Warehouse	45
3.1.1 Fundamentos de um Data Warehouse	45
3.1.2 OLTP - On Line Transaction Processing	47

3.1.2.1   Controle do processo   47
3.1.2.2   Grande volume de pequenas transações realizado diariamente   47
3.1.2.3   O foco é na transação   47
3.1.2.4   Um registro por transação   48
3.1.2.5   Consistência microscópica dos dados   48
3.1.2.6   Escopo temporal é momentâneo   48
3.1.2.7   Consultas pré-concebidas   48
3.1.2.8   Ambiente estático   49
3.1.3   OLAP - On Line Analitycal Processing   49
3.1.3.1   Não controla o processo   49
3.1.3.2   Pequeno volume de grandes transações realizado diariamente   49
3.1.3.3   Foco é no conjunto dos dados   50
3.1.3.4   Milhares de registros por transação   50
3.1.3.5   Não há consistência, apenas consulta   50
3.1.3.6   Escopo temporal é histórico   50
3.1.3.7   Consultas ad-hoc   51
3.1.3.8   Ambiente dinâmico   51
3.1.4   Data Warehousing   51
3.1.4.1   OLAP   52
3.1.5   Arquitetura de informações de um Data Warehouse   54
3.1.6   Modelagem multidimensional   58
3.1.6.1   Modelo dimensional versus modelo relacional   59
3.1.6.2   Componentes do modelo dimensional   59
3.1.6.3   Tipos de modelos   62
3.1.6.4   Tipos de dimensões   62
3.1.6.5   Arquitetura de negócios   63
3.1.7   Qualidade do Data Warehouse   65
3.1.7.1   Objetivos   67
3.1.7.2   Indicadores de sucesso   69
3.1.7.3   Qualidade dos dados   71

Capítulo 4. Arquitetura Tecnológica para Ambientes Analíticos   73
4.1.   Arquitetura de Informações   73

4.2.   Camada de Apresentação de Dados   75
4.3.   Camada de Repositório de Dados   78
4.4.   Camada de Integração de Dados   84
4.5.   Portal de Pesquisas de Informações De Bi   88
4.6.   Centro de Competência de Business Intelligence   90

Parte IV: Conhecimento — 95

Capítulo 5. Descoberta de Conhecimento — 97
5.1.   Mineração de Dados   97
5.2.   Tendências Tecnológicas para Ambientes de Mineração de Dados — 103
5.3.   Metodologia de Desenvolvimento de Modelos de Data Mining — 105
5.4.   Modelos de Classificação — 108
5.4.1   Características principais da modelagem preditiva — 108
5.4.2   Variável de freqüência e estimação de pesos — 109
5.4.3   Decisões — 109
5.4.4   Generalização — 112
5.5.   Modelos de Agrupamento — 114

Capítulo 6. Técnicas de Mineração de Dados — 119
6.1.   Analogia Com Sistemas de Diagnóstico — 120
6.2.   Incorporando o Data Mining nos Processos de Negócios — 126
6.3.   Árvores de Decisão — 127
6.3.1   O algoritmo de árvores de decisão — 129
6.3.2   Previsores de alta cardinalidade — 130
6.3.3   Conclusão — 132
6.4.   Redes Neurais — 133
6.4.1   Aplicações de redes neurais — 135
6.4.1.1   Agrupamento — 135
6.4.1.2   Extração — 136
6.4.2   O algoritmo de redes neurais — 136
6.4.2.1   Aprendizado — 137
6.4.2.2   Preparação dos dados — 138
6.4.2.3   Treinamento — 140
6.4.3   Explicação da rede neural — 141
6.4.4   Conclusão   141
6.5.   Algoritmos Genéticos — 143
6.5.1   Principais conceitos — 144
6.5.2   Operações básicas — 145
6.5.2.1   Inicialização — 146
6.5.2.2   Cálculo da aptidão — 146
6.5.2.3   Seleção — 146
6.5.2.4   Cruzamento — 146
6.5.2.5   Mutação — 147
6.5.2.6   Escolha dos parâmetros do Algoritmo Genético — 147
6.5.3   Aplicações — 147
6.5.4   Conclusões sobre Algoritmos Genéticos — 148

Capítulo 7. Preparação dos dados — 149
7.1. Geração das Amostras de Dados — 149
7.2. Transformação das Variáveis para a Modelagem Analítica — 154
7.3. Refinamento da Base de Amostra — 156
7.4. Criação da Base de Amostra — 157

Capítulo 8. Construção de Modelos de Agrupamento — 165
8.1. Mapas Auto-Ajustáveis De Kohonen — 165

Capítulo 9. Análise de Modelos de Agrupamento — 179

Capítulo 10. Construção de Modelos de Predição — 195

Capítulo 11. Utilização Conjunta de Modelos De Agrupamento E Predição — 213
11.1. Modelo de Segmentação Comportamental — 215
11.2. Modelos de Classificação com Base em Amostras Estratificadas — 220

Capítulo 12. Análise dos Modelos de Predição — 227

Parte V: Inteligência — 235

Capítulo 13. Aplicações do Conhecimento — 237
13.1. Ciclo de Vida da Receita — 238
13.1.1 Ganhos financeiros por meio dos modelos de inadimplência — 240
13.1.2 Ganhos financeiros por meio dos modelos de cobrança — 250
13.1.3 Ganhos financeiros por meio dos modelos de fraude — 252
13.2. Ciclo de Vida do Cliente — 257
13.2.1 Marketing Direcionado — 257
13.2.2 Segmentação comportamental — 262
13.3. Otimização de Gestão de Campanhas — 267
13.3.1 Otimização de campanhas — 270
13.4. MONITORAMENTO DE DESEMPENHO — 270
13.4.1 Monitoramento de Desempenho de produtos — 271
13.4.2 Monitoramento de Desempenho de Interações de Clientes — 272
13.5. Alinhamento da Descoberta de Conhecimento com os Objetivos de Negócio — 272
13.5.1 Expansão dos modelos de Data Mining — 273
13.5.2 Gerenciamento e otimização de modelos de data mining — 275
13.6. Processo Produtivo — 277
13.6.1 Líder de projeto — 282
13.6.2 Analista de negócios — 282
13.6.3 Analista de mining — 282

13.6.4	Analista de ETL	282
13.6.5	Processo produtivo de mineração de dados	283
13.6.6	Fluxo contínuo de mineração de dados e descoberta de conhecimento	285 285

Parte VI: Experiência **287**

Capítulo 14. Persistência do Conhecimento **289**
14.1.	Gestão do Conhecimento	289
14.1.1	Introdução à Gestão do Conhecimento	290
14.1.2	Fundamentos da Gestão do Conhecimento	291
14.1.3	Princípios da Gestão do Conhecimento	292
14.1.4	Sistemas de Gestão do Conhecimento	293
14.1.5	Aplicações da Gestão do Conhecimento - Knowledge Warehouse	294
14.1.6	Modelos de Text Mining	300
14.2.	WEB FARMING	302
14.2.1	Colhendo as informações	304
14.2.2	Refinando as informações	306
14.2.2.1	Descoberta da informação	306
14.2.2.2	Aquisição da informação	306
14.2.2.3	Estruturação da informação	307
14.2.2.4	Disseminação da informação	307
14.2.3	Estágios do Web Farming	308
14.2.3.1	Objetivos de negócio	308
14.2.3.2	Homologação e infra-estrutura	309
14.2.3.3	Exploração do Web Farming	309
14.2.3.4	Armazenamento da informação	309
14.3.	WEB MINING	310
14.3.1	Mineração da estrutura da Web	311
14.3.2	Introdução – Web Bags	312
14.3.3	Mineração do Conteúdo da Web	313
14.3.4	Mineração do uso da Web	316

ANEXO I: Posicionamento de Tecnologias e Fornecedores de Business Intelligence **319**

Capítulo 15. Ambiente de Inteligência de Negócios **321**
15.1.	Ambiente Tecnológico	321
15.1.1	Hype Cycle	322
15.1.2	Magic Quadrant	325
15.2.	Tecnologias Emergentes	326
15.2.1	Entity Resolution and Analysis	327
15.2.2	Customer Relationship Performance Management	327

15.2.3	Integrated Business Planning	328
15.2.4	Produtct Performance Management	328
15.2.5	Closed-Loop Performance Management	329
15.2.6	Open-Source Business Intelligence Tools	330
15.2.7	SaaS - Business Intelligence	330
15.2.8	SOA-Based Analytic Applications	330
15.2.9	In-Memory Analytics	331
15.2.10	Master Data Management	331
15.2.11	Real-time Best Next Action	332
15.2.12	Search Capabilities for Business Intelligence	332
15.2.13	Business Activity Monitoring	333
15.2.14	Profitability Modeling and Optimization	333
13.2.15	Interactive Visualization	333
15.2.16	CPM Suites	334
15.2.17	Business Application Data Warehouses	334
15.2.18	Excel as a Business Intelligence/CPM Front End	335
15.2.19	Real-time Data Integration	335
15.2.20	Dashboards/Scorecards	336
15.2.21	Web Analytics	336
15.2.22	Data Mining Workbenches	336
15.2.23	Data Quality Tools	337
15.2.24	Planing, Budgeting and Forecasting	337
15.2.25	Business Intelligence Platforms	337
15.3.	Posicionamento de Fornecedores	338
15.3.1	Ferramentas de Business Intelligence	338
15.3.1.1	Business Objects	338
15.3.1.2	Cognos	339
15.3.1.3	Hyperion Solutions	339
15.3.1.4	Oracle	340
15.3.1.5	SAS	340
15.3.2	Ferramentas de CPM	340
15.3.2.1	Hyperion Solutions	341
15.3.2.2	Cognos	341
15.3.3	Ferramentas de Integração de Dados	341
15.3.3.1	IBM	341
15.3.3.2	Informatica	342
1.3.3.3	SAS Institute	342
15.3.4	Ferramentas de Data Mining	343
15.3.4.1	SAS	343
15.3.4.2	SPSS	343
15.3.5	Ferramentas de Data Quality	343
15.3.5.1	DataFlux	344
15.3.5.2	IBM	344
15.3.5.3	Business Objects	344

15.3.5.4	Informatica	345
15.3.6	Ferramentas de Gerenciador de Campanhas	345
15.3.6.1	SAS	345
15.3.6.2	Unica	346
15.3.7	Bancos de dados (DBMS – DataBase Management Systems)	346
15.3.7.1	IBM DB2	346
15.3.7.2	Teradata	347
15.3.7.3	Oracle	348
15.3.8	Servidores de Banco de Dados	348
15.3.8.1	Teradata	349
15.3.8.2	IBM System p5	349
15.3.8.3	HP Integrity	350
ANEXO II: Tutorial Sobre Redes Neurais Artificiais		**351**

Capítulo 16. Redes Neurais Artificiais — 353

16.1.	Introdução as Redes Neurais Artificiais	353
16.2.	Redes Neurais Artificiais Multi-Camadas	358
16.2.1	Histórico das redes neurais artificiais	358
16.2.2	O Perceptron	360
16.2.3	O Perceptron múltiplas camadas	363
16.2.4	Backpropagation	365
16.2.5	Topologia da rede	368
16.2.5.1	Número de camadas	369
16.2.5.2	Número de nós de entrada e saída	370
16.2.5.3	Número de nós da camada escondida	375
16.2.5.4	Função de transferência	376
16.3.	Treinamento da Rede	377
16.3.1	Algoritmos de aprendizado	377
16.3.2	Decisão de parada do treinamento	380
16.4.	Interpretação dos Modelos	381
16.4.1	Medidas da habilidade de predição	382
16.4.2	Objetos afastados do modelo	383
16.5.	Pontos Fortes e Fracos das Redes Neurais	385
16.6.	Mapas Auto-Ajustáveis	386
16.6.1	Vetores de Quantização	387
16.6.2	Mapas auto-ajustáveis de Kohonen	388
	Referências	**391**
	Bibliográficas	**391**

Lista de Figuras

Ilustração 1: Evolução dos dados até a experiência. — 5
Ilustração 2: Camadas de um ambiente de Data Warehouse. — 6
Ilustração 3: Evolução das necessidades de informação ao longo do tempo. — 7
Ilustração 4: Capacidades relacionadas com um ambiente de Business Intelligence. — 9
Ilustração 5: Ciclo de vida dos clientes. — 10
Ilustração 6: Aquisição dos melhores clientes. — 11
Ilustração 7: Composição de carteira e aumento da receita. — 12
Ilustração 8: Retenção dos clientes mais rentáveis. — 13
Ilustração 9: Otimização do Life Time Value dos clientes. — 21
Ilustração 10: Diferentes ações de relacionamento com os clientes. — 22
Ilustração 11: Mapa de aplicações segundo o TMForum. — 36
Ilustração 12: Aplicações de gestão de marketing e vendas. — 37
Ilustração 15: Aplicações de gestão de clientes. — 41
Ilustração 16: Arquitetura de informações de um Data Warehouse. — 57
Ilustração 17: Arquitetura tecnológica para um ambiente de Business Intelligence. — 75
Ilustração 18: Relatórios operacionais, analíticos e consultas ad-hoc. — 77
Ilustração 19: Informações analíticas, estocásticas e de projeção. — 77
Ilustração 20: Características da camada de apresentação. — 78
Ilustração 21: Quesitos de desempenho de banco de dados. — 82
Ilustração 22: Comparativo de fornecedores de bancos de dados. — 82
Ilustração 24: Latência de integração de dados de acordo com necessidades de negócio. — 85
Ilustração 25: Características de um ambiente de integração de dados corporativo. — 88
Ilustração 26: Centro de Competência de Business Intelligence. — 92
Ilustração 27: Etapas do processo de mineração dos dados. — 99
Ilustração 29: Diagrama de diagnóstico de falhas. — 120
Ilustração 30: Diagrama simplificado para ambientes de diagnóstico de falhas. — 121
Ilustração 31: Etapas do processo de diagnóstico de falhas. — 122
Ilustração 33: Conjunto de classes para as soluções de um problema de classificação. — 125
Ilustração 34: Diagrama de falhas para modelos baseados em classificação. — 126
Ilustração 35: Grafo representativo de uma árvore de decisão. — 127
Ilustração 36: Topologia de uma rede neural artificial. — 137
Ilustração 37: Modelo multidimensional do Data Warehouse. — 151
Ilustração 38: Tabela fato com informações de tráfego local. — 152
Ilustração 40: Código SAS para separação da amostras de dados. — 158
Ilustração 41: Tela de configuração das variáveis de entrada. — 159
Ilustração 42: Definição da amostragem. — 160
Ilustração 43: Partição da amostra de entrada de dados. — 161
Ilustração 44: Tela de configuração das transformações das variáveis. — 162
Ilustração 45: Configuração da base de entrada de dados. — 167
Ilustração 46: Análise da distribuição das variáveis. — 168
Ilustração 47: Definição da amostra de dados para a construção dos modelos. — 169
Ilustração 48: Processo de transformação dos dados originais. — 171
Ilustração 49: Modelo de Clustering. — 172
Ilustração 50: Método de clusterização. — 174
Ilustração 51: Método de treinamento dos mapas auto-ajustáveis de Kohonen. — 174
Ilustração 52: Critério de seleção das sementes para o treinamento do modelo. — 175

Sumário | XXIII

Ilustração 53: Aplicação do modelo de segmentação sob toda a população. 176
Ilustração 54: Diagrama completo do modelo de segmentação dos clientes inadimplentes. 177
Ilustração 55: Escolha das variáveis utilizadas no modelo. 181
Ilustração 56: Nó de análise dos resultados do modelo de segmentação. 181
Ilustração 57: Proximidade dos clusters identificados. 182
Ilustração 58: Inadimplência média do grupo 1. 183
Ilustração 59: Dias de atraso médio do grupo 1. 183
Ilustração 60: Indicadores de crescimento para o grupo 1. 184
Ilustração 61: Comportamento do faturamento no grupo 1. 184
Ilustração 62: Tendência de crescimento do faturamento no grupo 1. 185
Ilustração 63: Distribuição populacional dos grupos inadimplentes. 189
Ilustração 64: Distribuição populacional por faturamento e inadimplência. 190
Ilustração 65: Relação entre o valor médio de inadimplência e o período médio de atraso. 190
Ilustração 66: Período de atraso dentro dos grupos de inadimplência. 191
Ilustração 67: Categorização dos grupos identificados. 192
Ilustração 68: Categorização dos grupos de clientes inadimplentes. 193
Ilustração 69: Definição da distribuição do particionamento. 197
Ilustração 70: Diagrama do modelo de predição da inadimplência. 198
Ilustração 71: Critério de seleção da rede neural. 199
Ilustração 72: Arquitetura da rede e técnica de treinamento. 200
Ilustração 73: Convergência da rede neural. 200
Ilustração 74: Matriz de confusão para o modelo de classificação. 201
Ilustração 75: Curva de respondentes para o modelo de classificação com rede neural. 202
Ilustração 76: Arquitetura da rede neural alterada. 204
Ilustração 77: Otimização da rede neural alterada. 205
Ilustração 78: Convergência da rede neural alterada. 205
Ilustração 79: Matriz de confusão para a rede neural alterada. 206
Ilustração 80: Curva de respondentes para o modelo de classificação com rede neural modificada. 207
Ilustração 81: Distribuição de clientes bons e ruins. 209
Ilustração 82: Distribuição das probabilidades posteriores. 209
Ilustração 83: Distribuição das probabilidades posteriores por faixas de valores. 210
Ilustração 84: Importância das variáveis no modelo de classificação. 211
Ilustração 85: Configuração da matriz de agrupamento. 215
Ilustração 86: Distribuição dos segmentos comportamentais de clientes. 216
Ilustração 87: Quantidade de clientes em cada conjunto de dados de entrada. 219
Ilustração 88: Distribuição populacional da segmentação de valor dos clientes. 219
Ilustração 89: Taxas de acerto e erro dos modelos de classificação. 224
Ilustração 90: Conjunção dos dez diferentes modelos de classificação. 224
Ilustração 91: Distribuição das classes B e R segundo os grupos identificados. 225
Ilustração 92: Resultados dos modelos de classificação distintos. 227
Ilustração 93: Comparação entre os modelos único e composto. 228
Ilustração 94: Matriz de confusão para um modelo de classificação. 229
Ilustração 95: Sensibilidade de um modelo de classificação. 229
Ilustração 96: Especificidade de um modelo de classificação. 230
Ilustração 97: Curva ROC para um modelo de classificação. 230
Ilustração 98: Curva ROC para as duas metodologias de construção de modelos de classificação. 231
Ilustração 99: Gráfico de lucro para os modelos de predição. 232

Ilustração 100: Custos operacionais com as ações de cobrança. 241
Ilustração 101: Recuperação de receita com a não emissão das cartas
de cobrança para determinado grupo da segmentação comportamental. 242
Ilustração 103: Distribuição populacional do modelo
de predição segundo as classes BOM e RUIM. 245
Ilustração 104: Distribuição dos grupos comportamentais segundo as classes bom e ruim. 246
Ilustração 105: Médias de faturamento para as faixas de score. 246
Ilustração 106: Distribuição populacional para as faixas de score. 246
Ilustração 107: Cálculos de recuperação de receita pela não emissão
de contas para determinado grupo comportamental. 248
Ilustração 108: Recuperação de receita com base nos modelos de
predição segundo os grupos comportamentais identificados. 249
Ilustração 109: Antecipação de receita por meio de modelos de predição de cobrança. 251
Ilustração 110: Fluxo de eventos de fraude. 253
Ilustração 111: Fraude de subscrição. 254
Ilustração 112: Árvores de decisão para identificação de eventos de fraude. 255
Ilustração 113: Fraude de uso. 256
Ilustração 114: Ciclo de vida do cliente. 258
Ilustração 115: Reduzindo os custos de aquisição de clientes. 259
Ilustração 116: Ciclo de vida do cliente com ações de cross-sell e up-sell. 260
Ilustração 117: Ciclo de vida do cliente na fase de retenção. 261
Ilustração 118: Clustering para a segmentação comportamental. 263
Ilustração 119: Diferenciação dos grupos característicos. 264
Ilustração 120: Explicação das características dos grupos comportamentais. 265
Ilustração 121: Explanação das alterações de cenários nos grupos comportamentais. 267
Ilustração 122: Estágios do processo de gerenciamento de campanhas de marketing. 269
Ilustração 123: Ciclo de etapas de construção de inteligência competitiva. 273
Ilustração 124 - Framework de Data Mining 276
Ilustração 125 - SAS Model Manager. 277
Ilustração 126: Processo produtivo do projeto Data Mining. 279
Ilustração 127: Núcleo corporativo de Data Mining. 280
Ilustração 128: Arquitetura de informações e o fluxo do conhecimento. 297
Ilustração 129: Relacionamento entre pessoas, lugares e coisas. 298
Ilustração 130: Ambiente de busca de um projeto de gestão do conhecimento. 300
Ilustração 131: Interface do SAS Text Miner. 301
Ilustração 132: Estrutura de informações do Web Farming. 307
Colaboração de Sabrina Martins Xavier 319
Ilustração 133: Categoria da empresa segundo adoção tecnológica. 323
Ilustração 134: Quadrante Mágico do Gartner Group. 326
Ilustração 135: Neurônio biológico. 355
Ilustração 136: Neurônio artificial. 355
Ilustração 137: Representação das camadas de entrada, escondida e de saída. 356
Ilustração 138: Função linear utilizada como função de ativação. 360
Ilustração 139: Entrada de dados representando o problema do XOR. 362
Ilustração 140: Representação gráfica do problema do XOR. 363
Ilustração 141: Estrutura de rede neural artificial em múltiplas camadas. 364
Ilustração 142: Representação gráfica dos dados do problema do XOR. 365
Ilustração 143: Rede neural artificial em três camadas. 366
Ilustração 144: Arquitetura de rede neural com topologia 3:3:1. 369

PARTE I:
INTRODUÇÃO

CAPÍTULO 1.
INTRODUÇÃO AO CICLO DE INTELIGÊNCIA COMPETITIVA

Com o aumento da capacidade de armazenamento de dados por parte das empresas e com a crescente automação dos processos por meio de mecanismos sistêmicos, o volume de informações disponíveis está cada vez maior. Contudo, os dados operacionais provenientes dos processos transacionais das empresas contribuem pouco para a tomada de decisão, sendo importantes para a gestão operacional das atividades relacionadas ao objetivo de negócio de cada corporação. Se por um lado, esse grande volume de dados permite a possibilidade de se criar um ambiente analítico, por outro, a abundância de informação pode tornar o processo decisório mais confuso e volátil, sempre dependente de tecnologia e infra-estrutura.

Para que os dados gerados pelos processos operacionais possam ser utilizados de forma estratégica pelas corporações, se tornando subsídio para o processo decisório, é fundamental que exista uma transformação natural em seu conteúdo e forma. Esses dados operacionais devem ser transformados em informação, se tornando persistentes em um ambiente adequado de coleta, armazenamento e publicação. Essas informações permitem que uma empresa possa reconhecer suas necessidades e fraquezas, assim como, seus pontos fortes, tornando as ações estratégicas mais substanciais e eficientes. Adicionalmente, as informações analíticas permitem a criação de um processo de inferência e reconhecimento de regras e padrões, envolvendo modelos de agrupamento e preditivos, os quais propiciam a geração de conhecimento sobre oportunidades e ameaças relacionados ao negócio da empresa. Por fim, esse conhecimento deve ser transformado em ações factíveis e exeqüíveis, fazendo com que o fluxo de conteúdo, desde os dados operacionais, passando pelas informações analíticas e pelo conhecimento inferido, se torne inteligência na prática. Isto significa dizer que o conhecimento não aplicado não gera inteligência e, por conseqüência, não traz benefícios tangíveis para as corporações.

O fluxo associado à geração de inteligência a partir dos dados operacionais de uma empresa está representado na figura a seguir.

Os dados transacionais, que fornecem subsídio para o controle operacional da empresa, são coletados e transformados em informações pertinentes ao negócio. Este conjunto de informações deve ser trabalhado de forma a gerar indicadores de desempenho empresarial que permitam uma tomada de decisão mais assertiva e no tempo adequado. Contudo, esses indicadores necessitam de uma análise prévia, normalmente realizada por uma analista de negócios. O conjunto de indicadores analíticos permite uma visão ampla sobre determinado cenário, mas não fornece conhecimento necessário para uma tomada de decisão diferenciada. Dessa forma, é necessária a transformação dessas informações em conhecimento, por meio de um processo de modelagem analítica, no qual padrões e comportamentos são reconhecidos e identificados de forma automática, bem como, previsões podem ser realizadas de maneira consistente. Essas iniciativas são todas baseadas em modelos de mineração de dados, ou data mining. Esses modelos dão origem a indicadores que identificam grupos com características semelhantes, indicam as probabilidades de ocorrência de determinados eventos, otimizam determinado cenário de negócio, dentre outras possibilidades. Esse conhecimento, porém, deve ser aplicado para que algum resultado prático e efetivo seja alcançado, e é por isso que a construção de um plano de ação com base nos indicadores, ou seja, no conhecimento, é a síntese para a criação de um processo de inteligência na empresa. Por fim, tem-se a persistência de todo o conhecimento e inteligência gerados na corporação, permitindo não apenas a disseminação de capital intelectual pela empresa, mas também a reutilização e aprimoramento dos mesmos em um ambiente competitivo, o qual demanda velocidade precisão nas ações de negócio.

1.1. DADOS

A camada de dados é caracterizada pela existência e operação dos sistemas transacionais, os quais possuem a responsabilidade de viabilizar as operações das empresas. Eles capturam, processam e armazenam os dados necessários para operação da corporação de um modo geral, controlando as atividades fins de cada corporação. Estes dados transacionais estão associados ao relacionamento com os clientes, aos processos de vendas e atendimento, às transações de operação propriamente ditas, à geração e emissão de faturas, à coleta, processamento e armazenamento da arrecadação e das cobranças, ao controle de estoque, à logística e aos demais sistemas associados ao ciclo de vida operacional da corporação.

Apesar de estes dados serem fundamentais para o controle operacional da empresa, eles possuem pouca ou nenhuma relevância do ponto de vista gerencial ou estratégico. A visualização destes dados revela muito pouco sobre uma perspectiva analítica de determinado fato, cenário, ou situação, seja ela de oportunidade ou de ameaça de mercado.

1.2. INFORMAÇÃO

Este conjunto de dados operacionais pode ser coletado a partir dos diferentes sistemas transacionais existentes para um repositório único, o qual é capaz de consolidar e sincronizar as informações sob a ótica do cliente, de receita, ou de um processo de negócio específico. Este conjunto de informações concentrado em um único repositório permite uma visão não apenas corporativa dos dados associados à operação da empresa, mas também fornece uma visão analítica dos cenários de mercado. Estes dados são armazenados em ambientes conhecidos como data warehouse.

Ilustração 1: Evolução dos dados até a experiência.

O processo referente à extração das informações transacionais, incluindo a transformação dos dados sistêmicos em informações de negócios e a carga destes dados de origem para o repositório central, é denominado de ETL – Extraction, Transformation and Load (Extração, Transformação e Carga). Após a consolidação dos dados transacionais no repositório do data warehouse, é possível se criar visões mais agregadas das informações, separadas e formatadas segundo determinados contextos de negócios. Estes contextos de negócios, quando persistidos sem bases de dados, recebem o nome de data marts e, mais do que departamentais, eles devem estar focados em atividades de negócios específicas, segmentadas por atuação de mercado. Além dos contextos de negócios descritos anteriormente, armazenados nos data marts, é possível consolidar e focar ainda mais as informações analíticas, agregando-as segundo perspectivas de consultas ainda mais específicas. Estas visões podem ser armazenadas em bancos de dados multidimensionais e recebem o nome de cubos de informação.

As três camadas descritas anteriormente envolvendo a extração, a transformação e a carga dos dados provenientes dos sistemas legados, o armazenamento das informações em um repositório corporativo e as interfaces de apresentação das visões analíticas podem ser resumidas na figura a seguir.

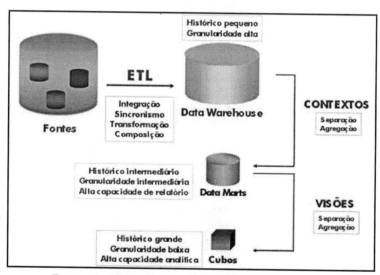

Ilustração 2: Camadas de um ambiente de Data Warehouse.

Um ambiente de data warehouse permite que os dados transacionais relacionados aos processos operacionais das empresas possam ser utilizados de forma analítica, auxiliando fortemente os processos decisórios.

1.3. CONHECIMENTO

As informações disponibilizadas por um ambiente de data warehouse, apesar de serem fundamentais para o processo decisório, não são suficientes para se gerar um diferencial competitivo. As informações analíticas disseminadas pelos data marts contextualizados por segmentos de negócio, ou mesmo as visões multidimensionais específicas por atividades, propiciam a geração de maior senso crítico sobre as questões de negócio, aumentando a compreensão sobre as limitações e as possibilidades de expansão das ações de mercado.

Contudo, essas informações estão associadas a um processo de monitoração das atividades de negócio, no qual as possibilidades de inferência são mínimas. A possibilidade de, não apenas aumentar o senso do negócio, mas também de promover maior discernimento sobre o mesmo, permitindo maior dirigibilidade às atividades de mercado, só é possível por meio de modelagem específica. Estes modelos podem ser divididos em dois grandes grupos, os supervisionados e os não supervisionados. Os modelos não supervisionados são construídos sem uma premissa, sem uma condição de contorno pré-estabelecida. Tais modelos estão geralmente associados com análises de cluster e com agrupamentos por similaridade, fundamentais para a definição de segmentações comportamentais. Os modelos supervisionados são baseados em uma premissa, ou seja, são treinados segundo uma variável alvo previamente conhecida. Tais modelos estão usualmente correlacionados aos modelos de previsão, como probabilidades de ocorrência de determinados eventos.

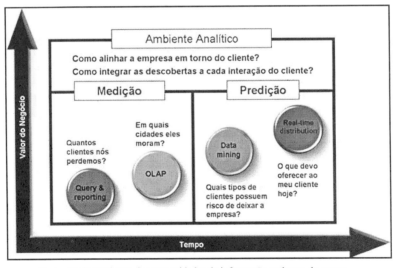

Ilustração 3: Evolução das necessidades de informação ao longo do tempo.

Os modelos estatísticos e de data mining, os quais utilizam técnicas de inteligência artificial, são a ponte para, a partir de informações provenientes de um ambiente de data warehouse ou mesmo de dados operacionais, a geração de conhecimento de negócios para a empresa. Os modelos de predição e agrupamento permitem a identificação de oportunidades de negócio e o reconhecimento de ameaças de mercado, fazendo com que as empresas conheçam melhor seus pontos fortes e fracos, se aproximando dos clientes e propiciando uma melhora substancial não apenas no relacionamento com seus consumidores, mas também na execução dos seus processos operacionais, táticos e estratégicos.

Juntos, os ambientes de data warehouse e data mining podem proporcionar um conjunto de capacidades relacionadas à condução dos negócios de uma empresa. A característica de consolidação de dados provenientes de diferentes sistemas legados, responsáveis pela transação de diferentes processos operacionais, permite a criação de uma capacidade extremamente importante para o processo decisório, que é a capacidade analítica de consultas das informações relevantes para o direcionamento do negócio.

A principal característica de um ambiente de data warehouse é o armazenamento histórico das informações transacionais, permitindo análises multi variadas em uma linha de tempo. Essa característica está associada a uma capacidade de armazenamento e análise histórica das informações.

A existência de dados analíticos e com referência histórica permite a possibilidade de descoberta de novas informações de negócios, como tendências e cenários de mercado.

Dados analíticos, congregando informações de diferentes contextos de negócio com características históricas, permitem não apenas a descoberta de novas informações de mercado, como também a possibilidade de correlação de eventos internos e externos com fatos armazenados nas bases da corporação.

Por fim, ao se inferir conhecimento correlacionado com informações de mercado, é possível a realização de predições sob condições específicas de negócio, aumentando a possibilidade de eficiência e eficácia no processo operacional e nas atividades associadas à tomada de decisão.

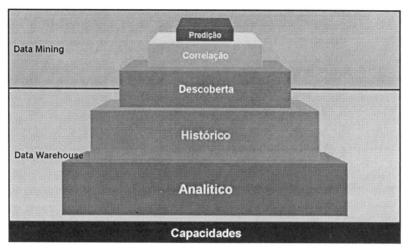

Ilustração 4: Capacidades relacionadas com um ambiente de Business Intelligence.

A figura anterior apresenta as cinco capacidades fundamentais proporcionadas por um ambiente de Business Intelligence. Essas capacidades podem ser utilizadas na geração de informação e conhecimento, que, por sua vez, serão a base para a criação de um plano de ações operacionais, as quais podem se transformar em inteligência competitiva quando aplicadas de forma adequada aos processos de negócios das empresas.

1.4. INTELIGÊNCIA

Os tópicos anteriores descreveram o processo de transformação dos dados operacionais provenientes dos sistemas que controlam as transações da empresa em informações que ficam armazenadas em um repositório corporativo, denominado data warehouse. Esse banco de dados centralizado não apenas consolida as informações de diferentes operações da companhia, como também, e principalmente, transcreve as variáveis sistêmicas em informações de negócio, inteligíveis pelos tomadores de decisão.

Adicionalmente, foi descrito o processo de transformação das informações em conhecimento, no qual a modelagem estatística e os modelos baseados em técnicas de data mining são empregados. Esse conhecimento, normalmente gerado na forma de indicadores e escores ou em termos de probabilidades de acontecimento de eventos, se configura em apenas mais um tipo de informação para a empresa. Para que este conhecimento possa se tornar útil para a corporação, é necessário que se defina um plano de ações para a utilização desses indicadores e probabilidades, mas sempre sob a perspectiva de negócios.

A inteligência, dessa forma, se constitui no emprego do conhecimento por meio de aplicações práticas e mercadológicas que podem gerar um diferencial competitivo para a empresa.

Considere, por exemplo, o ciclo de vida dos clientes, apresentado na figura a seguir. Neste ciclo, existe um período associado ao custo de aquisição dos clientes, uma fase de geração de receita por meio da utilização dos produtos e serviços da empresa e, por fim, uma fase de abandono, seja ele voluntário ou involuntário. Com base nas diferentes fases do ciclo de vida do cliente, pode-se utilizar o conhecimento gerado por modelos de data mining para se estabelecer ações de marketing e vendas de forma a otimizar a curva associada ao cliente.

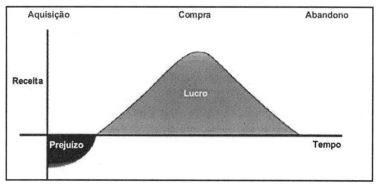

Ilustração 5: Ciclo de vida dos clientes.

A abordagem descrita anteriormente está relacionada ao marketing direto, ou marketing de relacionamento. Os objetivos principais nessas iniciativas estão baseados na aquisição dos melhores clientes, no aumento da composição da carteira de produtos e serviços, por meio de processos de cross-sell e up-sell, e na retenção dos clientes mais rentáveis, por meio de células anti-attrition e identificação de propensão ao churn.

No processo de aquisição de clientes, o objetivo primordial é ofertar os produtos e serviços da empresa para os melhores clientes ou para aqueles que possuem maior probabilidade de comprá-los. Para tanto, pode-se construir modelos que identificam as características dos melhores clientes que a empresa possui no momento e cruzar estas informações com o público alvo estabelecido para determinada campanha de marketing ou vendas. Outra iniciativa é utilizar as campanhas de maior efetividade de acordo com o público alvo associado e o pacote de produtos e serviços ofertados. Por fim, podem-se identificar os produtos que são mais adequados aos clientes da empresa, oferecendo-os de forma equilibrada e com base nas propensões de aquisição dos mesmos.

Existem diversas outras ações que podem ser executadas para otimizar o processo de aquisição de clientes, ou reduzindo os custos ou aumentando a taxa de conversão das campanhas, ou mesmo, identificando os clientes mais rentáveis a serem contatados.

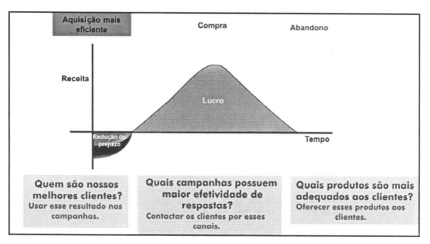

Ilustração 6: Aquisição dos melhores clientes.

Durante o ciclo de vida dos clientes, após o início do uso dos produtos e serviços da empresa, a fase que se segue é a de aumento do lucro. Este aumento pode ser alcançado por meio de processos de cross-selling e up-selling, nos quais se oferta upgrades aos pacotes de produtos e serviços correntes ou o cruzamento de produtos e serviços adicionais aos utilizados pelos clientes.

Existem, da mesma forma que no processo de aquisição, diversas formas de atingir esse objetivo. Pode-se, por meio de modelos de segmentação comportamental e análise de correlação, identificar os produtos que são complementares aos que os clientes já possuem para, assim, ofertar estes produtos complementares. De maneira análoga e utilizando-se o mesmo conjunto de modelos, pode-se identificar os produtos semelhantes que determinado grupo de clientes já possui e, a partir dessa identificação, oferecer estes mesmos produtos para clientes com comportamento equivalente.

Outra ação possível é o upgrade de classificação, ou segmentação, dos clientes. Esse tipo de ação é vista como um prêmio para os clientes: eles recebem uma valorização por parte da empresa com relação ao seu relacionamento com a mesma. Este tipo de procedimento aumenta a retenção e a fidelidade dos clientes, fazendo com que os mesmos consumam mais produtos e serviços da companhia. O upgrade de categorização funciona muito bem em programas de fidelidade, como os de hotéis e companhias aéreas. Este upgrade de categoria pode fazer com que os clientes que migram para os níveis superiores passem ou a utilizar mais os produtos e serviços ou a utilizá-los com mais fidelidade.

Usualmente, as fronteiras ou limites entre as categorias são abruptas, ou seja, baseadas em valores fixos e previamente estabelecidos. Como exemplo, pode-se citar a segmentação de mercado, onde os valores de fatura determinam as diferentes categorias, como até 100 reais, entre 100 e 500 e acima de 500 reais. O tratamento diferenciado para clientes pertencentes a categorias distintas com por pequenas diferenças nos valores de classificação pode se tornar um problema. Suponha, por exemplo, um cliente que gere uma fatura de 499 reais e outro que gere uma de 500 reais. Por uma diferença ínfima, de apenas 1 real, eles poderão ter atendimentos totalmente diferenciados de acordo com a política de relacionamento da companhia, como descontos, células de atendimento no Call Center ou possibilidades específicas de agrupamento de produtos e serviços da empresa.

Uma alternativa para se evitar esse problema é a utilização de técnicas de agrupamento que não sejam baseadas em valores limítrofes, como por exemplo, a lógica fuzzy. Nesta abordagem, os valores de separação dos grupos, ou de classificação, são "nebulosos", sendo implementando um conceito mais subjetivo com relação às diferentes categorias definidas. Valores exatos para determinadas variáveis são transformados em conceitos abstratos e agrupados de forma nebulosa para se atingir uma classificação final.

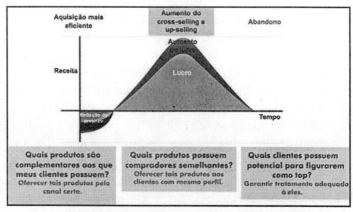

Ilustração 7: Composição de carteira e aumento da receita.

A última fase do ciclo de vida dos clientes está relacionada ao processo de fidelização, no qual o objetivo principal é reter os clientes mais rentáveis pelo maior tempo possível, mantendo a receita da empresa por meio da utilização dos seus produtos e serviços. Naturalmente, as iniciativas de retenção acontecem nos casos de abandono voluntário, quando o cliente é quem decide pela ação de churn (adondono). Nos casos de abandono involuntário, quando os clientes não decidem ou tomam a iniciativa de abandono, as ações de fidelização são pouco ou nada eficientes. Nesta última modalidade se encontram os casos de perda de emprego, mudança de residência, morte, inadimplência ou mesmo fraude, quando os clientes deixam a empresa por motivos alheios à sua vontade ou quando a empresa toma a iniciativa de retirá-los da base.

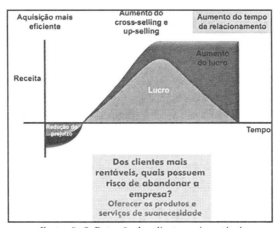

Ilustração 8: Retenção dos clientes mais rentáveis.

Existem outras iniciativas nas empresas que fazem uso do conhecimento gerado a partir de processos de data mining. Analogamente às apresentadas para o ciclo de vida do cliente, a inteligência é a forma de aplicação do conhecimento. Assim, para modelos de avaliação de crédito em processos de compra, para modelos de risco de inadimplência e propensão de fraude e para o uso dos produtos e serviços é importante que se crie um plano de ação para a utilização dos escores gerados pelos modelos mencionados previamente. Tais modelos afetam naturalmente o ciclo de vida do cliente, identificando riscos para a empresa e interferindo no relacionamento com os consumidores.

1.5. EXPERIÊNCIA

O único modo de preservar o capital intelectual de uma empresa é persistindo todas as informações necessárias para a geração de conhecimento, o próprio conhecimento criado e as ações e aplicações desse conhecimento como ações práticas que a empresa pode tomar. Por isso, coletar, armazenar e disseminar esse conjunto de informações, conhecimento e inteligência em um repositório corporativo é fator primordial para a criação de um capital intelectual e, por conseqüência, de preservação da experiência das corporações.

Um mecanismo tecnológico que suporta o processo de coleta, armazenamento e disseminação de informações pertinentes ao negócio de uma determinada empresa está associado à disciplina de gestão de conhecimento. Um processo de gestão do conhecimento é uma maneira pela qual todas as informações geradas pelo ambiente de data warehouse, juntamente com o conhecimento gerado pelos modelos analíticos e de mineração de dados, e, principalmente, a forma de utilização desse conhecimento, podem ser persistidos de forma a criar na empresa o senso de experiência. Coletar informações, conhecimento e inteligência, persisti-los em um repositório unificado e corporativo, publicá-los de maneira adequada e viabilizar um mecanismo de busca de informações eficiente é a forma ideal para manter o capital intelectual das companhias.

Com o objetivo de se criar um ambiente propício para a geração de inteligência competitiva, é necessário se coletar os dados operacionais da empresa, transformando-os em informações analíticas passíveis de consultas e análises do ponto de vista do negócio. Estas informações serão utilizadas para se construir modelos estatísticos e de data mining, de forma a gerar conhecimento relevante para os negócios. A inteligência é a aplicação do conhecimento gerado pelos processos analíticos ou pela mineração de dados. Dessa forma, a gestão dessas informações e de todo o conhecimento gerado é a forma mais adequada para promover o uso e a identificação das melhores práticas nas aplicações das ações operacionais de negócios.

Um importante passo para a criação de valor para as empresas é gerir de forma efetiva o conhecimento gerado por processos analíticos e de inteligência de negócios. A gestão do conhecimento é o mecanismo tecnológico para se coletar informações que adicionem valor ao negócio, assim como, um modelo eficiente de disseminação e compartilhamento dessas informações por toda a corporação.

PARTE II:
DADOS

Colaboração de Luciana Teixeira Marques
e Fábio Luz de Alcântara

CAPÍTULO 2
SISTEMAS TRANSACIONAIS

As empresas familiares, especialmente os estabelecimentos de comércio varejista de pequeno porte, possuem uma relação bastante estreita com seus clientes. Essas pequenas empresas, na verdade os seus proprietários, conhecem o perfil individualizado de seus clientes mais freqüentes. Normalmente, este perfil se encontra "cadastrado" na cabeça do próprio proprietário, ou do gerente, não importa. O importante é que este perfil fica armazenado com a pessoa que faz o papel de "elo de ligação" com os clientes, que fica o dia inteiro à frente do negócio, comandando as ações do mesmo. De posse desse perfil individualizado, o condutor do negócio, esse "elo de ligação", pode se antecipar ao cliente na solicitação dos seus pedidos, pois ele já possui um histórico dos produtos que cada cliente adquire habitualmente. Ainda através desse perfil, sabendo dos produtos normalmente comprados por cada cliente, este condutor pode sugerir novos produtos, apresentando novidades e lançamentos, ou ainda, suprir a falta de determinados produtos pela substituição de outros, uma vez que o próprio cliente já estabeleceu uma relação de confiança com a empresa ou com seu condutor.

Atualmente, na relação com os clientes, as empresas procuram justamente criar este tipo de vínculo, quase familiar. Este tipo de relação com os clientes pode vir a se tornar a grande vantagem competitiva que as empresas têm em relação aos seus concorrentes, pois é exatamente a informação que elas detêm sobre os seus próprios e potenciais clientes que irá diferenciá-las das demais. Conhecer o perfil individualizado dos clientes, suas áreas de interesse profissional, suas preferências pessoais, seu poder aquisitivo, sua freqüência de compras, suas necessidades e aspirações, todas essas informações formam a base para a implantação de um programa eficiente de gerenciamento do relacionamento com os clientes.

O problema é: de que forma uma empresa com uma carteira de milhares de clientes pode estabelecer uma relação individualizada com os seus consumidores? Dado o volume de informações que devem ser armazenadas e corretamente analisadas. Como esta empresa pode transformar seu atendimento em um tratamento personalizado e individualizado para cada cliente.

2.1. GERENCIAMENTO DO RELACIONAMENTO COM O CLIENTE

O termo comumente conhecido como CRM (Customer Relationship Management) é utilizado para descrever o gerenciamento das relações das empresas com seus clientes. O objetivo principal é conhecer melhor as características e o perfil de comportamento dos clientes e, principalmente, buscar de forma incessante o atendimento de suas necessidades, para que a sua satisfação se transforme em fidelidade à marca e à empresa. Por meio da combinação das necessidades do cliente com o portfólio de produtos e serviços da empresa, tem-se a possibilidade de realização de ações de venda, vendas casadas e vendas cruzadas.

Segundo o Gartner Group, CRM é uma estratégia de negócio voltada ao atendimento e antecipação das necessidades dos clientes atuais e potenciais de uma empresa. Do ponto de vista tecnológico, CRM envolve capturar os dados do cliente ao longo de todo o seu envolvimento com a empresa, consolidar todos estes dados capturados de forma interna e externa, ou seja, considerando as aplicações corporativas da empresa e bases externas de informações, em um banco de dados centralizado. Com base nesse repositório unificado de informações sobre clientes, passa a ser possível analisar dados consolidados, distribuir os resultados dessa análise aos vários pontos de contato com o cliente e utilizar essa informação ao interagir com os consumidores por meio de qualquer ponto de contato com a empresa.

Uma aplicação, ou ambiente, de gerenciamento do relacionamento com os clientes consiste fundamentalmente de algumas ações listadas a seguir.

- Ajudar à organização a identificar seus melhores clientes;
- Controlar campanhas com objetivos e metas claras;
- Gerar indicadores de qualidade para as equipes de vendas;
- Melhorar as estratégias de transformação do potencial dos clientes;
- Recuperar clientes perdidos;
- Aumentar a lucratividade;
- Otimizar os processos vendas;
- Permitir a formação de relacionamentos individualizados.

A prática contínua do CRM leva a organização a atingir o marketing '1 para 1' segundo Peppers & Rogers e pode fornecer vários benefícios, tais como:

- Aumentar seu índice de retenção de clientes;
- Aprimorar estratégias necessárias para proteger e aumentar suas margens por unidade, atingindo todas as categorias cabíveis de produtos e serviços;
- Obter insights que permitam a obtenção de mercados completamente novos para a organização;
- Planejar uma transição exeqüível e sistemática para a era da interatividade total.

Um processo de implantação de um CRM deve ser encarado como uma iniciativa corporativa de toda a empresa, não apenas de uma determinada área, como de Tecnologia da Informação, de Marketing ou de Call Center. Uma iniciativa isolada de qualquer uma dessas áreas é fator primordial para o fracasso de uma implementação de um processo de gerenciamento do relacionamento com os clientes. A junção de tecnologia com aplicações sistêmicas, mais processos de vendas, incluindo atividades de pré-venda e pós-venda bem definidos e de fluxos de atendimentos otimizados são pontos críticos para o sucesso de um projeto dessa natureza. Naturalmente, todos os processos descritos anteriormente devem ser suportados por um atendimento adequado, eficiente, e que trate o cliente de forma eficiente e educada.

Da mesma forma que qualquer iniciativa em larga escala na empresa, um projeto de CRM envolve todas as áreas da organização e requer não somente um trabalho em conjunto e harmonioso, mas também foco em um objetivo comum, como a busca de relacionamentos mais fortes e estreitos com os consumidores. Sendo assim, uma área menos comprometida com CRM pode fazer a grande diferença entre o sucesso e a falha do mesmo.

É imprescindível uma integração total da empresa, o que significa:

- Repensar a estrutura organizacional.
- Reavaliar os sistemas de informação.
- Revisitar os processos.
- Revisar os orçamentos.

O gerenciamento do relacionamento com o cliente só se tornará realidade se o conceito, o comprometimento e o valor do cliente forem entendidos, traduzidos, e trazidos para a cultura organizacional como um todo.

2.1.1 Visão e estratégia de CRM

Ter uma visão e uma estratégia de clientes claramente definidas é o primeiro passo para uma empresa construir uma sólida iniciativa orientada a clientes. Segundo estudos conduzidos por institutos de pesquisa, mais de 75% das iniciativas que não obtêm sucesso possuem problemas estruturais que começam com a definição imprecisa de seus objetivos e da estratégia a ser seguida.

Dessa forma, o primeiro passo é garantir que os objetivos e a estratégia de implantação de um ambiente de gerenciamento do relacionamento com os clientes estejam alinhados com a estratégia corporativa e que sejam coerentes com os objetivos empresariais de longo prazo definidos junto aos acionistas. Com base nisso, é fundamental que os principais executivos estejam convencidos de que este é o caminho a ser seguido, de forma a garantir o sucesso no relacionamento com os clientes. Contudo, mais importante ainda é que estes executivos compreendam que depende deles o convencimento do restante da organização, assim como a efetiva compreensão da empresa de que a implantação de um CRM não se trata de uma ação isolada, mas sim de um novo modelo de negócios.

Como mencionado anteriormente, os projetos de CRM não pertencem a uma única área, nem a sua implementação pode estar isolada em apenas um ponto da corporação. Elas são iniciativas que permeiam toda a empresa, e o impacto desta nova estratégia deve ser considerado em todos os pontos de contato e em todas as áreas da corporação. Evidentemente, as áreas com maior contato com os clientes serão as mais afetadas e, por isso, demandarão um maior envolvimento no projeto.

Assim, para obter o melhor resultado possível em uma iniciativa de CRM e garantir que se obtenha um retorno financeiro substancial pela implementação de um projeto dessa natureza, é importante que a discussão das táticas e o plano de implementação sejam feitos por uma equipe multifuncional. Essa equipe deve envolver pessoas de diversos departamentos, permitindo que desde o princípio sejam mapeados os pontos em que a empresa vai buscar e mensurar os resultados de cada uma das iniciativas pertinentes a um programa de gerenciamento do relacionamento com os clientes.

Uma importante mudança no processo de avaliação de resultados, em especial sob o ponto de vista estratégico, está em assumir o valor da base de clientes como um ativo da empresa. Feito isso, deve-se ter o mesmo cuidado com este ativo que se tem com o restante do patrimônio da empresa, de modo a extrair dele o melhor valor possível. É a partir deste ponto que se impõem questões relacionadas ao melhor momento para se realizar ofertas aos clientes, de modo a não desgastar o seu potencial prematuramente. Em muitas situações de mercado, uma ação prematura de relacionamento pode prejudicar resultados de longo prazo ou políticas de fidelização em prol de um aproveitamento das campanhas mais imediato.

A gestão dos clientes por meio da criação de grupos característicos, ou segmentos de comportamento, permite uma melhor avaliação dos resultados e das ações executadas pela empresa. Encarar as diferenças entre os grupos de clientes e focar as ações de acordo com as necessidades específicas de cada grupo é uma das formas de maximizar o retorno do investimento realizado em uma base de clientes, permitindo assim a execução de um relacionamento diferenciado para cada estágio do ciclo de vida dos clientes.

Este tratamento personalizado para cada um dos clientes, conforme apresentado na figura a seguir, quando bem planejado e executado no momento adequado, pode levar a um incremento do seu valor, ou LTV (Life Time Value). Aumentar o valor dos clientes melhora o resultado da empresa no curto prazo, transformando a base de clientes em um ativo da companhia, passível de gestão e de ações de otimização.

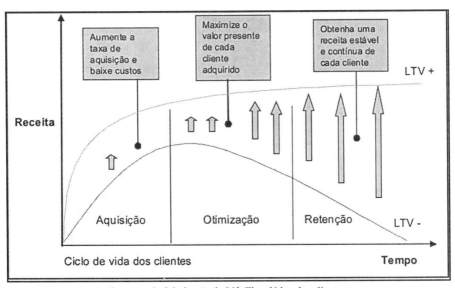

Ilustração 9: Otimização do Life Time Value dos clientes.

2.1.2 O ciclo de negócio de CRM

Como um ciclo, os estágios são interdependentes e contínuos. Enquanto os clientes se movem de um estágio para o seguinte, a empresa ganha conhecimento e entendimento sobre suas necessidades, bem como sobre o seu comportamento. Esse entendimento permite maior clareza sobre os acontecimentos de mercado e sobre as reações dos clientes com relação às ações da empresa, além de realçar os esforços subseqüentes que devem ser procedidos pela corporação no sentido de se estabelecer um programa de gestão do relacionamento. Com base na compreensão das diferentes fases do ciclo de vida dos clientes, a empresa se torna cada vez mais habilitada na execução de processos de relacionamento e, com o passar do tempo, cada vez mais lucrativa com relação ao principal ativo da corporação: o cliente.

Como mostrado abaixo, para toda a organização, o negócio começa com a aquisição dos clientes. Entretanto, toda iniciativa bem sucedida de CRM é altamente dependente de uma compreensão contínua a respeito do comportamento e necessidade dos seus consumidores.

Ilustração 10: Diferentes ações de relacionamento com os clientes.

Contudo, as fases de aquisição e retenção devem ser trabalhadas de forma conjunta, realizando-se a aquisição dos clientes com maior potencial de consumo e retendo aqueles que apresentam o mais alto valor para a empresa. Durante o ciclo de vida dos clientes com a empresa, é necessário se compreender as diferenças entre os grupos de consumidores existentes, com suas particularidades em termos de necessidades, formas de uso dos produtos e serviços, capacidades de pagamento e consumo e quaisquer outras características que podem direcionar o relacionamento de maneira particularizada. Dado esse melhor entendimento, é possível se customizar as ofertas de produtos e serviços de acordo com as características levantadas para cada grupo de consumidores identificados. Analogamente, a visibilidade dessa diferenciação no comportamento dos diferentes grupos de clientes permitirá ainda o desenvolvimento de mecanismos de interação particulares para cada um destes tipos, permitindo maximização dos resultados de relacionamento e minimização dos custos associados às ações de venda, retenção e campanhas.

A seguir, serão descritos um conjunto de ações pertinentes a um programa de gerenciamento do relacionamento com os clientes.

2.1.2.1 Compreensão & diferenciação

As organizações não podem ter um relacionamento com os seus clientes a menos que os compreendam, avaliando que tipos de serviço são importantes para eles, como e quando gostam de interagir, o que querem e precisam comprar. As corporações devem aprender sobre o cliente em cada interação que este estabelece com a companhia.

É imprescindível conhecer cada cliente e conseguir satisfazê-lo em todos os contatos, pelas linhas de produto existentes e em todas as áreas da empresa, seja qual for o canal de acesso. O cliente não deve lhe dizer a mesma coisa mais do que uma vez.

Nesse sentido, diversas atividades são importantes:

- Composição de perfis para compreender a demografia, os padrões da compra e consumo, a preferência por determinados canais.
- Segmentação para identificar grupos lógicos únicos de clientes que tendem a ter características semelhantes e a se comportar de uma forma similar.
- Pesquisa preliminar para capturar necessidades e atitudes.
- Avaliação do cliente para compreender a lucratividade, usando critérios como RFV (recência, freqüência e valor), assim como o potencial do valor de vida do consumidor ou do tempo de consumo. O valor pode também ser baseado na habilidade ou na inclinação do cliente de indicar outros clientes lucrativos.

A análise e a pesquisa sozinhas, entretanto, são insuficientes para se alcançar determinados objetivos. Para criar e promover um programa de relacionamento com os clientes, as empresas têm que agir sobre o que aprendendem a respeito dos seus consumidores. As necessidades dos clientes devem estar associadas com as capacidades das empresas de se diferenciar no serviço e nas comunicações, baseadas no conceito que já desenvolveram, independentemente se isto já foi capturado pela empresa ou não.

Ao mesmo tempo, a diferenciação dada pelos clientes deve ser baseada no valor esperado e em sua capacidade de consumo, fazendo com que o cliente perceba a conveniência da permanência e da lealdade em relação à troca por um possível concorrente.

Deve-se promover uma categorização adequada do cliente levando-se em consideração o seu valor ou suas necessidades. Implementar ações e programas personalizados para as diferentes categorias visando canalizar e priorizar os esforços da empresa para atender seus clientes de maior valor. Por exemplo, é possível se estabelecer critérios iniciais específicos para determinação da expectativa de atendimento de acordo com as segmentações comportamentais definidas para os clientes.

Em seguida ao estabelecimento de critérios, é possível se atribuir valores ponderados para cada item que contribui para a criação do valor do cliente, categorizando as informações por segmento, região, produto ou serviço prestado, permitindo uma fácil identificação dos diferentes tipos de clientes, tornando evidente que não se podem tratar todos os clientes da mesma maneira.

É também importante notar que um cliente é um alvo mutável, e todos os critérios que se venha a construir devem sempre ser questionados e alterados de acordo com as mudanças que ocorram. Como as ações de relacionamento com os clientes alteram os cenários de mercado e a situação corrente dos consumidores, o ambiente e os hábitos de consumo devem ser monitorados continuamente, de forma que as mudanças de comportamento possam ser detectadas, e que novos planos de ação sejam desenvolvidos.

2.1.2.2 Customização & Personalização

Em um cenário de mercado onde o foco se concentra fundamentalmente no cliente, o desenvolvimento dos produtos, bem como dos canais de comunicação, deve seguir a ligação e os sinais dados pelo cliente. As organizações devem incrementar cada vez mais os seus produtos e serviços com base nas necessidades de cada cliente e em suas expectativas de serviço, tanto do ponto de vista de qualidade quanto de preço.

A maioria das organizações ainda não pode personalizar produtos e serviços para clientes individuais e, por isso, existe uma tendência de customização de forma massiva, ou pelo menos, com base em determinados grupos de indivíduos. Esta personalização permite que o atendimento do cliente seja capaz de tratá-lo de forma particular, de acordo com suas necessidades específicas. Baseado em uma abordagem de identificação de características particulares, de indivíduos ou grupos, pode-se personalizar os produtos, os serviços, a distribuição, a forma de pagamento, o atendimento no suporte, a forma como a empresa se apresenta pela Internet, dentre outras ações. Existe ainda a possibilidade de permitir a personalização de determinados canais de atendimento pelo próprio cliente, como no caso da Internet, tornando os mecanismos de relacionamento dos clientes com a empresa ainda mais direcionados com as características individuais de cada consumidor.

Personalizar significa desenvolver um tratamento para cada cliente baseado na percepção de valor de cada um. Embora não seja o único canal de relacionamento do consumidor com a companhia, o Call Center é um dos mais poderosos pontos de contato entre cliente e empresa, sendo um dos que possui maior capacidade de atendimento. O contato iniciado pelo cliente indica a predisposição em interagir naquele momento, o que deve ser aproveitado para obter mais informações e conhecê-lo melhor. Tornar o atendimento ao cliente, sobretudo em um Call Center, um processo rápido, simples e eficiente é o maior desafio das grandes corporações, principalmente para aquelas que possuem na prestação de serviços o seu principal produto.

Contudo, de forma geral, essa valiosa oportunidade de relacionamento com os clientes é utilizada de maneira indevida, sendo dado foco principal nas informações que devem ser passadas, no tempo médio de atendimento, no tempo médio de espera, na quantidade de ligações ou vendas etc. Ao invés disso, deveria se aproveitar as interações como forma de, além de atendimento e execução de transações, conhecer e capturar as necessidades e anseios dos consumidores.

2.1.2.3 Interação & Entrega

Cada interação deve fortalecer a relação da empresa com o cliente. Toda interação deve manter a continuidade, independentemente do tempo em que foi efetuada. A interação permite identificar as necessidades particulares, bem como as mudanças de comportamento de cada cliente. Esse é o principal mecanismo para se obter informações sobre os clientes.

A interação é também um componente crítico de uma iniciativa bem sucedida de CRM. É importante recordar que a interação não ocorre apenas com os canais de marketing e de vendas. Os clientes eventualmente interagem de muitas outras maneiras diferentes, por meio de diferentes áreas da organização, incluindo áreas de apoio indireto, serviço ao cliente, ouvidoria, funcionários e o próprio site institucional na Internet.

Com isso, para promover melhores relacionamentos, as organizações necessitam assegurar que:

- Todas as áreas da organização tenham acesso fácil à informação relevante sobre a corporação, em especial àquelas relacionados aos clientes.
- Todas as áreas da organização sejam treinadas para usar a informação do cliente, capacitando-as em entender as necessidades dos clientes e a identificar os valores potenciais associados a eles.

Com acesso à informação e com treinamento apropriado, as organizações estarão próximas aos seus clientes, mantendo sua fidelidade e ofertando produtos e serviços condizentes com as informações previamente coletadas sobre ele.

É importante ressaltar que não são apenas os canais tradicionais de comunicação da empresa com os clientes os responsáveis por toda a interação entre estas entidades. Além dos Call Centers, das cartas, emails, Internet e outros veículos, os colaboradores das empresas, funcionários, parceiros, fornecedores, são peças fundamentais para estender a abrangência e as capacidades de relacionamento das corporações e os seus clientes.

2.1.2.4 Aquisição & Retenção

Quanto mais as empresas aprendem sobre seus clientes, mais fácil é localizar aqueles que estão produzindo o valor mais significativo para a organização, sendo que estes são os clientes padrões para critérios de segmentação de uma companhia que buscará esta identificação em seus esforços de aquisição, vendas e retenção.

A importância do estabelecimento de relação a longo prazo pode ser vista de várias maneiras. A retenção bem sucedida envolve basicamente começá-la de forma correta, em uma base já constituída, e na habilidade da organização em empregar constantemente três princípios fundamentais:

- Manter a interação com os clientes.

- Entregar o produto e o serviço da forma mais adequada ao cliente.
- Recordar que os clientes mudam e, enquanto se movem nos diferentes estágios de relacionamento com a organização, também vão diferindo entre si e entre eles mesmos. A organização deve, então, estar alerta para estas mudanças e se preparar para modificar eventualmente a proposição do serviço, a composição do produto, e a própria percepção de valor do cliente.

E dessa forma o clico prossegue. Na medida em que as organizações avançam no estágio de relacionamento com os clientes, elas ganham introspecção e compreensão sobre o mercado e os consumidores, permitindo uma definição mais precisa sobre os esforços subseqüentes. As iniciativas empresariais podem tornar-se cada vez mais complexas e sofisticadas por meio da adoção de um programa de relacionamento com os clientes, não apenas no que tange a definição e implementação de novos processos de negócio, mas também com relação à infra-estrutura tecnológica necessária para suportar tais iniciativas.

Finalmente, é importante estabelecer as métricas em torno de um programa de relacionamento com os clientes, buscando sempre o ponto de vista do consumidor. Contudo, é importante projetar também o comportamento futuro e o valor projetado de seus clientes ao olhar o sucesso de suas iniciativas de CRM. Este é o conceito do valor da vida do cliente na empresa, que deve valor para todo o ciclo de vida do cliente, e não apenas para um determinado momento específico.

2.1.3 Funcionalidades de CRM

Os processos relacionados com um programa de gestão do relacionamento com os clientes, CRM, são definidos, segundo o eTOM (TMF GB 921 – TeleManagement Fórum 2005), como um grupo de funcionalidades necessárias para se conhecer o cliente, além de adquirir, manter, reter e se relacionar com eles.

Este conceito inclui prover serviços e suporte por vários canais, gerenciar, reter, realizar vendas cruzadas e casadas, além de ações de marketing direto e outras iniciativas de relacionamento. Um processo de CRM, dessa forma, inclui uma gama de informações sobre o cliente em aplicações personalizadas, customizadas e integradas ao serviço, assim como a identificação de oportunidades de valor agregado para a empresa.

Abaixo, são listadas algumas das várias funções de um programa de gerenciamento do relacionamento com os clientes.

2.1.3.1 Apoio para atividades de marketing

Este tipo de aplicação tem como objetivo principal apoiar os profissionais de marketing proporcionando uma infra-estrutura de informações e disponibilizando um conjunto de funções para planejamento, desenho e execução de campanhas e de todas as outras atividades relacionadas com o relacionamento dos clientes. Por exemplo, uma campanha de marketing de sucesso gera sinais qualificados de vendas, que devem ser distribuídos para os canais ou vendedores apropriados para que estes possam trabalhar no fechamento de negócios.

- Permite o planejamento, a execução e a análise de campanhas de marketing.
- Realiza a aquisição, a geração e o gerenciamento de listas internas e externas.
- Permite a composição de subsídios para a confecção de orçamentos e previsões relacionadas às ações de marketing.
- Disponibiliza um repositório corporativo contendo informações sobre produtos, preços e pacotes e ofertas.
- Permite o rastreamento e o gerenciamento das oportunidades de negócio.

2.1.3.2 Suporte e serviços ao cliente

Este tipo de aplicação provê serviços de suporte ao consumidor, registrando todas as atividades relacionadas com o consumidor, rastreando as ações tomadas, as mudanças de status, os escalonamentos e as notificações com os respectivos registros de ocorrência dos eventos.

- Publicação de uma base de dados para apoio e suporte às interações de clientes, contendo informações para a solução dos problemas de maior recorrência.
- Capacidades de agendamento para visitas externas de atendimento no campo, controlando ordens de serviços e relacionando-as com a abertura de troubletickets (comunicação ou registro de não-conformidade), mantendo uma comunicação direta para controle do status do serviço.

- Definição de níveis de serviços por contrato e grupos de contrato.
- Gerenciamento das requisições de serviços e das aberturas de chamados.
- Integração direta entre o tipo de serviço e a rede de prestadores de serviço relacionado ao negócio da empresa.
- Possibilidade de disponibilização de scripts dinâmicos para as chamadas, imprimindo dinamismo, profissionalismo e aprimorando a eficiência de cada interação.
- Apoio ao gerenciamento de campanhas de marketing, permitindo o planejamento, o desenho, a implementação e o acompanhamento da eficiência das vendas e das campanhas executadas.
- Disponibilização de ferramentas gerenciais, fornecendo suporte para análise de performance de campanhas em tempo real por grupos de trabalho ou agentes, identificando oportunidades para um eventual aumento na produtividade das ações de relacionamento.
- Integração com dispositivos de telefonia (CTI), suportando todas as funcionalidades, como ACD – Automatic Call Dispatching (DAC – Distribuidor Automático de Chamadas), URA – Unidade de Resposta Audível e sincronização de telas de atendimento (automatic screen pops driven).
- Disponibilização de uma ferramenta de workflow, assegurando o encaminhamento dos eventos e das manifestações dos clientes para as respectivas áreas solucionadoras, controlando os tempos e os estados dos processos de atendimento.
- Disponibilização de múltiplos canais de atendimento simultâneo, permitindo que os agentes enviem cartas, e-mail, fax ou qualquer outro tipo de comunicação em tempo de atendimento, ou através de mala direta, controlando o que e para quem foi enviado, no nível de cliente.
- Utilização de ferramentas de captação de pedidos e cotações, suportando os atendentes no processamento de informações e cálculos acerca dos produtos e serviços ofertados pela empresa, em tempo de atendimento ao cliente.
- Criação do perfil do consumidor, permitindo rápido acesso às características fundamentais dos clientes, como hábitos de compra, capacidade de pagamento, tempo de relacionamento, associando estas informações com os dados sobre produtos e serviços.

2.1.3.3 Gerenciamento de ordem de serviço

São soluções que provêem um conjunto de capacidades para capturar, autenticar e habilitar com sucesso os requerimentos dos usuários.

- Determina previamente se a solicitação do cliente é viável de aplicação.
- Realiza a autorização de crédito.
- Recebe as ordens de compra e emiti as ordens de serviço.
- Gerencia o fluxo de execução da ordem de serviço.
- Finaliza a ordem de serviço.

2.1.3.4 Gerência do contato do cliente, retenção e aplicações da lealdade

Normalmente as diferentes soluções de gerenciamento do relacionamento com os clientes são vendidas separadamente, de acordo com as características descritas anteriormente, fornecendo módulos distintos para cada objetivo de negócio. Estas aplicações permitem que um operador de Call Center siga a interação com o cliente com uma variedade de fontes de informação, que permita ao mesmo exercer algumas atividades como fidelização. Dessa forma, independente do operador que esteja atendendo o cliente em determinado momento, será possível ter acesso às informações sobre o cliente, bem como, o histórico de interações que ele possui com a empresa.

- Verificação de relacionamento com o cliente.
- Insight da configuração do cliente.
- Análise e verificação do cliente.
- Personalização do perfil do cliente para ações de retenção e a fidelização.
- Validação da satisfação do cliente.

2.1.3.5 Serviço de cliente e aplicações da definição do problema do cliente

É um conjunto de funções necessárias para saber tratar o problema do cliente, dar retorno, estar preparado para os questionamentos, e ajudá-lo da melhor maneira possível quando da execução do atendimento.

- Recepção e reconhecimento de problemas.
- Avaliação e qualificação de problemas.
- Planejamento e atribuição para as execuções de resolução dos problemas informados.

- Rastreamento e gerenciamento dos estados da resolução dos problemas informados.
- Fechamento e qualificação da resolução dos problemas e o informe destes ao cliente.

2.1.3.6 Serviço de qualidade ao cliente e gerenciamento de aplicações por nível de serviço

É um conjunto de funções, residindo possivelmente em mais do que uma aplicação, que ajudam os operadores de Call Center em se assegurar de que seus clientes comecem o nível do serviço por aquilo que efetivamente desejam.

- Medida de percepção da qualificação de serviço ao cliente.
- Gerenciamento da qualificação de serviço com violação de SLA.
- Controle de Relatórios.

2.1.3.7 Auto-atendimento

São interfaces onde o cliente interage com a empresa via canais de atendimento, tipicamente por meio da Internet. São aplicações que estão disponíveis 24 horas por dia, sem interação com o atendente.

Funcionalmente, as aplicações de auto-atendimento podem suportar todos os estágios do ciclo de vida de um cliente.

- Autenticação e segurança para o acesso do cliente.
- Gerenciamento de contas individuais ou de grupos de acessos, fornecendo características distintas por esta distinção.
- Disponibilização de e-shopping e gerenciamento de ordem de serviço para uma grande escala de produtos e ofertas de comunicações.
- Estruturação para resolução de problemas e trouble-ticketing on-line.
- Disponibilização para ativação de serviços e configurações de maneira on-line.

2.1.3.8 Gerenciamento de vendas

Funcionalidades mínimas requeridas para controlar vendedores, canais, distribuidores e parceiros.

- Disponibilização de calendário e agendamento de contatos e visitas.

- Gerenciamento de contatos e de contas, consolidadas por canal.
- Gerenciamento de oportunidades.
- Realização de previsão de vendas.
- Gerenciamento e emissão de propostas.
- Precificação.
- Gerenciamento e assinalamento de território de vendas e atendimento.

2.2. PROGRAMA DE GERENCIAMENTO DO RELACIONAMENTO COM OS CLIENTES

Atualmente, são identificados dois tipos de programas de gerenciamento do relacionamento dos clientes, o analítico e o operacional. No modelo analítico, a função básica é identificar os clientes, coletar os seus dados relacionados e mapear as suas necessidades e hábitos. É necessário que todas estas informações coletadas sejam disponibilizadas para os usuários por meio de um repositório único de dados, como por exemplo, um ambiente de data warehouse. Adicionalmente, é recomendado que esta metodologia seja suportada por ferramentas de análise e mineração de dados, como por exemplo, softwares de consulta OLAP – On Line Analitycal Process, e data mining. O modelo operacional visa integrar toda a automação de vendas, modificar os processos que fazem uma interface direta com o cliente, reduzir custos e criar uma estrutura capaz de atender os clientes de forma rápida e eficiente.

Cada um dos modelos definidos anteriormente possui características e fases próprias no processo de implantação de seus programas. As empresas devem focar seus projetos em soluções tecnológicas que permitam melhorar a qualidade da informação pertinente a seus clientes, assim como, aumentar o conhecimento adquirido sobre eles.

Por meio de um processo de identificação de quem são os clientes de uma determinada empresa, considerando inclusive os potenciais consumidores, e conhecendo-se o perfil desses clientes, é possível estabelecer uma maior interação do cliente com a empresa. Dessa forma, é possível oferecer um atendimento mais eficiente em termos qualitativos, conhecendo-se melhor os hábitos e necessidades dos clientes, e até em termos quantitativos, prospectando os potenciais clientes e suas capacidades de consumo.

Por meio da implementação de um programa eficiente de gerenciamento do relacionamento da empresa com seus clientes, suportado por um conjunto de ferramentas de tecnologia da informação, diversas empresas vêm tentando estabelecer este tipo de relação com seus consumidores. O conceito de Marketing Database System visa estabelecer a arquitetura de hardware e software necessária para a implantação de um programa de relacionamento deste tipo. Estes sistemas devem gerar a integração de diferentes áreas de um processo de relacionamento com os clientes, como automação de vendas, campanhas de marketing, telemarketing, serviços de atendimento ao cliente, sites institucionais, comércio eletrônico, pesquisas interativas, dentre outros processos. Quando esta integração é realizada de forma adequada, todas as informações relativas aos clientes podem ser direcionadas para um data warehouse temático, voltado para as necessidades de uma metodologia de Customer Relationship Management. Um data warehouse específico para apoio as ações de marketing, consolidando informações acerca dos clientes em uma visão de 360 graus, é normalmente conhecido como database marketing. Um repositório de informações dessa natureza é o recomendado para suportar iniciativas de gestão de campanhas, seleção de público alvo e até para o desenvolvimento de modelos analíticos e de data mining.

2.3. FERRAMENTAS DE SUPORTE TECNOLÓGICO

Cada um dos processos relacionados com um programa de relacionamento com os clientes, conforme descritos anteriormente, deverão ser suportados por ferramentas específicas, as quais estabelecerão as conexões com o data warehouse, fornecendo-lhe as informações necessárias para a criação da base de dados que suportará o programa de relacionamento ao cliente. Desta forma, o software responsável pela automação de vendas deverá disponibilizar suas informações para o data warehouse, que deverá realizar a carga destes dados de forma padronizada e estruturada, mantendo assim a integridade do modelo de dados implementado.

O software de campanha de marketing deverá selecionar o universo alvo das campanhas através de seleções efetuadas sobre o database marketing, retornando os resultados dessas campanhas de volta para o data warehouse, realimentando e mantendo atualizada a base de dados que armazena as relações entre os clientes e a empresa, assim como os processos que regem estas relações. Analogamente, as ferramentas de suporte ao telemarketing e ao serviço de atendimento ao cliente deverão captar as informações armazenadas no data warehouse, estabelecer o contato com os clientes e, por fim, retornar as informações coletadas de volta para o data warehouse, mantendo os mesmos conceitos de realimentação dos softwares de gerência de campanha.

As pesquisas realizadas aos sites institucionais da empresa deverão ser monitoradas por sistemas baseadas em processos de Web Farming, nos quais as informações deixadas no site através da navegação do usuário, além de suas solicitações e requisições, podem ser coletadas e disseminadas para o data warehouse através de cargas definidas e determinadas periodicamente.

As ferramentas de comércio eletrônico devem ser conectadas ao database marketing através de links seguros, poderão receber informações do data warehouse relativas aos clientes, retornar os resultados de compras e solicitação de produtos, agregando mais informações a respeito do perfil dos clientes. Ferramentas OLAP realizariam as consultas analíticas multidimensionais sobre os data marts temáticos e específicos para determinados interesses, todos gerados a partir do data warehouse corporativo, auxiliando desta forma, os tomadores de decisão na prospecção dos clientes e na segmentação de mercado, melhorando a definição do foco das campanhas e do próprio programa de relacionamento com os clientes.

Para auxiliar a formação do perfil dos clientes, ainda poderiam ser utilizadas ferramentas de data mining que realizariam varreduras seletivas no data warehouse com o objetivo de identificar padrões estruturais e comportamentais dos clientes.

A integração completa de todas essas ferramentas em torno de um data warehouse, focado no cliente, estabelece um ciclo completo no processo de produção de um marketing database system. Uma vez estabelecido e implementado um sistema deste porte, as informações nele contidas podem ser disseminadas por toda a empresa, fornecendo embasamento tecnológico para os profissionais envolvidos no programa de gerenciamento de relacionamento com os clientes.

A implementação de um programa bem elaborado de gerenciamento do relacionamento com os clientes permite que os processos de atendimento aos clientes não sejam massificados, evitando, assim, que esta relação seja estabelecida de forma generalizada e engessada por procedimentos extremamente padronizados. Esta relação passa, então, a ser focada no atendimento personalizado e individualizado para cada cliente, tornando os processos mais flexíveis e dinâmicos com o objetivo de alcançar maior aderência às constantes mudanças e exigências do mercado.

Nesse sentido, as soluções de tecnologia da informação, através do emprego das ferramentas de software necessárias e da utilização dos hardwares adequados, passam a ser fatores fundamentais para o sucesso de uma empresa no relacionamento com seus clientes, que por sua vez, é fator primordial para a obtenção de vantagem competitiva com relação aos seus concorrentes.

2.4. MAPA DE APLICAÇÕES

O TMForum é uma organização, apoiada por um conjunto de empresas membro, que fornece guias técnicos, executa pesquisas em determinados assuntos de tecnologia, estuda e define alguns padrões de mercado, estabelece metodologias de infra-estrutura de sistemas e tecnologia e realiza treinamento e eventos em diversos temas relacionados aos sistemas que suportam a operação e os negócios de uma operadora de telecomunicações.

Dentro desse cenário, o TMForum definiu um mapa de aplicações que suportam várias iniciativas das empresas de telecomunicações. Apesar de se tratar de uma visão específica para um mercado, ela pode ser facilmente estendida para os outros segmentos de negócios. Como o mapa de aplicações se concentra em processos de negócios e está em um nível macro de funcionalidades, ele pode, sem muito esforço, ser aplicado em outras áreas de atuação que não telecomunicações.

Esse mapa de aplicações é apresentado neste livro como forma de exemplificar a complexidade e a abrangência das aplicações sistêmicas que suportam uma operação empresarial, as quais geram o grande volume de dados corporativos a serem analisados e transformados posteriormente em informação.

O TAM – Telecom Applications Map – é dividido em grandes blocos de operações, que incluem ferramentas e sistemas que apóiam as iniciativas de vendas e marketing, o gerenciamento de produtos, a gestão de clientes, o gerenciamento de serviços, o gerenciamento de recursos, a gestão de parceiros e fornecedores e, por fim, a gestão empresarial.

Todas as macro-visões descritas anteriormente são desenhadas e definidas considerando os processos de disponibilidade e suporte a operação, cumprimento e aprovisionamento das ordens de serviço, garantia da qualidade e execução dos produtos e serviços e do faturamento. Naturalmente, cada segmento de negócio possui como premissa de gestão de suas operações um conjunto distinto de atividades. Contudo, de forma geral, estas atividades podem ser estendidas de maneira a cobrir as iniciativas operacionais de qualquer operação, independente do ramo de atividade.

Como o foco principal deste livro é abordar o ciclo de vida dos clientes, e como um ambiente de inteligência analítica pode gerar um diferencial competitivo para as corporações, serão descritos de forma mais detalhada apenas os três primeiros grandes blocos de operações empresariais: o de vendas e marketing, o de gerenciamento de produtos e o de gestão do cliente.

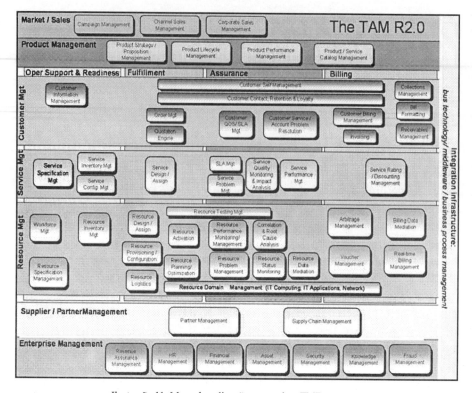

Ilustração 11: Mapa de aplicações segundo o TMForum.

O primeiro bloco de processos de negócio está relacionado com as iniciativas de marketing e vendas. Nesse contexto estão inseridas as seguintes atividades:

- Gerenciamento de campanhas, contemplando os processos de planejamento das campanhas e os de execução e controle das mesmas.
- Gerenciamento das vendas corporativas.
- Gerenciamento dos canais de venda, considerando os processos de força de vendas, telemarketing, pontos de venda no varejo, distribuidores, próprios e terceiros, posições de vendas móveis em pontos estratégicos ou por meio de cadeias varejistas de outras empresas, afiliados e parceiros.

A figura a seguir caracteriza os processos de negócio descritos anteriormente.

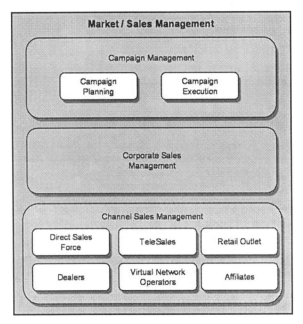

Ilustração 12: Aplicações de gestão de marketing e vendas.

O segundo grande bloco de atividades diz respeito aos processos de negócio relacionados com o gerenciamento dos produtos da empresa. Estes processos compreendem as seguintes atividades:

- Gerenciamento das proposições e das estratégias dos produtos, serviços, ofertas, planos e pacotes da empresa como um todo.
- Gerenciamento do ciclo de vida dos produtos e serviços, além das ofertas, planos e pacotes.
- Gerenciamento do catálogo de produtos, serviços, planos, ofertas e pacotes.
- Gerenciamento do desempenho dos produtos, serviços, planos, ofertas e pacotes.

A figura a seguir caracteriza os processos de negócio relacionados com a gestão dos produtos da empresa.

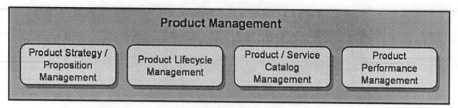

Ilustração 13: Aplicações de gestão de produtos.

Nos processos relacionados ao gerenciamento de produtos, uma função de extrema importância é exercida por uma aplicação de catálogo de produtos.

A figura a seguir apresenta uma configuração tradicional de catálogo de produtos com suas respectivas funcionalidades, sintetizadas na criação de diversos catálogos, como o financeiro, o comercial, o técnico, o físico, a definição das hierarquias das entidades participantes do produto e do catálogo de conteúdo do produto propriamente dito.

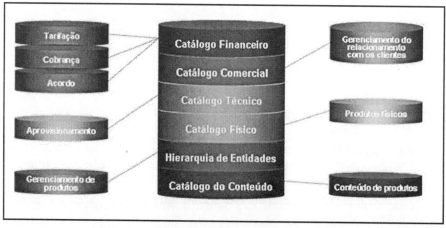

Ilustração 14: Funcionalidades de catálogo de produtos.

De forma geral, uma aplicação de catálogo de produtos deve possuir funções de faturamento, incluindo as regras de tarifação, as regras de cobrança e as regras que definem os acordos entre empresa e cliente, empresa e fornecedores, empresa e parceiros e assim por diante. Com base nessas regras, as informações financeiras sobre os produtos, contidas no Catálogo Financeiro, podem ser replicadas para as demais aplicações sistêmicas.

O Catálogo Comercial deve fornecer informações para as aplicações de atendimento ao cliente e, dessa forma, suportar as iniciativas de um programa de relacionamento com os clientes. Essa integração deve considerar as hierarquias comerciais dos produtos, planos, ofertas e pacotes, as dependências que existem entre os produtos, o mapeamento do perfil dos clientes de acordo com as características dos produtos e as regras de disponibilidade dos mesmos.

Os processos de execução e cumprimentos das atividades relacionadas às ordens de serviço dos produtos são armazenados no Catálogo Técnico, onde as regras de aprovisionamento são definidas de acordo com os recursos de aprovisionamento de serviços disponíveis. Adicionalmente, o aprovisionamento dos produtos deve estar baseado no workflow de gerenciamento das ordens de serviço e armazenado no catálogo técnico, de forma que as informações relevantes aos outros sistemas da cadeia de cumprimento e execução possam ser transferidas e replicadas.

O Catálogo Físico de produtos mantém as suas informações de logística, considerando, sobretudo, os equipamentos e matérias primas relacionadas aos produtos e serviços ofertados. Este catálogo dará suporte a criação de um processo de gerenciamento da cadeia de suprimentos, pelo menos no que diz respeito aos produtos disponibilizados pela empresa.

A Hierarquia de Entidades de produtos deve conter as informações de definição dos produtos, considerando especial atenção à hierarquia das entidades que compõe um determinado produto. Essas hierarquias guardam não apenas as funcionalidades associadas aos produtos definidos, como também as restrições a eles impostas, tanto do ponto de vista técnico quanto comercial.

Por fim, o Catálogo de Conteúdo dos produtos deve armazenar as informações de conteúdo dos produtos relacionadas a outros fornecedores de serviço. Em determinadas situações, alguns produtos podem ser compostos por soluções ou conteúdos de outros fornecedores e estas informações devem estar registradas no catálogo de produtos para que sejam replicadas para fins de faturamento, atendimento, aprovisionamento, dentre outras atividades.

O terceiro e último bloco de processos de negócio a ser abordado aqui é o de gestão do cliente. Esse bloco de atividades é de fundamental importância para a corporação de forma geral, pois os processos nele inseridos são o cerne de um programa de gerenciamento do relacionamento com os clientes.

Este bloco de iniciativas considera os seguintes processos de negócio:

- Gestão do auto-atendimento contemplando os processos de cumprimento e aprovisionamento por meio de ações do próprio cliente, seja em qual canal de contato for.
- Garantia de autorizações para os processos de auto-atendimento por parte do cliente.
- Faturamento dos processos de auto-atendimento realizados pelo cliente, considerando premissas de segurança e flexibilidade de pré-configuração.
- Gestão das informações do cliente de forma unificada e corporativa.
- Gerenciamento das ordens de serviço executadas.
- Preparação e cálculo das propostas recebidas nos processos de pré-venda, independente do canal de contato utilizado.
- Gerenciamento dos indicadores de qualidade do serviço, mantendo a disponibilidade dos produtos e serviços de acordo com as necessidades e premissas do cliente.
- Capacidade de resolução de problemas relacionados com a conta do cliente.
- Execução e controle das faturas emitidas para os clientes de acordo com os diferentes pacotes e ofertas de produtos e serviços.
- Gestão dos processos de arrecadação e cobrança para as faturas correspondentes à utilização dos produtos e serviços da empresa.
- Gerenciamento dos recebíveis de empresa de acordo com o fluxo de caixa associado com as faturas dos produtos e serviços utilizados pelos clientes.
- Formatação do faturamento de acordo com os diferentes planos, pacotes e ofertas oferecidas pela empresa aos seus clientes.
- Gerenciamento de toda a cadeia de faturamento dos clientes. Considera a gestão dos atendentes, que se encontram na linha de frente do processo, como no Call Center, por exemplo, realizando o atendimento aos clientes, e a equipe que se encontra no back-office da empresa, como nos caso dos consultores internos, traduzindo alguns pedidos sob o ponto de vista sistêmico. A equipe de back-office também controla e adéqua o workflow de execução das ordens de serviço dentro da cadeia sistêmica.

A figura a seguir caracteriza os processos de negócio relacionados com a gestão dos clientes da empresa.

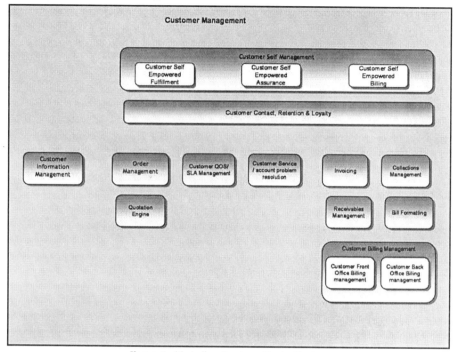

Ilustração 15: Aplicações de gestão de clientes.

Um processo de gestão do relacionamento com os clientes deve abranger todas as etapas do ciclo de vida dos consumidores, desde a entrada dos mesmos na base, passando pelo período de consumo, até o abandono da empresa. Nesse contexto, as iniciativas que estão relacionadas a um programa de CRM envolvem ações de aquisição, de vendas casadas e cruzadas, de ativação, de atendimento e suporte ao cliente, de execução de campanhas e de retenção e lealdade dos consumidores com a empresa. Para tanto, um programa de CRM deve envolver todos os pontos de contato dos clientes com a empresa, considerando todos os canais disponíveis, como Call Center, lojas, quiosques, Internet, parceiros, distribuidores e outros.

Outro fator crítico de sucesso de um programa de CRM envolve as atividades de marketing, incluindo processos de gestão de retenção, identificação de público alvo e definição de ofertas cross-sell e up-sell, ações de marketing direto e outras. Um programa de CRM deve possuir uma coleção de informações acerca dos clientes e um conjunto de aplicações que permitem personalizar, customizar e entregar os produtos e serviços de acordo com as características e necessidades dos consumidores.

PARTE III:
INFORMAÇÃO

CAPÍTULO 3
SISTEMAS DE SUPORTE À DECISÃO

Nesta parte do livro, serão apresentados os conceitos gerais de processos de geração de informações analíticas voltadas para o apoio e suporte às atividades de decisão. Este processo está fundamentalmente relacionado com a criação de ambientes de data warehouse, no qual as informações são extraídas dos sistemas transacionais da empresa, sincronizadas, transformadas em variáveis de negócio e carregadas em um repositório corporativo. A partir daí, são geradas diversas visões analíticas de informações para apoio à tomada de decisão. Uma iniciativa dessa natureza possui forte utilização em empresas de médio e grande porte, onde o volume de dados gerados é muito grande e, por conseqüência, a quantidade de informações a serem analisadas é ainda maior.

3.1. DATA WAREHOUSE

A seguir, serão apresentados os conceitos básicos sobre a metodologia e o processo de construção de ambientes de data warehouse, bem como, suas possíveis aplicações do ponto de vista de negócios.

3.1.1　Fundamentos de um Data Warehouse

O termo data warehouse foi utilizado pela primeira vez por W. H. Inmon para descrever um banco de dados projetado e construído para auxiliar as empresas no processo de tomada de decisões. Data warehouse é um processo de organização dos dados de forma a criar novos conhecimentos de negócios e permitir novos insights no processo decisório. Não se deve entender ou visualizar um data warehouse como simplesmente um sistema de banco de dados ou uma ferramenta estática e isolada de auxílio no processo de tomada de decisões, mas sim como um conjunto de tecnologias de suporte à decisão, um processo contínuo e integrado que objetiva subsidiar os analistas e executivos de negócios nas tomadas de decisões. Essa melhoria no processo decisório deve ocorrer tanto do ponto de vista quantitativo quanto qualitativo, ou seja, um ambiente de data warehouse deve permitir a tomada de decisões de forma mais rápida, acurada e em maior volume.

Um processo de data warehouse é um processo contínuo, não termina com sua implementação, segue indefinidamente enquanto ocorrerem mudanças de rumo ou objetivos no negócio, ou até de estratégias dentro de uma organização. Por esta característica de continuidade, costuma-se referenciar o processo de construção de um data warehouse como data warehousing.

Os objetivos de um ambiente de data warehouse estão presentes desde o início da utilização dos sistemas computacionais. Isto é, auxiliar as organizações a controlar e otimizar melhor os seus processos. Porém, os sistemas de banco de dados e as diversas aplicações que manipulam os dados de uma determinada organização, otimizam e controlam tais processos com uma granularidade pequena, ou seja, com o foco totalmente voltado para as transações referentes aos processos operacionais. Este tipo de ambiente é usual para o controle operacional da organização, sendo voltado para os usuários que realmente controlam os processos. Entretanto, uma classe de usuários não é atendida adequadamente por um ambiente deste tipo. Esta classe é composta pelos usuários que são responsáveis pelas tomadas de decisões nas corporações, estabelecendo estratégias de negócios, planos de marketing, campanhas promocionais etc. Para esta classe de usuários, um ambiente puramente operacional não atende as suas necessidades. Para superar esta barreira, foram idealizados e projetados os ambientes de data warehouse no qual o foco é o armazenamento das informações de uma determinada organização pertinentes ao processo de tomada de decisões. A diferença determinante, contudo, não está no armazenamento dessas informações, mas na maneira como elas são armazenadas, trazendo, desta forma, uma mudança de paradigma nos sistemas gerenciadores de banco de dados, e principalmente, nas aplicações que fazem acesso a estes sistemas.

A implementação de um ambiente de data warehouse traz algumas mudanças para a organização que o está empregando. Como qualquer mudança, esta implementação enfrentará algumas barreiras naturais por parte das pessoas. Estas mudanças dizem respeito a determinados procedimentos de negócios que serão necessários para a construção de um data warehouse, como a inclusão de determinadas verificações em algumas fases específicas do processo operacional, ou mesmo procedimentos manuais de análise e validação quando da operação do ambiente. Outros procedimentos são alterados para que novas possibilidades apareçam através da implementação de um data warehouse. O preenchimento correto e, em determinadas situações, completo dos diversos formulários pertinentes ao processo de construção de um data warehouse poderão ser absolutamente necessários, alterando as regras e fluxos de execução de determinados procedimentos empresariais, como cadastro, atendimento e interação com os clientes.

3.1.2 OLTP - On Line Transaction Processing

O ambiente tradicional dos sistemas de banco de dados, conhecido como OLTP – On Line Transaction Processing, apresenta algumas características marcantes que serão analisadas de forma comparativa com um ambiente de data warehouse, comumente referenciado como OLAP – On Line Analytical Processing.

3.1.2.1 Controle do processo

Em um ambiente operacional, as aplicações de banco de dados devem controlar os processos, ou seja, em uma entrada de dados ou atualização de dados, por exemplo, o processo como um todo, envolvendo as diversas etapas de uma entrada ou atualização de dados, deve ser controlado.

3.1.2.2 Grande volume de pequenas transações realizado diariamente

Durante a utilização das aplicações de banco de dados, diversas transações ocorrem normalmente. Por exemplo, durante um dia de trabalho, vários cadastramentos de clientes podem ocorrer, assim como diversas baixas de produtos no estoque ou, ainda, uma grande quantidade de emissões de boletas de vendas podem acontecer. Todas essas operações representam pequenas transações dentro do sistema de banco de dados como um todo, porém, elas ocorrem em grande volume durante um curto período de utilização.

3.1.2.3 O foco é na transação

Como as aplicações de banco de dados devem controlar os processos, as transações pertinentes a estes processos devem ser atômicas. O conceito de atomicidade de uma transação diz respeito à confirmação ou não das operações de banco de dados como um todo. Isto significa que ao término de uma determinada transação, que pode conter um ou mais operações de banco de dados, todas as inserções, atualizações ou remoções são executadas efetivamente. Se pelo menos uma dessas operações falhar, toda a transação falha e, então, nenhuma das operações de banco de dados relacionadas a esta transação serão efetuadas.

3.1.2.4 Um registro por transação

Cada transação insere, atualiza ou remove apenas um registro da base de dados por vez. Mesmo que uma transação seja encarada como tendo diversas operações de banco de dados, os registros das diversas tabelas da base de dados serão manipulados isoladamente, um de cada vez.

3.1.2.5 Consistência microscópica dos dados

Devido ao conceito de atomicidade da transação, uma operação de banco de dados deve ser verificada completamente. Isto implica que todos os campos do registro que está sendo inserido, atualizado ou removido podem ser consistidos de forma isolada, e, em caso de falha de apenas um deles, toda a transação pode falhar. Naturalmente, a implementação de rotinas de segurança e verificação neste nível compreende um esforço computacional considerável, podendo diminuir a performance do sistema como um todo. Este é, sem dúvida, o preço que se paga para controlar os processos dentro de um ambiente operacional.

3.1.2.6 Escopo temporal é momentâneo

Todas as informações que estão armazenadas no banco de dados possuem um escopo temporal limitado, ou seja, em algum momento elas não terão mais importância ou, até mesmo, não terão mais validade e, conseqüentemente, serão deslocadas para uma área de armazenamento secundária, como um "arquivo morto", por exemplo. Um sistema de banco de dados operacional não pode realmente, armazenar indefinidamente todas as informações que lhe são inseridas. Isto implicaria em uma queda de performance considerável do sistema de banco de dados com o passar do tempo, já que, a cada dia, mais e mais informações seriam armazenadas na base, comprometendo as operações de banco de dados, como inserção, atualização e remoção, as consultas, bem como as restrições de integridade implementadas na base de dados.

3.1.2.7 Consultas pré-concebidas

Em um ambiente operacional, as consultas à base de dados são pré-concebidas e implementadas através das aplicações de banco de dados. Evidentemente, a implementação de novas consultas pode demandar um tempo considerável, já que as consultas devem ser especificadas pelo usuário e, posteriormente, codificadas, implementadas e testadas por um analista, programador ou por um administrador de banco de dados. O tempo de implementação de novas consultas pode ser proibitivo com relação à expectativa de resposta do usuário.

3.1.2.8 Ambiente estático

Pelo fato das consultas serem pré-concebidas ou demandarem um tempo considerável para sua implementação, o ambiente operacional torna-se um ambiente estático, ou seja, ele é uma fotografia do estado corrente da aplicação de banco de dados utilizada. Qualquer tipo de alteração nestas aplicações, ou em relatórios e consultas nelas inseridas, necessitam ser implementadas como um novo processo sistêmico.

3.1.3 OLAP - On Line Analitycal Processing

O ambiente proposto através da implementação de um data warehouse, conhecido como OLAP – On Line Analitycal Processing, apresenta um nível considerável de diferenças com relação ao ambiente operacional, que serão analisadas de forma comparativa.

3.1.3.1 Não controla o processo

No ambiente de data warehouse não existe controle do processo, visto que todos os processos pertinentes aos sistemas de banco de dados e suas aplicações são controlados no ambiente operacional. As informações contidas no data warehouse são oriundas, quase na sua totalidade, do ambiente operacional, onde todos os dados já foram validados e consistidos.

3.1.3.2 Pequeno volume de grandes transações realizado diariamente

Como as informações contidas em um data warehouse são provenientes do ambiente operacional, conforme mencionado anteriormente, todas as transações realizadas no sistema de banco de dados operacional não precisam ser feitas no data warehouse. Portanto, basta copiar os dados pertinentes ao ambiente de data warehouse a partir do ambiente operacional. Esta cópia dos dados contidos no ambiente operacional para o data warehouse é conhecida como "carga". Nesta carga, as informações pertinentes ao data warehouse são agregadas e sumarizadas, de acordo com o objetivo do data warehouse. A carga do sistema operacional para o data warehouse pode ser considerada como uma transação. Desta forma, o número de transações no ambiente de data warehouse é na verdade o número de cargas realizadas a partir do sistema operacional. Normalmente, esta carga dá-se um ou duas vezes ao dia e possui naturalmente um grande volume de dados. Ou seja, o número de transações é pequeno, porém, o volume da transação é grande.

3.1.3.3 Foco é no conjunto dos dados

Os dados oriundos do ambiente operacional podem ser sumarizados e agregados conforme mencionado anteriormente, portanto, o importante em um ambiente de data warehouse é o conjunto dos dados e não a disposição dos mesmos de uma forma isolada. Por exemplo, não é importante saber o endereço de determinado cliente, mas a região dos clientes de maior poder de compra. Ou seja, o que interessa não é o dado isolado, mas a sumarização deles.

3.1.3.4 Milhares de registros por transação

Como já foi dito, a carga do ambiente operacional para o data warehouse é caracterizada por pequenas quantidades de transações com grandes volumes de dados. Isto significa que, dentro de uma transação no ambiente de data warehouse, que é a carga do operacional, um grande número de registros são passados de um ambiente para o outro. Na verdade, todos os registros pertinentes ao data warehouse que estão no sistema de banco de dados operacional.

3.1.3.5 Não há consistência, apenas consulta

Como não existe controle no ambiente de data warehouse, as informações por ele comportadas não precisam ser consistidas. A grande finalidade do data warehouse é proporcionar uma maneira eficaz de se realizar consultas estratégicas para o processo de tomada de decisões. Como o ambiente é apenas de consulta, as informações nele contidas não precisam ser validadas. Na verdade, elas já o foram, quando estavam no ambiente operacional.

3.1.3.6 Escopo temporal é histórico

Conforme mencionado anteriormente, a finalidade do ambiente de data warehouse é proporcionar um meio eficiente de consultar a base de dados, de forma a auxiliar o usuário no processo de tomada de decisões. Estas consultas normalmente são complexas e envolvem comparações históricas. Estas comparações, no decorrer do tempo, determinam as estratégias a serem adotadas em determinado segmento de negócios. Portanto, o tempo é uma dimensão fundamental em um ambiente de data warehouse e, por isso, as informações nele contidas são armazenadas por um longo período de tempo.

3.1.3.7 Consultas ad-hoc

As consultas em um ambiente de data warehouse podem ser realizadas de forma instantânea, ou seja, na medida em que elas vão sendo necessárias, o usuário pode ir compondo as diversas dimensões do data warehouse para efetuar as consultas adequadas. Isto é possível graças ao modelo de dados multidimensional fornecido pelo ambiente OLAP.

3.1.3.8 Ambiente dinâmico

Como as consultas podem ser montadas na hora em que se fazem necessárias, o ambiente de data warehouse torna-se um ambiente dinâmico. Isto implica em um ganho substancial de tempo no processo de tomada de decisão, pois as consultas podem retornar repostas imediatas e serem compostas de diversas dimensões sobre determinado segmento de negócios. Através dos sistemas de consulta OLAP, várias análises podem ser pré-concebidas, as mais solicitadas, por exemplo. Porém, isto não limita de forma alguma a dinamicidade do ambiente, pois ele continuará permitindo a montagem de consultas ad hoc.

3.1.4 Data Warehousing

Todas as empresas possuem dados. A maioria delas possui uma grande quantidade de dados em seus sistemas computacionais. Estes dados referem-se aos seus negócios e ao mercado como um todo em que a organização se encontra. Muitas vezes, estes dados estão armazenados em diferentes lugares, por diferentes sistemas de banco de dados que normalmente não se comunicam entre si, dificultando a extração e publicação da informação armazenada.

Por meio da implementação de um ambiente de data warehouse, estas organizações podem guardar seus dados em um único lugar, facilitando o acesso e a utilização das informações nele contidas. Esta característica representa a transformação do dado em informação.

O uso mais importante da base de conhecimento criada a partir de um data warehouse tem sido a avaliação das estratégias de negócios estabelecidas e a possibilidade de descobrimento de novas oportunidades dentro do mercado. O conhecimento através da implantação de um data warehouse também é utilizado para controle de inventários, revisão de métodos de produção, estabelecimento do perfil dos clientes etc. A criação e utilização desta base de conhecimento, por meio de um ambiente de data warehouse, caracteriza a transformação da base de dados em base de conhecimentos.

Em um sentido puramente mercadológico, a implantação e a utilização de um ambiente de data warehouse representam o conceito de se comunicar com o cliente certo, utilizando a oferta certa, no momento certo, através do canal certo.

De um modo geral, as empresas projetam e constroem ambientes de data warehouse porque suas informações não podem ser analisadas adequadamente na forma em que estão armazenadas nos sistemas de banco de dados tradicionais. O processamento de dados para suporte à decisão avalia a informação que está por trás dos dados. É a diferença entre o processamento de dados operacionais e processamento de dados de apoio à decisão, ou analíticos.

3.1.4.1 OLAP

O processamento analítico on-line, Online Analitycal Processing, ou simplesmente OLAP, foi introduzido por E. F. Codd em 1993. Sua idéia básica é que os gerentes possam manipular modelos de dados através de muitas dimensões, para que possam entender as mudanças que estão ocorrendo no seu segmento de negócios. Desta forma, Codd estabeleceu um conjunto de 12 regras para o ambiente OLAP:

1. Visão multidimensional.
2. Transparência para o usuário.
3. Acessibilidade.
4. Relatórios consistentes.
5. Arquitetura cliente/servidor.
6. Dimensionalidade genérica.
7. Direcionamento de matriz dinâmica.
8. Suporte multiusuário.
9. Operações dimensionais cruzadas.
10. Manipulação de dados intuitiva.
11. Relatórios flexíveis.
12. Dimensões ilimitadas, agregações.

Os usuários responsáveis pelo processo de tomada de decisões gostariam de ter respostas, de forma imediata e precisa, sobre determinadas questões referentes ao seu segmento de negócios, como por exemplo:

- Quem contrata nossos serviços?
- Quais produtos são mais rentáveis?
- Qual o volume de vendas por região ou período?
- Quem são os melhores clientes em termos de volume de compras?
- Quais clientes são mais rentáveis?

Os sistemas de bancos de dados transacionais, utilizados tradicionalmente pelas corporações para suportar o processo operacional, até podem responder estas perguntas, porém, de uma forma insatisfatória, especialmente no que diz respeito ao tempo e a precisão dos dados retornados.

Em um mercado cada vez mais globalizado e competitivo, estas respostas devem ser imediatas e extremamente precisas. Desta forma, um ambiente de data warehouse deve organizar os dados da forma mais eficiente possível para que se possa responder as questões de um determinado negócio.

O grande valor de um ambiente de data warehouse é exatamente obter tais respostas na velocidade da própria necessidade em que elas se apresentam.

As questões mais freqüentes, no que diz respeito ao processo de tomada de decisões, podem ser classificadas em sete grupos de perguntas:

Restrições simples

"Mostrar as vendas de cerveja em setembro de 1997."

Subconsultas simples

"Mostrar as vendas de cerveja em setembro de 1997, nas lojas que tiveram vendas deste produto acima da média."

Subconsultas correlacionadas

"Mostrar as vendas de cerveja para cada mês de 1997, nas lojas que tiveram vendas deste produto acima da média naquele mês."

Consultas comportamentais simples

"Mostrar as vendas de cerveja em setembro de 1997 cuja penetração domiciliar de nossa cadeia nos 12 meses anteriores a setembro foi acima de

2 desvios-padrão a menos que a penetração domiciliar do mesmo produto de nossos concorrentes."

Consultas comportamentais derivadas

"Mostrar as vendas identificadas do exemplo 4 que tiveram uma taxa de devolução de mercadoria de mais de 2 desvios-padrão que nossos concorrentes."

Consultas progressivas de subconjuntos

"Mostrar as vendas do exemplo 4 que foram mostrados similarmente em agosto de 1997, mas não em julho de 1997."

Consultas de classificação

"Mostrar a porcentagem das vendas de cerveja não alcoólica contidas nas 1000 cestas de supermercados cujo conteúdo coincide melhor com uma família de perfil jovem e consciente com relação à saúde."

Os sistemas de banco de dados operacionais podem responder sem problemas as perguntas dos grupos um e dois, ou seja, as restrições simples e as subconsultas simples. Através de aplicações específicas de banco de dados, pode-se responder as questões do grupo três, ou seja, as subconsultas correlacionadas.

Porém, os outros quatro grupos de perguntas não são passíveis de respostas nestes ambientes puramente operacionais. Para respondê-las, deve-se empregar ferramentas OLAP em um ambiente de data warehouse. Determinadas questões, como as consultas comportamentais, se utilizam de informações que estão fora do escopo do sistema de banco de dados operacional. São questões referentes aos concorrentes, por exemplo. Uma grande vantagem de um ambiente de data warehouse é a integração dos dados, inclusive de dados externos ao sistema operacional. Através desta integração de dados, internos e externos ao sistema, torna-se possível se obter respostas para as questões como as consultas comportamentais.

3.1.5 Arquitetura de informações de um Data Warehouse

Um projeto de data warehouse tem por objetivo dotar as empresas de uma infra-estrutura de informações de apoio à decisão, que deve ser estável e confiável, fornecendo informações analíticas e gerenciais para as diversas áreas de negócios da corporação. A disponibilidade de informações gerencias, sob diversas óticas, baseado em diferentes fatores de consulta, permite a criação e disseminação de inteligência competitiva por toda a empresa, capacitando seus colaboradores a tomarem decisões melhores, mais acuradas e de forma mais rápida, aproveitando as oportunidades de negócio de maneira mais eficiente.

Um ambiente dessa natureza deve proporcionar agilidade na formação das consultas e análises e, para tanto, deve ser implementado por meio de ferramentas que permitam rapidez e flexibilidade na sua construção e, principalmente, na sua manutenção evolutiva, que é extremamente importante para manter o data warehouse útil para a corporação, voltado aos objetivos de negócio da empresa e aderente às oportunidades de mercado.

O ambiente do data warehouse deve prover informações atuais, seguras e formatadas de maneira que os usuários possam inferir conhecimento de negócios e inteligência competitiva a partir dos dados disponíveis nos sistemas transacionais da empresa.

O processo de construção de um data warehouse começa pela fase de levantamento de requisitos, onde as áreas usuárias deverão expor suas necessidades de negócio. A partir desse levantamento, é possível estabelecer quais são as principais métricas a serem disponibilizadas pelo ambiente de informações gerenciais, e quais serão as dimensões de visualização e composição dessas métricas. O cruzamento das métricas com as dimensões levantadas na fase de requisitos define quais serão os fatos a serem construídos, que por sua vez, fornecerá subsídio suficiente para a criação dos modelos multidimensionais relativos ao data warehouse.

Após a etapa de modelagem, passa-se à construção do ETL – Extract, Transformation and Load, quando serão definidas as estratégias de conversão dos dados oriundos dos sistemas legados, a transformação dos dados operacionais em variáveis de negócio e a consistência das informações provenientes de fontes heterogêneas em um único ambiente integrado.

Terminado o processo de ETL, fundamental para a construção do data warehouse, os próximos passos são determinantes para o sucesso do projeto. A definição das estratégias de consulta ao ambiente de informações gerenciais passa pelo estabelecimento de uma camada de consultas e relatórios, normalmente relacionada à construção de data marts, subconjunto dos dados do data warehouse direcionados por assunto, por contextos de negócio, não apenas departamentais, formando um conjunto de aplicações analíticas. Adicionalmente, existe ainda uma outra camada analítica, de visões gerenciais, normalmente relacionadas com a construção de cubos multidimensionais, formando um conjunto de aplicações gerenciais mais específicas para determinada necessidade de negócio.

Essa última camada disponibiliza uma série de visões de negócios pré-definidas, oferecendo a possibilidade de visualização das métricas estabelecidas por diferentes cruzamentos de dados, de forma rápida e flexível, permitindo aos tomadores de decisão a realização de uma grande quantidade de consultas gerenciais em um curto espaço de tempo. Essas visões gerenciais podem gerar conhecimento a respeito dos negócios da empresa de forma bastante simples, na medida em que as consultas podem ser aprofundadas de acordo com a necessidade dos usuários. As ferramentas MOLAP – Multidimensional OLAP – são as mais adequadas para esse tipo de ambiente. A primeira camada está mais relacionada a um ambiente de consultas analíticas, como a geração de listas baseadas em determinado conjunto de regras ou a análise mais detalhada de determinado subconjunto de informações. As ferramentas desse nível de exploração são bastante flexíveis, permitindo a definição das consultas em tempo de execução na medida em que se deseja detalhar as visões gerenciais. As ferramentas ROLAP – Relational OLAP – são as indicadas para esse tipo de ambiente.

Adicionalmente aos ambientes descritos anteriormente, existem metodologias e ferramentas de exploração de um data warehouse que permitem a utilização de todo o potencial de um repositório de informações gerenciais. Essas ferramentas podem estar associadas às três camadas do ambiente informacional: ao data warehouse propriamente dito, aos data marts e aos cubos multidimensionais. Nessa última camada, podem se estabelecer alertas automáticos de variação de determinadas métricas por meio da comparação dos desvios padrões dos valores das variáveis, entre si e ao longo de séries temporais. Ferramentas de mineração de dados exercem essa função de forma extremamente eficiente, indicando alterações acentuadas nos valores das métricas e indicando alterações nos comportamentos de determinados cenários ou segmentos de negócio. Isto significa dizer que, além da capacidade de prover aos usuários a possibilidade de visualizar informações gerenciais sob diversas óticas, esse ambiente permite a indicação automática de mudanças de comportamento em determinadas variáveis de negócio.

Associadas às camadas de dados mais detalhados, como ao data warehouse e aos data marts, as mesmas ferramentas de mineração de dados, ou data mining, podem ser utilizadas para reconhecer padrões de comportamento no grande volume de informações disponíveis. Por meio de técnicas estatísticas e algoritmos de inteligência artificial, essas ferramentas podem identificar agrupamentos de dados baseados em levantamento de características comuns, desenvolverem modelos de classificação por meio de reconhecimento de classes de dados, realizarem predição de situações, cenários e valores, assim como definir regras de associação para compor carteiras de produtos e serviços. Dependendo do segmento de mercado, em especial para o varejo, existem ainda outras técnicas, como as regras de seqüência de associação, que identificam a ordem temporal de determinados acontecimentos.

De maneira geral, além de disponibilizar informações gerenciais com base nos processos operacionais da empresa de forma integrada e consolidada, um ambiente de exploração de data warehouses deve, sobretudo, oferecer possibilidades de identificação de informações úteis ao negócio e, assim, gerar inteligência competitiva para a corporação. As funcionalidades de visualização dos dados de negócio fornecem capacidade semântica às análises de resultados, proporcionando um diferencial competitivo para o ambiente em questão e, por conseqüência, para as empresas.

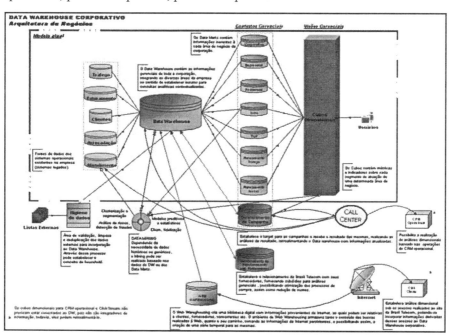

Ilustração 16: Arquitetura de informações de um Data Warehouse.

A figura anterior apresenta uma arquitetura geral relacionada a um ambiente de inteligência de negócios ou BI – Business Intelligence. Este ambiente envolve os sistemas legados, que são responsáveis pelo processamento dos dados de transação e operação da empresa, pelo processo de extração, transformação e carga desses dados para o repositório central e pelas camadas de apresentação, em um nível mais detalhado e com menor histórico de informações. Esta última camada pode ser dividida entre os data marts e um nível ainda mais agregado, mas com maior capacidade de dados históricos, o nível dos cubos multidimensionais.

Como uma arquitetura de inteligência de negócios, a figura apresenta ainda outros processos tecnológicos pertinentes às atividades de BI, como a mineração de dados, associada regularmente ao data warehouse de forma direta; as iniciativas de limpeza e higiene de dados, associadas à entrada do data warehouse; a criação de data marts de gerência de campanhas, associada à um programa de gestão do relacionamento com os clientes e de gestão da cadeia de suprimentos; e, por fim, a criação de uma biblioteca digital contendo informações extraídas da Internet sobre dados e hábitos dos clientes, sobre informações da concorrência, do mercado ou quaisquer outras.

Independente da tecnologia empregada na construção de ambientes de inteligência de negócios, um ponto fundamental de caráter lógico, não físico, é a modelagem dos dados pertinente ao um ambiente de data warehouse. Essa modelagem deve considerar as questões de negócios envolvidas ao ambiente analítico, considerando as entidades pertinentes ao negócio empresarial, assim como as métricas e indicadores a serem acompanhados e por quais dimensões esse acompanhamento se dará.

O tópico a seguir abordará especificamente as questões relativas à modelagem de dados para a criação de ambientes de inteligência de negócios.

3.1.6 Modelagem multidimensional

A modelagem dimensional é a única abordagem viável para a entrega de dados gerenciais aos usuários através de em um ambiente de data warehouse. Este tipo de modelagem se constitui em uma técnica de projeto lógico de dados que busca apresentar as informações em um formato mais intuitivo aos usuários e que permita melhor performance nas consultas analíticas a serem realizadas em um ambiente de apoio à tomada de decisões.

A base para a construção de um ambiente de data warehouse, e, por conseqüência, da possibilidade de realização de consultas analíticas com foco no apoio à tomada de decisão, é a modelagem multidimensional. Pode-se dizer que o grande diferencial entre os sistemas transacionais e os sistemas de apoio à decisão é o tipo de modelo de dados associado a cada um deles. No primeiro, o modelo que prevalece é o modelo de entidade e relacionamento, ou modelo relacional, que representa as entidades relativas a uma determinada operação do negócio e o relacionamento existente entre elas. Para o segundo caso, relacionado ao data warehouse, o modelo de dados predominante é o modelo multidimensional, caracterizado pela representação dos fatos de negócio que devem ser monitorados ou analisados e as possíveis consolidações ou visualizações sobre esses fatos.

3.1.6.1 Modelo dimensional versus modelo relacional

A modelagem dimensional apresenta algumas peculiaridades em relação ao modelo de entidades e relacionamento tradicionalmente utilizado na elaboração de sistemas transacionais. Um diagrama de entidade e relacionamento está focado no processo operacional de determinada área, situação ou problema. O objetivo principal é estabelecer o relacionamento correto entre as diversas entidades pertencentes a um determinado processo, assim como, descrevê-las de forma completa e adequada à solução proposta. O diagrama de entidade e relacionamento deve descrever como cada uma das entidades interfere no processo como um todo, estabelecendo uma visão abrangente das transações e operações que ocorrem em uma dada situação.

O modelo dimensional está focado basicamente em estabelecer visões integradas para as informações gerenciais. O objetivo não é modelar um processo operacional, uma transação ou até uma área de negócios, mas sim fornecer insumo informacional aos gerentes para que eles tomem decisões mais consistentes. Para tanto, um modelo dimensional deve integrar, agregar e sumarizar informações de diferentes áreas de negócio, de sistemas transacionais distintos provenientes de plataformas heterogêneas, sempre com o objetivo de fornecer a visão analítica pertinente ao processo decisório. Assim, um modelo de dados voltado para um ambiente de data warehouse corporativo não deve estar alinhado à integração pura e simples dos dados oriundos dos sistemas transacionais, mas sim às estratégias de negócio da empresa, sob a luz de suas ações de mercado.

3.1.6.2 Componentes do modelo dimensional

O modelo dimensional possui alguns componentes que o caracterizam e é basicamente composto pelas tabelas de fato e dimensão, os relacionamentos entre elas, seus atributos, as hierarquias e o grão das informações.

Os fatos são as medidas do negócio, representando os dados necessários para as análises do negócio, monitorando o desempenho das ações estratégicas e táticas, assim como, os fatores críticos de sucesso. As dimensões são os eixos de consulta das medidas, além de estabelecer o escopo temporal do data warehouse, através da dimensão tempo, sempre presente nos modelos dimensionais. Os relacionamentos estabelecem o comportamento que as entidades constituintes do negócio possuem entre si. Os atributos são os guias do data warehouse, armazenando as descrições textuais das informações contidas nas dimensões. Eles definem os níveis de agregação e são utilizados como fonte de restrições e cabeçalhos de linhas, permitindo ao usuário apresentar os dados agrupados por tipos de informação. Os atributos representam os níveis da dimensão, constituindo-se nos qualificadores das mesmas. As hierarquias formam a estrutura de informação adequada para representar o modelo de negócios. Por fim, o grão representa o menor nível de detalhe para o armazenamento das informações contidas nas tabelas de fato.

Os fatos e as dimensões são tabelas físicas como nos modelos relacionais, porém, com representatividade distinta deste último. As tabelas de fato e de dimensão, se relacionam através da composição de chaves, que podem ser naturais, ou seja, oriundas dos sistemas legados, ou artificiais, isto é, criadas no escopo do ambiente do data warehouse, tornando-o mais independente de possíveis alterações em suas fontes. As tabelas de fato estabelecem as agregações e sumarizações necessárias à determinada visão analítica que se deseja criar, apresentando as métricas pertinentes ao processo decisório relacionado com uma área de negócio. As tabelas de dimensão, por sua vez, definem as variáveis pelas quais estas métricas podem ser visualizadas, caracterizando, desta forma, todo o espectro possível de consulta em um contexto gerencial. Um ambiente de data warehouse estabelece uma série temporal, e, através da dimensão tempo, este ambiente estabelece o comportamento do negócio ao longo do tempo dos fatos a serem observados.

Por sua característica em fornecer medidas, a tabela de fato está normalmente associada a grandes volumes de dados, ao passo que as dimensões estão associadas às descrições textuais das variáveis de consultas das informações. As tabelas de dimensões representam os pontos de entrada do data warehouse, onde os fatos apresentam o quê se pode ver e, as dimensões, pelo quê se pode ver.

Uma das grandes vantagens do modelo dimensional é que ele é reconhecível pelos usuários de negócio, dando ciência de como as informações gerenciais serão apresentadas no ambiente de tomada de decisão. Sob o aspecto técnico, o modelo dimensional é previsível para os programas geradores de relatórios, assim como, para as ferramentas de consultas multidimensionais. As tabelas de fato facilitam o produto cartesiano das consultas às informações contidas no ambiente de tomada de decisão. Em contra partida, as tabelas de dimensão em um modelo dimensional são simétricas, fazendo com que o modelo lógico fique independente do padrão das consultas habitualmente realizadas, tornando-o extensível para a incorporação de novos elementos de dados, bem como, de novas decisões de projeto. Isto significa dizer que a adição de novas funcionalidades no decorrer do projeto se dá através da facilidade de alteração das suas tabelas, sem necessidade de recargas, sem alteração das aplicações e, sobretudo, sem alteração dos resultados já obtidos. Estas facilidades são pertinentes às tabelas de fato, de dimensões e aos seus respectivos atributos, assim como, às hierarquias dimensionais estabelecidas por conta das visões de negócios.

Um modelo dimensional é utilizado para compor logicamente as informações de um ambiente de tomada de decisões, como um data warehouse, e, para tanto, contempla a criação de um tipo especial de tabela, conhecida como tabela agregada. Estas tabelas são extremamente úteis para a resolução de problemas de performance na execução das consultas analíticas, comuns em um ambiente dessa natureza. Como as tabelas de fato possuem as métricas a serem consultadas, e as tabelas de dimensões se constituem nos possíveis cruzamentos para compor tais métricas, as consultas analíticas podem ser encaradas como produtos cartesianos entre as tabelas de fatos e as de dimensões. As tabelas agregadas são utilizadas, então, para armazenar o produto cartesiano das consultas realizadas com freqüência, evitando a necessidade de repetidas execuções das mesmas sempre que houver necessidade.

O cruzamento das informações contidas nas tabelas de fatos e de dimensões cria os cubos de dados. Nestes cubos, as células possuem os valores a serem consultados efetivamente, que são as métricas contidas nas tabelas de fato, e as arestas dos cubos possuem as dimensões, que representam as possíveis formas de visualização das medidas.

Durante a modelagem dimensional de determinado processo de negócio, é possível se deparar com a identificação de um conjunto muito grande de tabelas de fatos e, por conseqüência, de um número extremamente elevado de tabelas de dimensões. Como as consultas são basicamente agrupamento dos dados contidos nas tabelas de fatos pelas diversas variáveis armazenadas nas tabelas de dimensões, o produto cartesiano necessário para montar uma determinada consulta pode se tornar consideravelmente custoso, ou até impraticável, mesmo em termos computacionais. Assim, deve-se analisar com cuidado o número de dimensões associadas a cada tabela de fato no modelo dimensional proposto. Um número entre quatro e quinze dimensões é considerado normal e, comumente, mais de vinte dimensões indica que muitas delas podem ser agrupadas, reduzindo o número total de cruzamentos, ou mesmo a tabela de fato pode ser quebrada, diminuindo as possibilidades do produto cartesiano.

3.1.6.3 Tipos de modelos

Dois tipos de modelos dimensionais são utilizados com freqüência em ambientes de data warehouse, são eles: star schema e snowflake. Cada um deles possui um conjunto de características particulares e funcionalidades distintas, focadas para diferentes soluções de modelagem.

O modelo star schema, também conhecido como estrela, é formado por uma tabela de fato se relacionando com várias tabelas de dimensões. Este tipo de modelagem está extremamente voltado para a criação de produtos cartesianos, necessários para a montagem de determinadas consultas analíticas. As dimensões são simétricas em relação à tabela de fatos e suas informações hierárquicas estão desnormalizadas. Com isso, a tabela de fato também fica desnormalizada. As informações relacionadas aos atributos ficam armazenadas nas tabelas de dimensão, onde cada uma delas possui uma chave na tabela de fato.

O modelo snowflake utiliza uma técnica de incorporação de outriggers, que são tabelas que normalizam as informações das dimensões. Com isso, pelo menos uma dimensão deve estar normalizada no modelo. As informações relacionadas aos atributos das tabelas de dimensão normalizada ficam armazenadas nas tabelas de outriggers, e as imformações das dimensões desnormalizadas ficam armazenadas nela mesmas.

3.1.6.4 Tipos de dimensões

As dimensões também possuem alguns tipos distintos que caracterizam a forma, a freqüência, bem como, o tamanho das atualizações.

Slowly Change Dimensions
São as dimensões que possuem uma baixa freqüência de atualização em seus registros. Com certeza, baixa ou alta freqüência de atualização são conceitos extremamente subjetivos, contudo, estas taxas devem ser definidas de acordo com as regras de negócio da empresa e com seus objetivos

estratégicos. Um exemplo que pode ser citado é a dimensão de clientes: seus atributos não se alteram com uma alta freqüência. Na maioria dos casos, a dimensão de produtos também com se encaixa nessa categoria. As slowly change dimensions podem ainda ser categorizadas em três tipos:

- No Tipo 1, nas atualizações de informações iguais, os registros novos sobrescrevem os registros velhos, fazendo com que o histórico das mudanças seja perdido.
- No Tipo 2, nas atualizações de registros iguais, cria-se um novo registro na dimensão, utilizando um novo valor para a chave, mantendo o registro antigo.
- No Tipo 3, nas atualizações de registros iguais, cria-se um outro campo no registro da dimensão para armazenar o atributo anterior. Com isso, ambos os atributos, o novo e o velho ficam armazenados na dimensão ao mesmo tempo, no mesmo registro.

Rapidly Change Small Dimensions
São dimensões que possuem alta freqüência de atualização em seus registros e o seu volume de informações é relativamente pequeno. Como exemplo, podemos citar dimensões que armazenam regras de negócio da empresa ou estratégias relacionadas às ações de marketing, como campanhas de relacionamento. Normalmente, estas dimensões possuem volumes reduzidos de dados.

Large Dimensions
São dimensões que possuem um enorme volume de dados armazenados e, normalmente, representam o acervo informacional da empresa. Como exemplo, podemos citar a dimensão de clientes.

Rapidly Change Monster dimensions
São dimensões que possuem um enorme volume de dados armazenados e uma alta freqüência de atualização em seus registros. Este tipo de dimensão representa o pior caso na modelagem de dimensões para um ambiente de data warehouse.

3.1.6.5 Arquitetura de negócios

Existem algumas arquiteturas de negócio possíveis para a implementação de um ambiente de data warehouse, bem como, para a seqüência de criação e disponibilização das visões gerenciais.

Com relação à construção do ambiente de data warehouse, pode-se criar data marts independentes, atendendo as necessidades de áreas de negócios diferentes, e, após isso, integrá-los em um ambiente corporativo. Uma outra estratégia, mais demorada, porém, mais consistente, é a definição de um modelo dimensional corporativo, estabelecendo a composição de um ambiente de data warehouse para as diversas áreas de negócio da empresa e, com isso, integrando todas as informações pertinentes ao processo de tomada de decisões. Ainda que a criação desta estrutura de informações demande um tempo maior de construção, ela pode ser feita por etapas. O mais importante, contudo, é manter-se foco no contexto corporativo, mesmo que as entregas das visões gerenciais venham a ser executadas de forma progressiva.

Um ambiente de data warehouse pode ainda possuir duas ou três camadas de informações gerenciais. Na estratégia de duas camadas, constrói-se o data warehouse, que pode ser acessado através de ferramentas ROLAP e cria-se uma outra camada com informações armazenadas em forma de cubos, acessíveis por meio de ferramentas MOLAP. Existe ainda uma alternativa para o modelo de duas camadas, na qual a camada adicional ao data warehouse é formada por data marts, sendo os mesmos acessados por meio de ferramentas ROLAP. No caso de três camadas, têm-se o data warehouse como um integrador de informações corporativas, uma segunda camada com data marts contextualizados por necessidades de negócios específicas, contendo informações mais segmentadas pelas áreas de marcado da empresa, e uma terceira camada com informações relacionadas às visões gerenciais propriamente ditas, com informações ainda mais específicas por segmento e contexto de negócio. Análogo ao modelo de duas camadas, nesta segunda camada, dos data marts, as informações podem ser acessadas por meio de ferramentas ROLAP e, na terceira camada, dos cubos multidimensionais, por meio de ferramentas MOLAP. Todavia, cada uma das camadas de disponibilização e publicação das informações deverá possuir dados armazenados em granularidades distintas, com agregações e consolidações diferentes, voltadas para cada tipo de ação relacionada ao processo decisório. Cada uma dessas camadas possui ainda um histórico de armazenamento diferente, estabelecendo cada qual seu escopo temporal em termos de informações gerenciais e análises históricas.

Desta forma, cria-se a possibilidade de se estabelecer uma infra-estrutura de informações de apoio à tomada de decisões estável e, principalmente, confiável, disponibilizando e disseminando as informações gerenciais por toda a corporação, tornando-a mais competitiva. A aplicação destas técnicas proporciona agilidade e precisão no processo decisório, tanto no nível estratégico quanto no nível tático, através da construção de um ambiente de desenvolvimento rápido e flexível.

Um tema extremamente relevante em uma iniciativa de implantação e produção de um ambiente de data warehouse, especialmente sob o ponto de vista do processo de negócios e da tomada de decisão, é a qualidade das informações que saem do ambiente analítico. Por este motivo, a implementação de processos de qualificação de dados em um ambiente de data warehouse é de fundamental importância para as tomadas de decisão, tornando-as mais assertivas.

O próximo item aborda de forma sucinta alguns temas importantes que se referem ao processo de qualificação dos dados de um ambiente de data warehouse.

3.1.7 Qualidade do Data Warehouse

Uma das características das ciências exatas é a precisão das informações obtidas, a segurança dos dados extraídos nos diversos processos científicos utilizados. Cálculos físicos e matemáticos nos dão retornos numéricos precisos. Utilizando-se fórmulas físicas e matemáticas, pode-se esperar exatidão nos resultados obtidos para problemas propostos. Através de procedimentos químicos, pode-se mensurar tempo de reação dos componentes e realizar previsões sobre os resultados que poderão ser alcançados.

Essa característica tem razão de ser. Essas ciências, além de terem seus conceitos básicos extremamente bem sedimentados, possuem métricas, unidades de medidas que padronizam o campo de atuação das mesmas. A métrica é que fornece o sentido de exatidão para essas ciências.

Contudo, para se ter o conceito de ciência exata, não basta apenas estabelecer uma unidade de medida, é preciso também que se tenha um método de medição, um processo de se mensurar de forma segura.

A preocupação com a melhoria dos processos produtivos sempre existiu. Essa busca por produtividade e qualidade, porém, está pressionando empresas e profissionais envolvidos nos processos de produção a atingirem patamares de excelência em seus produtos e serviços. Através de metodologias e técnicas, são implantados programas de qualidade e produtividade para se atingir tal objetivo.

Um problema enfrentado pela área de Tecnologia da Informação, ainda hoje, é a pouca utilização de metodologias e técnicas nos processos de desenvolvimento de sistemas. No caso de um data warehouse, que, muito mais que um sistema, é um ambiente complexo envolvendo vários componentes entre software e hardware, o problema de se medir qualidade é bem mais difícil, sobretudo, quando a qualidade dos processos está diretamente ligado à qualidade dos resultados obtidos. Um ambiente de data warehouse é responsável pela disseminação do conhecimento do negócio da empresa, criando, assim, inteligência competitiva para a mesma. Com isso, a introdução de medidas de qualidade torna-se mais imprescindível.

A implantação de um processo de qualidade de dados em um ambiente de data warehouse deve cobrir todas as suas fases de desenvolvimento. Com isso, em cada etapa de construção de um ambiente de inteligência de negócios, deve-se implementar processos de qualificação de informações, desde o levantamento dos requisitos, passando pelo mapeamento dos campos provenientes dos sistemas legados, pelo desenvolvimento do ETL, pela criação de um modelo multidimensional corporativo, pela disponibilização das informações por meio de ferramentas OLAP e pela validação dos dados apresentados às áreas de negócio.

Contudo, sem o emprego de metodologias de qualidade e sem a utilização de métricas, não podemos estimar os custos de desenvolvimento, estabelecer previsões de entrega, mensurar o esforço de implementação e, principalmente, não podemos realizar um acompanhamento qualitativo do processo produtivo, vital para um data warehouse, uma vez que este é um ambiente em constante evolução.

Segundo David Card, um programa de métricas deve estar focado basicamente em duas questões: quais dados devem ser coletados e o que fazer com eles. Uma vez equacionadas estas questões, um programa de qualidade, ou seja, de estabelecimento de métricas, deve seguir alguns passos básicos. Estes passos são referentes à definição do objeto da medição, à identificação dos atributos que serão medidos, à especificação do uso dos resultados da medição, à coleta dos dados seguindo os passos anteriores, à verificação e modificação do modelo de acordo com as análises e à experiência de aplicações com os dados coletados.

Entretanto, a utilização de uma metodologia para implantação de um programa de qualidade não modifica os modelos existentes tampouco os processos implementados. Ela simplesmente auxilia na gestão e manutenção da qualidade do ambiente de data warehouse, fornecendo informações que darão embasamento para as tomada de decisões com relação aos rumos do projeto. Deve ficar claro que as métricas definidas não substituem bons métodos, apenas ajudam a assegurar bons projetos e processos de desenvolvimento eficientes.

3.1.7.1 Objetivos

Um dos principais objetivos de um data warehouse é eliminar problemas relativos ao negócio da corporação, como perda de receita, altos custos de produção, incapacidade de manter seus clientes fiéis, perda de market share, dentre outros. Para alcançar esse objetivo, um projeto de data warehouse deve estabelecer algumas metas de curto e longo prazo. As de curto prazo são relativas a cada iteração do data warehouse e beneficiam diretamente os usuários. As de longo prazo são alcançadas durante o tempo de vida do mesmo e a principal questão nesse sentido é alinhar os pontos focais do data warehouse aos objetivos estratégicos da empresa. Para tanto, é preciso que algumas questões sejam respondidas, como por exemplo: quais são os principais problemas da empresa relativos ao negócio, quais objetivos do data warehouse estão endereçados a esses problemas e, por último, como o data warehouse pode ajudar a eliminar tais problemas.

Um dos objetivos é melhorar a qualidade dos dados, que é um problema sério em todas as grandes corporações, em especial, nos seus sistemas legados. De um lado, o data warehouse se propõe a fornecer dados limpos, integrados e consistentes, provenientes de fontes de dados heterogêneas. Por outro lado, existe o cronograma de implantação, que para grandes corporações, possui em média um tempo relativamente longo. É praticamente impossível alcançar ambos os objetivos sem assumir alguns compromissos de implantação. Com isso, deve fazer parte desse compromisso um conjunto de procedimentos úteis, dentre os quais, pode-se citar:

- Nunca tente limpar todos os dados, apesar de querermos apresentar sempre dados perfeitamente limpos. Não é objetivo do data warehouse corrigir os dados operacionais dos sistemas legados, e sim mostrar suas inconsistências. Além disso, na maioria das vezes, o custo dessa limpeza excessiva é extremamente alta em relação ao ao benefício alcançado. Em contra partida, limpe pelo menos um conjunto mínimo dados, uma vez que o processo de transformação no ETL deve garantir a integridade das informações e, para tanto, alguns dados necessitarão de higienização. Além disso, um ambiente de data warehouse se propõe a oferecer dados mais limpos que os oferecidos pelos sistemas legados.

- Determine os benefícios da limpeza dos dados, levantando questões referentes à disponibilização de relatórios ou visões incoerentes e ao motivo pelo qual eles se encontram assim, se por dados sujos ou erros nos processos. Analogamente, determine o custo da limpeza dos dados, analisando os prejuízos causados pelos dados sujos, o custo dos algoritmos para limpá-los, a inconsistência gerada entre os dados limpos no data warehouse e sujos no legado, e o tratamento diferenciado a esses dados pelos diferentes sistemas da empresa, causando assim, incompatibilidade de conceitos.
- Compare então os custos da limpeza dos dados com relação aos benefícios que eles proporcionarão estando limpos e aos prejuízos que trarão se permanecerem sujos. Priorize os dados sujos que são considerados como objetivo de limpeza pelo data warehouse e, caso a lista de dados a serem limpos fique grande, priorize esta lista. Para cada dado sujo priorizado, avalie as chances de sucesso de sua limpeza, bem como o grau de dificuldade para limpá-lo.

A higiene de dados é uma questão corporativa, por isso, deve ser avaliada a possibilidade de se criar um projeto corporativo de limpeza de dados, estabelecendo assim, regras únicas para a qualificação das informações, onde quer que elas se encontrem – em relação aos sistemas legados – e unificação dos conceitos relativos a esses dados. A criação de um repositório central traz benefícios significativos para a empresa, não só em relação à higiene dos dados, mas também na deduplicação das informações espalhadas pelos diversos sistemas. Isso pode fazer com que os diversos relacionamentos entre as entidades do modelo corporativo se tornem mais consistentes.

A forma como os dados são disponibilizados também pode trazer inconsistências nos relatórios e nas visões do data warehouse. Portanto, é fundamental que os dados disponibilizados sejam os mesmos que representam os desejos e necessidades dos usuários. Não obstante, alguns dados podem ser incongruentes, e a regra de formação das métricas disponibilizadas pelo data warehouse deve ser validada com as áreas de negócio, evitando assim, inconsistências na disseminação da inteligência empresarial da corporação. Todas as informações que possam possuir dados em disputa, ou seja, dados opositivos devem ser identificados e, então, deve ser estabelecido o custo de resolução dessa disputa na formação das métricas que irão para os relatórios e visões. No caso de uma lista de dados opositivos, aqueles que podem obstruir o andamento do projeto devem ser priorizados.

Uma maneira eficiente de evitar dualidades e desentendimentos nos conceitos e regras utilizados na formação das métricas disponibilizadas pelo data warehouse é a criação de um metadados corporativo. O metadados deve prover informações a respeito de todas as informações contidas no ambiente de data warehouse, bem como as regras de negócio utilizadas para a composição das medidas e indicadores de desempenho. Essas informações devem ser compartilhadas pela equipe técnica e pelas áreas usuárias, compondo assim, um metadados técnico e um de negócios. O metadados corporativo deve possuir acessibilidade e fácil navegação, ajudando a disseminar conhecimento por toda a corporação, seja relacionada às regras de formação dos indicadores de performance e conteúdo das informações gerenciais, seja sobre quais medidas estão publicadas no data warehouse corporativo, democratizando as informações analíticas de suporte à decisão.

Um ponto que pode afetar o nível de qualidade das informações é a integração das diversas fontes de dados que servem de insumo para a formação do data warehouse. Cada uma dessas fontes possui, em seus arquivos ou tabelas, uma chave de identificação unívoca própria que deve de alguma forma estar associada às informações do data warehouse. Esse sincronismo é extremamente importante para garantir a consistência dos dados e deve ser realizado na etapa de ETL. Contudo, o data warehouse deve permanecer independente dos sistemas legados e, para tanto, é necessário a criação de chaves de identificação unívoca para o próprio data warehouse. Essas chaves, chamadas de IDs, devem estar por sua vez associadas às chaves naturais dos sistemas legados, mantendo desta forma, o sincronismo mencionado anteriormente.

3.1.7.2 Indicadores de sucesso

Existem algumas medidas de sucesso que devem ser estabelecidas para se acompanhar um projeto de implantação de um ambiente de data warehouse, considerando sempre o seu ciclo de vida. Esses indicadores ajudarão os gerentes de projeto a tomar decisões quanto ao direcionamento das manutenções corretivas e, principalmente, das evolutivas, dado que os mercados estão cada vez mais competitivos, em contínua evolução, e que a função de um ambiente de inteligência de negócios é dar suporte tecnológico no acompanhamento dos mercados e nos processos de tomada de decisão.

Um dos primeiros indicadores a ser implantado é o grau de utilização do data warehouse, verificando o número total de usuários que o acessam, o número de usuários concorrentes, a quantidade e o tipo das consultas realizadas e o montante de relatórios gerados. Essas medidas indicarão o caminho que o ambiente de data warehouse deve seguir no seu ciclo de vida, indo de encontro às necessidades das áreas de negócio, e estando sempre atualizado no aspecto referente à inteligência de mercado. A definição e o acompanhamento destas métricas permitirão que o data warehouse seja sempre útil para a organização, tornando possível que os analistas de negócio tomem decisões baseadas em dados consistentes, integrados e atualizados.

Outro indicador que se deve estabelecer é relativo aos prazos de entrega. Como um ambiente de data warehouse está em contínua evolução, retratando sempre um determinado momento do mercado, as solicitações de mudança são constantes e, por conta disso, suas implementações deverão ocorrer em prazos factíveis, de forma que os usuários possam usufruir dessas evoluções em tempo hábil. Adicionalmente, essas entregas devem ser cumpridas de acordo com os orçamentos planejados para tal, não onerando o projeto de data warehouse como um todo. A incorporação dessas métricas, seu acompanhamento e, sobretudo, o cumprimento das mesmas, fará com que o ambiente de data warehouse seja efetivamente um agente de mudança nas estratégias de negócio da corporação, fazendo com que as oportunidades de mercado sejam aproveitadas nos momentos corretos, tornando as decisões gerenciais mais precisas e acuradas.

Como todo projeto, a implementação de um data warehouse possui alguns fatores críticos de sucesso e, dentre eles, os principais estão relacionados ao relacionamento com os usuários. Assim, as expectativas dos clientes internos devem ser acompanhadas continuamente, através de um eficiente canal de comunicação entre a área de tecnologia da informação e as áreas de negócio. Com isso, os usuários devem ser envolvidos no processo de levantamento de requisitos, na elaboração das regras de negócio e principalmente na validação dos dados a serem apresentados e publicados pelo ambiente de data warehouse. Contudo, para que isso aconteça, um dos fatores mais críticos a ser superado é a escolha de um bom patrocinador. Este patrocinador fará com que as áreas de negócio se tornem parte integrante e atuante dentro do processo de desenvolvimento e manutenção do ambiente de data warehousing.

Por fim, citando outros fatores críticos de sucesso, estes mais intuitivos que os primeiros, existem necessidades de capacitação da equipe de desenvolvimento, a definição de um cronograma factível, a escolha de ferramentas de software alinhadas com a infra-estrutura de hardware e o controle do andamento do projeto. Do ponto de vista de negócios, existe a necessidade de unificação dos conceitos de negócio da empresa, do estabelecimento correto das regras de negócio, do treinamento apropriado dos usuários e, principalmente, da divulgação e disseminação da cultura relativa ao ambiente de data warehouse, considerando sua potencialidade, seus objetivos e seus benefícios e, não menos importante, as suas limitações.

3.1.7.3 Qualidade dos dados

Independente de todas as metodologias disponíveis e de todas as métricas que se possa implantar, um ambiente de data warehouse manipula dados, e, portanto, um programa de qualidade em um projeto de data warehouse deve ser focado na criação de indicadores sobre os dados extraídos, processados e publicados.

O primeiro passo para se estabelecer um bom gerenciamento dos dados manipulados pelo ambiente de data warehouse é entender o seu mapeamento com os sistemas legados, tentando, desta forma, sanar o caos informacional que se dá nesses diferentes sistemas isoladamente, com estruturas distintas e, principalmente, bases heterogêneas. Esses diferentes sistemas fonte geram redundância de dados e, o que é pior, inconsistência. Uma das metodologias para resolver esse problema é a criação de uma área de staging centralizada, gerenciada e controlada pelos processos de ETL. Contudo, essa área deve estar intimamente relacionada a um modelo lógico de dados consistente e integrado. Esse modelo de dados fará a integração lógica entre as diversas fontes de informação, e o processo de ETL garantirá a consistência dessa integração por meio de um correto mapeamento para a extração, de um eficiente conjunto de programas de conversão para as transformações dos dados e, por fim, da carga desses dados para o modelo físico.

O segundo passo é a utilização de ferramentas corretas para a disponibilização dos dados. Naturalmente, do modelo de dados para a entrega das informações, existe um novo processo de ETL, agregando, sumarizando e transformando os dados, de acordo com as visões gerenciais solicitadas pelas áreas de negócio. Sendo assim, as ferramentas OLAP utilizadas para a disseminação da inteligência do negócio devem proporcionar um correto entendimento das métricas e variáveis disponíveis. Neste caso, a máxima: pior do que não ter informação é ter informação incorreta, vale integralmente.

Com o objetivo de melhorar a qualidade dos dados do data warehouse, alguns pontos importantes no processo de desenvolvimento devem ser observados. Para um dado ser correto, seu valor deve estar inserido dentro de um domínio discreto ou contínuo, e, para tanto, o processo de ETL deve possuir programas para a validação desses domínios. Um dado pode estar correto, porém, não estar acurado, isto é, pode estar dentro de um domínio esperado, mas não ter significado válido para o negócio. Portanto, podem-se estabelecer programas de análise de amostras para verificação da assertividade das informações. Os dados devem ainda respeitar as regras de negócio estabelecidas para o data warehouse, como por exemplo, a data de desativação de um determinado produto não pode ser anterior a sua ativação. A verificação e a validação desse tipo de informação também podem estar contempladas dentro do processo de ETL. Por fim, os dados devem ser completos, consistentes e integrados, fazendo com que as informações necessárias para as análises gerenciais estejam disponíveis, e que os relacionamentos entre as diversas variáveis relacionadas às métricas apresentadas estejam corretos.

Uma vez que um conjunto de programas esteja pronto para validar os dados entrados no data warehouse, uma questão que se levanta é do que fazer com os dados incorretos. Deve-se limpá-los ou não? Existem alguns tipos de incorreção que podem ser tratadas, e, para tanto, algumas regras de cleasing, ou "limpeza", devem ser observadas. Os valores dummy, ou de "mentira", inseridos em diversos sistemas legados podem ser tratados no ambiente do data warehouse. Situações como CPF igual à 999.999.999/99 podem ser convertidas em nulo ou em valores de domínio que identifiquem seu preenchimento incorreto, para que, posteriormente, estas incorreções possam ser tratadas nos sistemas fonte, ou seja, nas próprias aplicações transacionais. Analogamente, os valores missing, ou "perdidos", prejudicam as análises gerenciais e a mineração dos dados, uma vez que estas informações faltantes nos sistemas legados, como por exemplo, sexo, data de nascimento, profissão e outras, podem ser de extrema importância na construção de modelos de segmentação e preditivos. Assim, deve-se analisar a possibilidade de derivação de dados a partir de outros, como por exemplo, o sexo calculado a partir do nome, a renda presumida estatisticamente, e outros processos de preenchimento de informações faltantes. Dados criptografados também constituem um problema, uma vez que seus códigos sem significado claro podem mascarar informações importantes para o data warehouse. Nesse caso, os programas de ETL devem converter seus conteúdos em valores de domínio com significado claro para o processo de negócio a ser estabelecido.

Assim, todo projeto de data warehouse deve estabelecer alguns compromissos de qualidade para que sua implantação se torne um caso de sucesso, não apenas em termos de utilização de metodologias que incrementem a qualidade no gerenciamento e na entrega das informações, mas, também, na definição e no acompanhamento de indicadores de qualidade durante todo o ciclo de vida do projeto. Cada uma das fases do desenvolvimento de um ambiente de data warehouse deve estar inserida em um contexto de qualidade, como o ETL, no correto mapeamento dos dados e suas respectivas transformações, na criação de um modelo lógico de dados consistente e integrado, e na entrega e distribuição das informações gerenciais.

CAPÍTULO 4
ARQUITETURA TECNOLÓGICA PARA AMBIENTES ANALÍTICOS

Os tópicos anteriores abordaram a metodologia e as técnicas de construção de ambientes de inteligência analítica e de negócios. Contudo, existem algumas evoluções correntes para este ambiente e, de forma geral, elas estão relacionadas com novas infra-estruturas de software e hardware ou novas aplicações a serem incorporados ao cenário analítico.

4.1. ARQUITETURA DE INFORMAÇÕES

A criação de um ambiente de inteligência de negócios, ou inteligência analítica, tem como principal objetivo criar uma infra-estrutura tecnológica capaz de atender às necessidades de negócio das empresas. Entende-se que a orientação para os desenvolvimentos no ambiente de BI deve sempre partir da área de negócio, que demanda necessidades de visões e contextos relacionados com assuntos que auxiliem o processo de tomada de decisão.

Com base nessa premissa, a primeira recomendação para um bom projeto de inteligência analítica é que o foco das implementações seja direcionado pelas necessidades de negócio e tratados por um centro de competência em BI, conhecido pela sigla em inglês, BICC – Business Intelligence Competency Center. Este comitê tem a responsabilidade de analisar o alinhamento entre os requisitos de negócio com a estratégia empresarial, avaliar de que forma às informações solicitadas devem ser apresentadas em termos de visões de negócio e o período de tempo e, por fim, definir a tecnologia adequada para a construção das visões analíticas e gerenciais.

Uma segunda recomendação para que um ambiente de inteligência analítica alcance os objetivos esperados está associada ao tipo de solução tecnológica utilizada para implementar a camada de apresentação dos dados. Esta camada deve ser capaz de atender as necessidades de negócio, que podem variar desde demandas como simples relatórios táticos e operacionais, passando por consultas ad hoc, visões analíticas, análises estocásticas e projetivas, controle de processos de negócio, monitoramento de atividades de negócio através da criação de dashboards, e até pela manipulação de informações.

Para o atendimento de cada uma dessas demandas, é essencial que a solução tecnológica utilizada para a publicação dos indicadores seja flexível. Essa flexibilidade deve se dar tanto em termos de capacidade de visualização, dado que as características de cada tipo de visão são bastante particulares, quanto em robustez, para suportar a disponibilização das informações em diversas latências, uma vez que cada necessidade de negócio demanda um tempo de atualização dos dados diferente. Adicionalmente, a infra-estrutura tecnológica deve suportar a disseminação das informações analíticas e gerenciais em um portal integrado na web, que promoverá a integração das visões apresentadas e possibilitará a portabilidade de acesso às informações. A capacidade de tornar portável o acesso às informações analíticas possui, além do caráter de democratizar e difundir de maneira adequada o uso de conhecimento de apoio às tomadas de decisão, um caráter de redução de custos, pois diminui substancialmente a necessidade de instalações de clientes de acesso nas máquinas dos usuários de negócio.

Para suportar o ambiente descrito anteriormente, faz-se necessário a criação de visões gerenciais com um período mais longo de atualização dos dados e com maior volume de informações. Além disso, é importante o desenvolvimento de relatórios mais operacionais, com latência de atualização dos dados menor, mas com menor volume de dados. Adicionalmente, deve haver uma camada de persistência de dados de alto desempenho nas duas frentes, ou seja, tanto nos modelos relacionais quanto nos modelos multidimensionais. Isto significa dizer que a solução de banco de dados deve trabalhar com alto desempenho tanto no processamento transacional quando no processamento analítico. Essa solução de banco de dados deve ter a capacidade de processamento paralelo massivo, baseado em grid computing, permitindo a distribuição do processamento por várias máquinas. A escalabilidade horizontal automática é uma premissa para prover agilidade de crescimento ao ambiente analítico, possibilitando que a distribuição do processamento, no momento da inclusão de nós ou servidores adicionais, seja feita de forma transparente.

Por fim, para suportar o processo de coleta dos dados a partir dos sistemas transacionais com carga para o ambiente de inteligência analítica, uma terceira proposta se refere à evolução da camada de integração de dados. De fato, grande parte dos ambientes de BI possui apenas ferramentas de ETL (extração, transformação e carga) e não uma solução tecnológica para integração de dados de forma corporativa.

Um processo de integração de dados vai além dos tradicionais programas de extração, transformação e carga dos dados operacionais. Um ambiente de integração de dados deve possuir funcionalidades de qualificação dos dados, com análise do perfil das variáveis durante o processo de integração. Deve poder realizar enriquecimento das informações manipuladas, fazer comparações entre dados de diferentes fontes, definir e executar um processo de deduplicação das variáveis processadas. Além das funções de operação, uma plataforma de integração de dados deve prover funcionalidades de desenho gráfico para os fluxos de conversão, deve ser capaz de realizar análise de impacto nos casos de mudanças, ou das fontes ou das regras. Por fim, uma solução de integração de dados deve fornecer um metadados integrado, possibilitando a persistência e a pesquisa de informações, não apenas de caráter técnico, mas também aquelas relacionadas aos indicadores de negócio.

A figura a seguir apresenta uma visão gráfica de uma arquitetura tecnológica voltada para a criação de um ambiente de inteligência analítica.

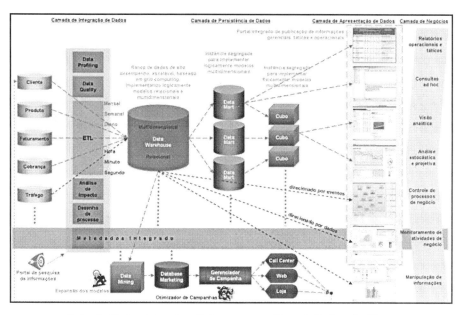

Ilustração 17: Arquitetura tecnológica para um ambiente de Business Intelligence.

4.2. CAMADA DE APRESENTAÇÃO DE DADOS

Existem diversas tecnologias relacionadas com a apresentação de informações analíticas e gerencias. O conceito de processamento analítico, ou OLAP – On Line Analytical Processing, pode ser estendido para diferentes tecnologias. Quando o processamento se dá em um ambiente genuinamente relacional, com em um banco de dados tradicional, pode-se referenciar este método de consulta como sendo ROLAP, de Relational On Line Analytical Processing. Porém, quando o processamento é realizado sobre uma base de dados multidimensional, esta tecnologia é referenciada como sendo MOLAP, de Multidimensional On Line Analytical Processing. Existem ainda soluções de mercado que permitem a execução dos dois métodos de processamento, tanto relacional quanto multidimensional, e, nesse caso, a tecnologia é referenciada como sendo HOLAP – Hybrid On Line Analytical Processing.

A coexistência de diferentes plataformas ou soluções para a camada de apresentação dos indicadores analíticos e gerenciais pode se tornar um problema. Este problema pode ter reflexos tanto na área de tecnologia da informação, a qual deve possuir capacitação para manter e desenvolver aplicações em diferentes plataformas, quanto nas áreas de negócio, as quais deverão ter os seus analistas treinados em mais de uma solução de visualização e manipulação de informações.

Em situações como esta, é normal que a área de TI receba uma determinada demanda de negócio e efetue uma avaliação para decidir em qual das plataformas deverá implementar o projeto. Como todas as ferramentas possuem suas próprias limitações, particulares a cada tipo de tecnologia empregada, mais de uma solução pode ser utilizada para atender as demandas dos usuários. O fato de uma demanda ser implementada em soluções distintas de apresentação de dados pode se refletir em maiores dificuldades para a área de TI, devido ao aumento no tempo de preparação do ambiente de cada ferramenta e ao período de desenvolvimento em tecnologias diferentes. Além disso, uma implementação em diferentes plataformas pode muitas vezes gerar insatisfação por parte do usuário, dado que o mesmo, para ter acesso às informações necessárias para a tomada de decisão, deverá entrar em dois ou mais ambientes diferentes e não integrados, demandando um tempo maior para análise das informações publicadas.

É fato que, por vezes, pode ser necessário o emprego de diferentes tecnologias ou plataformas de sistemas com o objetivo de se atender determinadas demandas de negócio. Contudo, uma recomendação natural é que, sempre que possível, seja feita uma unificação da camada de apresentação dos indicadores de desempenho empresarial, possibilitando o acesso a informações agregadas e detalhadas, permitindo uma navegação mais fácil na hierarquia dos dados de suporte à decisão.

Essa camada de apresentação de dados de forma integrada deve ser capaz de publicar informações e indicadores nos níveis gerenciais, táticos e operacionais, atendendo assim a todos os tipos de demandas dos usuários de negócio. Além de conter as funcionalidades de geração de relatórios relacionais e multidimensionais, essa plataforma deve possuir capacidades de construção de processos de negócios e monitoramento de atividades de negócio, além de outras formas de visualização de informações para apoio à tomada de decisão, como mapas de calor e mapas temáticos, geo-referenciando as informações analíticas relacionadas a determinado processo decisório. Estas novas formas de visualização analítica têm se tornado cada vez mais importantes para o processo de tomada de decisão ao levantarem de forma mais intuitiva a ciência sobre problemas específicos ou possíveis oportunidades de negócio.

As formas tradicionais de apresentação de indicadores de desempenho empresarial estão focadas na publicação de relatórios, saídas ad-hoc, além de visões multidimensionais, conforme figura a seguir.

Ilustração 18: Relatórios operacionais, analíticos e consultas ad-hoc.

Esta nova camada de apresentação de dados deve permitir estender as funcionalidades de publicação de informações de apoio à tomada de decisão para outros mecanismos de visualização, como análises estocásticas e de projeção, controles de processos de negócio, monitoramento de atividades de negócio e manipulação de informações para criação de indicadores de desempenho corporativo, conforme apresentado na figura a seguir.

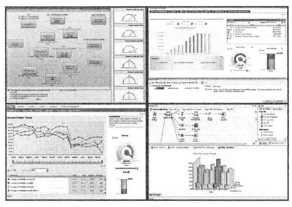

Ilustração 19: Informações analíticas, estocásticas e de projeção.

Estes novos mecanismos de visualização podem estar inseridos em um contexto de portal corporativo, onde todas as informações de desempenho da empresa possam ser pesquisadas de maneira integrada, além de possuírem conexões entre si para assuntos correlatos. Estas conexões permitirão a navegação por indicadores analíticos em diferentes níveis de agregação, onde cada um dos níveis pode se encontrar em modelos de aplicações distintas.

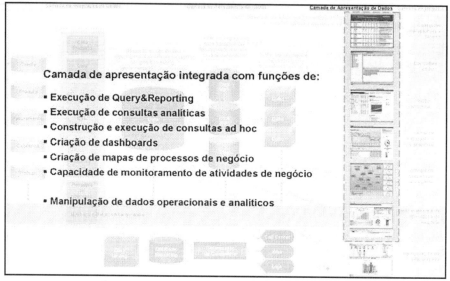

Ilustração 20: Características da camada de apresentação.

Por fim, a camada de apresentação do ambiente de inteligência analítica deve possuir capacidades de execução de consultas relacionais e relatórios, consultas analíticas, manipulações ad hoc, criação de dashboards, mapas de calor e monitoramento de atividades de negócio.

4.3. CAMADA DE REPOSITÓRIO DE DADOS

As tradicionais soluções de sistemas gerenciadores de banco de dados, mesmo para ambientes de inteligência de negócios, como soluções de data warehouse, possuem características de multi-processamento simétrico, ou SMP – Simmetric Multiprocessing. Este tipo de tecnologia está voltado para o processamento de memória compartilhada, no qual o hardware possui vários processadores controlados por um único sistema operacional. Uma evolução dessa tecnologia, fortemente direcionada para ambientes analíticos com necessidades de execução de consultas complexas, é o processamento paralelo massivo, ou MPP – Massively Parallel Processin. A principal característica nesse tipo de ambiente é a utilização de diversos clusters, ou grupos de servidores, cada qual com vários processadores, eventualmente na tecnologia SMP. Nesse ambiente, é possível se ter vários sistemas operacionais sendo executados nos diversos servidores e, idealmente, uma única ferramenta de gerenciamento. Os ambientes de banco de dados baseados na tecnologia MPP são extremamente importantes em soluções de inteligência de negócios, onde o volume de consultas é alto e os tipos de pesquisas são variáveis no tempo.

No momento da implementação de ambientes de BI, as primeiras características de negócio estão relacionadas com consultas pré-definidas, com periodicidade de atualização mensal e indicadores normalmente voltados para um cenário de decisões estratégicas.

Entretanto, com a evolução dos mercados e o aumento da concorrência, o foco das demandas de informações analíticas e gerenciais pode mudar significativamente, alterando não apenas a latência e a freqüência de disponibilização dos indicadores empresariais, mas também os modelos de persistência dos dados.

Com o aumento da competição em diversos segmentos de negócio, existe uma maior necessidade de informações analíticas em níveis mais detalhados e com freqüências de publicação maiores. Com isso, um aumento no volume de dados a ser processado também é considerável, tendo em vista, principalmente, a entrada de novos produtos e serviços oferecidos pelas empresas, impactando de forma direta e indireta nas capacidades de armazenamento e manipulação de informações nos ambientes de inteligência de negócios.

Diante de tantas alterações nos cenários das grandes corporações e do dinamismo dos mercados, faz-se necessário um redesenho da infra-estrutura de informações gerenciais e analíticas no sentido de atender as novas necessidades de negócio. O redesenho de infra-estrutura deve passar pelas três grandes camadas de ambiente de inteligência de negócios, como a coleta, transformação e carga dos dados de origem, fundamentalmente concentrado na integração de dados, a manipulação das informações armazenadas, focada no sistema gerenciador de banco de dados e nos mecanismos de apresentação e disseminação dos indicadores de desempenho, inseridos na camada de apresentação.

Conceitualmente, existem três opções de desenho para o modelo de dados com vistas ao processamento analítico. A primeira segue uma linha mais tradicional, essencialmente voltada a consultas pré-definidas, a segunda foca em consultas fundamentalmente ad hocs, e a terceira objetiva a construção de um modelo híbrido, atendendo as necessidades pontuais e emergenciais de consultas, que podem ser caracterizadas pelas ad hocs e pelas pré-definidas simultaneamente. Ambas as necessidades existem e são relevantes para qualquer empresa. O importante é avaliar o peso de cada uma e a tendência dos procedimentos táticos e estratégicos associados com cada uma dessas características. É fato que toda empresa precisa de informações analíticas de forma contínua, permitindo o monitoramento do desempenho operacional de maneira efetiva. Essa característica permeia a construção de consultas pré-definidas e suporta as ações estratégicas para a operação do negócio. Contudo, as ações táticas, de reposicionamento e redirecionamento de rumo estão fortemente associadas com as consultas ad hoc e são igualmente importantes na condução da operação da empresa.

Além das necessidades analíticas e transacionais pertinentes a um banco de dados para ambientes de inteligência de negócios, o aumento no volume desses dados, devido à oferta de produtos e serviços diferenciados, gerou a necessidade de se ter um banco de dados com infra-estrutura para proporcionar um melhor desempenho das operações de processamento.

Uma infra-estrutura de servidor de banco de dados para ambiente de inteligência de negócios, com objetivos não apenas estratégicos, mas também táticos e operacionais, deve suportar características como as descritas a seguir.

- Processamento paralelo massivo, com distribuição das execuções por diferentes processadores;
- Grip computing, no qual, além de efetuar o paralelismo entre processadores da mesma máquina, a solução deve ter a capacidade de realizar o paralelismo das execuções em processadores distribuídos por máquinas distintas;
- Desempenho de execução para modelos multidimensionais e relacionais por meio de um ambiente híbrido para atendimento tanto das necessidades de informações gerenciais quanto tático-operacionais;
- Escalabilidade horizontal automática, que possibilita que no momento da inclusão de uma nova máquina no servidor de banco de dados, o mesmo identifique-a automaticamente e efetue o paralelismo de processamento dos processos considerando os processadores desta nova máquina;
- Por fim, a possibilidade de processamento analítico e transacional, atendendo tanto o processamento de grandes volumes com alta latência quando processamento de pequenos volumes com baixa latência.

Os novos posicionamentos do Gartner Group com relação à infraestrutura de Business Intelligence mostram um direcionamento claro para novas tendências de servidores de banco de dados que possuem uma infraestrutura composta de hardware e software para armazenamento e recuperação de dados, tanto relacionais quanto multidimensionais, tornando o ambiente uma solução híbrida de gerenciamento de informações corporativas.

Sendo assim, fica claro a necessidade de se ter um modelo híbrido com o objetivo de atender demandas estratégicas e táticas, fornecendo o subsídio de informações necessário para uma operação empresarial eficiente.

Os quadrantes apresentados pelo Gartner Group apresentam a NCR Teradata como líder de mercado, tanto de servidores de banco de dados quanto de sistemas gerenciadores de banco de dados, ambos voltados para ambientes de data warehouse.

Adicionalmente, existem alguns dados de tendência de mercado que apontam uma predominância da tecnologia Teradata sobre os demais fornecedores no que diz respeito a ambientes analíticos. Novamente, segundo o Gartner Group, ao longo de 2008, IBM e Oracle permanecerão como fortes fornecedores no espaço de data warehouse, mas continuarão delegados a um segundo lugar, atrás da Teradata. Esse evento possui 80% de probabilidade de se confirmar.

Na comparação entre os fornecedores de servidores de banco de dados para data warehouse, a Teradata recebeu nota máxima em vários quesitos, conforme a figura apresentada anteriormente.

A pontuação nos quesitos de desempenho na execução de consultas, no gerenciamento concorrente de consultas, na aderência e escalabilidade da plataforma, no gerenciamento dos dados, na administração dos dados e na capacidade de rastreamento de registros de data warehouse fizeram que com a Teradata ficasse em primeiro lugar na avaliação geral sobre tecnologias de banco de dados para data warehouses.

A figura a seguir compara a Teradata com outros fornecedores de soluções de banco de dados, como IBM, Oracle e Netezza. Essa comparação é específica para os quesitos de visão das pilhas de informação do banco de dados e de execução das mesmas. Novamente, a Teradata alcançou a maior pontuação dentre os fornecedores avaliados, atingindo 9,7 no primeiro item e 10 no segundo.

82 | Inteligência Analítica

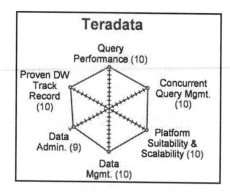

Ilustração 21: Quesitos de desempenho de banco de dados.

SEM Category	Teradata	IBM	Oracle	Netezza
Database Stack Vision	Raw 29/30 pts 97% Avg. – 9.7 Weighted – 12.6	Raw 26/30pts 86% Avg. – 8.7 Weighted – 9.6	Raw 25/30 pts 83% Avg. – 8.3 Weighted - 10	Raw 22/30 pts 73% Avg. – 7.3 Weighted - 3
Database Stack Execution	Raw 30/30 pts 100% Avg. – 10.0 Weighted – 16.0	Raw 23/30pts 77% Avg. – 7.7 Weighted – 10	Raw 20/30 pts 67% Avg. – 6.7 Weighted – 8.7	Raw 23/30 pts 77% Avg. – 7.7 Weighted – 7

Ilustração 22: Comparativo de fornecedores de bancos de dados.

Seguindo a abordagem da Teradata, consolidando uma oferta integrada de software, servidor e armazenamento, tudo voltado para banco de dados de alto desempenho, orientado para inteligência de negócios, outros fornecedores, como IBM e HP, estão apresentando novas soluções para esta linha de banco de dados analíticos.

A IBM apresentou recentemente sua versão de composição de software, hardware e armazenamento na linha produtos BCU – Balance Configuration Unit. Esta oferta direciona uma nova abordagem para aplicações de Business Intelligence, a de um data warehouse dinâmico com flexibilidade de execução, por meio de processamentos híbridos baseados em modelos multidimensionais e relacionais. Além disso, apresentando escalabilidade de crescimento por meio de do conceito de blades, configuradas de acordo com as necessidades da empresa, segundo um dimensionamento de volumetria pré-determinado de hardware e storage.

A HP oferece uma solução semelhante a da Teradata, com a composição de servidores de banco de dados, software para gerenciamento e unidades de armazenamento de dados. Essa solução chega ao mercado com o nome de Neoview, uma plataforma voltada para ambientes de data warehouse, com uma complexa combinação de balanceamento de carga e processamento de dados, associado com escalabilidade de crescimento por meio do conjunto de hardware e software, seguindo conceito semelhante às blades da IBM.

Inserida no contexto corporativo de um ambiente de inteligência de negócios, a camada de banco de dados, apresentada na figura a seguir, sugere um compartilhamento das funções de manipulação de informações transacionais e analíticas, de forma concomitante.

Ilustração 23: Camada de banco de dados para Business Intelligence.

Sendo assim, a camada de banco de dados voltada para um ambiente de Business Intelligence deve possuir capacidades de processamento massivo e, preferencialmente, em grid, além de ter a possibilidade de escalabilidade horizontal. Adicionalmente, deve ser capaz de, como mencionado anteriormente, processar com igual desenvoltura, bases de dados organizadas logicamente tanto em modelos multidimensionais quanto em modelos relacionais.

4.4. CAMADA DE INTEGRAÇÃO DE DADOS

Uma solução de integração de dados deve ter como principais características, além das funcionalidades de extração, transformação e carga dos dados provenientes dos sistemas fontes para as bases de dados destino, fornecer capacidades de análise de perfil das informações coletadas, execução de qualificação dos dados manipulados e prover um ambiente de metadados corporativo e integrado. Os principais benefícios alcançados por meio das capacidades de um ambiente de integração de dados dessa natureza, com as funcionalidades citadas anteriormente, são:

- A existência de uma camada de metadados possibilita a divulgação das informações constantes nos ambientes analíticos e de inteligência de negócios com uniformização dos conceitos, associados tanto com indicadores de desempenho da empresa quanto a métricas de negócio.
- A capacidade de qualidade de dados possibilita a realização de análises de perfil das informações, com funções de enriquecimento dos dados originais, limpeza e filtragem de informações errôneas ou corrompidas, de duplicação de informações recorrentes, padronização e normatização dos dados corporativos.
- Um ambiente integrado, com metadados único, possibilita a visibilidade dos processos fim a fim, permitindo a realização de análise de impacto das conversões quando houver necessidade de alterações e adaptações dos processos de integração. Adicionalmente, por meio do metadados, é possível persistir e publicar a documentação dos processos de integração de dados, além de todas as suas regras associadas, tanto do ponto de vista técnico quanto de negócios.

De um modo geral, as informações disseminadas por um ambiente de inteligência de negócios, como um data warehouse, por exemplo, estão fortemente relacionadas à camada gerencial, fornecendo dados com alto nível de agregação e sumarização, o que permite um histórico de informações relativamente extenso. As métricas gerenciais disseminadas pelo ambiente de inteligência de negócios estão, dessa forma, associadas aos processos de decisões estratégicas.

Contudo, um ambiente de inteligência de negócios corporativo deve ser capaz de difundir informações que permeiem toda a corporação, capacitando seus colaboradores a tomarem melhores decisões não apenas no âmbito estratégico, mas também no nível tático e operacional. Estas duas camadas de decisões, tático e operacional, são as que fornecem a agilidade necessária para as empresas corrigirem os rumos e direcionamentos da operação, especialmente em cenários de mercado altamente competitivos.

Com o objetivo de disponibilizar indicadores de desempenho no nível tático e operacional, além da camada estratégica, o fator chave de sucesso é o processo de integração de dados, onde os dados necessários para a composição das métricas devem ser coletados e transformados em uma janela de tempo extremamente inferior ao demandado pela camada estratégica. Os indicadores táticos dependem de uma extração de baixa latência, possuindo uma freqüência de atualização, normalmente, diária. Analogamente, os indicadores operacionais dependem de uma extração de dados de baixa latência, com uma freqüência de atualização ainda mais baixa, usualmente, horária, podendo chegar a ser próxima do tempo real de ocorrência dos eventos.

Uma integração de dados em tempo real envolve a baixa latência no processo de captura, processamento, transformação, limpeza e qualificação de dados provenientes de diferentes sistemas transacionais, com carga dos mesmos para um ambiente de informações gerenciais, táticas e operacionais corporativo.

A proposta então não é a criação de um ambiente de integração de dados nas áreas de inteligência de negócios com a latência de processamento em tempo real, mas sim a criação de um ambiente de integração de dados, que pode ser corporativo, com a latência de acordo com cada necessidade de negócio específica, chamado de right-time data integration.

A seguir, é apresentada uma figura que resume as necessidades de informações de acordo com as latências de tempo a ela associadas.

Necessidade de informações em "real time"		
Instantânea < 1% Informações operacionais relativas à segurança	**Direcionadores**	
	Novos requerimentos de negócio	Decisões baseadas em ações e indicadores
Segundos 20% Análise de Call Center e operações de TI		
	Benefícios de curto e médio prazos	Retorno de investimento melhor mensurado
Minutos 40% Inventário e métricas operacionais		
	Desafios	
Horas 25% Campanhas de marketing e eficiência operacional	Coleta de dados em diferentes latências	Limpeza, enriquecimento e consistência de dados
Dia 15% Análise de risco	Regras complexas de transformação de dados	Análises integradas e com diferentes níveis granulares
Informações em "right time"		

Ilustração 24: Latência de integração de dados de acordo com necessidades de negócio.

De forma geral, muito se fala sobre extração e transformação de informações em tempo real. Contudo, segundo pesquisa realizada pelo Gartner Group, menos de 1% das informações necessárias para apoiar os processos decisórios demandam efetivamente uma integração de dados de forma instantânea. Normalmente, estas decisões estão associadas com informações operacionais relativas a processos de missão crítica, como segurança de dados, por exemplo.

Ainda segundo esta pesquisa, apenas 20% das informações que suportam processos decisórios necessitam de uma integração de dados com latência de segundos. Estas decisões estão usualmente relacionadas à ambientes de Call Center e operações de gestão e controle de Rede e TI. Seguindo a distribuição de latência apresentada na figura anterior, 40% das informações de apoio à decisão demandam integrações de dados com latência na casa de minutos, ou seja, a grande maioria das integrações "on-line", como a publicação de indicadores operacionais de forma genérica. Outros 25% possuem necessidade de extrações com latência a cada hora, como dados para acompanhamento de campanhas de marketing e vendas. Por fim, 15% dos processos decisórios demandam extrações diárias, como análises de crédito e risco de pagamento.

Os números anteriormente apresentados justificam a implementação de um conceito de integração "right time" em detrimento do "real time". Naturalmente, existem alguns direcionadores para esse tipo de implementação que justificam o esforço e os custos de uma iniciativa dessa natureza, como por exemplo:

- Possibilitar a implantação de novos processos de negócio de forma mais rápida, com maior precisão e controle mais apurado das modificações e manutenções necessárias ao longo do ciclo de vida das integrações.
- Permitir que a corporação tome decisões mais assertivas, baseadas em indicadores táticos e operacionais, fornecendo mais agilidade às ações de curto prazo.

Como qualquer tipo de implementação, em especial de tecnologia da informação, existe um conjunto de desafios associados à introdução de um ambiente de integração de dados com latências e freqüências right-time, como por exemplo:

- A coleta em si dos dados fonte em diferentes latências e freqüências, consolidando todas as informações correlacionadas de forma unívoca, por si só já é um grande desafio.

- A limpeza e o enriquecimento dos dados e, principalmente, a consistência das informações, requer uma infra-estrutura de integração de dados extremamente robusta, tanto de termos de desempenho quanto no aspecto funcional, podendo tornar o custo do ambiente significativamente alto.
- As regras de transformação dos dados fonte, quando aplicadas diferentes taxas de latência e freqüência, podem se tornar muito complexas, dificultando o desenvolvimento e a manutenção de todo o ambiente de integração de dados.
- As possíveis análises de impacto, quando da ocorrência de mudanças nas regras de negócio ou mesmo nas aplicações que fornecem os dados, podem ter um alto custo de realização, pela complexidade das regras de convivência das conversões de dados em diferentes latências e freqüências.

Para atendimento de consultas ad hoc e relatórios táticos e operacionais, a necessidade de extração, processamento e carga das informações provavelmente será semanal ou diária, respectivamente, ao passo que, para a publicação de visões analíticas e históricas, certamente a necessidade de extração, processamento e carga das informações terá uma latência maior, como mensal, por exemplo. Já para o atendimento de requisitos de controle de processos de negócio e monitoramento de atividades de negócio (BAM), a necessidade de integração de dados para suprir as demandas dos usuários deverá ser em tempo real ou próximo do real. Nesse caso, se aplicam as distribuições de latência apresentadas anteriormente, nas quais para cada necessidade de negócio decorre uma latência de extração e transformação de dados específica.

Com isso, o objetivo da implantação de um processo de integração de dados right-time é melhorar a precisão do ambiente de suporte a decisão, relacionando-o com cada objetivo de negócio da empresa, seja ele estratégico, tático, ou operacional.

Para proceder a criação de um ambiente de integração de dados com diferentes latências de extração e transformação, atendendo, dessa forma, necessidades de negocio distintas, deve-se primeiramente implementar uma real solução de integração de dados e não apenas de ETL. Essa solução de integração de dados deve ser robusta o suficiente para prover um ambiente seguro e controlado para o transporte dos dados com latências diferentes e garantir desempenho desejável para a disponibilização das informações em um ambiente analítico para tomadas de decisão gerencial, operacional e tática.

Adicionalmente, este ambiente deve possuir capacidades de qualificação e análise de perfil dos dados fonte provenientes de sistemas transacionais distintos e em diferentes plataformas, bem como, prover um metadados integrado, além de realização de análises de impacto nos casos de alterações e mudanças nas métricas e indicadores publicados, ou mesmo, nas fontes de dados provenientes dos sistemas legados.

A figura a seguir apresenta as características e funcionalidades de uma plataforma de integração de dados corporativa.

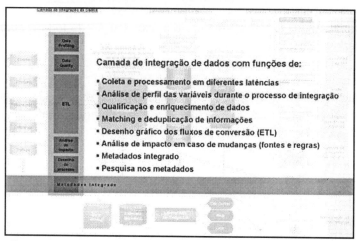

Ilustração 25: Características de um ambiente de integração de dados corporativo.

Este ambiente de integração de dados deve possuir as capacidades listadas na figura anterior, como coleta e processamento de dados em diferentes latências, análise de perfil das informações de origem, qualificação dos dados a serem transformados, deduplicação de informações, desenho dos fluxos de conversão dos dados, análise de impacto e metadados integrado com funções de pesquisa.

4.5. PORTAL DE PESQUISAS DE INFORMAÇÕES DE BI

O portal de pesquisas de informações de inteligência de negócios se refere à implantação de um ambiente com capacidades de pesquisa avançada, contendo mecanismos de indexação para recuperação de informações contidas nos metadados de negócio do ambiente de Business Intelligence.

O principal objetivo deste portal de pesquisas é possibilitar que os próprios usuários de negócio possam buscar relatórios, métricas, indicadores de desempenho ou qualquer outro tipo de objeto contido no repositório de metadados do ambiente analítico. Este tipo de abordagem visa fundamentalmente eliminar as formas de dependência das áreas de negócio com a área de tecnologia (TI), em especial ao que tange o atendimento de suas duvidas e/ou questionamentos referentes às informações contidas no ambiente de BI.

Fornecendo maior facilidade de exploração das informações contidas no ambiente de Business Intelligence, este tipo de solução pode permitir que qualquer usuário da empresa se torne um usuário de informações de inteligência de negócios, promovendo um ambiente de fácil acesso aos dados gerenciais e analíticos da empresa. Adicionalmente, informações técnicas relacionadas aos indicadores publicados, como a origem dos dados, as transformações envolvidas, as regras de composição, as descrições de negócio, dentre outras, podem ser consultadas em um ambiente dessa natureza.

Além da facilidade de busca de informações no ambiente de Business Intelligence, o portal também poderá possibilitar aos usuários a capacidade de realizar análises de informações utilizando-se de mais de um relatório, sem necessidade de um mapeamento pré-definido pela área de tecnologia com o caminho de busca que o usuário deverá percorrer. Essa característica permite a navegação de informações de apoio à tomada de decisão por diferentes níveis de agregação e sumarização, considerando-se aplicações operacionais, táticas e gerenciais distintas.

Vale ressaltar que para a criação de um portal de pesquisas de informações analíticas, um ambiente de Business Intelligence deve possuir previamente um repositório único. Esse repositório deve conter os metadados de todos os processos pertinentes à sua criação, desde as fases de integração de dados, passando pela modelagem lógica e física do banco de dados, até a etapa de publicação das informações analíticas por meio da camada de apresentação.

Desta forma, um portal de pesquisas de informações de inteligência de negócios será importante não apenas para as áreas usuárias, mas também para a própria equipe de tecnologia da informação, que terá um ambiente rico em informações relevantes para processar as alterações necessárias no ambiente analítico. A criação de um portal dessa natureza permite uma avaliação mais assertiva das alterações necessárias quando da necessidade de criação de novas visões, modificação de relatórios ou redefinição das regras de composição dos indicadores empresariais.

Algumas aplicações de criação de portais corporativos possuem ainda ferramentas de pesquisa e descoberta com base em informações não estruturadas, como o IBM Ominfind. Esta plataforma possui características de integração de conteúdo, pesquisa de informações corporativas, análises de texto, pesquisa e navegação contextual. Um ambiente desse tipo pode incrementar substancialmente o desempenho das áreas de tecnologia da informação na construção dos ambientes analíticos e das áreas usuárias na realização de consultas voltadas ao negócio da empresa.

4.6. CENTRO DE COMPETÊNCIA DE BUSINESS INTELLIGENCE

O objetivo da criação de um Centro de Competência de Business Intelligence é garantir o alinhamento entre as áreas de tecnologia da informação e de negócios no que diz respeito às decisões relacionadas ao ambiente de BI, envolvendo negócios, processos e governança. Este comitê deve ser responsável pela definição e implantação das aplicações de inteligência de negócios, considerando pessoas com habilidades de negócio, habilidades analíticas e habilidades tecnológicas.

As ferramentas e soluções de inteligência de negócios têm apresentado grandes evoluções com o passar dos anos, tanto em robustez quanto no que tange extensão de funcionalidades para facilitar o processo de exploração e análise das informações para a tomada de decisão. Porém, percebeu-se que essa maturidade apresentada pelas ferramentas de BI não foi acompanhada pelos usuários de negócio que fazem uso das mesmas, e que raramente compreendem as capacidades desta tecnologia.

Assim, começam a existir divergências entre as áreas de tecnologia e negócio, gerando um questionamento comum: por que a TI fez investimentos nas melhores soluções de Business Intelligence do mercado e o retorno não é visível? A resposta para este questionamento é simples. Em TI o retorno de investimento está fortemente associado com a utilização da tecnologia em questão.

Percebe-se ainda que a TI se encontra um pouco distante das necessidades do negócio e, por outro lado, que as áreas de negócio não envolvem a TI em sua missão de tomadas de decisão, promovendo desalinhamento entre estas duas áreas.

O conceito de BICC surgiu justamente para promover um melhor entendimento entre as áreas de negócio e tecnologia, no intuito de otimizar a utilização dos recursos e das capacidades disponibilizadas em um ambiente de Business Intelligence.

A proposta de criação de um BICC é alinhar a estrutura organizacional para que grupos de pessoas trabalhem a partir de disciplinas inter-relacionadas, gerando conhecimento, experiência e habilidades.

Existem várias abordagens para a implementação de um centro de competência de Business Intelligence, onde, geralmente, um grupo formado por pessoas de diversas áreas é criado, objetivando o desenvolvimento das seguintes habilidades:

- Habilidades de negócio focados nas necessidades de negócio, executando atividades como o entendimento das necessidades de negócio, comunicação com os níveis executivos, priorização das iniciativas, alinhamento com a estratégia organizacional e direcionamento para padronização, adoção e aceite.
- Habilidades analíticas com foco em realizar a tradução das necessidades de negócios em visões analíticas, tendo como principais atividades o entendimento dos dados de negócio, compreensão do impacto que o volume e a qualidade de dados na solução, definição de análises multidimensionais. É importante que possuam experiência em análises estatísticas e data mining, com capacidade de análises exploratórias e descoberta de padrões.
- Habilidades de tecnologia com o papel de definir a tecnologia adequada para a implementação das visões. Grupo formado por arquitetos de informações, modeladores de dados, administradores de banco de dados, especialistas em metadados, qualidade de dados e integração de dados.

Por envolver processos organizacionais e diversas áreas, o sucesso deste grupo depende fortemente do apoio da alta direção da empresa. A recomendação é que a estrutura deste grupo não fique sob a gerência de tecnologia da informação, uma vez que esta atua como infra-estrutura orientada às necessidades de negócio.

A figura a seguir ilustra o modelo de estrutura proposto para a implantação de um centro de competência de inteligência de negócios.

Ilustração 26: Centro de Competência de Business Intelligence.

A figura mostra claramente a interseção entre três grandes áreas de atuação, relacionadas à definição dos negócios da empresa, à tradução dessas necessidades em visões analíticas e à definição da tecnologia adequada para a criação e disponibilização dessas visões.

O Centro de Competência de Business Intelligence será responsável pela execução de um conjunto de atividades, dentre as quais:

- Definição das visões associadas às aplicações analíticas a serem desenvolvidas e implantadas.
- Controle dos financiamentos dos projetos de Business Intelligence, considerando as diferentes plataformas de hardware e software e os distintos serviços de consultoria a serem executados.
- Definição de padrões para o levantamento das necessidades de negócio, análise, desenvolvimento e homologação dos projetos de Business Intelligence.
- Elaboração do plano de evolução tecnológica para o ambiente de Business Intelligence como um todo, contemplando as infra-estruturas de hardware,

as aplicações de software e as metodologias de desenvolvimento.
- Organização das metodologias de desenvolvimento de aplicações de Business Intelligence.
- Desenvolvimento e capacitação dos usuários que criam e utilizam o ambiente de Business Intelligence, desde os responsáveis pelas definições de análises de mercado, passando pelos que desenham as aplicações analíticas necessárias para o atendimento dos requerimentos de negócio, até aqueles responsáveis pela implementação da tecnologia para disponibilização das visões analíticas.
- Por fim, pelo gerenciamento dos programas de Business Intelligence estabelecidos pelo Business Intelligence Competence Center.

PARTE IV:
CONHECIMENTO

CAPÍTULO 5
DESCOBERTA DE CONHECIMENTO

Dentre as aplicações mais usuais de mineração de dados em instituições com grandes volumes de dados, podem-se citar primariamente dois grandes focos. O primeiro é a identificação de segmentos com características semelhantes, agrupando os casos, ou as ocorrências, de acordo com as informações descritivas dos mesmos. O segundo foco é a predição de eventos ou acontecimentos com prévia ciência dos resultados. O primeiro tipo de construção de modelos é conhecido como modelagem não supervisionada, onde não se sabe previamente as respostas esperadas, ou seja, não se pode ensinar, ou treinar, o modelo com base em determinada premissa. O segundo tipo de construção de modelos de data mining é conhecido como modelagem supervisionada, quando se conhece a resposta de um determinado cenário e, com base nessa premissa, treina-se o modelo para uma futura interpolação da variável resposta ou alvo.

Neste tópico, serão tratados os conceitos gerais de mineração de dados, os métodos de análise de agrupamento e de modelos de classificação, além de uma descrição fundamental de duas importantes técnicas de mineração de dados, as Árvores de Decisão e as Redes Neurais Artificiais.

5.1. MINERAÇÃO DE DADOS

Data Mining, ou mineração de dados, é o processo de descoberta de padrões e tendências existentes em repositórios de dados. Este processo visa basicamente à análise de grandes quantidades de dados com o objetivo principal de descoberta de conhecimento. Os maiores benefícios pela execução de processos de mineração de dados é a criação de inteligência de negócios sobre determinado assunto. Também referenciado como KDD – Knowledge Discovery in Databases – ou descoberta de conhecimento sob base de dados, os processos de data mining focam na aplicação de técnicas estatísticas e de inteligência artificial para a análise interativa dos dados, visando à identificação de padrões de comportamento, tendências ou predição. Em termos de nomenclatura, existem algumas diferenças entre os conceitos de KDD e data mining, dependendo da literatura ou do autor escolhido. Para alguns, data mining é apenas a aplicação de técnicas de inteligência artificial com o objetivo de descobrir relações entre os dados analisados, sendo apenas um componente de descoberta de conhecimento dentro do processo de KDD.

No presente texto, a referência à data mining será com respeito ao processo de aplicação de técnicas estatísticas e de inteligência artificial, incluindo métodos de aprendizado de máquina para a descoberta de conhecimento útil e aplicável em organizações e empresas, almejando resultados benéficos para as instituições de um modo geral.

O processo de mineração de dados não é apenas um processo computacional ou automático, mas sim um esforço cooperativo entre pessoas e máquinas. As pessoas conseguem descrever e desenhar os bancos de dados, os problemas a serem solucionados e os objetivos a serem alcançados. Os computadores filtram os dados dos bancos de dados de acordo com as regras estabelecidas pelas pessoas e com a descrição dos problemas, procurando por padrões que sejam compatíveis com os objetivos estabelecidos.

Os modelos de predição são normalmente baseados em amostras de casos, dado uma população de eventos que pode estar relacionada aos clientes, às operações bancárias, às chamadas telefônicas, assim por diante. Medidas potenciais, que podem ser as características destes eventos, são especificadas e uniformemente mensuradas sobre os casos disponíveis. Por exemplo, uma aplicação bastante proeminente de data mining é a análise do risco de crédito para pequenos empréstimos. Os bancos mantêm bases de dados sobre seus empréstimos, armazenando registros correntes e históricos sobre os clientes. O critério utilizado para avaliar o risco de crédito pode ser descrito em termos das características especificadas, como as condições dos últimos financiamentos, lucros, débitos pendentes, dentre outras. Um caso é um registro específico dentro desse repositório de dados. Com o objetivo de minimizar o risco de não pagamento dos empréstimos, os bancos podem minerar os dados disponíveis a procura de padrões que expliquem os acontecimentos pregressos com vistas à predição dos eventos em momentos no futuro.

A missão crítica dos processos de data mining relacionados com a construção de modelos de predição é a capacidade de aprendizado. Esta capacidade está relacionada com critérios de decisão para a associação de rótulos aos novos casos não rotulados. Para o exemplo do empréstimo, os padrões devem distinguir entre os casos de pagamento e não pagamento dos financiamentos.

O processo de KDD pode ser descrito como sendo composto por seis etapas distintas, descritas a seguir e exemplificadas na ilustração 27.

Descoberta de Conhecimento

Ilustração 27: Etapas do processo de mineração dos dados.

1. A primeira etapa diz respeito ao entendimento do problema. É quando se busca a compreensão dos objetivos do projeto e suas necessidades, bem como, o conhecimento desejado pelo usuário final. Essa etapa é fundamental para se ter um bom conhecimento do negócio, necessário para uma clara definição do problema e um plano preliminar das ações a serem executadas.
2. A segunda etapa está relacionada com a extração dos dados e é responsável pela criação de um conjunto de dados alvo. Nessa fase, seleciona-se um conjunto de dados ou de instâncias em que a descoberta deverá ser efetuada.
3. Na terceira etapa, de limpeza dos dados, é realizado o pré-processamento dos dados. Esta etapa também é de grande importância, pois é executado o tratamento de dados ausentes, inconsistentes, ou fora dos padrões normais.
4. A quarta etapa é voltada para a redução dos dados, quando, uma vez conhecida a fonte de informações e eliminadas as inconsistências, será necessário selecionar os dados que podem influenciar nos resultados do modelo a ser construído. Informações dúbias ou correlacionadas devem ser eliminadas, assim como, as variáveis que não se mostram sensíveis ao modelo.
5. A quinta etapa é voltada para a escolha do método de mineração de dados. Envolve as fases de levantamento dos objetivos do processo, a identificação da melhor técnica a ser aplicada e a abordagem para a aplicação dos modelos. Podem-se distinguir os objetivos da descoberta de conhecimento em dois tipos básicos. O primeiro é a verificação. Este

modelo trabalha com hipóteses formuladas pelos usuários. Para estas hipóteses, são realizados testes de validação contra o banco de dados. A ênfase deste modelo é que o usuário obtém uma resposta afirmativa ou negativa às suas hipóteses. O problema apresentado por este modelo é que nenhuma informação nova é criada ao longo deste processo. Este processo de procura é iterativo, onde a saída gerada é revisada e um novo conjunto de hipóteses é formulado para refinar a procura, sendo que o processo deve ser repetido várias vezes. O segundo tipo é a descoberta. Este modelo difere do anterior por ter uma ênfase na qual o sistema procura descobrir de forma autônoma, os novos padrões nas bases de dados. Os dados são analisados na procura de ocorrências freqüentes de determinados padrões e tendências, generalizações são feitas sobre os dados sem a intervenção do usuário.

6. A sexta e última etapa é a interpretação dos resultados, que consiste basicamente nas seguintes tarefas: apresentação das descobertas obtidas, determinação da melhor forma de utilizar as informações na tomada de decisão, definição das vantagens e desvantagens dos modelos, reavaliação do processo como um todo e, sendo necessária, a criação de novos modelos ou mesmo, processos adicionais de mineração.

Um ambiente de descoberta de conhecimento envolve bem mais do que apenas atividades de mineração de dados. Podem ser incluídos neste cenário, processos de extração de informações dos sistemas operacionais, criação de bases de dados analíticas, aglutinando informações unificadas sobre clientes, produtos, transações etc, geração de bases gerenciais e analíticas de acordo com os objetivos de negócio da empresa e os contextos empresariais envolvidos.

Com relação às etapas específicas de construção dos modelos de mineração de dados, existem diversas técnicas possíveis que podem ser empregadas dentro deste ciclo, como por exemplo:

- Redes neurais artificiais.
- Árvores de decisão.
- Algoritmos genéticos.
- Redes Bayesianas.
- Modelos de regressão.
- Regras de associação.

As redes neurais artificiais serão discutidas de forma mais aprofundada mais adiante, no decorrer deste trabalho. Adicionalmente, o Anexo I traz um tutorial sobre a origem, as características e o funcionamento das redes neurais.

A técnica de árvore de decisão possui algumas metodologias de implementação, uma das mais clássicas é baseado em métodos estatísticos, como o modelo CART, no qual existem duas ramificações para cada nó não terminal. Outra possibilidade é quando o número de ramificações é igual ao número de categorias existentes. A partir de um conjunto de variáveis existentes em uma fonte de dados, uma variável dependente é escolhida. Cada variável que afeta o resultado é examinada. Um processo iterativo de agrupamento dos valores contidos em cada uma destas variáveis é realizado. No decorrer deste processo iterativo, os valores agrupados são divididos em duas categorias. A finalização deste processo é feito por um método estatístico, como o chi-quadrado, que tenta maximizar as variações entre os grupos e minimizar as variações dentro dos grupos.

Algoritmos genéticos são métodos de otimização combinatória baseado em processos de evolução biológica. A idéia básica é que, ao longo do tempo, a evolução tenha sido selecionada pela espécie mais adequada. Por meio de processos iterativos, grupos de observações são selecionados de forma aleatória. O algoritmo genético possui uma função de aptidão que determina se um conjunto de dados está compatível para um ou mais grupos selecionados. Esta função identifica que determinados conjuntos de dados são mais adequados do que outros. O algoritmo genético possui operadores que permitem a cópia e a alteração de descrições dos grupos de dados, fazendo com que os elementos mais adequados para cada grupo sejam selecionados.

As redes bayesianas são baseadas no teorema de Bayes das probabilidades, que determina como os conceitos feitos antes de uma experimentação podem ser alterados após a coleta de evidências, quando os resultados são examinados. Quando eventos variáveis são conectados na forma de uma rede, eles podem ajudar a predizer os resultados de eventos que são dependentes de outros eventos.

A regressão é uma técnica que estima uma variável dependente utilizando um conjunto de variáveis independentes e um conjunto de constantes. Um tipo de modelo de regressão é a logit, na qual todas as variáveis independentes são categóricas. O modelo de regressão logística é similar ao logit, com a diferença de que possui também variáveis contínuas.

As técnicas de regras de associação procuram por associação de itens em um banco de dados transacional que possuam alguma dependência estatística. Em outras palavras, são considerados apenas os itens cujos percentuais de ocorrência mútua sejam significantemente diferentes das chances aleatórias.

Dois eventos são independentes se a probabilidade de ocorrência mútua é a mesma que o produto das probabilidades dos eventos individuais. Quando estas probabilidades são diferentes, os eventos são ditos dependentes. A regra de associação procura por itens que sejam dependentes entre si, além da regra de formação da dependência, ou seja, qual item afeta qual.

Existem outras técnicas, que podem ser utilizadas dependendo do objetivo de negócio a ser atingido, contudo, as descritas anteriormente são as mais utilizadas e conhecidas no mercado.

As redes neurais artificiais despertam grande interesse dentro dos cenários de desenvolvimento de modelos de data mining, apesar de uma determinada limitação no que diz respeito à facilidade de uso e desenvolvimento. Alguns parâmetros pertinentes a construção de modelos baseados em redes neurais são extremamente importantes no resultado do modelo, tais como, topologia, número de nós nas camadas de entrada, número de nós nas camadas escondidas, número de nós na camada de saída, método de estimação de erro, passagens iniciais, escolha das sementes, dentre outros. Sendo assim, mais do que do que conhecimento da técnica ou a topologia da rede neural, é necessário que todos estes parâmetros sejam testados com o objetivo de verificar suas respostas contra as bases de dados que estão sendo utilizadas no momento.

Contudo, as técnicas de redes neurais artificiais possuem vantagens significativas sobre outras técnicas de mineração de dados em determinadas circunstâncias, em especial, quando se busca alta precisão dos resultados em modelos de predição, os quais podem ser aplicados sobre uma extensa gama de problemas. As redes neurais artificiais podem ainda trabalhar com amostras de dados heterogêneas, com valores faltantes ou mesmo com variáveis que possuem domínio de valores extremamente distintos, como idade e salário, por exemplo. Em alguns modelos, estas diferenças na escala de valores podem indicar erroneamente maior ou menor importância às variáveis dentro do resultado a ser alcançado.

Uma das razões para a escolha da técnica de rede neural como método na implementação de modelos de agrupamento e classificação é que elas possuem capacidade intrínseca de aprendizado a partir de dados de entrada. Outras técnicas, como regressão, árvores de decisão ou mesmo algoritmos genéticos, também possuem esta capacidade, mas as redes neurais se mostram mais adaptativas às diferentes características de bases de dados mais heterogêneas e, principalmente, dinâmicas no tempo. As redes neurais possuem forte capacidade de generalização e, sendo não-paramétricas, tornam as suposições mais precisas, independente da distribuição dos dados de entrada. As redes neurais são capazes de criar limites de decisão, os quais são não-lineares no espaço das variáveis e não necessitam, dessa forma, de suposições ou premissas sobre a distribuição das propriedades dos dados utilizados como entrada para o modelo.

As redes neurais podem ser vistas como modelos adaptativos, são aptas a armazenar conhecimento e torná-lo disponível para utilização posterior. Nesse sentido, as redes neurais são semelhantes ao funcionamento do cérebro humano em dois aspectos fundamentais: o conhecimento é adquirido pela rede neural por meio de um processo de aprendizado e os pesos das conexões entre os neurônios, conhecidas como sinapses, são utilizados para armazenar o conhecimento. O procedimento utilizado para representar o processo de aprendizado, normalmente conhecido como algoritmo de aprendizado, é uma função para modificar os pesos das conexões da rede com o objetivo de alcançar um valor previamente estabelecido.

As redes neurais podem produzir modelos de agrupamento e predição por meio do paradigma de aprendizado supervisionado e não supervisionado, conforme apresentado no presente trabalho. No aprendizado supervisionado, os conjuntos de dados incluem conhecimento como entrada, análogo as variáveis independentes em uma regressão linear, e um conhecimento de saída, análogo as variáveis dependentes em uma regressão linear. Dessa forma, a rede neural aprende, ou reconhece, o padrão da entrada associado ao conhecimento da saída. De forma distinta, os modelos de redes neurais baseados em aprendizado não-supervisionado não utilizam o conhecimento gerado como resultado para retro-alimentar o modelo.

Ao final da quarta parte deste livro, será apresentado um breve tutorial sobre as técnicas de redes neurais artificiais. Este capítulo considerará as principais características de funcionamento de uma rede neural, como a definição de parâmetros, de pesos, a topologia e a arquitetura da rede, os métodos de estimação de erros, os critérios de parada de treinamento, dentre outros assuntos pertinentes à construção de modelos preditivos baseados em redes neurais.

5.2. TENDÊNCIAS TECNOLÓGICAS PARA AMBIENTES DE MINERAÇÃO DE DADOS

Atualmente, existe uma forte tendência da inclusão de processos de mineração de dados nos sistemas gerenciadores de banco de dados. Fornecedores como Oracle, Teradata, Microsoft e IBM estão, cada vez mais, incluindo objetos de banco de dados com capacidades de mineração de dados focados na descoberta de conhecimento em grandes volumes de informações.

Após a inclusão de objetos de banco de dados para a construção de estruturas multidimensionais e subconjuntos de dados em formato analítico, como estruturas de armazenamento de informações em formato de cubos, os sistemas gerenciadores de banco de dados estão inserindo novos objetos, mais complexos e com alta capacidade analítica.

A inclusão de funcionalidades de data mining em sistemas gerenciadores de banco de dados aumenta a escalabilidade das aplicações, aproveitando a infra-estrutura de informações fornecida por um sistema de banco de dados robusto. Os objetos de banco de dados voltados para mineração de dados possuem interface simples e, muitas vezes, por meio da linguagem padrão de acesso às informações em banco de dados, o SQL.

Adicionalmente, os bancos de dados armazenam os modelos de data mining construídos em estruturas XML padrão, independentemente das técnicas utilizadas para a construção dos mesmos, como redes neurais artificiais, árvores de decisão, regressão e outras.

Uma das maiores vantagens dessa abordagem é a capacidade de execução dos modelos de data mining diretamente no banco de dados, em tempo real ou em processamento batch, ou de acordo com a atualização dos dados. A execução dos modelos de data mining pode fazer uso de todas as capacidades de processamento dos atuais sistemas gerenciadores de banco de dados, como processamento paralelo, clusterização, contingência de processos, atomicidade das operações, dentre outras características.

Todas as atividades de construção de modelos de data mining devem seguir um fluxo padrão de fases e atividades. Apesar de existirem algumas diferentes metodologias de desenvolvimento de modelos analíticos, todas elas seguem fundamentalmente os mesmos passos. Estes passos estão relacionados basicamente com as seguintes atividades:

- Extração e coleta dos dados que serão utilizados na construção dos modelos analíticos.
- Análise e manipulação das informações coletadas.
- Transformação dos dados de acordo com as necessidades do que se está modelando.
- Modelagem propriamente dita, quando se escolhe a técnica de construção do modelo mais adequada para determinado objetivo de negócio a ser atingido.
- Análise dos resultados, incluindo-se, neste ponto, o grau de assertividade e eficiência do modelo construído.

A etapa de aplicação dos modelos contra toda a base de dados está incluída em qualquer que seja a metodologia de construção dos modelos, uma vez que o objetivo final do processo de data mining é pontuar toda a base corporativa existente na empresa, seja ela composta de informações de clientes, produtos, transações, financeira ou qualquer outra. No próximo tópico, será abordada a metodologia de desenvolvimento de modelos analíticos do SAS Institute, que segue basicamente os passos descritos anteriormente.

5.3. METODOLOGIA DE DESENVOLVIMENTO DE MODELOS DE DATA MINING

A sigla SEMMA – Sample, Explore, Modify, Model, Assess – estabelece as linhas gerais da proposição do SAS Institute para o desenvolvimento e condução de modelos de data mining. As fases de Amostragem, Exploração, Modificação, Modelagem e Avaliação são relativas a todo o processo de construção de modelos de data mining e possuem, cada qual, um conjunto de procedimentos específicos para a sua execução. Partindo de uma amostra representativa dos dados disponíveis, que será utilizada para a construção dos modelos de data mining, as atividades relacionadas com a metodologia SEMMA tornam fácil a aplicação de técnicas de visualização e de exploração estatística sobre os dados amostrais. Da mesma forma, a metodologia SEMMA indica e orienta as etapas de seleção e transformação das variáveis com maior poder de predição, bem como, da modelagem das variáveis com foco nos resultados a serem preditos e, sobretudo, das atividades de avaliação da assertividade dos modelos construídos.

Antes de se examinar cada estágio das atividades relacionadas à SEMMA, há um equívoco comum que devemos citar, ele está relacionado à associação ou referência da SEMMA como uma metodologia de data mining. A SEMMA é mais uma organização lógica das atividades a serem executadas, que se utiliza do conjunto de ferramentas e funcionalidades do SAS Enterprise Miner, ferramenta aqui empregada para demonstrar os conceitos teóricos. Estas atividades poderiam ser consideradas como um subconjunto básico das fases principais de um processo de data mining genérico. O SAS Enterprise Miner pode ser utilizado como parte integrante de qualquer metodologia contendo um processo interativo de data mining. Alguns passos naturais, tais como a formulação das necessidades de negócio, a pesquisa do problema a ser solucionado, ou ainda a qualidade das fontes a serem utilizadas são fatores críticos de sucesso de qualquer projeto de data mining. A SEMMA está focada então nos aspectos do desenvolvimento de modelos de data mining.

A fase de amostragem está relacionada à geração de uma amostra a partir dos dados disponíveis por meio da extração de apenas parte de um grande conjunto de dados, que é suficientemente grande para conter dados significativos e pequeno o bastante para ser manipulada rapidamente. Para uma ótima relação de custo e desempenho, a SAS sugere uma estratégia de amostragem que fornece uma amostra confiável e representativa de grandes fontes de dados de forma detalhada. Minerar uma amostra representativa ao invés de toda a base de dados disponíveis permite uma redução substancial no tempo de processamento dos processos de data mining, o que pode se tornar crucial para as questões de negócio. Se padrões genéricos aparecem nos dados quando analisada toda a base de dados, então, estes mesmos padrões deverão aparecer em uma amostra representativa dos dados. Caso determinada característica seja tão pequena que não possa estar representada em uma amostra e, ainda sim, tão importante que possa influenciar o cenário geral, ela pode ser descoberta utilizando-se métodos de sumarização. A SAS defende ainda a criação de partições dos conjuntos de dados em amostras de treinamento, validação e teste, por meio dos nós de partição disponíveis na ferramenta. O conjunto de dados de treinamento é utilizado para o ajuste do modelo, enquanto que o conjunto de dados de validação é usado para a avaliação do modelo e a prevenção do super treinamento. Por fim, o conjunto de dados de teste é utilizado para se obter uma avaliação honesta do quanto o modelo desenvolvido consegue generalizar.

A fase de exploração dos dados diz respeito à pesquisa por tendências não antecipadas e por anomalias, com o objetivo primário de gerar melhor entendimento sobre as bases de dados disponíveis. A etapa de exploração das informações disponíveis ajuda a refinar a processo de descoberta de conhecimento. Caso a exploração visual não revele claramente as tendências inseridas na base de dados, existe ainda a possibilidade de se explorar estes mesmos dados por meio de técnicas estatísticas, como análise de fator, análise de correspondência ou agrupamentos.

A etapa de modificação consiste da criação, seleção e transformação das variáveis sob a luz do processo de escolha do modelo. Baseada nas descobertas levantadas na fase de exploração é possível se manipular os dados com o objetivo de incluir novas informações na base, como o grupo de cluster e os subgrupos significantes. Adicionalmente, é possível analisar os outliers, decidindo-se pela retirada deles ou não, ou, ainda, reduzir as variáveis, por meio da identificação daquelas que são mais significantes para o modelo em questão.

A modelagem dos dados permite que a ferramenta pesquise automaticamente uma combinação dos dados que torne possível predizer de forma confiável uma determinada saída desejada. As técnicas de modelagem em data mining incluem redes neurais, árvores de decisão, regressão logística e outros modelos estatísticos, como análise de séries temporais, raciocínio baseado em memória e análise de componentes principais. Cada tipo de modelo possui pontos fortes e fracos e são apropriados para objetivos específicos de determinada aplicação de data mining, dependendo do problema a ser resolvido.

O estágio de avaliação estima a utilidade e confiança das descobertas levantadas pelo processo de data mining e julga a qualidade de sua execução. Uma forma comum de avaliar um modelo é aplicar a ele uma porção de um conjunto de dados diferente daquela utilizada na fase de amostragem. Se o modelo for válido, ele deverá funcionar para esta amostra à parte da mesma forma que para a amostra utilizada quando da construção do modelo. De forma similar, um teste de modelo pode ser feito executando-o contra dados desconhecidos. Adicionalmente, as aplicações práticas dos modelos de data mining, como por exemplo, para a execução de campanhas de marketing, podem ajudar em muito a validar a eficácia de um determinado modelo.

Por meio da avaliação dos resultados obtidos em cada uma das fases do processo SEMMA, pode-se determinar como modelar novas questões de negócio levantadas pelos resultados previamente alcançados e, assim, estabelecer um ciclo entre as fases anteriores para refinamento do processo.

Uma vez desenvolvido e escolhido o modelo vencedor com base no método de desenvolvimento de data mining SEMMA, é necessário se colocar o modelo em produção, com o objetivo de se pontuar a base de dados corporativa da empresa. A passagem dos modelos para um ambiente de produção é a última fase do processo de data mining, ou o resultado final do processo de geração de conhecimento. Existem algumas opções para se colocar um modelo de data mining em produção, dentre elas, a criação ou geração automática de programas em C, Java, ou utilizando-se o PMML – Predictive Mdelo Markup Language – um padrão de mercado utilizado para armazenar as informações referentes aos modelos de data mining.

Esta norma é baseada em XML e permite o compartilhamento dos modelos de data mining entre diferentes aplicações, aumentando o grau de interoperabilidade das ações de mineração de dados e descoberta de conhecimento. Os principais fornecedores de soluções de data mining,

SAS, SPSS e IBM, já adotaram a utilização de padrão em suas soluções de mercado.

5.4. MODELOS DE CLASSIFICAÇÃO

Existem diversos fatores que são importantes no processo de modelagem de data mining, em especial, nas questões associadas com a descoberta de conhecimento intrínseco em grandes bases de dados. Nas análises dos resultados dos modelos de classificação, descritos posteriormente, devem ser avaliadas detalhadamente, pelo menos, as principais características da modelagem preditiva. Estas características envolvem fundamentalmente as variáveis de freqüência de estimação de erros, das decisões que são pertinentes a execução dos modelos de classificação e dos critérios de especificidade e generalização do modelo, que fornecem, na verdade, o grau de previsibilidade e assertividade das aplicações construídas.

5.4.1 Características principais da modelagem preditiva

Para uma variável alvo intervalar, por padrão, a modelagem preditiva tenta prever a media condicional do alvo, dado os valores das variáveis de entrada. As redes neurais também são capazes de fornecer funções de erro robustas que podem ser utilizadas para predizer aproximadamente a mediana condicional ou a moda do alvo. Ou seja, quando se tenta predizer um valor numérico intervalar, as redes neurais artificiais são capazes de prever um valor também intervalar para a saída de cada caso analisado.

Para uma variável alvo categórica, por padrão, a modelagem preditiva tenta estimar a probabilidade condicional de cada classe, dado os valores das variáveis de entrada. Estas probabilidades condicionais são chamadas de probabilidades posteriores. Dado as probabilidades posteriores, cada caso pode ser classificado dentro da classe mais provável. Pode ainda ser especificada uma matriz de lucro ou perda para classificar os casos de acordo com as conseqüências de negócio provenientes da decisão tomada. Uma função de erro robusta nos modelos preditivos baseados em redes neurais podem ser utilizados para produzir de forma aproximada a classe mais provável.

Para a comparação de modelos preditivos é essencial se comparar todos os modelos utilizando-se os mesmos casos. Se um determinado caso for omitido de um score para um modelo, mas não para outro, por exemplo, por causa de variáveis ausentes ou variáveis missing, pode-se produzir comparações de modelos preditivos inválidas.

5.4.2 Variável de freqüência e estimação de pesos

Todos os modelos preditivos permitem a especificação de uma variável de freqüência. Tipicamente, os valores das variáveis de freqüência são inteiros não negativos. Os dados são tratados como se cada caso fosse replicado quantas vezes o valor da variável de freqüência.

Os modelos preditivos podem processar entradas redundantes de forma bastante efetiva. Com isso, a adição de entradas redundantes possui pouco efeito na real dimensionalidade dos dados, e, dessa forma, os efeitos maléficos de um alto grau de dimensionalidade não é considerado. Quando existem entradas redundantes, os casos de treinamento situam-se próximos a algum subespaço, e, dessa forma, as variáveis podem possuir, possivelmente, uma correlação não linear. Caso este subespaço implique em uma correlação linear das variáveis, este tipo de redundância é denominada de colinearidade múltipla. Na teoria estatística, é bastante conhecido que as redundâncias provocam uma instabilidade na estimação dos parâmetros, neste caso, dos pesos. Isto significa dizer que diferentes estimações de parâmetros podem produzir predições similares. Porém, se o propósito da análise é uma predição, a estimação de parâmetros de forma instável não se constitui necessariamente em um problema. Se a mesma redundância se refere tanto aos casos de teste como aos casos de treinamento, o modelo necessita produzir saídas acuradas apenas para as regiões próximas ao subespaço que é ocupado pelos dados e uma estimação de parâmetros estável não é necessária para se produzir uma predição acurada. Contudo, se os casos de teste não seguem o mesmo padrão de redundância dos casos de treinamento, a generalização irá requerer uma extrapolação e dificilmente irá funcionar de forma efetiva.

As redes neurais podem modelar duas ou mais variáveis alvo na mesma rede. A existência de múltiplos alvos em uma rede pode ser uma vantagem quando existem características comuns para todos os alvos, caso contrário, é mais eficiente se treinar redes neurais separadas, uma para cada tipo de variável alvo. Na prática, estas diferentes redes neurais artificiais modelarão diferentes objetivos de negócios, representados pelas variáveis especificadas como alvo.

5.4.3 Decisões

Cada modelagem preditiva pode produzir uma decisão diferente para cada caso considerado na amostra de dados utilizada. O processo de aplicação dos modelos preditivos, treinados e validados por meio de uma amostra de dados contra toda a população disponível é conhecido como "escoragem". A aplicação de um modelo sob um conjunto de dados se baseia nas conseqüências numéricas especificadas por meio da matriz de decisão e das variáveis ou constantes de custo.

A matriz de decisão contém colunas, que são as variáveis de decisão correspondentes a cada decisão, e linhas, que são as observações correspondentes aos valores alvo. Os valores das variáveis de decisão representam conseqüências para alvos específicos, que podem representar lucro, perda ou receita. Estas conseqüências são as mesmas para todos os casos que estão sendo "escorados". Um conjunto de dados de decisão pode conter probabilidades prévias em adição a matriz de decisão.

A matriz de decisão apresenta a quantidade de casos de determinadas classe que foram preditos de forma correta e a quantidade de casos que foram preditos de forma errada. O primeiro caso se refere aos verdadeiros positivos, e o segundo, aos verdadeiros negativos. Nos casos de duas classes a serem preditas, a matriz de decisão apresenta, analogamente, as quantidade de casos da segunda classe que foram preditos de forma equivocada e os casos que foram preditos de forma correta, sendo estes, da mesma forma, classificados como falsos negativos e falsos positivos.

A figura apresentada a seguir mostra os resultados de um modelo preditivo, colocando as quantidades de casos reais da classe S, 586.954 com os valores preditos corretamente, 530.546 verdadeiros positivos, e os valores preditos equivocadamente, 56.399 verdadeiros negativos. Analogamente, ela apresenta os 341.879 casos reais da classe N com os 217.509 casos preditos de forma errada, os falsos negativos, e os 124.370 casos preditos de forma correta, os falsos positivos.

Com isso, este modelo de exemplo alcançou uma taxa de acerto de 90,39% para a classe positiva, neste caso a classe S, e de apenas 36,37% para a classe negativa, a classe N.

```
              Classificação - Árvore de Decisão
              ----------------------------------
              Número de Classes = 2
              Erros            = 273908 (29,49%)

              Matriz desordenada para árvore podada
Classe Prevista -->  | S             | N             |
                     ----------------------------------
        S            |      530546  |       56399  |   total = 586945
        N            |      217509  |      124370  |   total = 341879
                     ----------------------------------
                            748055           180769      total = 928824
```

Ilustração 28: Matriz de decisão de um modelo preditivo.

A matriz de decisão pode especificar lucro, prejuízo ou receita. Dado um conjunto de dados escorados previamente, contendo probabilidades posteriores, as decisões podem também ser tomadas por meio de um procedimento de leitura da própria matriz de decisão a partir de um conjunto de dados de decisão.

Quando um processo de decisão é executado, deve-se, adicionalmente a modelagem, calcular um conjunto de estatísticas sumarizadas, fornecendo os totais e as médias de lucro, prejuízo e receita para cada um dos modelos produzidos. Estas estatísticas de sumarização dos lucros e perdas são bastante úteis para a seleção dos modelos a serem aplicados na população total. Para se utilizar as estatísticas sumarizadas na seleção dos modelos, é necessário se especificar as conseqüências numéricas para a tomada de decisão para cada valor da variável alvo.

Em algumas aplicações, as conseqüências numéricas para cada decisão podem não ser totalmente conhecidas no momento do treinamento do modelo. Nestes casos, pode ser útil a execução de uma análise what-if para explorar os efeitos de diferentes conseqüências de decisão. Particularmente, quando uma das decisões é não fazer nada, um gráfico de lucro e perda neste caso pode fornecer uma forma conveniente de se enxergar os efeitos da aplicação de diferentes limites para a decisão "nada a fazer".

Para as variáveis categóricas, deve existir uma linha para cada classe. O valor na matriz de decisão localizada em determinada linha e coluna determina a conseqüência da tomada de decisão correspondente à coluna quando o valor alvo corresponde à linha. A matriz de decisão pode conter linhas para classes que não apareçam nos dados que estão sendo analisados. Para uma matriz de lucro ou receita, a decisão é escolhida para maximizar a expectativa de lucro. Para uma matriz de perda, a decisão é escolhida para minimizar a expectativa de perda.

Para variáveis intervalares, cada linha define um aglomerado de um conjunto de variáveis lineares de uma função spline. A conseqüência da tomada de decisão é computada por meio de uma interpolação linear na coluna correspondente da matriz de decisão. Se os valores alvo preditos estão fora da faixa do referido aglomerado da matriz de decisão, a conseqüência de uma decisão é computada por meio de uma extrapolação linear. As decisões são tomadas para maximizar o lucro predito ou minimizar o prejuízo esperado.

Para cada decisão, podem existir também ou uma variável custo ou uma constante numérica de custo. Os valores das variáveis custo representam conseqüências de casos específicos, que são sempre tratados como custo. Estas conseqüências não dependem dos valores alvo dos casos que estão sendo escorados. Os valores de custo são utilizados para computar o retorno do investimento com uma relação de custo e benefício.

As variáveis de custo podem ser especificadas apenas se a matriz de decisão contém receita, não lucro ou perda, ou prejuízo. Dessa forma, se receita e custos são especificados, os lucros são computados como receita menos o custo. Se receitas são especificadas sem custos, os custos são assumidos como sendo zero. Para a interpretação das conseqüências como lucros, perdas, receitas ou custos, é necessário apenas para se computar o retorno do investimento. Pode-se ainda especificar valores na matriz de decisão que são conseqüências para alvos específicos, mas para isso, deve existir alguma outra interpretação prática que não apenas lucro, perda ou receita. Da mesma forma, pode-se especificar valores para as variáveis custo que são conseqüências para casos específicos, mas, para isso, deve existir alguma outra interpretação prática que não apenas custo. Se uma interpretação receita-custo não é aplicável, os valores computados para o retorno do investimento podem não ter significado prático.

5.4.4 Generalização

Um aspecto crítico na modelagem preditiva é a generalização. Isto significa que é de extrema importância saber quão acurado será o modelo nas predições a serem realizadas para os casos que não estão contidos no conjunto de treinamento. Modelos de data mining, assim como outros métodos de estimação não lineares flexíveis, podem sofrer ou com o "sub" ajuste ou com o "super" ajuste. Um modelo que não é suficientemente complexo pode falhar completamente na detecção de sinais em um conjunto de dados complicados, levando ao subajuste. Por outro lado, o superajuste pode acontecer mesmo em dados com ausência total de ruídos e, especialmente no uso de redes neurais, pode produzir predições que sejam completamente distantes da faixa de valores alvo do conjunto de dados de treinamento.

Construindo-se um modelo suficientemente complexo, pode-se sempre ajustar os dados de treinamento de forma bastante adequada, quase perfeita. Por exemplo, se existem N casos de treinamento e o ajuste é feito em um modelo de regressão linear com N-1 entradas, pode-se atingir erro zero assumindo-se que as entradas não são singulares. Mesmo que as N-1 entradas sejam números randômicos que estejam totalmente não relacionados com a variável alvo, pode-se ainda atingir o erro zero no conjunto de treinamento. Contudo, as predições podem ser completamente sem valor para um modelo de regressão como este quando existem novos casos que não estejam no conjunto de treinamento.

Ainda que se utilize apenas variáveis de entrada contínuas, por meio da inclusão de termos polinomiais suficientes em uma regressão, pode-se atingir um erro de treinamento igual à zero. Similarmente, pode-se sempre atingir um ajuste perfeito com apenas uma variável de entrada, por meio do crescimento forçado em uma árvore de decisão, aumentando o número de ramificações até um tamanho suficientemente grande ou, ainda, pela adição de suficientes unidades escondidas em uma rede neural.

Por outro lado, se uma variável de entrada importante para um determinado modelo é omitida, tanto o erro de treinamento quanto o erro de generalização podem ser grandes. Nos casos onde são utilizados poucos termos em uma regressão, poucas unidades escondidas em uma rede neural ou, ainda, uma árvore de decisão muito pequena, então, novamente, o erro de treinamento e o erro de generalização podem ser bem grandes. Naturalmente, estes cenários dependem do tipo de problema que está sendo analisado e do conjunto de dados que se está utilizando. Os erros de treinamento, especialmente em modelos de predição, sempre dependem dos dados disponíveis e do tipo de variável alvo que se deseja predizer.

Assim, para todos os tipos de modelos de data mining, deve-se encontrar um equilíbrio entre o modelo que é muito simples e um que seja extremamente complexo. Usualmente, faz-se necessário a execução de diversas tentativas por meio da construção de diferentes modelos, e, então, escolhe-se o modelo que provavelmente generalize da melhor forma.

Existem muitas formas de se estimar o erro de generalização, mas é especialmente importante não se utilizar o erro de treinamento como uma estimativa do erro de generalização. Conforme mencionado anteriormente, o erro de treinamento pode ser bastante baixo mesmo quando o erro de generalização seja extremamente alto. A utilização de um modelo baseado no erro de treinamento pode provocar que o modelo mais complexo seja escolhido, ainda que sua capacidade de generalização seja pobre.

A fase de treinamento dos modelos preditivos deve ser executada em paralelo com a fase de validação, e os erros de treinamento e validação são comparados constantemente para verificar a assertividade do modelo. Quando o erro de validação atinge valores superiores aos erros de treinamento, significa que o treinamento deve ser interrompido. No momento da execução dos modelos de predição, os processos de treinamento e validação devem ser executados de forma paralela. Isto faz com que o modelo não fique extremamente específico para a base de dados utilizada e nem tão genérico que possa ser utilizado em diversas bases de dados diferentes, porém, com resultados aquém do esperado para cada uma delas individualmente. O equilíbrio entre generalização e especificidade deve ser encontrado no momento da criação do modelo. Os processos de treinamento e validação contribuem para identificar o ponto certo de parada do treinamento. Existem ainda considerações de desempenho relacionadas ao processo de treinamento, como o número de iterações, o tempo de treinamento e as capacidades dos recursos computacionais.

Adicionalmente ao processo de treinamento e validação, existe a possibilidade de se executar uma fase de teste dos modelos construídos. Essa fase de teste realiza uma validação adicional sobre os erros de treinamento, verificando de forma mais precisa a generalização e a especificação do modelo. Esta fase de teste é feita com base em uma terceira amostra de dados, além das amostras de treinamento e validação.

Existe uma outra técnica de validação do erro de treinamento, que divide as bases de dados de treinamento e validação em diversas amostras diferentes, e ela é conhecida como validação cruzada. Para cada uma das amostras de treinamento dividida, é executado um processo de validação do erro de treinamento. Assim, suponha que a amostra de treinamento é dividida em dez diferentes amostras, da mesma forma que as amostra de validação. Para a execução da primeira amostra de treinamento, é feito uma validação para cada uma das dez amostras de validação. Em seguida, para a segunda amostra de treinamento, é feita uma validação com as mesmas dez amostras de validação e assim por diante. Essa técnica permite uma validação extremamente cuidadosa do processo de treinamento do modelo porque, para cada uma das amostras de treinamento, é feita uma comparação com dez diferentes amostras de validação.

Contudo, esta técnica de validação do modelo não foi utilizada neste trabalho, pois a validação cruzada pode tornar o processamento extremamente demorado, dado o grande volume de dados relacionados às empresas de telecom.

5.5. MODELOS DE AGRUPAMENTO

Os agrupamentos são realizados segundo a semelhança que os indivíduos de uma determinada população possuem entre si. Uma população pode ser o conjunto de transações financeiras de um banco, as chamadas cursadas de uma empresa de telefonia, as compras realizadas em um supermercado ou, simplesmente, informações cadastrais e demográficas dos clientes de uma determinada empresa. Quando uma destas populações é separada em diferentes grupos, ou clusters, esta separação não é homogênea. Dessa forma, quando o objetivo é executar um modelo de calibração com múltiplas variáveis, a calibração dos objetos da amostra deve pertencer preferivelmente a uma mesma população, dando homogeneidade aos dados analisados. Porém, na maioria das vezes, isso não é possível, pois quando se trabalha com casos reais, utilizando-se amostras de grandes empresas ou indústrias, estas populações normalmente possuem diferentes níveis de qualidade, o que torna o conjunto de dados de entrada não homogêneo. A simples ocorrência de clusters pode indicar que os objetos da amostra de entrada pertencem a diferentes populações ou a uma população com dados heterogêneos. Este fato sugere a possibilidade de existência de uma diferença fundamental entre dois ou mais grupos de amostras, o que pode alterar significativamente os resultados de modelos de agrupamento. Por exemplo, quando dois produtos diferentes são incluídos em uma mesma análise e, por um motivo externo ao processo, ocorre uma alteração na técnica de mensuração dos agrupamentos ou mesmo uma defasagem nos tempos de medição dos fatos, as análises dos resultados podem apresentar interpretações distintas.

Quando o resultado de um modelo de agrupamento produz diferentes clusters, uma preocupação que deve ser levada em conta é a investigação dos motivos pelos quais estes diferentes grupos foram levantados. Adicionalmente a esta investigação, deve ser disparado um conjunto de ações correspondentes aos agrupamentos identificados, ou, pelo menos, um plano de ação deve ser desenhado para cada um dos clusters sugeridos pelo modelo. Caso a identificação de diferentes grupos não esteja associada com razões instrumentais, como por exemplo, duas amostras que foram medidas em escalas de tempos distintas, ou ainda utilizando-se instrumentos de medição diferentes, as quais possam ser corrigidas com o objetivo de melhorar o processo, então existem duas possibilidades de ação. A primeira é dividir os dados em grupos distintos e desenvolver modelos separados para cada um dos clusters identificados. A segunda opção é manter todos os objetos da população em um mesmo modelo de calibração, ajustando-o adequadamente de forma a não alterar substancialmente os resultados da clusterização.

As vantagens de se dividir os dados em grupos separados é a capacidade de se obter populações mais homogêneas e, por conseqüência, a possibilidade de se construir modelos mais acurados. Naturalmente, também existem algumas desvantagens com relação à divisão dos dados em grupos distintos. Com a divisão, existirão menos objetos calibrados para cada um dos modelos construídos e, adicionalmente, consideravelmente menos conhecimento prático sobre os dados da população de entrada, uma vez que é necessário otimizar e validar dois ou mais modelos ao invés de apenas um. Quando uma nova amostra deve ser predita, primeiro é necessário se determinar à qual cluster ela pertence antes de se iniciar qualquer outra predição. Outra desvantagem da divisão dos dados em grupos populacionais distintos é que a faixa de valores de saída pode ser reduzida, conduzindo a criação de modelos menos estáveis. Por esta razão, é usualmente preferível a criação de um único modelo contendo como amostra de entrada toda a população de dados heterogêneos. Entretanto, a desvantagem desta última abordagem é que a construção de um único modelo para um conjunto de dados não homogêneo pode se tornar extremamente mais complexa, e, dessa forma, o modelo pode ficar potencialmente menos robusto. De fato, um modelo desta natureza irá possuir dois tipos de variáveis: as que conterão informações comuns a dois clusters e que, assim, possuirão informações similares a ambos, e as variáveis que irão corrigir a influência que estes dois clusters exercem sobre os valores de saída. As variáveis pertencentes ao segundo tipo, ou seja, as que corrigem as influências dos dois clusters sobre as variáveis de resposta, estão, na maioria das vezes, associadas aos picos de um escopo que está presente nos objetos de um cluster e estão ausentes ou muito fracas nos outros objetos.

No desenvolvimento de um modelo de calibração com múltiplas variáveis, normalmente se está mais interessado na decisão de quais dos clusters identificados serão considerados realmente significantes do que propriamente nos detalhes atuais do agrupamento. Por esta razão, existe menor valor nos agrupamentos levantados do que na identificação de quais são os grupos significantes, caso estes ocorram.

A presença de diferentes grupos pode estar associada a um conjunto de variáveis de saída, ou variáveis de resposta, definidas como sendo a última camada do modelo. Se existirem variáveis de saída disponíveis neste passo, elas poderão ser avaliadas ou estimadas utilizando-se uma simples planilha com as variáveis de resposta. Se elas foram distintamente bi-modais, ou seja, se possuírem dois picos diferentes, existirá então dois clusters para estas variáveis de resposta, o que pode ser representado por dois diferentes clusters em uma matriz de respostas. Se grupos de variáveis de resposta são identificados, uma investigação sobre o motivo pelos quais estes clusters foram levantados deve ser executada. Se objetos com valores de saída intermediários aos dois clusters estão disponíveis, eles podem ser adicionados aos conjuntos de calibração e teste do modelo. Se este não é o caso, e os agrupamentos são muito fortes, um entendimento possível é que o modelo será dominado pelas diferenças entre os clusters, mais do que pelas diferenças contidas dentro dos próprios clusters.

Neste caso então, pode ser recomendável a construção de modelos distintos para cada um dos clusters identificados.

A maneira mais fácil de detectar os agrupamentos em uma matriz de dados é aplicar a técnica de Análise de Componentes Principais e, então, observar os valores resultados em uma tabela ou gráfico. Em alguns casos, os grupos serão aparentes apenas nas partes do plano com os componentes principais de maior valor, de modo que um deles deve corresponder a diversas saídas. Por este motivo, um método como o proposto por Meloun pode ter diversas vantagens. Neste método, as distâncias entre um determinado objeto e todos os outros objetos são computadas, classificadas e organizadas em uma planilha. Este processo deve ser executado para cada um dos objetos da amostra. O gráfico ou planilha contendo os resultados obtidos por meio desse processo é então comparado com as distâncias computadas da mesma forma que para os objetos pertencentes a uma distribuição normal ou homogênea.

A técnica de análise de componentes principais também pode ser utilizada como forma de redução das variáveis. Quando uma determinada base de dados possui um número muito grande de informações, por exemplo, cem ou duzentas variáveis, pode ser melhor fazer uso de componentes principais para descobrir as variáveis transformadas que possuem uma determinada quantidade de informação sobre a base de dados manipulada. Como resultado, os componentes principais são apresentados com suas respectivas representatividades de quantidade de informação, ou seja, o primeiro componente possui 80% da informação contida nas duzentas variáveis disponíveis. Com a adição do segundo componente, esta representatividade sobe para 85%, com a adição do terceiro componente, a representatividade da base de dados sobe para 90%, e assim por diante. Dessa forma, ao invés de se utilizar duzentas variáveis, se utiliza apenas dez ou quinze variáveis transformadas, mas com a mesma, ou quase a mesma, quantidade de informação ou representatividade de informação.

Contudo, existem outros métodos para a análise dos resultados de um modelo de agrupamento. Quando um indicador numérico é preferível, o índice de Hopkins para tendência de agrupamentos pode ser aplicado. Este método estatístico examina se os objetos contidos em um determinado conjunto de dados seriam diferentes significativamente de uma suposição na qual estes objetos fossem uniformemente distribuídos em um espaço multidimensional. Este indicador compara as distâncias entre os objetos reais e seus vizinhos mais próximos, com as distâncias entre os objetos artificiais uniformemente gerados sobre um espaço de dados e seus reais vizinhos mais próximos. Tal processo é repetido diversas vezes para uma fração da população total. Após esta iteração, o índice de Hopkins é calculado. Se os objetos são uniformemente distribuídos, as distâncias reais e artificiais serão similares, e o valor para esta estatística será de 0,5. Se existir a ocorrência de agrupamentos distintos, as distâncias para os objetos artificiais serão maiores do que para os objetos reais, pois os objetos artificiais estão homogeneamente distribuídos, enquanto que os objetos reais são agrupados de forma conjunta, e, assim, o valor para o índice será maior. Um valor para o índice de Hopkins maior que 0,75 indica uma tendência de agrupamento com nível de confiança de 90%.

CAPÍTULO 6
TÉCNICAS DE MINERAÇÃO DE DADOS

A tecnologia de data mining com certeza não envolve mágica. Ao contrário, ela trabalha da mesma forma que um ser humano. Esta metodologia se utiliza de informações históricas ou, como nos seres humanos, de experiência para aprender. Contudo, para que as aplicações de data mining extraiam conhecimento de uma base de dados, é necessário que se estabeleça como este conhecimento se parecerá, e isto dependerá de qual problema de negócio se deseja resolver.

Uma característica fundamental para se construir um bom modelo de predição é ter na base de dados algumas informações que descrevam o que aconteceu no passado. Casos como o envio de malas diretas, por exemplo, podem ajudar no trabalho de mineração de dados. Uma das diferenças entre o trabalho humano e as ferramentas de data mining é que estas últimas podem analisar toda uma base de dados e, ainda assim, extrair um pequeno padrão que pode auxiliar em análises e previsões futuras.

Muitas pessoas se questionam sobre qual a diferença entre os modelos de data mining e a estatística. Afinal de contas, estas pessoas vêm utilizando estatística para focar melhor seus objetivos, no que diz respeito ao esforço de marketing, durante vários anos. A estatística possui o mesmo uso geral e pode obter praticamente o mesmo resultado de um processo de data mining, normalmente utilizando técnicas de inteligência artificial. Os modelos de Regressão são utilizados em estatística na maioria das vezes para criar um mecanismo de predição de comportamento de clientes, por exemplo, e estes modelos são construídos a partir de grandes quantidades de dados históricos. Além dos aspectos técnicos, referentes à fundamentação teórica empregada na construção dos modelos, uma diferença significativa entre data mining e estatística, sobretudo de aspecto humano, é que estes modelos são desenvolvidos por diferentes tipos de profissionais, com formações distintas. O primeiro tipo de modelo de data mining é desenvolvido por profissionais com formação mais matemática, de engenharia ou de computação, e o segundo tipo, naturalmente, por profissionais com formação mais voltada para a estatística.

Com o advento das soluções de mercado para a construção de modelos de data mining, foi possível que o desenvolvimento dessas aplicações fosse mais focado para usuários de negócio, ao passo que os modelos estatísticos são utilizados mais por profissionais de estatística. De forma simplista, pode-se dizer que um processo de data mining efetivamente automatiza os processos estatísticos, aliviando desta forma o usuário final de um grande trabalho de desenvolvimento. Isto resulta em um conjunto de ferramentas de fácil utilização e, principalmente, de fácil passagem para um processo de fluxo contínuo ou de ciclo produtivo.

6.1. ANALOGIA COM SISTEMAS DE DIAGNÓSTICO

Em processos industriais automatizados, as funções de supervisão servem para indicar os estados de processos indesejados ou não permitidos e, dessa forma, permitir a tomada de ações no sentido de manter as operações de forma regular.

As principais funções dos sistemas de diagnóstico se concentram na detecção, localização e estimação. A detecção determina a presença de desvios no sistema com relação ao comportamento normal, a localização determina o ponto de ocorrência da falha, e a estimação identifica a intensidade da falha presente no sistema.

Existem diferentes funções no âmbito de sistemas de diagnósticos, dentre elas, o monitoramento, no qual variáveis são checadas de acordo com níveis de tolerância, e então, em determinados casos, são disparados alarmes para o operador; proteção automática, na qual, nos casos de estados de processos indesejados ou perigosos, a função de monitoramento inicia automaticamente as ações contrárias; e, por fim, supervisão com diagnóstico de falhas, no qual, baseado na medição de determinadas variáveis, são gerados alguns sintomas e, por meio da detecção de mudanças nos estados do processo, um diagnóstico de falhas é realizado. Por meio de algum dos métodos descritos anteriormente, o operador pode, segundo as informações geradas e os alarmes disparados, tomar algumas decisões e, baseado nelas, disparar contra medidas para evitar ou consertar as falhas identificadas.

A figura a seguir apresenta um modelo robusto baseado em diagnóstico de falhas para sistemas dinâmicos. Este ambiente possui um conjunto de entradas, um atuador, que recebe as entradas e as envia para o sistema, este processa as informações recebidas, e o sensor avalia a saída do sistema e disponibiliza as saídas de informações.

Ilustração 29: Diagrama de diagnóstico de falhas.

Este processo pode ser resumido como um simples ambiente de entrada de dados, processamento das informações e um conjunto de saída, conforme descrito na figura a seguir.

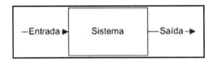

Ilustração 30: Diagrama simplificado para ambientes de diagnóstico de falhas.

As situações de inadimplência estão presentes de forma bastante ativa nos segmentos de telecomunicação, não apenas pelas questões financeiras inerentes à conjuntura econômica do país, mas também pela regulamentação do mercado de telefonia. Neste caso, os três modelos de supervisão são passíveis de implantação, o de monitoramento, o de proteção automática e o de supervisão. Ou seja, o disparo de alarmes para análises posteriores, a execução automática de ações e as contra medidas de manutenção do ambiente são altamente aplicáveis nos eventos de inadimplência.

As principais vantagens dos clássicos métodos de supervisão baseados em valores limites, threshold, são sua simplicidade e confiabilidade. Entretanto, tais métodos são capazes apenas de reagir após uma mudança de determinada característica relativamente grande, isto é, ou após uma grande falha de ocorrência repentina ou após uma pequena falha de ocorrência gradual. No caso de um ambiente relacionado com empresas de telecomunicações, apenas com grandes mudanças no comportamento dos clientes inadimplentes o sistema de diagnóstico seria capaz de perceber qualquer alteração nos estados normais, ou seja, nos limites pré-estabelecidos. Dessa forma, métodos mais avançados de supervisão e diagnóstico de falhas se fazem necessários. Esses métodos devem atender determinados requerimentos, como a rápida detecção de falhas com mudanças abruptas de comportamento, pequenas alterações de comportamento que precedem a insolvência, inadimplência voluntária, erros sistêmicos nos processos operacionais da empresa, fraude interna ou mesmo casos de fraudadores profissionais que mudam seus perfis de comportamento tentando enganar os sistemas antifraude, dentre outros.

Com relação aos métodos de supervisão, as atividades principais podem ser divididas em detecção de falhas por meio de geração de sintomas heurísticos e analíticos e no diagnóstico de falhas. A tarefa de diagnóstico de falhas, atividade focada no presente trabalho, consiste em determinar o tipo, o tamanho e a localização da falha, assim como, seu tempo de detecção baseado em observação de sintomas analíticos e heurísticos. Caso não exista qualquer conhecimento sobre os sintomas das falhas, pode ser aplicado um método de classificação, que permite um mapeamento do conjunto de sintomas ao conjunto de falhas. Para estabelecer um modelo de classificação como forma de diagnosticar as falhas, alguns métodos como classificação geométrica ou estatística, árvores de decisão, redes neurais artificiais ou clusterização fuzzy podem ser utilizados.

A atividade de diagnóstico de falhas pode ser definida como contendo três etapas básicas: uma é relacionada ao processo em si, outra à operação, e, a última, à supervisão, conforme é apresentado na figura a seguir. Na etapa relacionada ao processo, a atividade de diagnóstico de falhas está focada nos subsistemas e visa detectar, localizar, identificar e acomodar a falha de forma automática, mantendo o processo na sua faixa de funcionamento normal, evitando a propagação da falha. Na etapa da operação, o objetivo do diagnóstico é fornecer informações detalhadas ao operador sobre as falhas primárias, filtrando alarmes sobre falhas secundárias e, se possível, sugerir possíveis causas para o comportamento observado, recomendando ações a serem tomadas pelos operadores de forma a garantir a continuidade e a segurança da operação. Por fim, na etapa relacionada à supervisão, o objetivo do diagnóstico é identificar as causas de falhas recorrentes, fornecendo estatísticas sobre a disponibilidade e a confiabilidade do processo, visando auxiliar o planejamento da manutenção, reduzindo assim o número de paradas e, por conseqüência, aumentando a rentabilidade do processo em longo prazo.

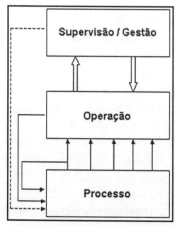

Ilustração 31: Etapas do processo de diagnóstico de falhas.

Mesmo em ambientes tecnológicos e sistêmicos de empresas prestadoras de serviços, os três principais objetivos do diagnóstico de falhas, o processo, operação, e supervisão, possuem características específicas e possuem analogias com os tradicionais ambientes de diagnóstico de falhas, como em processos industriais automatizados.

Na etapa relacionada ao processo, as atividades estão relacionadas com a assertividade dos modelos, quando os mesmos podem aprender sobre suas classificações e os seus respectivos resultados posteriores, gerando, dessa forma, alarmes com indicações de probabilidades de acerto. Em conjunto com uma base de valores limites, estas indicações de probabilidades de acerto criam a possibilidade de contra medidas automáticas para diferentes eventos de negócio, fazendo com que o sistema possa trabalhar de forma mais automatizada, sem tantas intervenções dos analistas.

Na etapa de operação, as atividades estão associadas com a análise do comportamento do cliente, ou seja, com o perfil de uso de produtos e serviços e o conteúdo das informações cadastrais. Por este processo, pode-se levantar a propensão de risco de determinados eventos operacionais, como fraude ou inadimplência, evitando assim, possíveis alarmes de falso-positivos, quando a indicação errônea de determinadas ações pode causar uma série de problemas de relacionamento com os clientes, em alguns casos, problemas de ordem legal.

Na etapa de supervisão, as atividades estão associadas com os eventos de não pagamento recorrentes, e, nesse caso, os modelos devem descobrir conhecimento sobre as causas destas ações. Um bom exemplo, bastante comum nos ambientes de empresas prestadoras de serviço, são as fraudes internas provocadas ou permitidas por funcionários da própria companhia, nas quais, ainda que os eventos de fraude sejam identificados, eles podem ser recorrentes devido à ação desses empregados.

Quando uma falha ocorre em um sistema qualquer, ela afeta o comportamento normal do mesmo, e, para que a falha seja detectada, deve existir um sistema de medição que observará sua ocorrência. Tal ocorrência é verificada por meio de comparações entre as medidas normais do sistema, as medidas que representam o comportamento normal do mesmo e as medidas observadas em determinado momento. Uma vez identificada qual é a falha, um conjunto de atributos devem ser calculados de forma a detectar os efeitos da mesma no comportamento geral do sistema e, posteriormente, diferenciar os efeitos das falhas entre si, conforme descreve a figura apresentada a seguir.

No caso das empresas prestadoras de serviço, os comportamentos normais no uso dos produtos e serviços, além de seus pagamentos, são comparados com os usos correntes, e possíveis eventos fora da curva ou do padrão de comportamento podem ser revistos com base nessas comparações.

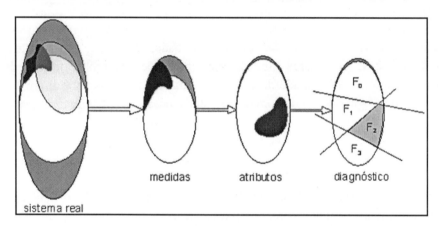

Ilustração 32: Etapas do processo de tratamento das falhas.

Dessa forma, as principais funções dos sistemas de diagnóstico de falhas estão relacionadas à detecção, que determina a presença de desvios em relação ao comportamento normal do sistema; à localização, que localiza a falha que originou o desvio detectado; e à estimação, que estima a intensidade da falha. Assim, a identificação destes desvios, sua localização e a estimação de sua intensidade pode ocorrer por meio da comparação dos valores referentes ao funcionamento normal do sistema com os valores levantados em determinado momento do processo. A comparação desses valores gera os sintomas, os quais são os indicadores de possíveis falhas no sistema. Uma vez que os sintomas tenham sido gerados, é necessário que seja feita análise sobre os mesmos, interpretando-os e transformando-os em informação útil à tomada de decisão. A análise dos sintomas distingue os desvios identificados em falhas, alarmes ou simplesmente distúrbios normais para o funcionamento do sistema.

Dentre os diversos métodos de geração dos sintomas, podem ser destacados os métodos a base de modelos analíticos, que são baseados na estimação de parâmetros, observadores de estado e em equações de paridade; e os métodos de classificação ou de reconhecimento de padrões, que utilizam um conjunto de dados para o treinamento de padrões de referência como parte da solução do problema. As abordagens mais freqüentes para a implementação de modelos de classificação são baseadas em métodos estatísticos, na lógica fuzzy, em árvores de decisão e em redes neurais artificiais.

Os métodos de geração de sintomas baseados em reconhecimento de padrões consistem em dividir os atributos pertinentes em conjuntos de classes e, então, associar cada um desses conjuntos a uma falha. Dessa forma, o conjunto de classes representa as possíveis soluções para um determinado problema de classificação, e o conjunto de atributos representa as observações realizadas no sistema. O conhecimento sobre o problema pode ser representado então como uma aplicação do conjunto de classes sobre o conjunto de atributos, conforme descrito na figura a seguir. Assim, a solução do problema consiste em desenvolver um classificador que deverá realizar o caminho inverso, ou seja, determinar o conjunto de classes a partir do conjunto de atributos.

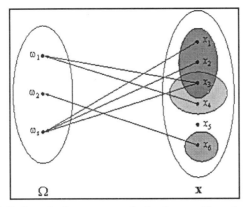

Ilustração 33: Conjunto de classes para as soluções de um problema de classificação.

Fazendo uma analogia com os diagramas de diagnóstico de falhas, apresentados anteriormente, para modelos baseados em reconhecimento de padrões e classificação, as entradas e saídas, ou o próprio sistema, podem estar associados a uma base de conhecimento. Este repositório pode ser utilizado para alimentar um sistema de diagnóstico, tornando-o mais assertivo e adaptável às mudanças de cenário, conforme descrito figura apresentada a seguir.

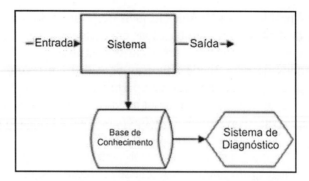

Ilustração 34: Diagrama de falhas para modelos baseados em classificação.

Este sistema de diagnóstico pode ser utilizado para descobrir conhecimento útil na identificação de eventos de negócio e, assim, ajudar a empresa a aproveitar oportunidades de mercado, se proteger de ameaças de concorrentes ou, mesmo, melhorar seus processos operacionais de forma mais consistente.

6.2. INCORPORANDO O DATA MINING NOS PROCESSOS DE NEGÓCIOS

O custo de distribuição dos processos de negócios é extremamente alto. Existem diversos tipos de sistemas gerenciadores de banco de dados, vários sistemas operacionais e diferentes computadores nos quais podem ser executados estes processos. Existe ainda um custo específico para o modelo em si, como por exemplo, a migração de modelos antigos, em mainframe, para plataformas mais modernas. Seria extremamente mais barato, mais rápido e muito menos propenso a erros se ter todo o processo do negócio mais diretamente sobre o controle de profissionais da área e, melhor ainda, sendo executado dentro de um ambiente de data warehouse já existente. Para se alcançar este objetivo, a análise de dados deve ser embutida dentro de um data warehouse, e entendida e utilizada pelo profissional de negócio. Estas duas características podem ser cumpridas mais eficientemente pelo uso das novas ferramentas de data mining ao invés das técnicas estatísticas tradicionalmente existentes. É a capacidade que as técnicas de data mining podem prover, como árvores de decisão ou redes neurais artificiais, quando incorporadas a um ambiente de data warehouse, fornecendo resultados compreensíveis para o usuário final. Isso implica em um aumento significativo na precisão e na velocidade das respostas, bem como, no barateamento dos custos, desejos fundamentais de um ambiente de negócios corporativo.

O conceito de se incorporar as técnicas de data mining aos processos de negócios visa reduzir os erros e os custos dos sistemas de análises de dados tradicionalmente utilizados, ao mesmo tempo em que permite que os profissionais do negócio possam ver de forma clara o que está acontecendo em suas bases corporativas. Um processo de data mining deve ser incorporado a um ambiente de data warehouse sem a necessidade de ser um extrator de dados. Analogamente, um modelo de previsão deve ser colocado em um fluxo de data warehouse sem a necessidade de recodificá-lo e de testá-lo novamente. Dessa forma, um processo de data mining pode então ser conectado a qualquer base de dados em um data warehouse e utilizado por outros usuários de forma igualitária.

6.3. ÁRVORES DE DECISÃO

A técnica de árvores de decisão consiste em um modelo de predição que pode ser visualizado como uma estrutura de árvores. Especificamente, cada ramo da árvore representa um tópico de classificação, e as folhas da árvore são partições de conjuntos de dados com suas respectivas classificações.

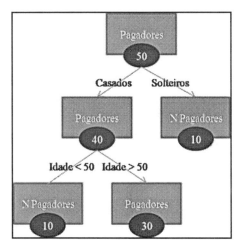

Ilustração 35: Grafo representativo de uma árvore de decisão.

Por exemplo, no caso de um banco de varejo que empresta dinheiro aos seus clientes, a utilização da técnica de árvores de decisão poderia classificar estes clientes de acordo o risco de inadimplência, traçando, desta forma, um perfil para os mesmos, baseado em suas informações demográficas, cadastrais, e comportamentais.

A técnica de árvores de decisão possui algumas características importantes, descritas a seguir:

- Ela divide os dados em cada ramo mantendo suas quantidades originais, ou seja, a soma dos registros nas folhas é igual ao número de registros no pai.
- O número de registros inadimplentes e pagadores permanece constante quando se caminha na árvore, tanto para baixo quanto para cima.
- É de fácil entendimento a forma pela qual o modelo foi construído, ao contrário de outras técnicas, como as redes neurais, por exemplo.
- O modelo é de fácil utilização quando já se possui um público alvo a ser atingido por uma determinada campanha de marketing.

Do ponto de vista de negócios, a técnica de árvores de decisão cria a possibilidade de se estabelecer uma segmentação a partir do conjunto de dados original. Esta segmentação pode ainda ser utilizada para a predição de alguma parte importante da informação.

As árvores de decisão são uma tecnologia de data mining muito similar aos algoritmos desenvolvidos nos anos 60 por estatísticos para automatizar os processos que determinam quais campos na base de dados estão correlacionados com um determinado problema que se deseja compreender. Os algoritmos baseados em árvores de decisão tendem a automatizar todo o processo de criação de hipóteses. Desta forma, estes algoritmos produzem validações mais completas e integradas do que as outras técnicas de data mining.

Pelo fato da técnica de árvores de decisão contemplar tantas características críticas da tecnologia de data mining, ela é amplamente utilizada em uma grande variedade de problemas de negócios.

As árvores de decisão podem ser utilizadas para a exploração de um conjunto de dados e problemas de negócios. Isto é feito na maioria das vezes por meio da busca de previsores e valores que são escolhidos para cada divisão da árvore. Frequentemente, esses previsores fornecem dicas ou propõem questões sobre determinadas necessidades que precisam ser respondidas.

Outra forma na qual as árvores de decisão são utilizadas é para o pré-processamento de dados para outros algoritmos de predição. Isto se deve ao fato de que este algoritmo é razoavelmente robusto no que respeito à variedade de tipos de previsores e porque ele pode ser executado de forma relativamente rápida. Dessa forma, as árvores de decisão podem ser utilizadas como um primeiro passo na execução de um processo de data mining como um todo, para criar um subconjunto de previsores possivelmente úteis, que podem ser alimentados dentro de redes neurais ou mesmo em rotinas estatísticas. Esta atividade inicial de identificação dos previsores significativos pode consumir um tempo bastante considerável quando se possui um grande número de variáveis ou atributos a serem utilizados no modelo.

Apesar de algumas formas de árvores de decisão terem sido inicialmente desenvolvidas como ferramentas de exploração para refinar e processar dados para técnicas estatísticas padrões, como regressão logística, por exemplo, elas também podem ser utilizadas para predição e classificação. Isto é interessante porque muitos estatísticos continuam a usar árvores de decisão para análise exploratória, construindo um modelo como um subproduto, ignorando, entretanto, o modelo de predição em favor de outras técnicas que eles estão mais familiarizados.

6.3.1 O algoritmo de árvores de decisão

No final de 1970, J. Ross Quinlan introduziu um algoritmo de árvores de decisão chamado ID3. Inicialmente, o ID3 foi utilizado para o aprendizado de estratégias de jogos, como o xadrez, por exemplo. Desde então, ele tem sido utilizado em uma variedade de problemas, tanto industrial quanto academicamente, e tem sido modificado e melhorado no decorrer do tempo.

O ID3 escolhe os previsores e seus valores divididos baseado no ganho de informação que foi fornecido pela divisão ou divisões. Este ganho de informação representa a diferença entre o total de informação que foi necessário para realizar corretamente a predição antes e depois da divisão ter sido feita. Esta diferença é definida como a diferença entre a entropia do segmento original e a entropia acumulada do resultado dos segmentos divididos. Entropia é uma medida bem definida de desordem ou informação encontrada nos dados. As entropias dos segmentos filhos são acumuladas pela medição de suas contribuições na entropia total da divisão, de acordo com o número de registros que eles contêm. O cálculo que será utilizado para se determinar qual divisão será a escolhida pode variar dependendo do caso. Entretanto, uma métrica significativa necessita levar em consideração dois efeitos principais:

1. A quantidade de desordem que foi decrescida nos novos segmentos.
2. A maneira pela qual a desordem de cada segmento deve ser medida.

A medida de entropia pode facilmente ser aplicada a cada novo segmento, assim como o foi no segmento pai para definir o primeiro critério. A definição do segundo critério é um pouco mais complicada, pois a divisão de segmentos pode implicar em novos segmentos perfeitos ou sem registros. Desta forma, é possível se ter dois caminhos na escolha do melhor segmento, através da média das entropias dos novos segmentos ou através do número de registros que são cobertos por cada divisão.

O ID3 utiliza a metodologia de medição de entropia, de uma maneira geral, para produzir melhores predições, ao invés do simples cálculo da média da entropia.

6.3.2 Previsores de alta cardinalidade

O exemplo apresentado anteriormente para investimentos bancários mostra apenas possibilidades de divisões binárias, como casado ou solteiro, maiores de 50 anos ou não. Contudo, existem previsores que podem possuir mais do que dois valores em seu domínio, como por exemplo, o estado civil, considerando as opções de casado, solteiro, viúvo ou divorciado, ou mesmo a cor do cabelo, considerando loiro, moreno ou ruivo.

O algoritmo pode ser modificado para contemplar previsores multivalorados. A equação de entropia pode ser calculada da mesma maneira dentro de cada segmento resultante, e a equação de entropia medida pode ser estendida para as medições de cada novo segmento através da fração do segmento de dados pai que o contém. O problema é que com um número muito grande de valores para um previsor, estas equações formarão muitos segmentos pequenos com pouco ou nenhum dado contido neles, com relação a outras divisões que possuem muito mais dados em cada segmento resultante. Este tipo de previsor é conhecido como de alta cardinalidade.

Um previsor de alta cardinalidade possui muitas possibilidades de valores, por isso, possui muitas possibilidades de realizar uma divisão. Um usuário experiente na utilização de árvores de decisão pode suprimir alguns campos durante o processo de exploração ou predição, como por exemplo, o nome do cliente. Porém, alguns campos desnecessários ainda podem permanecer como parte integrante do processo. Desta forma, a eliminação automática de campos também é altamente desejável para o usuário de árvores de decisão. Para isto, a medida de escolha da melhor divisão que a árvore de decisão está usando necessita ser melhorada. Esta medida de performance para a escolha da divisão deve ser baseada em dois critérios:

1. A quantidade de desordem, ou entropia, que foi reduzida do segmento de dados original.

2. O tamanho relativo dos segmentos resultantes, de forma que a redução da desordem foi ponderada para dar maior peso para os segmentos resultantes maiores.

O cumprimento destes dois critérios resolve a maioria dos problemas, menos para o caso de previsores de alta cardinalidade. Por exemplo, a divisão de registros pelo nome do cliente resultou em dez segmentos, dos dez registros contidos em uma base de dados. Se os segmentos forem homogêneos, a entropia para cada segmento resultante é zero, ou seja, não há desordem. Sendo todos os segmentos do mesmo tamanho, o peso de suas entropias é zero, logo, a entropia ponderada também será zero. Desta forma, não há outra possibilidade de escolha para a melhor divisão do que esta. Isto pode se tornar um problema caso a métrica de divisão escolha o nome do cliente para o processo de divisão, mesmo que o nome do cliente utilizado como o melhor previsor resulte em um modelo que não possa ser usado nunca, exceto em dados históricos.

Para suportar previsores de alta cardinalidade, a métrica de divisão utilizada no ID3 deve ser melhorada. Ao invés de pegar apenas a medida da entropia do ganho do sistema, ela deve pegar também o total da cardinalidade do previsor. Esta nova técnica é conhecida como relação de ganho, e a única diferença para a técnica anterior é que ela é relativamente menor se a cardinalidade do previsor for maior. Ela é calculada pegando-se a entropia no tamanho relativo dos segmentos resultantes. Por exemplo, no caso do previsor como nome do cliente, um décimo dos registros caem em cada um dos novos segmentos. A fração do conjunto de dados que cai nos novos segmentos é exatamente igual aos valores do previsor dentro de qualquer segmento. Existem duas probabilidades para este caso. A primeira é a probabilidade de que qualquer registro do segmento pai caia em um segmento filho particular. A segunda é a probabilidade de, dado que um registro caiu em um determinado segmento filho, ele deve possuir um valor de predição particular.

O cálculo da entropia neste novo conjunto de probabilidades é idêntico ao cálculo anterior, ou seja, o negativo da adição de cada probabilidade multiplicada pelo seu logarítmico na base 2. Para o previsor de nome de cliente, o ganho relativo deve ser o ganho dividido pela entropia do tamanho do segmento. A entropia do segmento pai é igual a 1.0, a entropia dos segmentos filhos é igual a 0.0. Então, o ganho é igual a 1.0 (1.0 – 0.0).

A entropia da própria divisão é exatamente a apresentada a seguir:

$$3.32 = -1/10 \lg(1/10) -1/10 \lg(1/10) -1/10 \lg(1/10) -1/10 \lg(1/10) -1/10 \lg(1/10)$$
$$-1/10 \lg(1/10) -1/10 \lg(1/10) -1/10 \lg(1/10) -1/10 \lg(1/10) -1/10 \lg(1/10)$$

O ganho relativo é então o ganho dividido pela entropia da divisão, ou seja, 0.3 = 1.0/3.32.

6.3.3 Conclusão

Os classificadores baseados em árvores de decisão se apresentam como um excelente mecanismo de reconhecimento de padrão para diversos problemas de negócio, como classificação de riscos de crédito e inadimplência, capacidade de pagamento, propensão à compra e abandono, dentre outros, como diagnósticos médicos e identificação de sinais remotos.

Uma das principais características da técnica de árvores de decisão é a flexibilidade de fornecer capacidade de utilização de diferentes subconjuntos de dados com características diferentes e regras de decisão distintas em diversos estágios do processo classificatório. Adicionalmente, a técnica de árvores de decisão oferece uma capacidade intrínseca de encontrar um equilíbrio adequado entre a precisão da classificação, o tempo e o custo relacionados à eficiência operacional.

Apesar de existirem algumas técnicas de otimização, como programação dinâmica e algoritmos genéticos, que podem ser empregadas para a definição das árvores com determinadas características ótimas. Uma solução prática e exeqüível está associada com a escolha da estrutura ou topologia da árvore de decisão, com as características dos subconjuntos de dados e com a estratégia de implementação das regras de decisão. Contudo, esses critérios se constituem no principal desafio de construção de bons algoritmos de árvores de decisão. Isso acontece devido principalmente à inexistência de informações necessárias, como uma estatística das classes condicionais para desenhar métodos que limitem o uso efetivo desta técnica em aplicações de problemas reais em larga escala.

O reconhecimento das dificuldades envolvidas nos projetos de árvores de decisão ótimas fez com que surgissem alguns métodos heurísticos para melhorar esse processo, como os descritos a seguir.

1. Abordagem bottom-up: inicia o processo com as informações das classes e continua o fluxo combinando as classes até que reste apenas um nó que contenha todas as classes, ou seja, o nó raiz.
2. Abordagem top-down: inicia o processo a partir do nó raiz, utilizando-se uma regra de partição, de forma que as classes são divididas até que um determinado critério de parada seja alcançado. Os principais problemas dessa abordagem estão relacionados justamente com a escolha da regra

de partição, com a definição do critério de parada e com a rotulação dos nós terminais.
3. Abordagem híbrida: um procedimento baseado na metodologia bottom-up direciona e assisti um procedimento top-down.
4. Abordagem tripla de crescimento e poda das árvores: com o objetivo de se evitar maiores dificuldades na escolha do critério de parada, um procedimento realiza o crescimento da árvore até um tamanho máximo no qual o nó terminal é puro, ou quase puro, e então, outro procedimento poda seletivamente a árvore.
5. Como apontado anteriormente, eficiência computacional, assertividade da classificação e espaço para armazenamento dos requerimentos parecem ser usualmente demandas conflitantes. Estes fatores podem, na verdade, auxiliar no desenho de uma determinada árvore de decisão, selecionando uma possível abordagem em detrimento de outra.

Por fim, deve-se ter em mente que o desempenho de uma árvore de decisão depende fortemente do projeto e do algoritmo empregado na construção da mesma. Em particular, quando o número de amostras de testes a serem classificadas é muito grande, o tempo gasto no desenvolvimento de modelos dessa natureza pode ser facilmente justificado.

6.4. REDES NEURAIS

Árvores de decisão e as redes neurais artificiais são as técnicas mais utilizadas nos processos relacionados com data mining. Das duas, as redes neurais artificiais provavelmente despertam um maior interesse dentro da tecnologia de data mining e dos processos de descoberta de conhecimento. Contudo, esta técnica possui algumas limitações no que diz respeito à sua facilidade de uso e desenvolvimento, mas, mesmo assim, possui vantagens significativas sobre outras técnicas de mineração de dados. A maior destas vantagens é sem dúvida a alta precisão dos modelos de predição, que podem ser aplicados sobre uma extensa gama de problemas reais e de negócios.

Esta técnica implementa padrões de detecção e algoritmos de aprendizado de máquina para construir modelos de predição para bases de dados históricos em larga escala.

Diferentemente da técnica de árvores de decisão, que foi bem mais desenvolvida na comunidade de estatísticos, a técnica de redes neurais cresceu no meio da comunidade de inteligência artificial. Ela parte da premissa de que as máquinas podem "pensar" se houver uma maneira de simular a estrutura e o funcionamento do cérebro humano nos computadores. Apesar de os cientistas ainda estarem longe de entenderem o cérebro humano, as técnicas de redes neurais que são executadas nos computadores já podem fazer muitas das coisas que as pessoas fazem, procurando simular de certa forma o comportamento do cérebro ou a maneira de pensar do ser humano.

Por sua origem e o sucesso recente que vem alcançando, as técnicas de redes neurais artificiais têm despertado um grande interesse no contexto de construção de modelos preditivos em data mining. Para entender melhor como as redes neurais podem detectar padrões em bases de dados, uma analogia é feita com o comportamento humano, ou seja, as redes neurais podem "aprender" a detectar tais padrões e realizar melhores e mais precisas predições da mesma forma que um humano o faz. As redes neurais realizam este aprendizado em um sentido bastante real da palavra, porém, por trás deste aprendizado, os algoritmos e técnicas que estão sendo desenvolvidos não são totalmente diferentes das técnicas encontradas na estatística ou em outros algoritmos de mineração de dados. Por exemplo, seria injusto afirmar que as redes neurais poderiam superar outras técnicas porque elas podem "aprender" e melhorar no decorrer do tempo, enquanto que as outras técnicas permanecem estáticas. Outras técnicas, na verdade, "aprendem" a partir de exemplos históricos de forma análoga. Contudo, na maioria das vezes, os exemplos que são utilizados para o aprendizado, que são os registros históricos propriamente ditos, são processados de uma só vez, de maneira mais eficiente, por meio das redes neurais artificiais, a qual na maioria das vezes modifica o seu modelo um registro de cada vez.

Uma característica marcante das redes neurais é que elas são extremamente automatizadas: seu usuário final, ou desenvolvedor, não precisa conhecer muito extensamente sobre como elas trabalham, sobre a modelagem de predição, ou mesmo sobre a base de dados para utilizá-la. Naturalmente, isto é uma aproximação grosseira da realizada, mas define bem a facilidade de construção de redes neurais utilizando-se aplicações de mercado. Lógico que o entendimento desses fatores facilita o desenvolvimento dos modelos preditivos e, principalmente, a análise dos resultados, ainda assim, o desconhecimento dos mesmos não é fator de obstrução do uso desta técnica.

Apesar da facilidade de construção e desenvolvimento de modelos preditivos baseados em redes neurais, especialmente quando utilizadas ferramentas de mercado, algumas decisões de projeto necessitam ser tomadas para se utilizar esta técnica de forma efetiva, como os descritos a seguir.

- Quantos nós na rede serão conectados?
- Quantas unidades de processamento neuronais devem ser utilizadas?
- Quando o treinamento da rede neural deve ser interrompido para evitar um superajuste?

São necessários, da mesma forma, alguns passos importantes para o pré-processamento dos dados que irão ser utilizados pelo algoritmo de redes neurais para se estabelecer o modelo de predição. Normalmente, existe uma necessidade de normalização dos dados entre 0.0 e 1.0, e previsores categóricos podem ser quebrados em previsores virtuais, isto é, 0 ou 1 para cada valor do previsor categórico original. E naturalmente, é fundamental entender o significado das informações contidas nas bases de dados. Estabelecer uma definição clara do problema de negócio a ser resolvido caracteriza-se como um fator crítico de sucesso para se obter eficiência e eficácia no processo de data mining. Isto significa dizer que as técnicas de redes neurais artificiais não oferecem nenhum atalho para o seu processamento.

6.4.1 Aplicações de redes neurais

As redes neurais artificiais são utilizadas em uma grande variedade de aplicações. Elas podem ser usadas em diferentes segmentos de negócios, desde a detecção de fraudes no segmento de cartões de crédito até a predição de riscos de investimentos nos segmentos de mercado de capitais. Estas são aplicações mais atuais, dada a alta probabilidade de retorno financeiro associada a mercados dessa natureza. Porém, a aplicabilidade das redes neurais é antiga, e vai desde o uso militar, para a direção automática de veículos não tripulados, até simulações biológicas, como o aprendizado correto da pronúncia de uma língua a partir de um texto escrito.

6.4.1.1 Agrupamento

Vários tipos de redes neurais podem ser utilizados para a determinação de agrupamentos e a criação de protótipos. Tipicamente, as redes neurais são utilizadas em um modo de aprendizado não supervisionado para a criação dos grupos. Os grupos são criados forçando o sistema a comprimir os dados através da criação de protótipos, ou por algoritmos que direcionam o sistema para a criação de grupos que competem entre si pelos registros que eles contêm. Este algoritmo assegura, desta forma, que os agrupamentos sejam criados tão pequenos quanto possível.

6.4.1.2 Extração

Um dos problemas mais importantes em todos os processos de data mining é determinar quais os previsores são mais importantes e mais relevantes para a construção do modelo, aqueles que influenciarão mais na predição. Estes previsores podem ser utilizados por eles próprios ou em conjunto com outros previsores para formar "características". Um exemplo de "características" que envolve o trabalho de redes neurais é a característica de uma linha vertical em uma imagem de computador. Os previsores, ou as entradas de dados, são justamente os pixels coloridos que formam a imagem. Os previsores, que são na verdade os pixels, podem ser organizados de tal forma que as linhas possam ser criadas. Conseqüentemente, a utilização destas linhas como entradas para o previsor pode fornecer um aumento de precisão para o modelo, além de diminuir o tempo de criação do mesmo.

Algumas características, como as linhas que formam a imagem do computador, podem ser detectadas satisfatoriamente pelas pessoas. Porém, outras classes de problemas podem impor uma maior dificuldade na identificação de certas características. Um modo que as redes neurais têm sido utilizadas na identificação de características é explorar a idéia que características são uma forma de compressão de uma base de dados de treinamento. Por exemplo, uma imagem pode ser descrita verbalmente através do relato de suas cores e intensidades para cada pixel em todos os pontos da figura. Níveis mais altos de imagem também podem ser descritos verbalmente, como figuras contendo diversas linhas e círculos, ou ainda árvores e montanhas. A pessoa que está recebendo este relato, eventualmente pega todas as informações necessárias para saber como a figura que está sendo descrita se parece. Porém, a descrição desta imagem em termos de características requer muito menos comunicação de informações do que a metodologia de "pintar através de números", descrevendo as cores de cada milímetro quadrado da imagem.

As características devem ser tratadas como uma maneira eficiente de se realizar a comunicação dos dados. Desta forma, as redes neurais podem ser utilizadas para extrair estes dados de maneira automática.

6.4.2 O algoritmo de redes neurais

Na figura abaixo, existem três nós de entrada e um nó de saída. Os nós de entrada: idade, sexo e renda; possuem valores que são convertidos em números entre 0.0 e 1.0. Por exemplo, para o nó idade, 1 ano pode ser convertido para 0.0 e 112 anos, a maior idade na base de dados, pode ser convertida para 1.0.

Da mesma forma, para o nó sexo, masculino pode ser convertido para 0.0 e feminino pode ser convertido para 1.0.

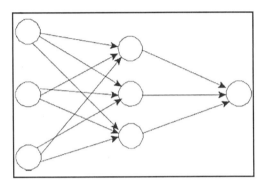

Ilustração 36: Topologia de uma rede neural artificial.

Quando estes valores são calculados para previsores de registros, estes valores são colocados nos nós de entrada e então novos valores são calculados para os próximos níveis. Este cálculo é feito multiplicando-se os valores dos nós de entrada, na camada de entrada, pelos pesos nas ligações que conectam os nós de entrada aos nós escondidos, somando-os ao final. Por exemplo, se os valores de entrada são 0.4 para idade, 0.0 para sexo e 0.8 para renda, existirá um registro para uma mulher de meia idade que é relativamente rica. O valor deste previsor pode ser multiplicado pelos pesos nas ligações e então somado ao nó escondido para se alcançar um valor 4.0. Este valor somado é passado através de um filtro conversor que o transforma em um número entre 0.0 e 1.0. Este valor é então a saída dos nós escondidos e é o que será alimentado para os nós de saída através do mesmo mecanismo. Este mecanismo é a passagem da soma dos valores dos nós medidos através desta função de filtragem. Fazendo isto camada a camada pode ser criada uma rede neural grande e complexa. Na prática, isto normalmente não é um requisito para se criar uma rede neural complexa, bastando para tal apenas uma camada escondida.

6.4.2.1 Aprendizado

A retro-propagação de erros da camada de saída pelas camadas escondidas para modificar os pesos das ligações é o método mais comum para se construir um modelo de rede neural. Como as únicas mudanças que podem ocorrer, uma vez que a arquitetura do modelo foi decidida, são os pesos das ligações, estes pesos são alterados para melhorar a precisão do modelo de precisão.

Basicamente pela alteração destes pesos é que as redes neurais tendem à não cometer os mesmos erros em utilizações futuras.

Se um erro é cometido pela rede neural, este erro pode ser mensurado no nó de saída como sendo a diferença entre o valor do nó de saída e o valor desejado. A saída desejada, porém, só é conhecida quando se está na fase de treinamento, quando os dados históricos são utilizados.

A taxa de aprendizado controla o quão rápido as redes neurais reagirão para um erro em particular. Se esta taxa é alta, cada erro será considerado como muito importante, e os pesos serão modificados significativamente. Caso contrário, se a taxa é baixa, os pesos só serão alterados para a direção correta em cada ocorrência do erro. Se um alto valor para a taxa de aprendizado é utilizado, a rede agirá rapidamente para corrigir qualquer ocorrência de um eventual erro, porém, o próximo erro pode requerer uma grande alteração nos pesos, o que poderá acarretar na reversão das mudanças feitas quando da ocorrência do último erro. Uma taxa de aprendizado alta pode levar a construção de uma rede neural de forma muito mais rápida, porém, ela pode resultar em uma rede neural que não consiga atingir uma convergência, e os pesos podem mudar rapidamente de um valor para outro com cada ocorrência de um novo erro.

6.4.2.2 Preparação dos dados

A maneira que o dado na base de dados de treinamento é alimentado para dentro da rede neural pode gerar um grande impacto no momento em que ele é levado para o treinamento na rede e, da mesma forma, na precisão da rede neural como um todo. Normalmente o dado é pré-processado para um alto grau para alimentar a rede na forma de um dado cru, que é de tratamento mais fácil. Por exemplo, se considerarmos uma previsão de série temporal, como o próximo preço final de uma ação no pregão da bolsa de valores, o dado cru, aquele sem nenhum pré-processamento, é armazenado na base de dados como uma série de preços no decorrer do tempo em intervalos fixos. Poderíamos imaginar que o preço da ação é capturado de hora em hora. Por exemplo, R$30,00 às 11:00h, R$31,00 às 12:00h, R$28,00 às 13:00, R$30,00 às 14:00h, assim por diante. Este dado pode ser apresentado por uma rede neural através da alocação de um nó por ponto de dado a cada hora. Uma forma extremamente melhor de fornecer o mesmo dado para a rede seria informar não só o preço atual da ação, mas também a diferença entre o preço da ação de hora para hora. Por exemplo, +R$1,00, -R$3,00, +R$2,00 para os preços finais da ação mencionada anteriormente. O mesmo dado seria apresentado à rede neural para treinamento, mas a codificação de um dado como diferença em preços produzirá um modelo de predição bastante superior.

Conforme mencionado anteriormente, os valores esperados para os nós de entrada de uma rede neural devem variar de 0.0 à 1.0, em alguns casos, de −1.0 até 1.0. Para um previsor ser mapeado para uma dessas faixas, os valores devem ser escalonados de alguma forma. Se o previsor é um número contínuo, como a idade ou a renda, existem várias estratégias para realizar este escalonamento.

A técnica de escalonamento divide os valores menores e maiores para o previsor por um número, de forma que a diferença entre os dois seja 1.0. Então, o menor valor de todos pode ser transformado em 0.0 e o maior valor em 1.0 pela adição do número apropriado. Por exemplo, previsores com valores de 100 a 300 podem ser escalonados para cair em uma faixa entre 0.0 e 1.0 através da divisão de cada valor de previsor por 200 e, posteriormente, subtraindo-se 0.5. Esta técnica é conhecida como scaling, porém, existem diversas outras técnicas para tal, como escalonamento não uniforme, na qual se utiliza o logaritmo dos valores do previsor, encaixotamento, codificação de termômetro, tempo-diferença embutido, transformações não lineares gerais, dentre outras.

O mapeamento de previsores categóricos, como a cor do olho, por exemplo, é um pouco mais complexo do que o mapeamento de previsores numéricos. É intuitivamente fácil mapear a renda ou a idade para um valor numérico entre 0.0 e 1.0. Porém, não é tão claro realizar o mapeamento para um previsor categórico com um valor fixo de valores e não determináveis entre diferentes valores. Por exemplo, não faz o menor sentido a pergunta se "loiro" é maior do que "ruivo". Faz sentido se perguntar se uma pessoa é mais velha que a outra. Para resolver este problema, existem algumas técnicas que podem ser utilizadas para codificar previsores categóricos para redes neurais:

- Codificação numérica. Cada previsor é associado randomicamente à um número, por exemplo, "loiro" = 1, "ruivo" = 2, "preto" = 3 e "castanho" = 4. Estes valores então é que serão escalonados para se ajustar na faixa entre 0.0 e 1.0.
- Codificação um-de-n. Neste caso, cada valor categórico diferente recebe seu próprio nó de entrada. Por exemplo, existirão quatro nós de entrada para o previsor de cor de cabelo no caso mencionado anteriormente.
- Codificação binária. Cada valor de previsor é randomicamente associado a um número e, então, estes números são convertidos em representação binária. Por exemplo, "loiro" = 001, "ruivo" = 010, "preto" = 011 e

"castanho" = 100. Um nó de entrada é associado à cada posição na cadeia binária. Por exemplo, três nós são necessários para a codificação binária da cor do cabelo.

6.4.2.3 Treinamento

A aplicação de redes neurais em bases de dados novas é relativamente inexpressiva. Cada registro pode ser percorrido por uma série de multiplicações, adições e ações de filtragem que compõem cada nó da rede neural. Na verdade, as redes neurais podem ser aplicadas à base de dados em paralelo, na qual cada processador contém uma cópia da rede neural e os pesos das ligações treinadas, além de um subconjunto do total de registros a serem manipulados. O modelo atual é justamente o peso da ligação e o padrão de conexão entre os nós. Como a maioria das redes neurais hoje em dia são totalmente conectadas entre camadas, a estrutura da arquitetura da rede pode ser armazenada pela simples noção da camada na qual um determinado nó está e da camada onde os pesos da ligação que o conecta ao próximo nível estão.

O treinamento de redes neurais pode ser extremamente caro no aspecto computacional. Normalmente o treinamento de redes neurais envolve os seguintes passos:

1. Criar uma rede inicial com pesos randômicos associados às ligações.
2. Executar cada registro da base de dados de treinamento através da rede e utilizar o algoritmo de aprendizado para corrigir os erros.
3. Verificar o critério de parada. Preferencialmente, utilizando validação cruzada para checar os ajustamentos. O treinamento também pode ser paralisado quando um mínimo pré-estabelecido de erros de treinamento for alcançado.
4. Se o critério de para não for alcançado, retornar ao passo 2 e repetir o processo para toda a base de dados de treinamento.

Esta técnica de treinamento pode seguir indefinidamente. Cada aplicação da base de dados é chamada de época de treinamento, ou janela de treinamento, e não é absolutamente incomum para uma rede necessitar de centenas de janelas de treinamento para alcançar resultados aceitáveis ou expressivos. O tempo de treinamento depende de uma série de fatores, como as dificuldades do problema e da própria base de dados. Grandes bases de dados heterogêneas levarão um tempo maior do que pequenas bases de dados homogêneas, porém, aquelas podem conseguir resultados superiores. A taxa de aprendizado que deve ser especificada pode ter um efeito significativo no total do tempo para popular a rede em um modelo consistente. Se a taxa for muito grande, a rede pode oscilar entre valores para os pesos das ligações e nunca convergir. Uma taxa muito baixa pode tornar o processo proibitivamente lento.

6.4.3 Explicação da rede neural

Um ponto contrário às redes neurais é a dificuldade de entendimento do modelo que ela construirá, assim como, a maneira pela qual os dados originais afetam as respostas dos previsores de saída. Os complexos modelos das redes neurais são capturados somente pelos pesos das ligações na rede, que representam equações matemáticas extremamente complexas.

Existem várias tentativas de se aliviar estes problemas básicos provenientes das redes neurais. A metodologia mais simples é olhar de fato as redes neurais e tentar criar explicações plausíveis para os significados dos nós escondidos.

A compreensão do comportamento dos nós escondidos é provavelmente a parte mais difícil das redes neurais. A questão mais simples que pode ser levantada é qual dos muitos previsores é na verdade o mais importante para uma determinada predição. Uma possibilidade seria a análise dos pesos das ligações de um dado previsores para verificar se ele é grande ou pequeno. Se todos os pesos oriundos de um nó de entrada estão próximos de zero para um dado previsor, então, este previsor em particular poderia resultar em um baixo impacto. Porém, se algumas das ligações forem importantes e outras não, este previsor poderá resultar em um grande impacto em determinadas situações e em outras não. Quando existem camadas escondidas, é extremamente complicado se determinar o impacto global de um dado previsor, já que uma ligação forte poderia conectar um nó a uma camada escondida, que possuirá um forte impacto em todos os nós de saída.

Devido a esta complexidade, o impacto de vários previsores é determinado através de experimentações iterativas. Estas experimentações podem ser realizadas de duas formas. A primeira, através da construção de uma rede sem nós de entrada para o previsor, e verificando-se a precisão da predição para a rede com o previsor. A segunda é através de ligeiras alterações nos valores de um dado previsor, verificando-se posteriormente se o valor de saída é alterado.

6.4.4 Conclusão

Os processos de data mining estão sempre relacionados aos computadores, fazendo com que as contribuições humanas ao sejam freqüentemente esquecidas. Porém, os resultados obtidos pelo processo de predição são extremamente relacionados à ação humana, pois no final das contas, é o desenvolvedor quem especifica o conjunto de características a serem utilizadas, descartam outras e investiga a transformação das informações originais em atributos melhores. Estudos comparativos mostram que diferentes métodos de predição podem ser utilizados competitivamente. O maior ganho em performance é freqüentemente obtido através da descrição de mais características de predição.

O humano tem uma regra de projeto crítica dentro do processo de data mining. O sucesso do esforço empreendido no processo é extremamente dependente do projeto de descrição do problema. Uma vez que um conjunto de resultados é retornado, o desenvolvedor, ou usuário, deve reagir a eles de alguma forma. Várias experiências de mineração de dados podem ser tentadas, e os dados podem ser transformados de diferentes maneiras. Não existe uma melhor metodologia para execução de um processo de data mining, e tornar as decisões melhores e mais precisas é parte da ciência e, também, parte da arte de construção de modelos analíticos.

Porém, a análise de dados deve ser totalmente baseada em princípios científicos, apesar de existirem várias suposições e variações inesperadas nais quais o processo de mineração de dados pode ser considerado como uma forma de arte.

No escopo real das aplicações de data mining, não se pode esperar um controle extremamente operacional dos dados. Muitas decisões adicionais devem ser feitas a partir do problema original e da montagem dos dados, refinando os métodos de predição para se obter uma performance mais adequada. Dezenas de experimentos podem ser realizados, não existindo nenhuma garantia de que a melhor solução foi realmente encontrada. Estas decisões podem ser baseadas em resultados empíricos ou no próprio conhecimento do problema e da aplicação. Quando as decisões finais são atingidas, elas são suportadas por uma forte evidência empírica a partir de dados que não foram utilizados diretamente na busca de soluções.

Encontrar soluções através do emprego de um processo de data mining é muito mais do que executar um método de predição sobre os dados em uma base de dados. É trabalhar de forma interativa, e iterativa, sobre as informações corporativas com vistas a gerar conhecimento empresarial e inteligência competitiva.

Desta forma, podemos considerar que o processo de predição de data mining é na verdade uma combinação de arte e ciência. Muito desta ciência é bastante conhecida na forma de métodos de predição e de avaliação formal dos resultados obtidos. Outras decisões são tomadas na definição do problema e na preparação dos dados. E o esforço desprendido na tomada destas decisões não pode ser descrito por nenhum método exato.

Por estes motivos, o processo de data mining pode parecer com as antigas técnicas analíticas. Porém, as técnicas de data mining podem ser melhoradas incorporando-se novas tecnologias e metodologias, tornando-as cada vez mais presentes nos processos computacionais que envolvem grandes massas de dados.

Um grande exemplo é a Internet, que proporciona a manipulação de grandes volumes de dados. Não apenas a Internet, mas ambientes internos das corporações, como bases de conhecimento, e mesmo data warehouses estão em toda parte, trazendo consigo uma enorme quantidade de informações a serem mineradas.

A experiência prática da utilização de processos de data mining sobre grandes volumes de dados ainda é relativamente limitada, principalmente quando se trata da aplicação de redes neurais artificiais, dado o seu custo computacional. Isto mudará em breve e, na verdade, já está mudando. A prospecção e o reconhecimento de padrões mais relevantes para o negócio, implícitos em grandes repositórios de dados, se tornarão essenciais para as organizações, especialmente para as de grande de porte.

6.5. ALGORITMOS GENÉTICOS

Os problemas de otimização são baseados em três pontos principais: a codificação do problema, a função objetivo que se deseja maximizar ou minimizar e o espaço de soluções associado. Pode-se imaginar um problema de otimização como uma caixa preta com n botões, sendo que cada botão é um parâmetro do problema e uma saída, que é o valor da função objetivo, indicando se um determinado conjunto de parâmetros é bom ou não para resolver o problema em questão.

Os algoritmos genéticos são uma família de modelos computacionais, inspirados na evolução humana, que incorporam uma solução potencial para um problema específico numa estrutura semelhante a de um cromossomo, na qual se aplicam operadores de seleção e "cross-over" à essas estruturas de forma a preservar informações críticas relativas à solução do problema. Normalmente, os algoritmos genéticos são vistos como otimizadores de funções, embora a quantidade de problemas para o qual os algoritmos genéticos se aplicam seja mais abrangente.

Uma das vantagens de um algoritmo genético é a simplificação que eles permitem na formulação e solução de problemas de otimização. Algoritmos genéticos simples normalmente trabalham com descrições de entrada formadas por cadeias de bits de tamanho fixo. Outros tipos de algoritmos genéticos podem trabalhar com cadeias de bits de tamanho variável, como por exemplo, algoritmos genéticos usados para programação genética. Os algoritmos genéticos possuem um paralelismo implícito decorrente da avaliação independente de cada uma dessas cadeias de bits, ou seja, pode-se avaliar a viabilidade de um conjunto de parâmetros para a solução do problema de otimização em questão. Algoritmos genéticos são indicados para soluções de problemas de otimização complexos, NP-Completos, como o "caixeiro viajante", que envolvem um grande número de variáveis e, conseqüentemente, espaços de soluções de dimensões elevadas. Adicionalmente, em muitos casos onde outras estratégias de otimização falham na busca de uma solução, os algoritmos genéticos convergem. Os algoritmos genéticos são numericamente robustos, ou seja, não são sensíveis a erros de arredondamento no que se refere aos seus resultados finais, o que fornece uma diferenciação em resolução de problemas reais.

Existem três tipos de representação possíveis para os cromossomos: binária, inteira ou real. A essa representação, se dá o nome de alfabeto do algoritmo genético. De acordo com a classe de problema que se deseje resolver, pode-se usar qualquer um dos três tipos.

A implementação de um algoritmo genético começa com uma população aleatória de cromossomos. Essas estruturas são, então, avaliadas e associadas a uma probabilidade de reprodução de tal forma que as maiores probabilidades são associadas aos cromossomos que representam uma melhor solução para o problema de otimização do que àqueles que representam uma solução pior. A aptidão da solução é tipicamente definida com relação à população corrente.

A função objetivo de um problema de otimização é construída a partir dos parâmetros envolvidos no problema. Ela fornece uma medida da proximidade da solução em relação a um conjunto de parâmetros. Os parâmetros podem, ainda, ser conflitantes, ou seja, quando um aumenta o outro diminui. O objetivo é encontrar o ponto ótimo. A função objetivo permite o cálculo da aptidão bruta de cada indivíduo, que fornecerá o valor a ser usado para o cálculo de sua probabilidade de ser selecionado para reprodução.

6.5.1 Principais conceitos

A seguir, são descritos os principais conceitos relativos à técnica de Algoritmos Genéticos.

- Cromossomo (genótipo): cadeia de bits que representa uma solução possível para o problema.
- Gene: representação de cada parâmetro de acordo com o alfabeto utilizado (binário, inteiro ou real).
- Fenótipo: cromossomo codificado.
- População: conjunto de pontos (indivíduos) no espaço de busca.
- Geração: iteração completa do algoritmo genético que gera uma nova população.
- Aptidão bruta: saída gerada pela função objetivo para um indivíduo da população.
- Aptidão normalizada: aptidão bruta normalizada, entrada para o algoritmo de seleção.
- Aptidão máxima: melhor indivíduo da população corrente.
- Aptidão média: aptidão média da população corrente.

Deve ser observado que cada cromossomo, chamado de indivíduo no algoritmo genético, corresponde a um ponto no espaço de soluções do problema de otimização. O processo de solução adotado nos algoritmos genéticos consiste em gerar, através de regras específicas, um grande número de indivíduos, uma população, de forma a promover uma varredura tão extensa quanto necessária do espaço de soluções.

6.5.2 Operações básicas

Os algoritmos genéticos se constituem em um conjunto de iterações, cada uma corresponde à aplicação de um conjunto de quatro operações básicas: cálculo de aptidão, seleção, cruzamento e mutação. Ao fim destas operações, cria-se uma nova população, chamada de geração, que, espera-se, representa uma melhor aproximação da solução do problema de otimização que a população anterior.

A população inicial é gerada atribuindo-se aleatoriamente valores aos genes de cada cromossomo. A aptidão bruta de um indivíduo da população é medida por uma função de erro, também chamada de função objetivo do problema de otimização. A aptidão bruta é em seguida normalizada (aptidão normalizada) para permitir um melhor controle do processo de seleção. Como critérios de parada do algoritmo, em geral, são usados a aptidão do melhor indivíduo em conjunto com a limitação do número de gerações. Outros critérios podem envolver, por exemplo, um erro abaixo de um valor especificado pelo projetista para um determinado parâmetro do problema.

6.5.2.1 Inicialização

Uma população de n indivíduos é gerada aleatoriamente. Cada um dos indivíduos da população representa uma possível solução para o problema, ou seja, um ponto no espaço de soluções.

6.5.2.2 Cálculo da aptidão

Geralmente a aptidão do indivíduo é determinada através do cálculo da função objetivo, que depende das especificações de projeto. Neste trabalho, cada indivíduo é uma entrada para uma ferramenta de análise de desempenho, cuja saída fornece medidas que permitem ao algoritmo genético o cálculo da aptidão do indivíduo. Ainda nesta fase, os indivíduos são ordenados conforme a sua aptidão.

6.5.2.3 Seleção

Nesta fase os indivíduos mais aptos da geração atual são selecionados. Esses indivíduos são utilizados para gerar uma nova população por cruzamento. Cada indivíduo tem uma probabilidade de ser selecionado proporcional à sua aptidão. Para visualizar este método, considere um círculo dividido em n regiões (tamanho da população), no qual a área de cada região é proporcional à aptidão do indivíduo. Coloca-se sobre este círculo uma "roleta" com n cursores, igualmente espaçados. Após um giro da roleta, a posição dos cursores indica os indivíduos selecionados. Este método é denominado amostragem universal estocástica. Evidentemente, os indivíduos cujas regiões possuem maior área terão maior probabilidade de serem selecionados várias vezes. Como conseqüência, a seleção de indivíduos pode conter várias cópias de um mesmo indivíduo enquanto outros podem desaparecer.

6.5.2.4 Cruzamento

Os indivíduos selecionados na etapa anterior são cruzados da seguinte forma: a lista de indivíduos selecionados é embaralhada aleatoriamente criando-se, desta forma, uma segunda lista, chamada lista de parceiros. Cada indivíduo selecionado é então cruzado com o indivíduo que ocupa a mesma posição na lista de parceiros. Os cromossomos de cada par de indivíduos a serem cruzados são particionados em um ponto, chamado ponto de corte, sorteado aleatoriamente. Um novo cromossomo é gerado permutando-se a metade inicial de um cromossomo com a metade final do outro. Deve-se notar que, se o cromossomo for representado por uma cadeia de bits, o ponto de corte pode incidir em qualquer posição (bit) no interior de um gene, não importando os limites do gene. No caso de genes representados por números reais, a menor unidade do cromossomo que pode ser permutada é o gene.

6.5.2.5 Mutação

A operação de mutação é utilizada para garantir uma maior varredura no espaço de estados e evitar que o algoritmo genético convirja muito cedo para mínimos locais. A mutação é efetuada alterando-se o valor de um gene de um indivíduo sorteado aleatoriamente com uma determinada probabilidade, denominada probabilidade de mutação, ou seja, vários indivíduos da nova população podem ter um de seus genes alterado aleatoriamente.

6.5.2.6 Escolha dos parâmetros do Algoritmo Genético

Além da forma como o cromossomo é codificado, existem vários parâmetros do algoritmo genético que podem ser escolhidos para melhorar o seu desempenho, adaptando-o às características particulares de determinadas classes de problemas.

Entre eles, os mais importantes são: o tamanho da população, o número de gerações, a probabilidade de cross-over e a probabilidade de mutação. A influência de cada parâmetro no desempenho do algoritmo depende da classe de problemas que se está tratando. Assim, a determinação de um conjunto de valores otimizado para estes parâmetros dependerá da realização de um grande número de experimentos e testes.

Na maioria da literatura, os valores encontrados estão na faixa de 60 a 65% para a probabilidade de cross-over, e entre 0,1 e 5% para a probabilidade de mutação. O tamanho da população e o número de gerações dependem da complexidade do problema de otimização e devem ser determinados experimentalmente. No entanto, deve ser observado que o tamanho da população e o número de gerações definem diretamente o tamanho do espaço de busca a ser coberto. Existem estudos que utilizam um algoritmo genético como método de otimização para a escolha dos parâmetros de outro algoritmo genético, devido à importância da escolha correta destes parâmetros.

6.5.3 Aplicações

Os algoritmos genéticos possuem uma larga aplicação em muitas áreas científicas, dentre as quais podem ser destacadas:

- Síntese de circuitos analógicos: para uma determinada entrada e uma saída desejada. Por exemplo, tensão. Os algoritmos genéticos podem gerar a topologia, o tipo e o valor dos componentes do circuito.
- Síntese de protocolos: determinação de quais funções do protocolo devem ser implementadas em hardware e quais devem ser implementadas em software para que um certo desempenho seja alcançado.
- Programação genética: gera a listagem de um programa numa determinada linguagem especificada para que um determinado conjunto de dados de entrada forneça uma saída desejada.
- Gerenciamento de redes: supervisão do tráfego nos links e das filas nos "buffers" de roteadores para descobrir rotas ótimas e para re-configurar as rotas existentes no caso de falha um determinado link.
- Computação evolutiva: gera programas que se adaptam a mudanças no sistema ao longo do tempo.
- Otimização evolutiva multi-critério: otimização de funções com múltiplos objetivos que sejam conflitantes.
- Problemas de otimização complexos: problemas com muitas variáveis e espaços de soluções de dimensões elevadas. Ex: problema do caixeiro viajante, gerenciamento de carteiras de fundos de investimento.
- Ciências biológicas: modela processos biológicos para o entendimento do comportamento de estruturas genéticas.
- Autômatos autoprogramáveis.

6.5.4 Conclusões sobre Algoritmos Genéticos

Os algoritmos genéticos são apropriados para problemas de otimização complexos, que envolvem muitas variáveis e um espaço de soluções de dimensão elevada. Adicionalmente, abrangem um grande número de aplicações, além das descritas anteriormente, a definida como foco da presente pesquisa, como otimização do valor do cliente em seu ciclo de vida.

O controle sobre os parâmetros do algoritmo é de fundamental importância para uma convergência rápida. Para problemas específicos é aconselhável a utilização de algoritmos híbridos, que misturam as técnicas dos algoritmos genéticos com os métodos de otimização tradicionais. Devido ao grande número de variáveis que um algoritmo genético trata, às populações elevadas e ao alto número de gerações para a cobertura do espaço de soluções, os algoritmos genéticos possuem um custo computacional elevado.

Contudo, para grandes empresas, este custo pode facilmente ser retornado como resultados financeiros, dado os valores vultosos envolvidos em suas operações, tornando a implementação desta técnica um processo factível.

CAPÍTULO 7
PREPARAÇÃO DOS DADOS

Neste item serão apresentadas as etapas pertinentes a uma das atividades mais trabalhosas de um processo de descoberta de conhecimento em grandes bases de dados. Os processos de data mining envolvem basicamente as fases de entendimento do problema, a definição do objetivo a ser alcançado, a seleção das variáveis considerando o mapeamento dos sistemas operacionais, a exploração dos dados, a modificação das variáveis, a modelagem e a análise dos resultados. De todas estas etapas, uma das que mais demanda esforço e tempo, especialmente quando se trata de grandes volumes de informação, é a de preparação dos dados, que envolve a seleção das amostras de dados, a exploração dos domínios e o refinamento das variáveis, incluindo neste item, a modificação dos seus valores ou derivação de outros novos.

7.1. GERAÇÃO DAS AMOSTRAS DE DADOS

Para a geração das bases de dados que serão utilizadas como entrada para o treinamento, teste e validação dos modelos de data mining, são utilizadas diversas bases de dados operacionais, provenientes de diferentes sistemas transacionais ou mesmo de um ambiente de data warehouse corporativo. A segunda opção sempre é considerada a melhor, pois um ambiente como um data warehouse já realizou parte do trabalho de extração, transformação de variáveis, validação e consistências das informações originais.

Ainda assim, os dados contidos em um data warehouse podem não estar necessariamente no formato mais adequado para a confecção de modelos de data mining. Para a formatação e adequação das variáveis originalmente armazenadas em um data warehouse, ou qualquer outra fonte de dados operacionais com foco na criação e no desenvolvimento de modelos de data mining, é necessário a implementação de um processo conhecido como ETL – Extração, Transformação e Carga, do inglês, Extraction, Tranformation and Load. Este processo foi descrito sumariamente na Parte III, referente à geração de informações analíticas, extremamente associada com processos de data warehouse. Além da extração pura e simples dos dados armazenados nos repositórios do data warehouse, as informações originais são manipuladas e transformadas com o objetivo de colocá-las em granularidade adequada para o desenvolvimento de modelos analíticos, com sumarizações pertinentes e derivações de conteúdo voltadas para uma melhor manipulação pelos modelos a serem construídos.

O processo de ETL é composto, assim, por um conjunto de programas de extração das informações contidas no data warehouse, de transformação das variáveis originais e carga nas bases de dados onde serão construídos os modelos de data mining. Vale ressaltar que as informações de um ambiente de data warehouse estão usualmente armazenadas em sistemas gerenciadores de banco de dados, e, dessa forma, os programas de extração devem fazer uso de rotinas de banco, como SQLs, ou fazer uso de ferramentas de integração de dados, como as descritas na parte referente aos ambientes de inteligência de negócios. Algumas das soluções de mercado possuem, em adição às funcionalidades de construção de modelos analíticos, ferramentas de extração, transformação e carga das informações originais em atributos voltados para a confecção dos modelos. Soluções como as fornecidas pela SAS englobam, além da ferramenta de desenvolvimento de modelos de data mining, aplicações de integração de dados, de metadados corporativos e até mesmo de portais de publicação e manipulação dos resultados.

Outro ponto fundamental na construção de modelos de data mining é a janela de observação para a criação das amostras de casos para o treinamento, o teste e a validação dos modelos, sejam baseados em árvores de decisão, redes neurais, ou algoritmos genéticos. Sendo assim, o processo de extração, transformação e carga dos dados originais deve considerar a persistência dessas informações pelo período estabelecido como janela de observação para o desenvolvimento dos modelos analíticos.

Como mencionado anteriormente, grande parte do tempo e do esforço de uma atividade de data mining é demandada no processo de preparação das bases de dados que servirão como amostra para os modelos a serem construídos, seja de agrupamento ou de classificação. Como existe um benefício claro da utilização de um ambiente de data warehouse para a captura das informações pertinentes ao desenvolvimento de modelos de data mining, é importante se atentar para o tipo de modelo de dados utilizado neste primeiro ambiente. Diferentemente das aplicações operacionais, que guardam as transações ocorridas no decorrer do processo operacional, um data warehouse possui um modelo lógico de dados que armazena algumas entidades repetidamente de acordo com as dimensões estabelecidas para as tabelas de fato.

No primeiro caso, de ambientes transacionais, os dados estão armazenados em modelos relacionais, e cada transação possui um registro nas bases de dados. As informações são consistentemente unívocas, não cabendo repetições, exceto quando há recorrência das transações operacionais. Nesse cenário, a forma de agregação das informações deve considerar as entidades a serem modeladas como chave, como por exemplo, contrato, cliente, conta ou endereço.

No segundo caso, referente aos ambientes analíticos, como os data warehouses, os dados estão armazenados em modelos multidimensionais, nos quais cada entidade pertinente a um modelo de data mining pode possuir diversas ocorrências nas bases de dados. Essas múltiplas ocorrências se dão por causa do produto cartesiano que existe entre as métricas a serem monitoradas, com as dimensões de consultas existentes. Por exemplo, no caso de informações de clientes, uma tabela de fato pode ter um mesmo cliente armazenado em suas bases repetidas vezes, de acordo com os diferentes produtos e serviços que ele possui, as diversas contas que ele pagou, os meses de uso dos serviços e assim por diante. Nesse cenário, a forma de agregação deve focar na deduplicação das informações das entidades chaves e na sumarização das informações a elas pertinentes.

Um modelo multidimensional, associado com um ambiente de data warehouse, possui uma aparência como a apresentada na figura a seguir. Uma vantagem adicional na utilização de um data warehouse como fonte de informações para os processos de data mining, além dos passos de ETL já executados, é o quão intuitivo esse modelo é com relação aos processos e necessidades de negócio. Nesse caso, as tabelas fato são utilizadas como fontes primárias para as informações utilizadas na modelagem analítica, bem como, para dar ciência sobre o domínio e abrangência das dimensões utilizadas para consolidação das métricas de negócio.

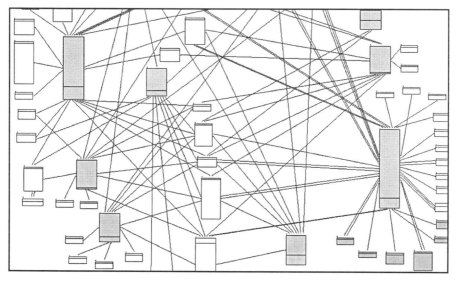

Ilustração 37: Modelo multidimensional do Data Warehouse.

A figura anterior apresenta um diagrama multidimensional que faz parte da modelagem de dados de um ambiente de data warehouse. Esta imagem exemplifica o grau de complexidade das informações nele contidas, bem como, dos relacionamentos existentes entre as entidades pertinentes ao modelo, como dados de clientes, uso de produtos e serviços, quantidade e referência dos produtos e serviços contratados, dados de faturamento e cobrança, além de informações demográficas e de bases externas, quando pertinentes.

Cada uma dessas tabelas contém informações pertinentes ao modelo de negócios da empresa, com dados sobre uma determinada visão da operação. Por exemplo, na figura a seguir, é apresentada uma tabela fato que contem as informações de tráfego local, como quantidade e valores de pulso real, excedente e franqueado, além de informações de emissão de fatura e indicação de franquia. Estas informações estão relacionadas a uma empresa de telefonia, objeto de grande parte dos exemplos utilizados neste livro. Ainda com relação à figura, as métricas descritas anteriormente podem ser vistas por características de acesso, cliente, tempo, subsegmento, segmento, mercado, filial, terminal, localidade, município e estado. A junção das métricas com as dimensões dá o produto cartesiano das informações referentes ao processo de negócio, ou visão analítica, construída e, neste caso, utilizada como fonte de informações para o processo de data mining.

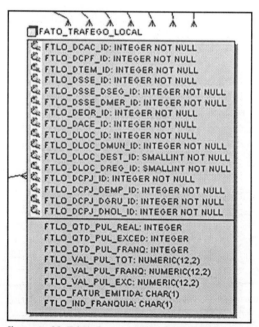

Ilustração 38: Tabela fato com informações de tráfego local.

O conjunto de colunas acima da linha divisória da tabela associa as métricas disponíveis, quantidade e valores de pulso ao conjunto de tabelas com informações detalhadas sobre outras áreas de negócio, como clientes, informações demográficas e de mercado. Este relacionamento multidimensional permite uma visão cruzada das informações relevantes para cada um dos contextos de negócio que permeiam a operação de uma empresa de telefonia, conforme mencionado anteriormente. Estas características são essenciais para a definição de visões gerenciais que suportem os processos de tomada de decisão em cenários de competição mais acirrados.

Da mesma forma que para a tabela fato com informações de tráfego local existem outras tabelas no modelo de dados que armazenam informações sobre outras questões de negócio, como tráfego cursado, terminais, clientes, pessoa física e jurídica, dados de faturamento e inadimplência, dentre outras.

Diversas regras de formação dos atributos utilizados na construção dos modelos de data mining devem ser implementadas na fase de ETL. Para a construção dos modelos apresentados como exemplo neste livro, a serem abordados mais adiante, foi utilizado um conjunto de regras de negócio específicas ao cenário de inadimplência. As principais regras de negócio associadas com a construção dos modelos exemplo são as seguintes:

- Os clientes devem ser pessoas físicas.
- Os clientes devem estar ativos na base de dados.
- Os clientes devem estar gerando faturas nos últimos seis meses.

Com base nesse exemplo, para separar as classes de clientes bons e ruins ou, mais precisamente neste caso, as classes de clientes adimplentes e inadimplente, deve-se considerar apenas aqueles com até 90 dias de atraso. Acima desse limite, os clientes podem ser objetos de outros processos de cobrança e, por esta razão, não devem fazer parte do escopo da amostra de estudo. Isto significa adequar a base de dados utilizada para a modelagem preditiva a um determinado problema de negócio, fazendo com que as regras de mercado, ou da empresa, sejam consideradas no treinamento e construção dos modelos analíticos.

Uma análise preliminar, no momento da criação das amostras que serão utilizadas na construção dos modelos de data mining, é a distribuição das classes consideradas na modelagem preditiva. Considerando ainda o exemplo da inadimplência, do total de clientes da base de dados de entrada utilizada para a construção dos modelos analíticos, 72,21% deles se encontravam adimplentes com a empresa quando da extração dos dados, ou seja, são da classe bom, e 27,79% dos clientes se encontravam inadimplentes, isto é, são da classe ruim.

A figura a seguir mostra a distribuição da população de clientes bons e ruins no momento da extração dos dados para a construção de um modelo de data mining relacionado com a previsão de um determinado evento de negócio, por exemplo, a inadimplência.

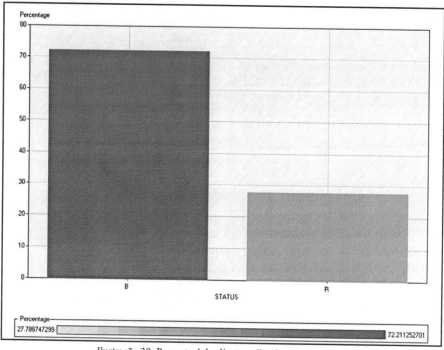

Ilustração 39: Percentual de clientes adimplentes e inadimplentes.

No tópico a seguir, serão apresentadas as descrições das variáveis para a criação dos modelos de identificação do perfil dos clientes inadimplentes.

7.2. TRANSFORMAÇÃO DAS VARIÁVEIS PARA A MODELAGEM ANALÍTICA

No processo de modelagem de data mining, é fundamental que as variáveis e atributos utilizados para a construção dos modelos tenham significância ou importância para o negócio.

Dessa forma, é usual que o conjunto de variáveis originais, como o comportamento histórico de uso dos produtos e serviços, pagamento das faturas, geração de receita por linha de produto e outras, possam ser transformadas em atributos que representem mais a linha de comportamento dos clientes ou os objetivos de negócio da empresa.

Sendo assim, para a confecção dos modelos analíticos, serão utilizados um conjunto de variáveis originais extraídas diretamente do data warehouse e um outro conjunto, de variáveis derivadas que são transformações aplicadas às variáveis originais. Essa transformação tem como objetivo principal gerar maior capacidade de predição ao modelo, por meio de um melhor entendimento dos comportamentos das variáveis e dos objetivos de negócio.

Algumas das variáveis originais são difíceis de serem utilizadas na forma em que foram extraídas do data warehouse, especialmente aquelas que possuem valores diferentes na escala de tempo, como os casos de uso de serviços, faturamento, arrecadação, interação com células de atendimento e outras. Dessa forma, para um melhor aproveitamento destas informações, que são de extrema importância para a construção de modelos preditivos, são construídas variáveis adicionais ou transformadas, derivadas a partir das informações originais do data warehouse e disponibilizadas para a formação da amostra de treinamento, validação e teste do modelo.

Algumas das variáveis originais podem, individualmente, apresentar pouca ou nenhuma sensibilidade aos modelos que serão construídos, tanto de agrupamento quanto de classificação, como variáveis cíclicas ou de granularidade – nível de detalhamento – muito pequena. Sendo assim, existe a necessidade de se criar outro conjunto de variáveis derivadas, ajustando o conteúdo das variáveis originais ou, até mesmo, criando-se outras informações a partir dos dados originalmente extraídos.

Variáveis que apresentam uma distribuição muito fora da curva normal, acumulando grande parte das suas ocorrências em uma determinada faixa ou em um valor específico, representam pouca sensibilidade ou importância para a construção de modelos de data mining. Dessa forma, é normal a utilização de fórmulas matemáticas para alterar a distribuição dos valores de um determinado atributo, tornando a sua distribuição uma distribuição normal.

Para um modelo de classificação, que é um modelo fundamentalmente supervisionado, é preciso se definir uma variável alvo, ou target, para que a rede neural, por exemplo, aprenda o comportamento dos dados pregressos e, a partir daí, possa realizar a predição de forma adequada. A regra para a criação da variável alvo está baseada no comportamento de um determinado evento de negócio, como por exemplo, a inadimplência dos clientes. Assim, com base nas regras de negócio estabelecidas junto às áreas usuárias, todos os clientes que, em qualquer mês da janela de observação, tiveram um período de atraso superior a 29 dias, serão considerados ruins, caso contrário, serão considerados bons. Estas serão as classes associadas ao modelo de predição.

Uma regra de formação das classes de predição pode ser construída no próprio processo de ETL, no momento das transformações das variáveis originais ou especificamente para a amostra de dados utilizada para a construção do modelo. A seguir, é apresentada a regra inserida no momento da criação da base de dados utilizada para a construção dos modelos de data mining. A sintaxe a seguir é baseada na linguagem de programação para criação de bases de dados da ferramenta SAS Enterprise Miner. Nesse caso, a regra de marcação da classe de predição está considerando uma janela de observação de 6 meses.

```
if (Qtd_Dias_Mensal_1 > 29) or (Qtd_Dias_Mensal_2 > 29) or
(Qtd_Dias_Mensal_3 > 29) or (Qtd_Dias_Mensal_4 > 29) or
(Qtd_Dias_Mensal_5 > 29) or (Qtd_Dias_Mensal_6 > 29) then
    STATUS='R';
else
    STATUS='B';
```

No próximo item, será tratado o processo de refinamento das bases de dados utilizadas na confecção dos modelos de data mining. Este processo é de fundamental importância para que se alcance bons resultados, pois as informações utilizadas na construção dos modelos são as bases para o aprendizado em processos de mineração de dados.

7.3. REFINAMENTO DA BASE DE AMOSTRA

O primeiro passo para se definir um processo de data mining é levantar os objetivos de negócio que devem ser atendidos e, a partir daí, identificar as variáveis que possam ser consideradas pertinentes a estes objetivos de negócio e, conseqüentemente, aos modelos a serem desenvolvidos. O conjunto de variáveis pertinentes ao desenvolvimento dos modelos deve ser analisado previamente com objetivos bem focados, como por exemplo, a verificação dos níveis de preenchimento de cada informação disponível; a execução de estatísticas relacionadas a cada variável, como estatísticas univariadas e multivariadas; o levantamento dos domínios de valores possíveis; a definição das tipologias das variáveis, como intervalares, binárias, nominais; e a escolha dos papéis das variáveis nos modelos, como variáveis de entrada, alvo, identificadora ou outras.

Sendo assim, já na fase de análise do conteúdo das variáveis, algumas delas podem ser retiradas da base de amostra, uma vez que seus valores não se ajustam às necessidades de negócio definidas, ou mesmo não apresentam sensibilidade ou importância aos modelos a serem desenvolvidos, como variáveis sobrepostas ou com informações deriváveis.

Porém, ainda que as variáveis permaneçam no escopo da amostra, algumas delas podem ser retiradas por questões relacionadas à capacidade de predição das mesmas, ou seja, a contribuição que elas possam dar ao modelo para a formação dos agrupamentos, das classes ou das probabilidades de predições. Dessa forma, utilizando algumas funções estatísticas, algumas variáveis podem ser retiradas da amostra. Por meio da análise de fator, é possível descobrir quais são as variáveis que não apresentam valor preditivo na amostra e, dessa forma, podem ser retiradas da amostra sem prejuízo do seu poder de agrupamento, classificação e predição. Outra técnica estatística utilizada é a análise dos componentes principais, na qual se identificam quais as variáveis possuem correlação do poder de predição para a formação do escopo do modelo. Isso significa dizer que, ao se utilizar a técnica de análise dos componentes principais, um conjunto de variáveis transformadas é criado com determinado percentual de quantidades de informação das variáveis originais. Esta técnica permite uma redução substancial da quantidade de variáveis a serem utilizadas no desenvolvimento dos modelos de data mining, pois, em determinadas situações, três, quatro ou cinco variáveis transformadas podem possuir, em conjunto, mais de 90% da quantidade de informação de cinqüenta variáveis. Outras técnicas de identificação de correlação de variáveis podem ser utilizadas com o objetivo de eliminar variáveis que possuam o mesmo significado. Por exemplo, variáveis como data de nascimento e idade são correlacionadas e possuem a mesma representatividade de conteúdo para o modelo, e, sendo assim, uma delas pode ser retirada do escopo da amostra.

7.4. CRIAÇÃO DA BASE DE AMOSTRA

Um passo importante na criação das amostras de dados para a construção dos modelos analíticos é a seleção dos registros contidos nas bases corporativas. Quando se trata de grandes corporações, estas bases de dados podem atingir volumes extremamente altos, e, dessa forma, o processo de seleção amostral deixa de ser uma atividade simples.

Normalmente, para se selecionar as informações a serem utilizadas no treinamento, validação e teste dos modelos, é preciso se criar um conjunto de regras de extração e transformação dos dados originais. Estas regras podem ser implementadas por meio de aplicações de integração de dados ou utilizando as próprias ferramentas de desenvolvimento de modelos de data mining.

O exemplo apresentado a seguir descreve um processo de extração de uma amostra de dados a partir de uma base com mais de 12 milhões de registros. A primeira regra a ser implementada é que reflete o objetivo de negócio a ser modelado. Mantendo-se no caso da inadimplência, deve-se selecionar apenas os clientes que respeitam os critérios de insolvência definidos, e, de posse dessa amostra, é possível realizar o treinamento do modelo.

A figura a seguir apresenta o código SAS utilizado para a separação dos clientes pertinentes aos modelos a serem construídos, contendo um trecho de script para a extração, manipulação e transformação dos dados originais, provenientes de uma base de dados corporativa, neste caso, um data warehouse.

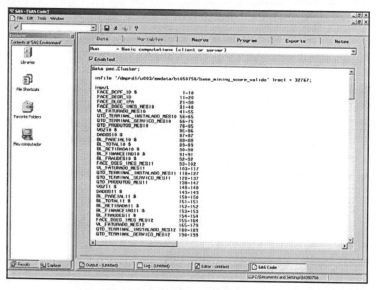

Ilustração 40: Código SAS para separação da amostras de dados.

A primeira análise é feita já no nó de entrada de dados, onde se pode estabelecer os papéis das variáveis, sua tipologia, medida, formato e rótulo. O nó de entrada de dados apresenta ainda um conjunto de indicadores para as variáveis intervalares e um outro conjunto para as variáveis categóricas, conforme mostrado na figura a seguir.

Preparação dos Dados | 159

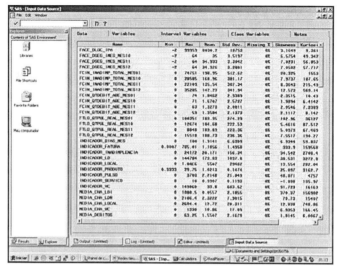

Ilustração 41: Tela de configuração das variáveis de entrada.

Outro fator de suma importância na fase de amostragem é a definição do tamanho da amostra a ser utilizada para a construção dos modelos de data mining. Existe muita discussão sobre o tamanho ideal de uma amostra e o conceito associado a uma amostra significativa. Contudo, este assunto é tema para um outro trabalho, e o ponto aqui é definir os passos de construção dos modelos, e um deles é a definição da amostra de dados.

Para o desenvolvimento dos modelos de rede neural, tanto para os objetivos de agrupamento, com base em mapas auto-ajustáveis, quanto para os de classificação, baseados em MLP, foi utilizado um percentual de 5% dos dados reais. A amostra foi extraída utilizando-se um algoritmo de amostragem randômica, conforme mostrado na figura a seguir. No SAS, pode-se estabelecer processos de amostragem randômica simples, estratificada, clusterizada, considerando n observações, ou, ainda, considerando as n primeiras observações. O tamanho da amostra de dados pode ser estabelecido com base em um valor percentual ou em uma quantidade absoluta de registros.

160 | Inteligência Analítica

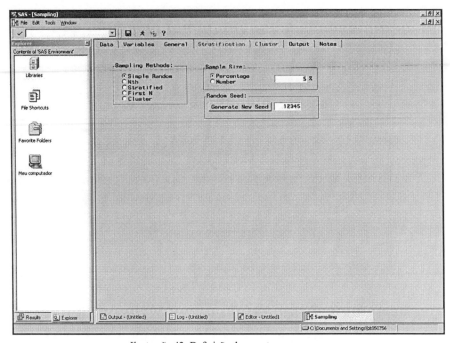

Ilustração 42: Definição da amostragem.

Na construção dos modelos analíticos, conforme descrito nas técnicas data mining, especialmente nos modelos baseados em redes neurais artificiais, que exigem uma fase de treinamento, é importante que se defina três partições a partir da amostra de dados utilizada para a confecção do modelo. Como mencionado anteriormente, um modelo preditivo deve ser generalista, de forma a ser aplicado a diferentes bases de dados, e especialista, para que, ao se conhecer bem um determinado objetivo de negócio, o modelo possa ser assertivo em sua predição. Visando encontrar o equilíbrio entre generalidade e especificidade, é comum se utilizar de três diferentes partições de amostra de dados ao se analisar a efetividade de um modelo analítico, uma para o treinamento da rede, uma para o teste e uma última para a validação do mesmo.

Para os modelos de agrupamento, utilizando os mapas auto-ajustáveis de Kohonen, e para os de classificação, utilizando redes neurais artificiais multi layer perceptron, foram utilizadas subdivisões padrões nas amostras de entrada, com 40% dos dados para a amostra de treinamento do modelo, 30% para a amostra de validação e 30% para a amostra de teste, como mostrado na figura abaixo.

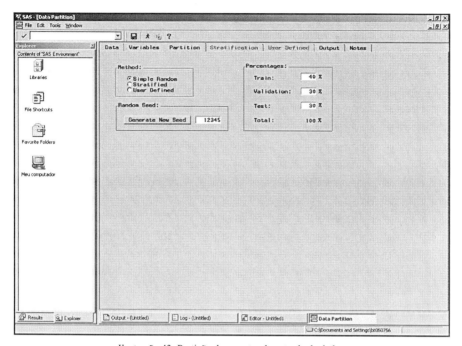

Ilustração 43: Partição da amostra de entrada de dados.

Como as informações originais não se encontram num formato adequado para a construção de modelos de data mining, ou os seus domínios possuem distribuições não indicadas para um processo de aprendizado, é necessário que se faça uma transformação nestes dados originais. Este conjunto de transformações visa criar variáveis com conteúdos mais homogêneos, com melhor distribuição dos dados, sem valores perdidos, e, até mesmo, categorizando-as quando necessário, por faixas ou quantís. Por exemplo, mesmo para as variáveis médias e indicadores, criadas no processo de carga da base de dados, algumas contingências podem ser geradas com o objetivo de se criar informações com melhores distribuições, ou por meio de funções de normalização dos dados, ou por meio de criação de faixas de valores.

Na figura a seguir, é exemplificado o processo de transformação das variáveis originais em variáveis transformadas, utilizando-se fórmulas de normalização de variáveis e por meio da criação de novas variáveis, baseadas em diferentes faixas de valores.

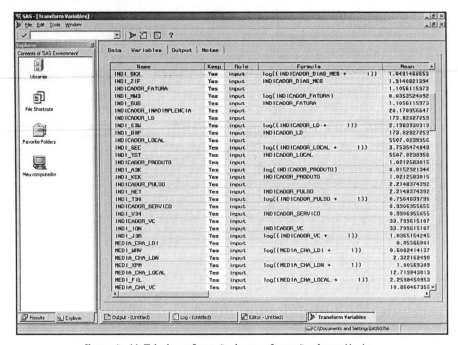

Ilustração 44: Tela de configuração das transformações das variáveis.

Conforme visto anteriormente na metodologia SEMMA para desenvolvimento de modelos de data mining, a primeira etapa é a de seleção da amostra de dados a ser utilizada na construção dos modelos. A segunda etapa é a de exploração dos dados, na qual análises qualitativas e quantitativas são realizadas com o objetivo de se conhecer melhor a distribuição de valores e as características principais das informações disponíveis. A terceira etapa é a de modificação dos dados, na qual são procedidas transformações em determinados valores originais com o intuito de adequar o conteúdo da informação ao objetivo a ser alcançado. A quarta etapa, de extrema importância no processo como um todo, é a modelagem propriamente dita, na qual são criados diversos modelos de data mining, utilizando-se diferentes técnicas de construção, como clustering, regressão logística, árvore de decisão, redes neurais, dentre outras. Após análises de grau de assertividade, possibilidades de colocação em produção, facilidade de manutenção e gestão evolutiva dos modelos, é escolhido o modelo mais adequado ao objetivo de negócio estabelecido.

As três primeiras etapas, seleção de amostra, exploração e modificação dos dados, já foram exemplificadas aqui. Dessa forma, o próximo passo a ser apresentado é o desenvolvimento dos modelos de data mining propriamente ditos. Como forma de exemplificar a construção de modelos de data mining, serão apresentados alguns exemplos de desenvolvimento de modelos analíticos, utilizando-se fundamentalmente a técnica de redes neurais artificiais. Os exemplos estarão baseados basicamente em dois tipos de modelos: de segmentação, utilizando-se mapas auto-ajustáveis de Kohonen, e de predição, baseados em rede neural multi layer perceptron, em árvore de decisão e em regressão logística. Uma comparação entre estes modelos será apresentada como forma de avaliação das técnicas fundamentadas até o momento. Adicionalmente, será apresentada uma comparação entre uma rede neural tradicional, padrão nas ferramentas de data mining de mercado, e uma rede neural com sua arquitetura modificada.

O método de clustering utilizado pela ferramenta de mineração de dados da SAS, o Enterprise Miner, realiza uma disjunção na análise de agrupamento com base nas distâncias euclidianas, calculadas a partir de uma ou mais variáveis quantitativas, e de sementes de dados que são geradas e atualizadas pelo algoritmo interno do nó de agrupamento. Podem-se especificar critérios de agrupamento que serão utilizados para medir a distância entre as observações de dados e as sementes. As observações são dividas dentro dos grupos de forma que toda observação pertença a pelo menos um agrupamento.

Serão realizadas basicamente três grandes comparações com base nos critérios de eficácia e eficiência dos modelos construídos. A primeira delas será com relação aos modelos de segmentação, na qual serão comparadas, essencialmente, as técnicas de agrupamento por distâncias euclidianas e mapas de Kohonen. A segunda comparação será com foco nas duas redes neurais construídas, uma com suas características padrões e a outra com a topologia da rede modificada. A terceira e última comparação é com relação aos resultados obtidos a partir dos modelos de classificação. O primeiro processo de construção utiliza-se de apenas um modelo de rede neural para a execução da predição, com uma amostra aleatória simples contendo todo o universo de clientes. O segundo processo de construção baseia-se na utilização de dez modelos de rede neural, um para cada amostra estratificada pelos grupos encontrados no modelo de segmentação. A idéia principal dessas comparações é levantar e comparar o grau de assertividade das duas abordagens, uma utilizando uma amostra de dados mais heterogênea, e a outra utilizando uma base de dados mais homogênea. Espera-se que o modelo que faz uso de amostras de dados de entrada mais homogêneas alcance resultados mais próximos da realidade, ou seja, mais acurados.

Com isso, é possível iniciar o processo de modelagem de data mining propriamente dito, ou seja, as etapas de construção dos modelos de segmentação e classificação. Dessa forma, o próximo capítulo apresentará as ferramentas de mineração de dados utilizadas para o desenvolvimento de modelos analíticos, bem com, os métodos usados para a construção e implementação dos mesmos.

CAPÍTULO 8
CONSTRUÇÃO DE MODELOS DE AGRUPAMENTO

Neste capítulo serão apresentadas, com base na metodologia da SAS para o desenvolvimento de modelos de data mining, conhecida como SEMMA e já descrita anteriormente, as principais técnicas de mineração de grandes volumes de dados.

Serão cobertas as etapas pertinentes aos processos de data mining como um todo, que envolvem as fases de criação das amostras de dados, da exploração dos dados com foco na obtenção de informação útil para a criação dos modelos, da modificação das variáveis originais em variáveis transformadas, do desenvolvimento dos modelos propriamente ditos e da análise dos resultados alcançados.

8.1. MAPAS AUTO-AJUSTÁVEIS DE KOHONEN

Como o padrão de comportamento de uma base de clientes é previamente desconhecido, os modelos mais indicados para a descoberta de conhecimento sobre esses eventos são os modelos não supervisionados, que não demandam uma premissa ou variável alvo. Uma técnica bastante útil no reconhecimento de padrões em grandes volumes de dados é conhecida como mapas auto-ajustáveis de Teuvo Kohonen. Este tipo de modelagem não supervisionada possibilita a identificação das características mais marcantes dos clientes e, por conseqüência, a criação de grupos distintos com base nas diferenças levantadas entre eles.

Os mapas auto-ajustáveis de Kohonen podem ser considerados como uma derivação da técnica de redes neurais artificiais. Nesse modelo, um conjunto de vetores é utilizado como entrada para o mapa repetidas vezes, os quais são denominados unidades. Cada unidade é associada a um vetor de peso, o qual é inicialmente consistido por valores aleatórios. As unidades reagem, mais ou menos, aos vetores de entrada, de acordo com a correlação entre o vetor de entrada e o vetor de peso das unidades. A unidade que possuir a maior resposta para determinada entrada é indicada para o aprendizado, assim como, algumas outras unidades na "vizinhança". Essa vizinhança decresce em tamanho durante o período de treinamento. O aprendizado é realizado pelo ajuste dos pesos das unidades, sempre por meio de pequenas quantidades, com o objetivo de tornar cada vez mais semelhante os valores das unidades com os valores do vetor de entrada. O resultado do treinamento é a identificação no mapa de um padrão de organização. Unidades diferentes aprendem a responder a diferentes vetores no conjunto de entrada, e as unidades mais próximas fisicamente uma das outras tendem a responder aos vetores de entrada que mais se assemelham um ao outro. Quando o treinamento é finalizado, o conjunto dos vetores de entrada é aplicado ao mapa uma vez mais, realizando uma marcação em cada vetor de entrada, da unidade que responde mais fortemente àquele vetor de entrada.

No exemplo descrito a seguir, a ferramenta de data mining utilizada para a implementação do modelo de mapas auto-ajustáveis de Kohonen, focando na identificação do perfil de uma base de clientes por meio da identificação de características semelhantes, foi o SAS Enterprise Miner.

A primeira etapa é a criação da base de dados, que foi feita por meio de um código SAS. Este script cria uma base de dados específica para o desenvolvimento de modelos de data mining, e disponibiliza as informações criadas em uma biblioteca SAS, a qual pode ainda ser compartilhada para a construção de diferentes modelos analíticos. O nó de Input permite, além da criação dos metadados e da seleção da base de dados a ser utilizada na construção dos modelos, a alteração dos papéis dos dados existentes; como variáveis de entrada, alvo, rejeitada, identificadora, custo, freqüência, teste, predição, cruzada, tempo, linha, e coluna; o tipo de medida; como variáveis binárias, intervalares, nominais e ordinais; os tipos de dados, e o formato dos mesmos.

A figura a seguir apresenta a tela do SAS Enterprise Miner, que permite configurar a base de dados que será utilizada como entrada para a construção dos modelos. Nesta etapa, é possível definir os diferentes papéis das variáveis, bem como, os tipos de dados, os tipos de medidas, os formatos de dados e os rótulos das variáveis.

Construção de Modelos de Agrupamento | 167

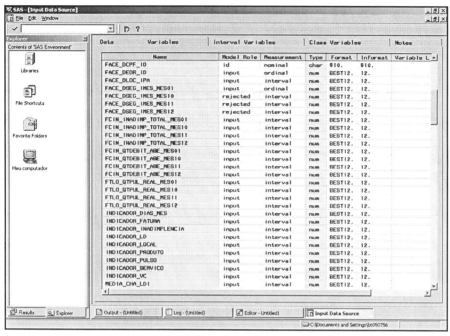

Ilustração 45: Configuração da base de entrada de dados.

Ainda na etapa de seleção da base de dados, pode-se realizar um conjunto de análises sobre as variáveis disponíveis para a construção dos modelos. Estas análises primárias constituem-se basicamente de uma visão das distribuições dos valores das variáveis. Estas distribuições são extremamente úteis não apenas na escolha das variáveis que serão utilizadas na construção dos modelos, mas também na definição de quais variáveis deverão sofrer modificações ou transformações para se adequar à construção dos mesmos.

A figura mostrada a seguir apresenta um gráfico com a distribuição dos valores de uma das variáveis analisadas. Cada uma das variáveis da base de entrada deve ser analisada com foco em sua distribuição, verificando se existirá a necessidade de criação de transformadas sobre as variáveis originais. Neste exemplo específico, é apresentada a distribuição dos casos de uma determinada classe preditora por um atributo de negócio qualquer, como inadimplência por filial.

168 | Inteligência Analítica

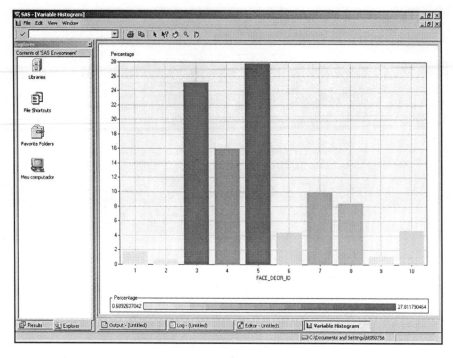

Ilustração 46: Análise da distribuição das variáveis.

A segunda etapa é a criação da amostra de dados a ser utilizada na construção dos modelos, e o método de amostragem a ser considerado. Para os modelos apresentados a seguir, como exemplos de implementação, foi utilizado uma amostragem simples, com 10% do total de registros da base original, que neste caso significa 493.285 clientes. Na amostragem simples, cada observação do conjunto de dados possui a mesma probabilidade de ser selecionado para a amostra, independentemente das demais observações já realizadas. O critério de estratificação da amostra é proporcional, ou seja, a proporção de observações de cada estrato é o mesmo na amostra e na população como um todo. Foi escolhido ainda um ajuste de freqüência para o supertreinamento. O ajuste de freqüência é aplicado quando a variável de estratificação possui o papel de identificação ou de alvo, que é o caso dos modelos de classificação, nos quais a variável alvo é a consideração se o cliente pertence à classe bom ou a classe ruim.

A figura a seguir apresenta a tela de configuração do SAS Enterprise Miner para a definição da amostra de dados que será utilizada para a construção dos modelos.

Construção de Modelos de Agrupamento | 169

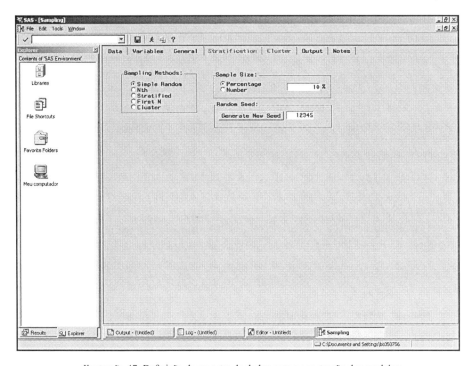

Ilustração 47: Definição da amostra de dados para a construção dos modelos.

A terceira etapa está relacionada com as transformações das variáveis disponíveis na amostra de dados gerada. Um conjunto de variáveis derivadas foi gerado no momento da geração da amostra original utilizando-se código SAS para a criação, por exemplo, de indicadores de faturamento, inadimplência, atraso e comportamento no uso do tráfego, ou para a criação de médias aritméticas das mesmas informações descritas anteriormente. Usualmente, variáveis que descrevem um comportamento periódico, como faturas mensais, são agregadas e apresentadas de forma derivada, como indicadores de crescimento, médias, índices de regularidade ou outra informação transformada.

Contudo, várias variáveis consideradas importantes para o modelo possuem uma distribuição inadequada para se trabalhar em modelos de rede neural ou mesmo mapas auto-ajustáveis. Dessa forma, analisando a medidas como skewness e kurtosis, é possível identificar quais serão as variáveis que terão necessidade de sofrerem algum tipo de transformação. A medida de skewness fornece a tendência de dilatação ou dispersão na distribuição dos valores da variável para um lado mais do que para ou outro, ou seja, uma tendência de desequilíbrio na simetria dos valores. Um valor de skewness positivo indica que os dados localizados à direita da média estão mais espalhados do que os dados localizados à esquerda. Um valor de skewness negativo significa o oposto. A medida de kustosis indica a forma ou disposição da distribuição dos valores da variável. Um alto valor de kurtosis significa que existem dados muito distantes da média relativa ao desvio padrão. Sendo assim, nos casos de variáveis com alta dispersão dos dados, é recomendada a criação de variáveis transformadas para diminuir a assimetria e normalizar a distribuição dos dados. Essa normalização pode ser conseguida por inclusão de funções específicas, como funções logarítmicas sobre a variável original, ou por criação que variáveis derivadas baseadas em faixas ou quantís dos valores originais.

Em alguns casos, a criação de faixas de valores fica extremamente aderente às regras de negócios estabelecidas para determinado modelo de data mining. De acordo com cenários específicos de determinado segmento de negócio, pode existir uma relação não linear entre um determinado atributo e o tempo. Nesses casos, é importante se ter ciência da distribuição desses atributos na linha de tempo, de forma que seja possível a definição de configurações específicas para o modelo e de ações particulares para o negócio. No exemplo utilizado neste livro, de prevenção de inadimplência, existe uma relação entre o tempo de inadimplência e a interrupção do fornecimento dos serviços que não é linear. Dessa forma, com base no volume de clientes que se encontram nas diferentes faixas de atraso, é possível que sejam definidas diferentes ações de inibição e prevenção dos eventos relacionados aos processos de perda de receita. Algumas das variáveis transformadas, utilizando-se a técnica de criação de faixas de valores, podem ser definidas com base em regras de negócio específicas. Por exemplo, ainda baseado na modelagem preditiva para eventos de inadimplência, podem-se estabelecer algumas faixas de tempo de atraso de acordo com régua de cobrança da empresa, como por exemplo, grupos de 30, 60 e 90 dias. Acima deste valor, o cliente passa a ser encaixado em um outro processo de cobrança, podendo chegar a ser considerado como perda em determinado ponto na escala de tempo. Todavia, apesar de ser possível a criação de faixas de acordo com regras de negócio previamente estabelecidas, pode-se criar novos grupos de valores, até mesmo no sentido de se estudar diferentes tipos de comportamento. Com o objetivo de criar uma visão mais completa sobre o comportamento dos clientes e sua respectiva relação com o tempo de inadimplência, no exemplo descrito, foram estabelecidas faixas com menor de intervalo, agregando as informações com 15, 30, 45, 60, 75, 90, 120 e 150 dias de atraso.

De uma forma geral, para os indicadores e médias foram criados quantís ou faixas de valores determinando diferentes classes de conteúdo para cada um deles e, simultaneamente, foram aplicadas funções logarítmicas nos valores originais, maximizando a normalização dos dados.

A figura a seguir mostra a tela de configuração e definição para a criação das variáveis transformadas, as quais podem ser baseadas em normalização ou faixas de valores.

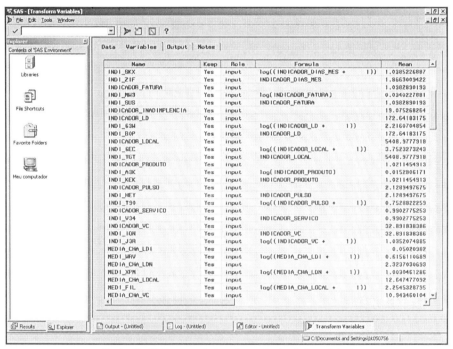

Ilustração 48: Processo de transformação dos dados originais.

O objetivo do modelo usado neste exemplo é entender melhor o comportamento da inadimplência dentro de uma empresa de telecomunicações, ou seja, identificar o padrão de comportamento nas ações dos clientes quando estes deixam de pagar suas faturas. A partir daí, é possível se estabelecer classes de comportamento segundo as informações existentes na base de dados. Com base nessa premissa, o modelo de data mining escolhido para processo deve ser de agrupamento.

Sendo assim, o quarto passo é a modelagem propriamente dita, quando se pode testar um conjunto de diferentes técnicas com o objetivo de se alcançar uma melhor distribuição dos dados e, conseqüentemente, um agrupamento dos clientes mais próximo de suas características particulares. Para a criação do modelo de agrupamento, utilizando-se a técnica de mapas auto-ajustáveis de Kohonen, foi definido primeiramente um modelo de clustering, baseado em distâncias euclidianas. Este método permite a utilização de um critério para a identificação de um número ótimo para a quantidade de possíveis grupos. A seleção automática para a identificação do número de clusters só pode ser utilizada para os agrupamentos baseados em critérios de mínimos quadrados. No modelo implementado, o método de agrupamento foi o de Centroid, o qual estabelece que a distância entre dois clusters é o quadrado da distância euclidiana entre os seus centróides, ou médias. O resultado do modelo de clustering foi a identificação de cinco grupos característicos. Este método de agrupamento define o número ótimo de grupos a serem identificados pelo critério de clusterização cúbica, ou CCC – Cubic Clustering Criterion. Este valor foi utilizado na criação do modelo de mapas auto-ajustáveis, conforme apresentado na figura a seguir.

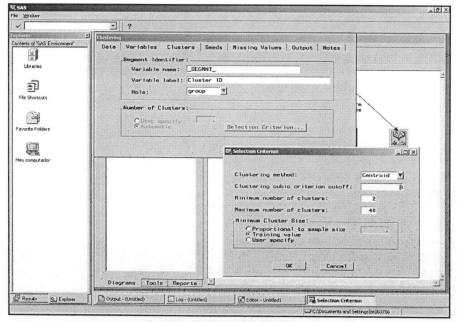

Ilustração 49: Modelo de Clustering.

Com base no resultado do modelo de clustering, foram definidas as regras de configuração dos mapas auto-ajustáveis de Kohonen, ou apenas SOM, do inglês, Self-Organizing Maps. Para o presente utilizado neste exemplo, foi escolhido um método adicional de padronização, standardize, o qual especifica que a média seja subtraída do valor da variável e que, então, este valor seja dividido pelo desvio padrão multiplicado pela raiz quadrada da dimensão. A dimensão aqui se refere ao número de categorias únicas existentes. Para variáveis nominais, o valor default da dimensão é C, o número de categorias. Para variáveis ordinais, o valor default é 1.

Existem algumas diferentes formas de agrupamento, de acordo com a função do modelo. Esta função está associada à variável utilizada para formar os grupos. Por padrão, o identificador de segmentação está associado a uma função de grupo. Existem ainda, possibilidades de segmentações baseadas em funções de modelo que utilizam variáveis de identificação, Id, de entrada, Input, ou alvo, Target.

O método utilizado para o agrupamento foi o Self-Organizing Map com a especificação de cinco linhas e apenas uma coluna como topologia do mapa. Grandes mapas são usualmente melhores, porém, despendem mais tempo e esforço de processamento na fase de treinamento. O método de treinamento utilizado foi o baseado em taxa de aprendizado. Por padrão, esta taxa é iniciada com valor de 0,9, e vai linearmente sendo reduzida até o valor de 0,2 nos primeiros 1000 passos de treinamento. A taxa de aprendizado deve ficar entre 0 e 1. Neste método, pode-se ainda definir o número máximo de passos de treinamento, estabelecido como 12.000 neste caso, o número máximo de iterações, estabelecido como sendo 100, e o critério de convergência, definido como sendo 0,0001. Neste tipo de procedimento, um passo é o processamento realizado em cada caso, ou seja, em cada linha de informações sobre os clientes, e interação é o processamento realizado sobre toda a amostra de dados. O treinamento é interrompido quando qualquer um dos critérios estabelecidos anteriormente for alcançado. O critério de seleção foi, analogamente ao método de clustering, baseado em centróides. O método de inicialização das sementes foi escolhido como sendo o de Componentes Principais. Neste método, as sementes são iniciadas em uma rede igualmente espaçada no plano dos dois primeiros componentes principais. Se o número de linhas for menor ou igual ao número de colunas, então o primeiro componente principal é orientado a variar de acordo com o número de colunas, e o segundo componente principal é orientado a variar de acordo com o número de linhas. Porém, se o número de linhas for maior que o número de colunas, então o primeiro componente principal é orientado a variar de acordo com o número de linhas, e o segundo componente principal é orientado a variar de acordo com o número de colunas. O método de imputação de dados em variáveis sem conteúdo ou valor, missing, é o de semente mais próxima, com processamento de valores perdidos durante a fase de treinamento baseado em médias para as variáveis intervalares, nominais e ordinais. Neste método, os valores faltantes são substituídos pela média da variável durante a inicialização do agrupamento.

Na figura a seguir, é apresentada a etapa de escolha do método de clusterização, que, no caso do presente exemplo, foi o mapa auto-ajustável de Kohonen.

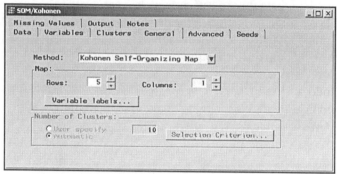

Ilustração 50: Método de clusterização.

As etapas de definição da taxa de aprendizado do modelo de clusterização, bem como, do número máximo de passos, do número máximo de iterações e do critério de convergência são mostradas na figura a seguir.

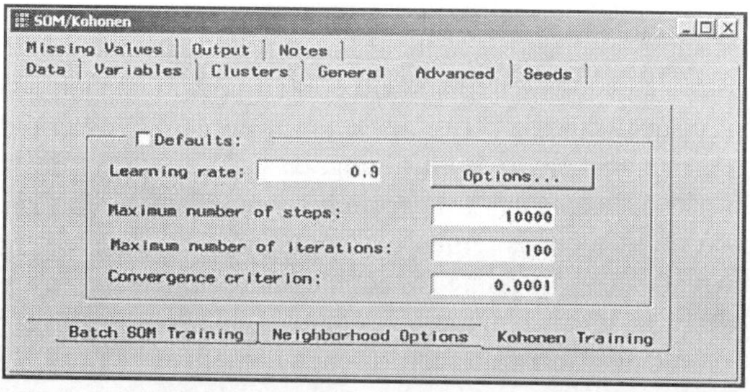

Ilustração 51: Método de treinamento dos mapas auto-ajustáveis de Kohonen.

Conforme mencionado anteriormente, o método de seleção inicial das amostras de dados utilizada no treinamento do modelo foi baseado em componentes principais, e a definição do critério de seleção é mostrado a

seguir. A distância mínima entre as sementes foi definida como sendo zero.
A figura a seguir apresenta a definição dos critérios de seleção do método.

Ilustração 52: Critério de seleção das sementes para o treinamento do modelo.

Uma vez definido o modelo, o próximo passo é a execução do mesmo contra a base de dados estabelecida como amostra de entrada. Os resultados obtidos devem ser analisados, além de ser feita uma verificação nos agrupamentos encontrados. Além disso, devem ser analisadas as características levantadas como selecionadoras dos grupos encontrados, pois os objetivos do modelo devem ir de encontro aos objetivos de negócio. Este último procedimento é fundamentalmente o quinto passo, no qual os resultados obtidos são avaliados. Esta fase será tema de um tópico separado, dado a sua importância para o processo de data mining como um todo.

Por fim, o sexto e último passo é a aplicação do modelo de data mining obtido sob toda a base de clientes da empresa, aplicando os resultados alcançados contra toda a população. Este passo é executado por meio da aplicação de um nó de score, utilizando-se a base de dados de entrada (input data source) e o modelo selecionado (SOM/Kohonen). No processo de scoring, existem basicamente três tipos de métodos de aplicação do modelo, a saber, a aplicação do código de score obtido com base nos dados de treinamento sob o conjunto de dados alvo, o acúmulo dos conjuntos de dados por tipo e a junção dos conjuntos de dados por tipo. No presente modelo, foi selecionado o método de acúmulo dos conjuntos de dados por tipo, no qual os conjuntos de dados são copiados e exportados a partir dos nós predecessores. Esta ação faz com que os conjuntos de dados sejam concatenados na saída do processo de scoring, permitindo posteriormente a utilização dessa base de dados para a geração de novas amostras de dados de entrada para diferentes modelos de data mining, de acordo com as pontuações obtidas para cada registro contido na base e original.

A figura a seguir apresenta a configuração do processo de aplicação dos resultados do modelo contra toda a base de dados disponível.

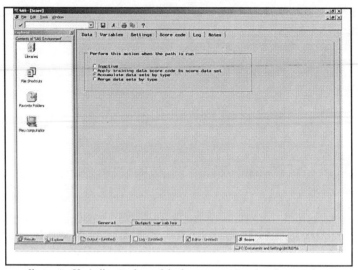

Ilustração 53: Aplicação do modelo de segmentação sob toda a população.

O diagrama completo apresentando todo o processo de data mining para a construção do modelo de segmentação dos clientes inadimplentes é mostrado a seguir. A partir desta etapa, serão construídos outros modelos, em especial, para a predição da inadimplência por meio de um modelo de classificação utilizando redes neurais artificiais. Este novo modelo, de classificação da inadimplência, ou melhor, de predição se o cliente será bom ou ruim em meses subseqüentes segundo regras específicas do modelo de negócios da empresa para os eventos de cobrança, não possui relação direta com o modelo de agrupamento construído. Isto é, as informações e conhecimentos levantados no modelo de agrupamento não trazem maior esclarecimento para o processo de previsão da situação do cliente no mês seguinte. Esta situação pode ser encarada como eventos distintos, na qual o modelo de agrupamento segmenta os clientes inadimplentes de acordo com características comuns, fornecendo maior visibilidade sobre o padrão de comportamento dos mesmos. O modelo de classificação por sua vez, prediz com bastante assertividade qual será a situação do cliente no próximo mês. Esta situação deve ser uma regra estabelecida pelas áreas de negócios da empresa, baseada em cenários simples sobre os eventos de negócio. Por exemplo, para o modelo em questão, a regra de situação é a seguinte: todos os clientes que possuem valor de faturamento nos quatro meses da janela de observação e, simultaneamente, não atingiram 30 dias de atraso em nenhum dos meses analisados são considerados clientes bons, caso contrário, serão considerados clientes ruins.

A figura a seguir apresenta o diagrama de modelagem do SAS Enterprise Miner para a construção do modelo de segmentação, incluindo os nós de entrada de dados, geração das amostras, transformação das variáveis, agrupamento, utilizando os métodos de clustering e mapas auto-ajustáveis de Kohonen, aplicação (scoring) e insight, utilizado para analisar os resultados alcançados.

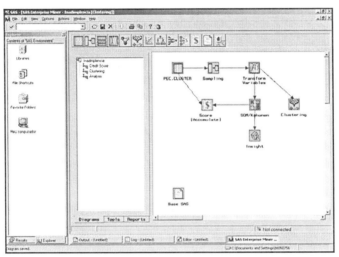

Ilustração 54: Diagrama completo do modelo de segmentação dos clientes inadimplentes.

A ausência de relação entre o modelo de agrupamento e o modelo de classificação pode ser amenizada, criando-se uma linha de associação entre o comportamento dos clientes e a predição da inadimplência. Dessa forma, mais adiante, será construído um outro modelo de segmentação, incluindo, agora, clientes adimplentes e inadimplentes, o qual servirá de base para a criação de outros modelos de classificação. Nesta metodologia, o modelo de segmentação levantará um conjunto de grupos característicos que serão separados para formar as amostras de entrada para os modelos de classificação.

O processo de classificação com base em uma única amostra de dados, baseada em amostras segmentadas, será ainda objeto de estudo deste livro. A comparação dessas duas metodologias tem como fundamentação teórica a utilização de amostras de dados mais homogêneas no treinamento de redes neurais MLP. Estas amostras podem propiciar a obtenção de resultados mais acurados e precisos, uma vez que o processo de normalização é menos custoso e os dados de entrada são mais comportados. A utilização de amostras mais homogêneas, otimiza o treinamento da rede, dado que as informações de entrada, ou seja, os casos possuem características semelhantes.

Conforme mencionado anteriormente, o processo de análise deste primeiro modelo de segmentação será apresentado a seguir em um tópico exclusivo, dado a sua importância para o processo de data mining como um todo. A análise dos clusters permite a identificação de padrões de comportamento dos clientes, bem como, o reconhecimento de características de negócio particulares ao objeto de estudo. O conhecimento levantado a partir destas análises auxilia na criação de políticas de negócio diferenciadas, permitindo que a empresa possa melhorar substancialmente seus processos e, por conseqüência, seu desempenho empresarial.

CAPÍTULO 9
ANÁLISE DE MODELOS DE AGRUPAMENTO

Não existe necessariamente um relacionamento direto entre o número de agrupamentos especificados para a arquitetura de rede na parametrização do modo de agrupamento e o número de agrupamentos encontrados nos dados. Por exemplo, ao se utilizar uma definição padrão de nove unidades de saída, tomando-se como base uma matriz quadrada de três linhas e três colunas, a rede neural alocará um conjunto de nove grupos como objeto de saída. No entanto, durante o treinamento da rede neural, o modelo poderá determinar que existam apenas três grupos de dados significativos. Ao se analisar os resultados no visualizador de grupos, seria possível identificar estes três grupos com uma grande porcentagem da população, enquanto que os demais agrupamentos poderiam compor uma pequena porcentagem de todo do universo populacional em questão. Este é um comportamento normal para o agrupamento neural, em especial quando se trata de modelos baseados em distância. Se for necessário obter-se um agrupamento mais preciso, podem-se criar dezesseis saídas para a rede neural. Com isso, alguns dos registros que apareceram no mesmo grupo no primeiro caso agora serão distribuídos entre grupos adjacentes na segunda situação.

Dessa forma, por se tratar de um método baseado em distâncias, com um número máximo de clusters previamente estabelecido, os primeiros modelos podem ser executados tendo como base uma matriz quadrada relativamente grande, de cinco linhas por cinco colunas ou até mais, perfazendo um total máximo de vinte e cinco clusters a serem determinados. Por meio de uma análise das variáveis de cada grupo encontrado, verifica-se a similaridade dos clusters e inicia-se um trabalho iterativo de pesquisa da melhor configuração da matriz de clusters. Por meio de um processo de verificação contínua, pode-se chegar a um número ótimo de grupos com comportamentos característicos. Ainda que a melhor configuração da rede seja uma matriz quadrada, a opção nestes casos pode recair sob o uso de matrizes retangulares, nas quais o número de linhas é diferente do número de colunas.

Outra opção, conforme descrito anteriormente, é a utilização de modelos de segmentação que possuem critérios de identificação do número ótimo de grupos. Esta metodologia pode ser utilizada para se ter uma noção preliminar da quantidade de agrupamentos que podem ser identificados.

No caso do modelo em questão, utilizando-se a segunda alternativa, atingiu-se um valor ótimo de cinco grupos característicos de clientes inadimplentes. Neste caso, a matriz do modelo de mapas auto-ajustáveis de Kohonen possui cinco linhas e uma coluna, totalizando ao final cinco agrupamentos semelhantes.

Para a composição do modelo, ou seja, da rede neural, deve-se escolher, dado os atributos disponíveis da base de amostra de dados, quais serão as variáveis ativas, isto é, aquelas que serão utilizadas no processo de treinamento da rede. Também é necessário que se escolha as variáveis suplementares, ou seja, aquelas variáveis que poderão ser utilizadas para explicar os resultados obtidos no momento da execução do modelo.

Para este primeiro modelo de segmentação, foram utilizadas de forma definitiva as variáveis apresentadas a seguir que possuiam algum valor de importância para a modelagem. As variáveis utilizadas na construção do modelo foram, a saber, a filial do cliente, sua localidade, as médias de faturamento, as médias de inadimplência, os períodos de atraso de cada débito, a quantidade de débitos e uso de tráfego por tipo de chamadas, tanto em termos de quantidade de minutos quanto em quantidade de chamadas. Adicionalmente, foram criadas outras variáveis, como os indicadores e médias para os valores de faturamento e inadimplência, quantidades de produtos e serviços e uso de tráfego. Foram criadas, ainda, variáveis derivadas das originais por meio de normalização máxima, sistematicamente utilizando-se funções logarítmicas e, em alguns casos, por faixas de valores. Por fim, algumas outras relações, como o faturamento por inadimplência, produto e uso de tráfego, inadimplência por produto e uso de tráfego, por localidade e tempo de relacionamento, dentre outras, foram geradas com o intuito de se estabelecer o melhor conjunto de informações possível que pudesse descrever as características dos diferentes grupos de clientes.

A figura a seguir mostra a etapa de definição das variáveis que farão parte do modelo de segmentação.

Análise de Modelos de Agrupamento | 181

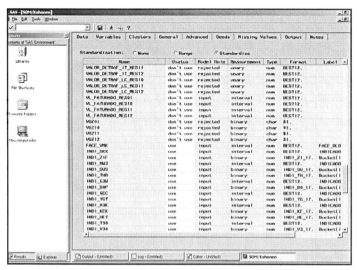

Ilustração 55: Escolha das variáveis utilizadas no modelo.

Na ferramenta SAS Enterprise Miner, as análises dos modelos podem ser realizadas utilizando-se o nó de Insight, no qual é possível a geração de um extenso conjunto de gráficos que permitem uma análise bastante detalhada dos resultados alcançados pelo modelo.

A figura a seguir apresenta os resultados do modelo de segmentação com base na utilização do nó Insight.

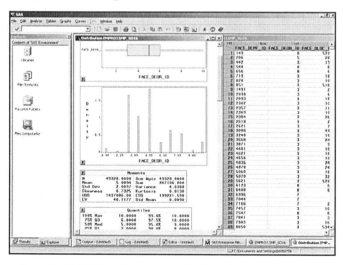

Ilustração 56: Nó de análise dos resultados do modelo de segmentação.

Assim, para o exemplo utilizado no livro, os resultados que se seguem fornecem uma visão de como está agrupada a base de dados da empresa com relação ao perfil de inadimplência dos seus clientes. A análise dos grupos permite a extração de um conhecimento extremamente importante na busca dos diferentes comportamentos de cada segmento de cliente. Esse conhecimento cria a possibilidade de se estabelecer ações de particulares de cobrança e recuperação de receita, de maneira significativamente mais eficiente do que a execução de eventos massivos.

Os cinco grupos de clientes inadimplentes identificados possuem distâncias regulares entre si, mostrando a diferenciação de suas características internas. A distribuição dos grupos baseada nas proximidades dos clusters é mostrada na figura a seguir.

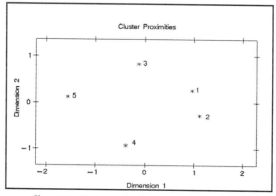

Ilustração 57: Proximidade dos clusters identificados.

No exemplo utilizado para demonstrar o uso de data mining, desenvolveu-se um modelo de agrupamento de clientes inadimplentes, identificando o perfil dos clientes que atrasam o seu pagamento, bem como, suas características mais marcantes.

Como forma de explicar o processo de análise de agrupamento, o modelo desenvolvido no exemplo anterior foi utilizado como base. Para tanto, um conjunto de descrições serão estabelecidas a partir de agora com o objetivo de demonstrar as características mais significativas de cada um dos modelos e, por conseqüência, dos clientes que se enquadram nestes.

O grupo 1 possui valor médio de inadimplência na faixa de R$ 87,00. Até 25% da população do cluster possui valor médio de R$ 43,00, até 50% da população possui valor médio de R$ 65,00 e até 75% da população do grupo possui inadimplência média no valor de R$ 103,00, conforme mostrado na figura 33.

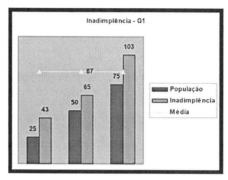

Ilustração 58: Inadimplência média do grupo 1.

O atraso médio do grupo 1 é de 27 dias de inadimplência. Até 25% da população do cluster possui valor médio de 14 dias, até 50% da população possui valor médio de 19 dias e até 75% da população do grupo possui atraso médio de 39 dias, conforme mostrado na figura 34.

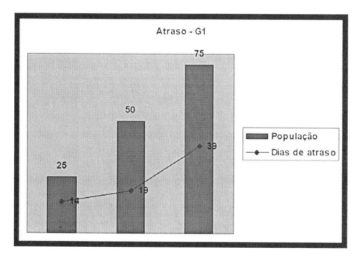

Ilustração 59: Dias de atraso médio do grupo 1.

A quantidade média de débitos em aberto do grupo 1, ou seja, quantidade de contas ou contratos em aberto, é de 3,5, com freqüência de 3.

Os indicadores de crescimento e queda do grupo 1 apontam para uma fortíssima tendência de baixa no valor de fatura e apenas uma ligeira tendência de queda no uso do tráfego intra-setor, intra-região e VC (de fixo para móvel ou de móvel para fixo), conforme apresentado na figura 35.

184 | Inteligência Analítica

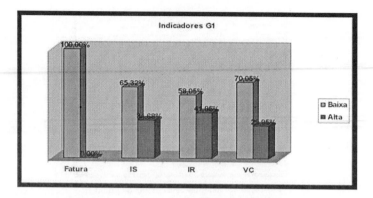

Ilustração 60: Indicadores de crescimento para o grupo 1.

O comportamento do faturamento apresenta um valor médio para o grupo 1 de R$ 83,00. Até 25% da população do cluster possui valor médio de R$ 50,00, até 50% da população possui valor médio de R$ 68,00 e até 75% da população do grupo possui faturamento médio no valor de R$ 99,00, conforme apresentado na figura 36.

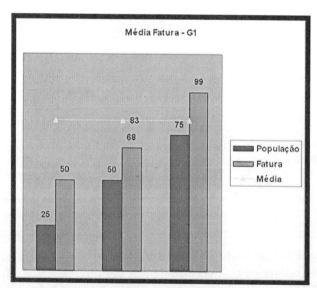

Ilustração 61: Comportamento do faturamento no grupo 1.

O comportamento de crescimento do faturamento ao longo do tempo apresenta fortíssima tendência de alta, conforme mostrado na figura 37, apresentada a seguir.

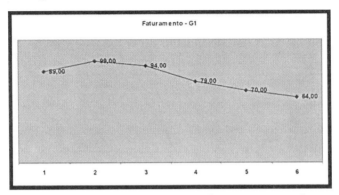

Ilustração 62: Tendência de crescimento do faturamento no grupo 1.

Com estas informações básicas sobre as características comuns do grupo 1 e realizando uma comparação dele com os demais clusters, pode-se considerar que o grupo 1 possui valor de fatura médio, valor de inadimplência médio, período de atraso alto, quantidade de débitos média, volume de tráfego de longa distância médio, com 73 minutos, e volume de tráfego local médio, com 157 pulsos. Dessa forma, o grupo 1 foi considerado como tendo grau de risco 2, ou seja, na classificação proposta os clientes desse grupo se encontram na classe moderado.

Em análise análoga, o grupo 2 possui valor médio de inadimplência na faixa de R$ 124,00. Até 25% da população do cluster possui valor médio de R$ 51,00, até 50% da população possui valor médio de R$ 83,00 e até 75% da população do grupo possui inadimplência média no valor de R$ 145,00.

O atraso médio do grupo 2 é de 30 dias de inadimplência. Até 25% da população do cluster possui valor médio de 14 dias, até 50% da população possui valor médio de 19 dias e até 75% da população do grupo possui atraso médio de 44 dias.

A quantidade média de débitos em aberto do grupo 2, ou seja, quantidade de contas ou contratos em aberto, é de 3,8, com freqüência de 3.

Os indicadores de crescimento e queda do grupo 2 apontam para diferentes comportamentos entre faturamento e uso de tráfego, apresentando uma fortíssima tendência de alta para os valores de faturamento, estabilidade no uso do tráfego intra-setor e intra-região e altíssima tendência de queda no uso do tráfego VC.

O comportamento do faturamento apresenta um valor médio para o grupo 2 de R$ 81,00. Até 25% da população do cluster possui valor médio de R$ 48,00, até 50% da população possui valor médio de R$ 66,00 e até 75% da população do grupo possui faturamento médio no valor de R$ 96,00.

O comportamento de crescimento do faturamento ao longo do tempo apresenta uma leve tendência de alta, apesar de indicativo de queda nos últimos dois meses.

Com estas informações básicas sobre as características comuns do grupo 2 e fazendo uma comparação dele com os demais clusters, pode-se considerar que o grupo 2 possui valor de fatura médio, valor de inadimplência alto, período de atraso médio, quantidade de débitos média, volume de tráfego de longa distância médio, com 78 minutos, e volume de tráfego local médio, com 155 pulsos. Dessa forma, o grupo 2 foi considerado como tendo grau de risco 4, ou seja, na classificação proposta os clientes desse grupo se encontram na classe péssimo.

O grupo 3 possui valor médio de inadimplência na faixa de R$ 85,00. Até 25% da população do cluster possui valor médio de R$ 46,00, até 50% da população possui valor médio de R$ 66,00 e até 75% da população do grupo possui inadimplência média no valor de R$ 100,00.

O atraso médio do grupo 3 é de 24 dias de inadimplência. Até 25% da população do cluster possui valor médio de 14 dias, até 50% da população possui valor médio de 19 dias, e até 75% da população do grupo possui atraso médio de 31 dias.

A quantidade média de débitos em aberto do grupo 3, ou seja, quantidade de contas ou contratos em aberto, é de 3,2, com freqüência de 3.

Os indicadores de crescimento e queda do grupo 3 apontam para uma forte tendência de alta, tanto para os valores de faturamento quanto para o uso do tráfego, seja ele intra-setor, intra-região ou VC.

O comportamento do faturamento apresenta um valor médio para o grupo 3 de R$ 61,00. Até 25% da população do cluster possui valor médio de R$ 41,00, até 50% da população possui valor médio de R$ 54,00 e até 75% da população do grupo possui faturamento médio no valor de R$ 72,00.

O comportamento de crescimento do faturamento ao longo do tempo apresenta uma mediana tendência de alta, crescendo a pequenas taxas ao longo dos meses.

Com estas informações básicas sobre as características comuns do grupo 3 e fazendo uma comparação com os demais clusters, pode-se considerar que o grupo 3 possui valor de fatura baixo, valor de inadimplência médio, período de atraso médio, quantidade de débitos média, volume de tráfego de longa distância baixo, com 39 minutos, e volume de tráfego local baixo, com 124 pulsos. Dessa forma, o grupo 3 foi considerado como tendo grau de risco 1, ou seja, na classificação proposta os clientes desse grupo se encontram na classe bom.

O grupo 4 possui valor médio de inadimplência na faixa de R$ 164,00. Até 25% da população do cluster possui valor médio de R$ 78,00, até 50% da população possui valor médio de R$ 122,00 e até 75% da população do grupo possui inadimplência média no valor de R$ 193,00.

O atraso médio do grupo 4 é de 22 dias de inadimplência. Até 25% da população do cluster possui valor médio de 14 dias, até 50% da população possui valor médio de 19 dias e até 75% da população do grupo possui atraso médio de 24 dias.

A quantidade média de débitos em aberto do grupo 4, ou seja, quantidade de contas ou contratos em aberto, é de 3, com freqüência de 2.

Os indicadores de crescimento e queda do grupo 4 apontam para uma forte tendência de alta dos valores de faturamento e uso de tráfego VC, para uma mediana tendência de alta para o uso do tráfego intra-setor e para uma leve tendência de queda para o uso do tráfego intra-rede.

O comportamento do faturamento apresenta um valor médio para o grupo 4 de R$ 115,00. Até 25% da população do cluster possui valor médio de R$ 69,00, até 50% da população possui valor médio de R$ 97,00 e até 75% da população do grupo possui faturamento médio no valor de R$ 137,00.

O comportamento de crescimento do faturamento ao longo do tempo apresenta uma boa tendência de alta, crescendo a pequenas taxas no início do período de observação e mais fortemente no final.

Com estas informações básicas sobre as características comuns do grupo 4 e realizando-se uma comparação com os demais clusters, pode-se considerar que o grupo 4 possui valor de fatura alto, valor de inadimplência muito alto, período de atraso baixo, quantidade de débitos baixo, volume de tráfego de longa distância alto, com 141 minutos, e volume de tráfego local alto, com 220 pulsos. Dessa forma, o grupo 4 foi considerado como tendo grau de risco 3, ou seja, na classificação proposta os clientes desse grupo se encontram na classe ruim.

Por fim, o grupo 5 possui valor médio de inadimplência na faixa de R$ 244,00. Até 25% da população do cluster possui valor médio de R$ 86,00, até 50% da população possui valor médio de R$ 165,00 e até 75% da população do grupo possui inadimplência média no valor de R$ 297,00.

O atraso médio do grupo 5 é de 27 dias de inadimplência. Até 25% da população do cluster possui valor médio de 14 dias, até 50% da população possui valor médio de 19 dias, c até 75% da população do grupo possui atraso médio de 39 dias.

A quantidade média de débitos em aberto do grupo 5, ou seja, quantidade de contas ou contratos em aberto, é de 4,6, com freqüência de 3.

Os indicadores de crescimento e queda do grupo 5 apontam para uma forte tendência de queda, tanto para os valores de faturamento quanto para o uso do tráfego, seja ele intra-setor, intra-região ou VC.

O comportamento do faturamento apresenta um valor médio para o grupo 5 de R$ 276,00. Até 25% da população do cluster possui valor médio de R$ 154,00, até 50% da população possui valor médio de R$ 217,00 e até 75% da população do grupo possui faturamento médio no valor de R$ 324,00.

O comportamento de crescimento do faturamento ao longo do tempo apresenta uma levíssima tendência de alta, crescendo a pequenas taxas ao longo dos meses analisados.

Com estas informações básicas sobre as características comuns do grupo 5 e realizando-se uma comparação com os demais clusters, pode-se considerar que o grupo 5 possui valor de fatura muito alto, valor de inadimplência altíssimo, período de atraso alto, quantidade de débitos altos, volume de tráfego de longa distância muito alto, com 297 minutos, e volume de tráfego local muito alto, com 538 pulsos. Dessa forma, o grupo 5 foi considerado como tendo grau de risco 5, ou seja, na classificação proposta os clientes desse grupo se encontram na classe ofensor.

A análise individual de cada grupo, como observado anteriormente, permite a identificação das características comuns de determinado conjunto de clientes, possibilitando, dessa forma, o desenvolvimento de políticas específicas para cada um destes segmentos, melhorando a performance empresarial e otimizando a gestão das contas inadimplentes. Todavia, a análise dos clusters de forma conjunta, comparando as variáveis pertinentes ao modelo entre os grupos identificados, propicia uma visão geral sobre o valor de cada um dos grupos, permitindo a definição de ações mais adequadas para os clientes inadimplentes com a empresa.

A distribuição populacional dos grupos é importante para a definição das estratégias de cobrança e, principalmente, para o reconhecimento das possibilidades de recuperação de receita com base na política de ações estabelecidas para o relacionamento com os clientes inadimplentes. As quantidades de observações em cada um dos grupos são apresentadas na figura a seguir.

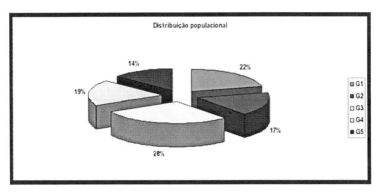

Ilustração 63: Distribuição populacional dos grupos inadimplentes.

Na análise da distribuição populacional, pode-se verificar que o grupo 3 possui a maior quantidade de clientes, representando 28% da população total de clientes inadimplentes.

Uma das comparações mais utilizadas nestes casos é a relação entre os valores de faturamento e de inadimplência que, associada ao período de atraso, fornece um entendimento claro sobre a capacidade de pagamento dos clientes e, por conseqüência, do risco de inadimplência dos mesmos. A correlação entre a distribuição populacional e os valores de faturamento, inadimplência e período de atraso fornece a capacidade de se criar ações de recuperação de receita com iniciativas focadas em processos de cobrança. Dessa forma, é possível se estabelecer o retorno do investimento feito em projetos de data mining de um modo geral ou mesmo focados em garantia da receita, como os voltados à confecção de modelos de prevenção de inadimplência, identificação de risco de crédito e propensão de pagamento.

A figura a seguir apresenta a distribuição populacional dos grupos e a representatividade de cada um deles em termos de faturamento e inadimplência.

190 | Inteligência Analítica

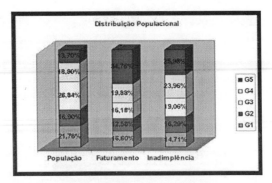

Ilustração 64: Distribuição populacional por faturamento e inadimplência.

O grupo 5, apesar de possuir a menor taxa populacional, com apenas 13,7% da população dos clientes inadimplentes, possui as maiores médias de valor para o faturamento e para a inadimplência, representando 34,76% de todo o faturamento gerado pelos clientes inadimplentes, porém, representando também 25,98% de toda a inadimplência provocada por estes clientes. Isto significa dizer que uma ação focada neste grupo de clientes inadimplentes, contendo menos de 14% da população a ser alcançada, pode representar uma proteção de mais de um terço do faturamento gerado e uma recuperação de receita de mais de um quarto de todo o universo possível.

Uma outra análise importante é a relação existente entre os valores médios de inadimplência e o período médio de atraso de cada grupo ou, ainda, de cada cliente classificado como pertencente a um determinado grupo.

A figura 40, mostrada a seguir, apresenta os valores em reais para as médias de inadimplência para até 25% da população, até 50% e até 75% dos casos observados em cada um dos grupos.

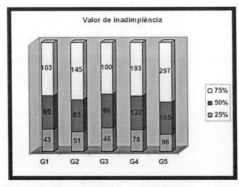

Ilustração 65: Relação entre o valor médio de inadimplência e o período médio de atraso.

Na figura anterior, pode-se verificar que o grupo 5 possui os maiores valores médios de inadimplência, porém, o grupo 2 possui o maior período médio de atraso no pagamento das contas.

A primeira impressão com relação ao período de atraso pode conduzir a uma conclusão de que esta situação pode ser benéfica para a empresa, uma vez que os clientes com atraso no pagamento das contas são penalizados com a cobrança de multa. Contudo, a grande maioria das empresas, especialmente aquelas de grande porte, trabalham com um fluxo de caixa extremamente justo, sem margens de contingência ou capacidade de movimentação de recursos. Dessa forma, um período de atraso médio, associado com altos valores de inadimplência, implica em necessidade de se buscar recursos orçamentários no mercado financeiro. Como o custo de capital no mercado financeiro é maior do que as taxas cobradas nos casos de multa por atraso nos pagamentos das contas telefônicas, a empresa tem, na verdade, um prejuízo em termos de receita. Ou seja, ainda que a companhia receba a multa dos clientes inadimplentes, o custo de pegar os recursos financeiros no mercado para cobrir ou refazer o fluxo de caixa não é compensador, pelo contrário, representa perda de receita.

Como as análises são feitas na maioria dos casos com base em valores médios, é importante que se entenda a distribuição de determinadas variáveis dentro dos próprios grupos identificados. Por exemplo, a distribuição do período de atraso pode ser analisada considerando-se os próprios grupos, mostrando o comportamento médio dos clientes inadimplentes dentro do grupo e com relação aos demais clusters identificados, conforme mostrado na figura a seguir.

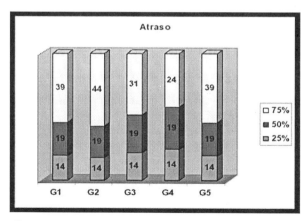

Ilustração 66: Período de atraso dentro dos grupos de inadimplência.

A figura anterior mostra os valores médios de atraso em dias no pagamento das contas, descrevendo os percentuais populacionais e os períodos de inadimplência. Por exemplo, o grupo 1 possui média de atraso de 27 dias para toda a população do grupo. Porém, considerando um quarto da população do grupo, a taxa média de atraso fica em 14 dias, considerando metade da população, a taxa de atraso sobe para apenas 19 dias, e, por fim, considerando três quartos da população, a taxa de atraso sobe para 39 dias. Isto significa dizer que, apesar dos 27 dias de atraso médio do grupo, metade da população deste cluster possui apenas 19 dias de atraso, mostrando que o próprio grupo pode ser tratado de forma diferenciada, criando-se ações distintas de cobrança e relacionamento com os clientes de um mesmo grupo característico.

A comparação de todos os grupos identificados de forma conjunta permite a execução de análises das características comuns de cada um deles, possibilitando, dessa forma, a criação de ações específicas para os mesmos. A figura a seguir, mostra como cada cluster é classificado segundo variáveis importantes para a empresa, como valor de faturamento, valor de inadimplência, período de atraso no pagamento das contas, uso de telefonia local, uso de telefonia de longa distância e representatividade populacional.

A análise conjunta das características de todos os grupos identificados ajuda a extrair conhecimento útil sobre cada um deles e estabelecer diferentes políticas de relacionamento para cada qual. A próxima figura exemplifica um método de comparação das características de cada grupo, realçando as informações mais relevantes de cada um deles, como faturamento, inadimplência, período de atraso, uso de tráfego de longa distância e local e quantidade populacional.

Ilustração 67: Categorização dos grupos identificados.

O modelo de agrupamento neural permite a identificação dos diferentes comportamentos dos clientes inadimplentes com a empresa. Esse reconhecimento propicia a criação de ações de cobrança distintas, específicas para cada tipo de grupo de clientes, aumentando a efetividade das ações e, por conseqüência, a rentabilidade da área de cobrança. Esta característica da análise de cluster foi apresentada anteriormente, no momento da descrição das diferenças entre os grupos e dos valores de identificação unívoca dos mesmos.

A tabela apresentada seguir descreve, de forma textual, as características de cada um dos grupos identificados, auxiliando o reconhecimento dos padrões de comportamento e a descoberta de conhecimento que possa ser utilizado como diferencial no relacionamento com os clientes e na definição de planos de ação da empresa.

Grupo	Classe	Característica	Resumo	Risco
1	Moderado	Possui médio valor de fatura, com inadimplência média, baixo tempo de atraso, porém com mais da metade de sua população avançando o período de bloqueio parcial. Possui uso de tráfego, longa distância e local, em nível médio de consumo. É o segundo maior grupo em população, o terceiro em faturamento e o último em inadimplência.	Médio uso dos serviços com relativo compromisso de pagamento.	
2	Péssimo	Possui médio valor de fatura, alto valor de inadimplência, muito alto valor de dias de atraso, com mais da metade da população perto do limite do bloqueio total. Possui médio uso de tráfego de longa distância e local. É a segunda menor população, com o menor faturamento e a segunda menor inadimplência.	Médio uso dos serviços com menor compromisso de pagamento.	
3	Bom	Possui baixo valor de fatura com inadimplência média, e com o menor período de atraso médio, tendo metade de sua população no limite do bloqueio parcial. Possui baixo uso de tráfego, local e de longa distância. É a maior população, com o segundo menor faturamento e a terceira menor inadimplência.	Baixo uso dos serviços com compromisso de pagamento.	
4	Ruim	Possui alto valor de fatura e muito alto valor de inadimplência, porém com o menor período de atraso médio, tendo metade de sua população abaixo do limite de bloqueio parcial. Possui alto uso de tráfego local e de longa distância. É a segunda menor população, representando contudo o segundo maior faturamento e a segunda inadimplência.	Alto uso dos serviços com compromisso de pagamento.	
5	Ofensor	Possui muito alto valor de fatura com inadimplência altíssima, e com alto período de atraso, tendo metade de sua população na faixa de bloqueio parcial. Possui valores de uso de tráfego, local e longa distância, muito altos. É a menor população, porém representando o maior faturamento e a maior inadimplência.	Altíssimo uso dos serviços com relativo compromisso de pagamento.	

Ilustração 68: Categorização dos grupos de clientes inadimplentes.

Um segundo benefício levantado, e de extrema importância para a empresa, é a possibilidade de prevenção dos eventos de inadimplência por meio da identificação prévia das características dos clientes insolventes. O conhecimento gerado pelo agrupamento neural permite a criação de modelos de aprendizado supervisionado para a predição das ocorrências de inadimplência, evitando, dessa forma, uma perda de receita substancial para a corporação. Dessa forma, duas áreas distintas da empresa podem ser diretamente beneficiadas pelos modelos de data mining desenvolvidos nessa linha: as áreas de Cobrança, por meio da criação de políticas diferenciadas de cobrança, e a área de Garantia da Receita, por meio da criação de procedimentos de prevenção à inadimplência.

Adicionalmente à implantação de modelos de agrupamento neural, com o objetivo de se criar um ambiente de inteligência informacional efetivo para a empresa, é necessário que se desenvolva também um modelo de classificação neural. Este modelo propicia a capacidade de aprendizado supervisionado das características dos clientes insolventes, dos seus distintos comportamentos e das etapas que estes clientes percorrem até o evento de inadimplência propriamente dito. A partir daí, pode-se criar a capacidade de classificação desses eventos e, conseqüentemente, a possibilidade de se evitá-los, reduzindo, desta forma, a perda de receita por parte da empresa.

CAPÍTULO 10
CONSTRUÇÃO DE MODELOS DE PREDIÇÃO

A construção do modelo de classificação utilizando uma rede neural artificial segue basicamente as mesmas etapas descritas no desenvolvimento do modelo de agrupamento. Uma diferença significativa, porém, é a inclusão de mais um passo, com o objetivo de se criar partições das amostras que serão utilizadas na construção dos modelos. Esse processo de se criar partições da amostra de dados de entrada está bastante relacionado com a forma de execução dos modelos preditivos baseados nas técnicas neuronais.

Dessa forma, após os passos de associação da base de entrada para a construção do modelo e da inclusão do nó de criação das amostras a serem utilizadas, é necessário se dividir a amostra em três diferentes bases de dados, a saber, de treinamento, de validação e de teste. O conjunto de dados de treinamento é utilizado para treinar a rede neural na definição e estabelecimento dos pesos. O conjunto de dados de validação é utilizado para o gerenciamento do modelo e para a avaliação das estimativas definidas quando do processo de treinamento. Por fim, o conjunto de dados de teste é utilizado para se conseguir um valor imparcial e definitivo para o erro de generalização.

Conforme descrito anteriormente, o nó de particionamento divide a amostra original em três diferentes subconjuntos de dados. O primeiro subconjunto de dados possui 40% da amostra original e é utilizado para o treinamento da rede neural, quando o modelo gera conhecimento sobre os dados disponíveis. O segundo subconjunto de dados possui 30% da amostra original e é utilizado para a validação da capacidade preditiva da rede neural. Finalmente, os 30% restantes da amostra original são destinados para a geração da amostra de teste, utilizada para a verificação da generalização do modelo, ou seja, a capacidade da rede neural realizar predições com precisão semelhante às alcançadas no modelo em questão, porém utilizando outra base de dados.

No modo de treinamento, a função constrói um modelo baseado em um subconjunto dos dados de entrada selecionados. O restante da fonte de dados é utilizado para verificar se haverá necessidade de treinamento adicional para o modelo em desenvolvimento. O objetivo primário do modelo é prever um valor para o campo de saída, o campo relacionado à previsão especificado para cada registro na entrada de dados. O treinamento consiste em alternar fases de aprendizado e verificação. A classificação neural alterna entre estas fases para construir o modelo mais adequado.

O tamanho da amostra representa o número de registros consecutivos para seleção a partir de dados de entrada a serem usados na fase de aprendizado. Enquanto a rede está aprendendo, ela calcula os pesos que usa para representar as relações nos dados. Durante a fase de verificação, o número especificado de registros é saltado. Por outro lado, o tamanho da amostra de saída representa o número de registros consecutivos a serem selecionados dos dados de entrada utilizados nos treinamentos de turnos da fase de verificação para determinar se os objetivos de exatidão desejada e limite de erros foram atingidos. Quando estes objetivos são satisfeitos, o modo de treinamento termina.

A precisão está relacionada à taxa de exatidão, que é a porcentagem de classificações correta. Para o modelo em questão, foi utilizada uma taxa de 80%. Quando a rede classifica corretamente a percentagem de registros especificados nos dados de entrada, ela obtém o objetivo de precisão. Ela calcula essa percentagem usando os registros designados como amostra de saída. Se o objetivo de limite de erro também foi atingido, o treinamento termina e a execução de pesquisa pára. A rede continua a treinar até que obtenha a classificação errada maior do que a percentagem especificada de registros da amostra de teste.

A taxa de erro é a porcentagem máxima de classificações incorretas. Registros que não puderam ser classificados não são considerados durante o cálculo da taxa de erro. Também é possível que a rede determine que os campos de entrada representem uma classe desconhecida, que não é considerada necessariamente como correta ou incorreta. Depois que a rede alcança a taxa de erros especificada, o treinamento termina e a função de pesquisa pára, caso o objetivo de precisão também seja atingido.

No modo de teste, a função é aplicada a dados novos ou aos mesmos com valores de classe conhecidos para testar se a rede treinada está produzindo resultados corretos. Já no modo de aplicação, a função utiliza um modelo criado no modo de treinamento para prever o campo especificado para cada registro nos dados de entrada novos. O conjunto de campos de entrada deve ser idêntico ao utilizado para gerar o modelo

No exemplo utilizado para demonstrar a construção de um modelo de previsão, os dados de entrada, usados no treinamento e teste do modelo de classificação, foram os mesmos utilizados para o desenvolvimento do modelo de agrupamento, desenvolvido anteriormente. Isso permitiu se criar um conhecimento prévio sobre o comportamento dos clientes inadimplentes com a empresa para se utilizar esse conhecimento na construção do modelo preditivo.

A figura a seguir apresenta a distribuição da amostra para as etapas de treinamento, validação e teste.

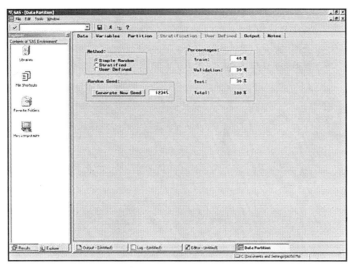

Ilustração 69: Definição da distribuição do particionamento.

Assim, na construção de modelos de classificação, a terceira etapa é a criação das diferentes partições dos dados de entrada. A criação de um modelo preditivo baseado em rede neural requer a geração de três diferentes bases de entrada, uma de treinamento, uma de validação e uma de teste. O nó de particionamento permite a criação das três diferentes amostras de dados. O modelo de rede neural disponível no SAS Enterprise Miner utiliza essas amostras de forma distinta. A base de treinamento é utilizada para o ajuste preliminar do modelo, quando o analista tenta encontrar os melhores pesos por meio deste conjunto de dados. A base de validação é usada para avaliar a adequação do modelo, bem como, para um ajuste fino. Este ajuste pode ser executado não apenas nos modelos baseados em redes neurais, mas também na construção de modelos baseados em árvore de decisão e regressão. Para os modelos de redes neurais, a base de validação auxilia na escolha da arquitetura ou na execução do algoritmo de parada do treinamento. Por fim, a base de teste é utilizada para se obter uma estimação final a mais imparcial possível para o erro de generalização do modelo.

Após a identificação das entradas de dados, da criação da amostra de dados a ser utilizada na construção do modelo e da criação de diferentes partições das amostras para treinamento, validação e teste, o fluxo de processamento de dados no diagrama segue de forma bastante semelhante ao modelo de agrupamento. Essa seqüência está relacionada com a introdução dos nós de transformação das variáveis e, depois, de configuração dos modelos. Para o objetivo de predição da inadimplência, foram desenvolvidos quatro diferentes modelos de classificação. O primeiro foi desenvolvido baseado em árvore de decisão; o segundo foi baseado em rede neural, mas utilizando-se as configurações básicas do nó fornecido pelo SAS Enterprise Miner; o terceiro, baseado em regressão; e o quarto e último foi também baseado em redes neurais, mas com a criação de uma rede neural artificial com sua topologia e arquitetura alteradas das originais.

O fluxo de processamento de dados referente aos modelos de predição dos clientes inadimplente é apresentado na figura a seguir.

Apesar da criação de quatro diferentes modelos de classificação, apenas dois deles foram baseados em redes neurais, um com uma configuração padrão e outra com a arquitetura de rede modificada. Os outros dois modelos de classificação foram construídos por meio de diferentes técnicas, de árvore de decisão e de regressão logística, e foram utilizados apenas para comparação dos resultados alcançados. Por se tratarem de técnicas diferentes das de redes neurais, foco deste trabalho, esses modelos não serão suas configurações explicadas de forma mais aprofundada.

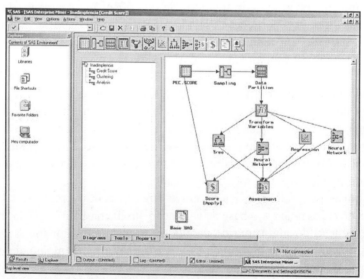

Ilustração 70: Diagrama do modelo de predição da inadimplência.

As saídas de cada um dos modelos serão apresentadas a seguir. Os resultados individuais serão comparados, bem como, os graus de acerto alcançados por cada um deles e os custos associados quando da execução dos mesmos.

O primeiro modelo de classificação, baseado em rede neural artificial, teve como critério de seleção o método profit/loss, baseado em ganhos e perdas, conforme mostrado na figura a seguir. Este critério escolhe o modelo com a maior média de ganho e a menor média de perda para o conjunto de dados de validação.

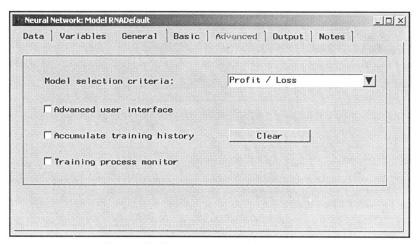

Ilustração 71: Critério de seleção da rede neural.

A arquitetura escolhida para a rede neural artificial foi a de um perceptron de múltiplas camadas (MLP – Multi Layer Perceptron), no qual não existem conexões diretas entre os neurônios, e o número de camadas escondidas é dependente dos dados utilizados para o treinamento. Os neurônios escondidos são otimizados para conjuntos de dados com alto valor de ruído. O número de execuções preliminares ajuda a encontrar bons valores iniciais para os pesos da rede neural e, neste caso, o número de iterações foi estabelecido como sendo de quinze passagens preliminares. A execução de uma otimização preliminar ajuda a evitar o estabelecimento de pesos iniciais que produzam mínimos locais para a função objetivo. A técnica de treinamento foi escolhida como sendo back-propagation padrão, e o tempo de processamento para a convergência da rede foi definido como sendo sem limite, ou seja, sem restrições para o tempo de treinamento.

A figura a seguir mostra as configurações descritas anteriormente para a construção da rede neural artificial baseada em perceptrons de múltiplas camadas.

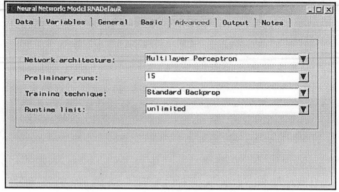

Ilustração 72: Arquitetura da rede e técnica de treinamento.

O treinamento da rede neural artificial obteve uma taxa de conversão boa, envolvendo os conjuntos de dados de treinamento e de validação, conforme apresentado na figura a seguir.

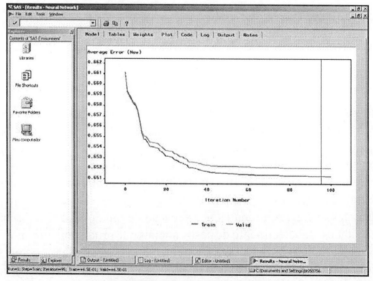

Ilustração 73: Convergência da rede neural.

A taxa de classificação dos clientes bons foi de 99%, e a de clientes ruins foi de 3%, com um percentual de falso-positivos de 1% e de falso-negativos foi de 97%. Isto significa dizer que, dos clientes realmente bons, o modelo conseguiu prever em 99% dos casos que eles eram realmente bons, errando em apenas 1% dos eventos. Porém, dos clientes ruins, o modelo só conseguiu prever em 3% dos casos que os clientes eram realmente ruins, errando na previsão dos outros 97% dos eventos, classificando estes clientes como sendo bons. A taxa média de assertividade ficou em 51%.

Para explicar a assertividade do modelo, é preciso antes se estabelecer os conceitos relacionados às classes Bom e Ruim. Para se definir os critérios de definição de uma classe, é fundamental o alinhamento dos modelos analíticos com as regras e processos de negócio da empresa. Por exemplo, no caso do modelo de predição desenvolvido neste tópico, foi realizado um levantamento junto às áreas de negócio para definição dos cenários de inadimplência. Com base nos processos de negócio da empresa, e segundo os objetivos estratégicos da corporação, a definição das classes utilizadas nos modelos de predição a partir de agora é a seguinte:

- Classe Bom: clientes que, na janela de observação de quatro meses, não ultrapassaram 29 dias de atraso no pagamento de suas contas.
- Classe Ruim: clientes que, na janela de observação de quatro meses utilizada, ultrapassaram 29 dias de atraso no pagamento de suas contas.

Com base nessa definição, é possível interpretar os acertos e erros do modelo de predição na classificação da inadimplência, ou melhor, na classificação das classes Bom e Ruim apresentadas anteriormente.

A figura a seguir apresenta a matriz de confusão para o modelo de classificação construído, a qual fornece o grau de assertividade da previsão realizada.

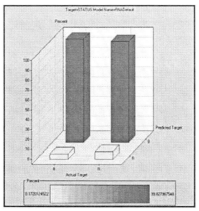

Ilustração 74: Matriz de confusão para o modelo de classificação.

O modelo de classificação baseado em rede neural apresentou um curva de aumento de ganho não cumulativo na ordem do percentil de 40%. A curva de lift apresenta uma comparação acumulativa e não acumulativa dos valores atuais e esperados dos ganhos de cada grupo de observações contidos no conjunto de dados pontuados. No gráfico de ganhos, todas as observações do conjunto de dados pontuados são ordenadas do maior score para o menor, ou seja, da maior expectativa de ganho para a menor expectativa.

Para variáveis alvo binárias, como na classificação implementada, do tipo bom ou ruim, a classificação por respondente e não respondente pode ser mais intuitiva do que pelas medidas de ganho ou lucro. Esta classificação é baseada no nível do evento alvo. Observações com probabilidades posteriores ao nível de evento maior ou igual a 0,5 são classificadas como respondentes. Neste caso, clientes bons podem ser classificados como sendo respondentes e clientes ruins como sendo não respondentes.

A figura a seguir apresenta os resultados de ganhos para as respostas individuais e acumuladas por meio da utilização do modelo de classificação construído.

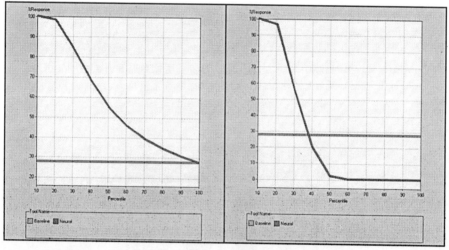

Ilustração 75: Curva de respondentes para o modelo de classificação com rede neural.

A arquitetura de uma rede neural inclui o número de unidades de processamento nas camadas de entrada e saída, o número de unidades de processamento nas camadas ocultas utilizadas e o número de unidades de processamento em cada uma das camadas ocultas. O número de unidades nas camadas de entrada e saída depende dos campos de entrada utilizados e do campo de classe a ser considerado como alvo.

Uma ou mais unidades de processamento na camada de entrada representam um valor numérico ou categórico dos dados de entrada. Cada unidade de processamento está conectada a uma unidade de processamento na próxima camada por um valor medido que expressa a força da relação. Essas medidas são chamadas conexões adaptáveis porque seus valores são ajustados durante o treinamento para que a saída da rede aproxime-se dos valores de classe presentes nos dados

Existem duas formas de se estabelecer como será a arquitetura da rede neural utilizada para compor o modelo. Uma forma automática e outra manual.

Utilizando a determinação de arquitetura automática, a função de pesquisa avalia arquiteturas de redes neurais distintas com diferentes números de camadas ocultas incluindo as unidades de processamento destas camadas. Estes modelos alternativos são treinados para um número fixo de passagens e, em seguida, a melhor arquitetura de rede é selecionada para mais treinamento.

A determinação de arquitetura automática requer mais tempo de processamento que a determinação da arquitetura manual. A função constrói 5 arquiteturas de redes neurais diferentes com 0, 1 e 2 camadas ocultas. Essas arquiteturas de rede são treinadas para um número fixo de passagens sobre os dados. As passagens dependem do tamanho da entrada. O número máximo de passagens é 50. Depois que as passagens de treinamento da arquitetura estiverem concluídas, a rede de melhor desempenho será selecionada para sofrer um treinamento adicional.

A determinação de arquitetura de forma manual requer um conhecimento dos critérios de seleção para a arquitetura de rede neural, pois a arquitetura exata deve ser especificada de maneira bastante precisa. Para se definir a arquitetura manualmente, é necessário menos tempo de processamento do que para a arquitetura automática, pois apenas uma rede neural é treinada pela função quando a arquitetura é especificada.

Para se determinar de forma manual qual será a arquitetura da rede neural, é necessário se estabelecer os parâmetros para as taxas de aprendizagem e momento. A taxa de aprendizagem controla até que ponto os pesos são dinamicamente ajustados durante o processo de treinamento com o objetivo de melhorar a convergência do modelo. Valores maiores indicam alterações maiores, permitindo que a rede pratique mais rapidamente com valores mais altos. Porém, nesses casos, a exatidão da rede pode ser menor. O momento ajusta a alteração empregada em um peso, fatorando em atualizações de peso anteriores. Esta variável atua como um parâmetro uniforme que reduz a oscilação e ajuda a reter a convergência. Valores menores podem significar mais tempo de treinamento e, conseqüentemente, mais influência dos dados externos nos pesos.

No presente livro, para o modelo de rede neural com configurações avançadas, a topologia da arquitetura da rede é alterada, mas o critério de seleção do modelo continua sendo baseado em ganhos e perdas. Nessa nova topologia, a arquitetura da rede neural passa a ter dois nós de entrada de dados, permitindo assim, uma melhor discretização das variáveis ordinais e intervalares. A arquitetura da rede neural modificada possui ainda três camadas escondidas, a primeira possui dois nós, a segunda três nós, e a terceira apenas um nó escondido. Dessa forma, o processo de estimação de erros e a definição dos pesos iniciais na camada de entrada podem ser realizados de maneira mais eficiente.

A figura a seguir apresenta a topologia da rede neural artificial modificada, incluindo-se nós de entrada e intermediários à arquitetura da mesma.

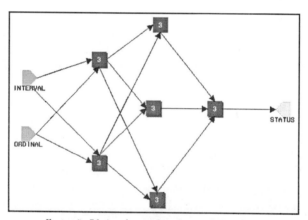

Ilustração 76: Arquitetura da rede neural alterada.

Analogamente à rede anteriormente definida, o número de passagens preliminares foi de quinze iterações, com a escolha da técnica padrão de back-propagation como metodologia de treinamento.

Adicionalmente, esta segunda rede neural utilizou um passo de otimização no processo de treinamento, no qual uma iteração de otimização preliminar é executada, e, então, um treinamento é realizado utilizando-se os pesos que foram produzidos pelo valor da melhor função objetivo da otimização preliminar. A função objetivo foi a da probabilidade máxima, na qual a

Construção de Modelos de Predição | 205

probabilidade dos logs negativos é minimizada.

A figura a seguir apresenta as configurações de otimização da rede neural artificial com a topologia de rede alterada, incluindo o tipo de passo de otimização, a função objetivo e outros parâmetros de convergência.

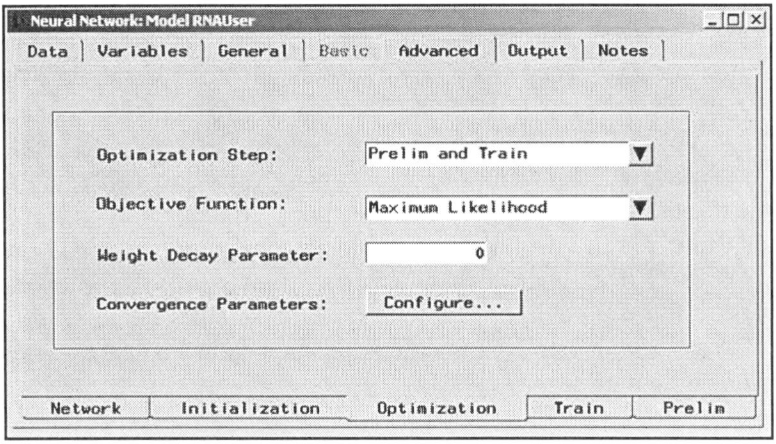

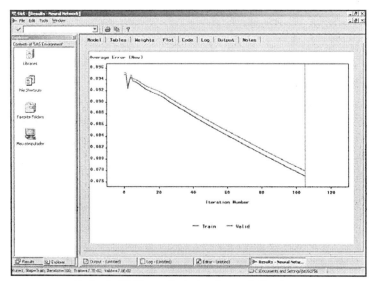

Ilustração 77: Otimização da rede neural alterada.

A rede neural artificial que teve sua arquitetura alterada também obteve boa convergência entre os conjuntos de dados de treinamento e validação, conforme figura apresentada a seguir.

Ilustração 78: Convergência da rede neural alterada.

Contudo, a principal diferença entre as duas redes neurais construídas foram os resultados obtidos. O segundo modelo de classificação baseado em redes neurais artificiais, com sua topologia de arquitetura alterada, alcançou uma assertividade significativamente maior, especialmente no que diz respeito aos falsos positivos e falsos negativos.

Nesta segunda abordagem, utilizando a rede neural com topologia modificada, a taxa de acerto na classificação de clientes bons foi de 84% e na predição de clientes ruins foi de 81%. Com isso, o erro na predição de clientes bons foi de 16% e na predição de clientes ruins foi de 19%. Analogamente, isto significa dizer que, dos clientes realmente bons, o modelo conseguiu prever em 84% dos casos que eles eram realmente bons, errando em apenas 16% dos eventos. No caso dos clientes ruins, o modelo conseguiu prever que em 81% dos casos os clientes eram realmente ruins, e nos outros 19% dos eventos o modelo errou na previsão, classificando estes clientes como sendo bons. A taxa de assertividade média ficou em 82,5%, conforme matriz de decisão apresenta na figura a seguir.

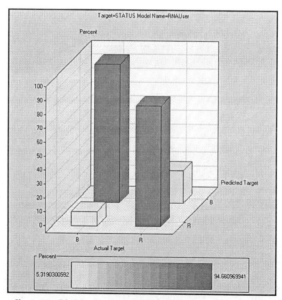

Ilustração 79: Matriz de confusão para a rede neural alterada.

Na segunda abordagem, utilizando a rede neural alterada com uma arquitetura diferente para as camadas de entrada e escondida, os gráficos de respondentes, acumulados e não acumulados, são apresentados a seguir. Os gráficos de respondentes apresentam que a rede neural com topologia alterada atingiu resultados melhores com um melhor percentual de respostas. A análise não acumulada de respondentes com base no modelo de rede neural padrão, obteve um percentual de respostas positivas entre 30% e 40% dos casos, enquanto que a análise não acumulada dos respondentes com base no modelo de rede neural com arquitetura modificada alcançou uma taxa de respostas positivas entre 40% e 50%, apresentando, dessa forma, um ganho significativo de respostas positivas.

As curvas de percentual de respondentes, com os percentis acumulados e não acumulados, são mostradas a seguir na figura a seguir.

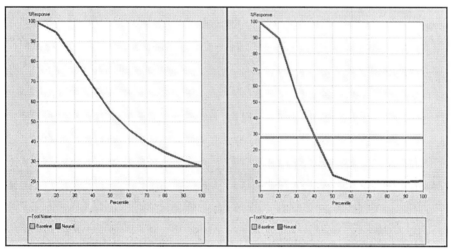

Ilustração 80: Curva de respondentes para o modelo de classificação com rede neural modificada.

Com o objetivo de analisar os modelos construídos, especialmente os modelos de predição, nos quais os falso-positivos e os falso-negativos são de extrema importância, existe a possibilidade de execução de um nó de avaliação – assessment – no diagrama de modelos do SAS Enterprise Miner. O processo de avaliação dos resultados é a última parte do processo de data mining segundo a metodologia SEMMA. O nó de avaliação permite a comparação de modelos de predição baseados em técnicas de árvores de decisão, redes neurais, regressão, modelos agrupados e definidos pelo usuário. O critério comum de avaliação dos modelos é a comparação dos ganhos e das perdas entre os valores atuais e os valores esperados a partir da execução dos modelos. Este tipo de critério é bastante intuitivo e útil para a realização de uma comparação cruzada e de estimações independentes de fatores externos, como tamanho das amostras, nós de modelagem e outros.

As estatísticas de comparação são computadas no momento do treinamento dos modelos, e o grande benefício da avaliação conjunta é a análise dos resultados em termos de ganhos e perdas entre os modelos e a linha base de resposta, considerando-se eventos aleatórios. Quando é necessário o desenvolvimento de uma atividade de classificação em processos de data mining, a construção de vários modelos preditivos é uma abordagem bastante utilizada. Nestes casos, o uso do nó de avaliação é ainda mais importante, em especial, na escolha do modelo que apresenta o melhor custo-benefício ou o melhor desempenho com relação ao retorno de investimento.

Após a avaliação dos resultados alcançados, o modelo vencedor, segundo os critérios de ganhos e perdas, pode ser exportado para o nó de score para que o mesmo seja aplicado em novas bases de dados ou na base de dados corporativa.

A aplicação do modelo vencedor sob um novo conjunto de dados consiste em estabelecer probabilidades posteriores para cada nível das variáveis alvo, sejam elas binárias, nominais ou ordinais. Por exemplo, suponha uma variável alvo do tipo binária que só possa conter os valores S e N. Neste caso, uma observação no conjunto de dados pontuado pode ser a definição de um valor de probabilidade posterior de 0,8 para S e 0,2 para N. Neste cenário, esta observação pode tipicamente ser classificada como S. Uma segunda observação pode possuir os valores de probabilidades posteriores como sendo 0,4 para S e 0,6 para N. Neste caso, esta observação em particular pode ser classificada tipicamente como sendo N. A soma das probabilidades posteriores será sempre igual a 1 para cada observação. Os valores das probabilidades posteriores podem ser utilizados para a seleção das observações mais próximas de determinado alvo. Por exemplo, no modelo de predição de inadimplência construído, tendo como base uma variável alvo binária com domínio B e R, sendo B clientes que no próximo mês serão adimplentes e R para clientes que no próximo mês serão inadimplentes, as probabilidades posteriores podem ser utilizadas para uma escolha mais precisa dos clientes que serão mais propensos a se tornarem inadimplentes. Dessa forma, em uma campanha de cobrança, ou mesmo em uma ação de pré-faturamento, o público alvo pode ser selecionado usando-se os valores mais baixos das probabilidades posteriores, ou seja, os valores mais próximos de 0, que estão associados, na verdade, ao valor R.

O percentual de clientes bons e ruins, segundo o critério de negócios definido com base no período de atraso, é apresentado a seguir. Neste cenário, 72,21% do total da base de clientes é considerado como sendo da classe bom, e 27,79% dos clientes são considerados como sendo da classe ruim, conforme apresentado na figura a seguir.

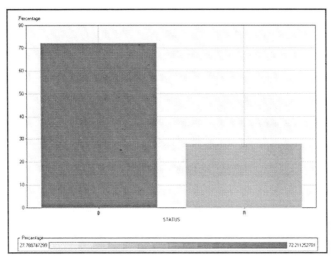

Ilustração 81: Distribuição de clientes bons e ruins.

O resultado do modelo de classificação, baseado na rede neural modificada, apresentou, conforme a próxima figura, a seguinte distribuição de pontuação com relação às probabilidades posteriores.

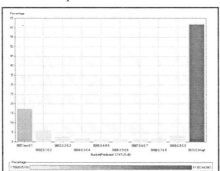

Ilustração 82: Distribuição das probabilidades posteriores.

Para uma melhor visualização da distribuição das probabilidades posteriores, foi estabelecida uma segmentação dos valores associados à variável alvo. Assim, os clientes foram classificados segundo faixas de valores para o score obtido, de 0 à 0,1, de 0,1 à 0,2, de 0,2 à 0,3, de 0,3 à 0,4, 0,4 à 0,5, de 0,5 à 0,6, de 0,6 à 0,7, de 0,7 à 0,8, 0,8 à 0,9 e 0,9 à 1. A distribuição dos valores para as probabilidades posteriores e a representatividade populacional em cada segmento é apresentada a seguir. Para facilitar o entendimento das diferentes categorias, os valores das probabilidades posteriores foram multiplicados por 1000, conforme apresentado na tabela apresentada a seguir.

A multiplicação dos valores originais por 1000 é por uma simples facilidade de entendimento, não apenas pelos usuários, mas também pelos sistemas transacionais dentro de um contexto de processo produtivo. Esses valores podem ser utilizados pelas áreas de negócio para elaborar planos de ações em políticas de cobrança ou por atendentes em sistemas de relacionamento com os clientes.

Faixa	000-100	100-200	200-300	300-400	400-500	500-600	600-700	700-800	800-900	900-1000
Percentual de Clientes	17,29	5,93	2,92	1,86	1,57	1,56	1,67	2,22	3,32	61,66

Ilustração 83: Distribuição das probabilidades posteriores por faixas de valores.

A tabela anterior mostra que pouco mais de 61% dos clientes podem ser classificados com alto grau de certeza de que no mês subseqüente eles serão adimplentes e, que, analogamente, com alto grau de precisão, pouco mais de 17% dos clientes da base se tornarão inadimplentes com a empresa no mês subseqüente. Isso permite que uma ação pró-ativa de cobrança ou faturamento possa ser feita sob esse percentual de clientes que possuem maior assertividade na propensão de se tornarem inadimplentes, reduzindo significativamente a perda de receita da companhia.

No momento da construção de um modelo de classificação, o analista de data mining determina quais serão as variáveis que farão parte do modelo e, nesse sentido, ele indica quais as informações serão pertinentes ou relevantes para a predição da inadimplência. Essas variáveis serão utilizadas pela rede neural no processo de aprendizagem e serão usadas da mesma forma no momento da execução das etapas de validação e teste do resultado do modelo.

Como mencionado anteriormente, para a construção dos modelos preditivos, foram utilizadas diversas variáveis de indicação de comportamento, além de atributos cadastrais e demográficos. As informações demográficas e cadastrais estão relacionadas basicamente à localização do cliente, ou seja, filial, estado, cidade e localidade, o tipo de cliente, como o segmento de mercado e o segmento comportamental, estabelecido pelo modelo de agrupamento utilizando os mapas auto-ajustáveis de Kohonen, e o tempo de relacionamento com a empresa. As informações de hábito de consumo estão associadas, no caso do exemplo construído, às variáveis de uso de tráfego por tipo de chamadas, média de faturamento, quantidade de produtos, períodos de atraso na janela de observação, tipos de produtos e serviços ativos, dentre outras. Adicionalmente, algumas variáveis derivadas, como indicadores de tendência de crescimento e queda para uso, fatura e atraso, por exemplo, foram construídas com o objetivo de auxiliar o processo de aprendizado do modelo preditivo.

Contudo, mesmo baseando a seleção das variáveis pertinentes ao modelo de classificação em experiência pregressa nos negócios da empresa e em conhecimento empírico sobre o comportamento dos clientes inadimplentes, nem todas as variáveis selecionadas se mostram importantes para o modelo durante os processos de treinamento, validação e teste. Assim, após a execução do modelo preditivo, pode-se confirmar quais foram efetivamente as variáveis importantes para a construção do modelo, bem como, o grau de sensibilidade de cada uma delas.

A seguir, é apresentado na tabela abaixo o conjunto de variáveis identificado pelo modelo como sendo sensíveis ao resultado, por ordem de importância de acordo com uma medida de sensibilidade.

VARIÁVEIS	IMPORTÂNCIA
MÉDIA MENSAL DE MAIOR PERÍODO DE DIAS DE ATRASO NO MÊS	6494,60
INDICADOR DE DIAS DE ATRASO	1137,13
MÉDIA MENSAL DE QUANTIDADE DE DÉBITOS	412,02
FILIAL	198,09
MÉDIA MENSAL DE DIAS DE ATRASO NO FECHAMENTO DO MÊS	151,29
MÉDIA MENSAL DE CHAMADAS DE TRÁFEGO LOCAL	45,33
INDICADOR DE MÉDIA DE FATURA	44,88
MESES DE RELACIONAMENTO	44,42
MÉDIA MENSAL DE VALOR DE FATURA	37,04
MÉDIA MENSAL DE QUANTIDADE DE PRODUTOS	35,63
MÉDIA MENSAL DE TERMINAIS EM SERVIÇOS	35,14
INDICADOR DE USO DOS SERVIÇOS	29,84
MÉDIA MENSAL DE CHAMADAS DE TRÁFEGO FIXO-MÓVEL	20,28
INDICADOR DE QUANTIDADE DE PRODUTOS	15,91
INDICADOR DE QUANTIDADE DE PULSOS	14,31
INDICADOR DE VALOR MÉDIO DE FATURAS	13,41
MÉDIA MENSAL DE QUANTIDADE DE CHAMADAS FIXO-MÓVEL	13,01
MÉDIA MENSAL DE MINUTOS DE TRÁFEGO DE LONGA DISTÂNCIA	5,22
MÉDIA MENSAL DE CHAMADAS DE TRÁFEGO DE LONGA DISTÂNCIA	0,21

Ilustração 84: Importância das variáveis no modelo de classificação.

Estas variáveis se mostram importantes nas fases de treinamento, validação e teste, quando o modelo está adquirindo conhecimento sobre os dados utilizados como entrada e construindo um fluxo de reentrada destes valores ponderados segundo um fator de erro para auferir sua assertividade com relação ao resultado final. Essas informações serão importantes ainda no processo de aplicação do modelo de classificação, quando o código de pontuação será aplicado contra toda a base de dados da empresa, classificando, assim, todos os clientes.

CAPÍTULO 11
UTILIZAÇÃO CONJUNTA DE MODELOS DE AGRUPAMENTO E PREDIÇÃO

Os modelos construídos até o momento já trazem grandes benefícios para a empresa. Os exemplos construídos para exemplificar o processo de data mining contaram até aqui com o desenvolvimento de dois importantes modelos baseados em redes neurais artificiais. Um destes modelos foi baseado em mapas auto-organizáveis de Kohonen, e o outro em uma rede neural MLP, ou seja, com perceptrons em múltiplas camadas. Dos modelos construídos, um foi de segmentação, ou agrupamento, e o outro foi de classificação, ou predição. Contudo, a combinação destes modelos pode trazer relevantes benefícios financeiros para a corporação, como será demonstrado a seguir.

O primeiro modelo de rede neural artificial construído foi baseado nos mapas auto-ajustáveis de Kohonen e teve como objetivo a criação de uma segmentação comportamental dos clientes inadimplentes com a empresa. Este modelo apresentou cinco diferentes grupos característicos, com padrões de conduta bastante diferente entre si com relação ao uso dos serviços de telecomunicações, à geração de faturas e à assiduidade no pagamento das contas. Os grupos identificados variaram de ofensores a bom, de acordo com suas características de pagamento, uso de serviços e período de atraso das faturas. O modelo de segmentação proposto para caracterização dos clientes inadimplentes com a empresa levanta conhecimento relevante sobre o comportamento da insolvência e permite que a empresa possa criar políticas específicas de cobrança de acordo com o perfil de cada grupo. A criação de políticas diferenciadas de acordo com os grupos identificados propicia a geração de uma régua de cobrança contendo ações distintas para determinados períodos de atraso e de acordo com a classe de cliente identificada. Estas políticas podem trazer resultados satisfatórios não apenas da redução de despesas de cobrança, mas no processo de recuperação de receita como um todo.

O segundo modelo de rede neural artificial, desenvolvido como forma de exemplificar o processo de data mining, foi o de classificação de clientes adimplentes e inadimplentes, caracterizados como sendo das classes de clientes bons ou ruins segundo um conjunto de regras de negócio específicas da empresa. A regra para se considerar os clientes dentro das classes de adimplência ou inadimplência, ou melhor, de categorização dos usuários como sendo bons ou ruins, é descrita a seguir. Caso o cliente não apresente um período de atraso de pagamento superior a vinte e nove dias durante os últimos quatro meses da janela de observação utilizada e possua fatura com valor positivo para estes mesmos meses, então, ele será considerado um cliente bom, caso contrário, será considerado um cliente ruim.

O modelo de classificação permite a predição dos clientes que se tornarão inadimplentes ou adimplentes, ou a probabilidade ou propensão de um determinado consumidor vir a inadimplir ou adimplir. Do ponto de vista de negócios, com base nas regras de estabelecidas, o modelo faz uma previsão de quais clientes que, no mês subseqüente a execução do modelo, serão bons ou ruins. A predição dos clientes que se tornarão inadimplentes permite a criação de processos de negócio que podem trazer significativa redução de despesas para a empresa. Alguns desses procedimentos podem ser extremamente simples, mas com alto retorno financeiro. Por exemplo, a suspensão da emissão das faturas para os clientes que possuem alto valor de propensão para a inadimplência, evita o recolhimento dos impostos relativos às faturas, o que representa, no caso de determinados setores de mercado, um terço do valor total da conta. Dado a alta taxa de inadimplência no mercado brasileiro, a simples troca de emissão de faturas por avisos de cobrança pode significar a redução de milhões de reais em despesas com encargos financeiros e impostos.

Um terceiro modelo, a ser desenvolvido, não tão específico ao processo de inadimplência de uma empresa, pode estar relacionado com a identificação do comportamento dos clientes de forma geral. Este modelo teria a capacidade de pontuar os clientes segundo um conjunto de características de uso dos serviços, comportamento de pagamento e geração de receita, tempo de relacionamento, padrão de execução de transações, além de informações demográficas e cadastrais. Esta pontuação pode ser entendida como um score de cliente e, neste caso em especial, pode ser denominado como sendo um behaviour score ou valoração de comportamento do cliente.

Um modelo de behaviour score pode ser utilizado em políticas de concessão de crédito, na venda de serviços, na oferta de cestas ou pacotes de produtos, em promoções de aquisição e fidelização, dentre outras diversas ações de negócio. A pontuação de comportamento pode ainda ser utilizada para estabelecer um valor para os clientes, em especial, com relação à interação destes com a empresa, não apenas em ações de venda, mas também de relacionamento em geral e em células de retenção.

Adicionalmente, um modelo de agrupamento pode ser utilizado para gerar conhecimento pertinente à construção de modelos de predição. Com isso, uma nova abordagem para a execução de processos de data mining é a

Utilização Conjunta de Modelos de Agrupamento e Predição | 215

utilização conjunto entre modelos de agrupamento e de predição. No próximo exemplo, o conhecimento gerado por meio de um modelo de segmentação comportamental será utilizado para a construção de um modelo de predição. Uma abordagem técnica da utilização do conhecimento gerado pelo modelo de agrupamento é a utilização de bases de entrada segmentadas. Com isso, é possível se construir modelos de predição com base em amostras de entrada mais homogêneas, criando assim a expectativa de resultados mais assertivos. Como os modelos de predição são supervisionados, isto é, baseados em uma premissa, mas fundamentados em um processo de aprendizado, espera-se inferir com mais precisão as propensões de pagamento e não pagamento dado que, para cada modelo de predição construído, a base de treinamento será mais homogênea, possibilitando assim um aprendizado mais acurado.

11.1. MODELO DE SEGMENTAÇÃO COMPORTAMENTAL

O modelo de segmentação para a pontuação dos clientes da empresa foi desenvolvido de forma extremamente similar ao modelo de identificação do modelo comportamental para clientes inadimplentes, com uma única diferença significativa: o número de clusters esperados. No primeiro modelo, foi definida uma matriz de cinco linhas com apenas uma coluna, totalizando cinco clusters possíveis a se identificar. Também baseado em mapas auto-ajustáveis de Kohonen, o segundo modelo, o de pontuação dos clientes, teve definida uma matriz de cinco linhas e duas colunas, totalizando agora, dez possíveis clusters a se identificar, conforme descrito na figura a seguir.

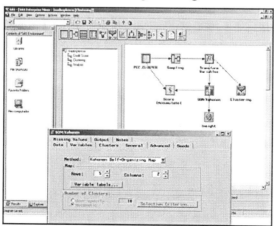

Ilustração 85: Configuração da matriz de agrupamento.

Os dez grupos de clientes identificados de acordo com suas características comportamentais possuem distâncias regulares entre si, mostrando a diferenciação de suas verossimilhanças internas. A distribuição dos grupos baseada nas proximidades dos clusters é mostrada na figura a seguir.

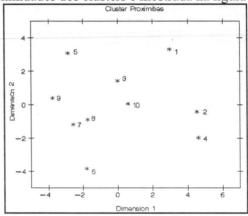

Ilustração 86: Distribuição dos segmentos comportamentais de clientes.

Analogamente a análise do agrupamento de clientes inadimplentes, será apresentada agora uma breve análise da segmentação comportamental dos clientes da empresa, tanto dos bons quanto dos ruins.

O primeiro grupo identificado possui média de R$ 57,01 de faturamento, com média de apenas R$ 3,60 de inadimplência mensal, com 0,61 dias de atraso durante os meses do período de observação.

O segundo grupo identificado possui média de R$ 114,40 de faturamento, com média de apenas R$ 12,38 de inadimplência mensal, com 0,77 dias de atraso durante os meses do período de observação.

O terceiro grupo identificado possui média de R$ 94,06 de faturamento, com média de apenas R$ 62,57 de inadimplência mensal, com 5,21 dias de atraso durante os meses do período de observação.

O quarto grupo identificado possui média de R$ 277,67 de faturamento, com média de apenas R$ 26,68 de inadimplência mensal, com 1,38 dias de atraso durante os meses do período de observação.

O quinto grupo identificado possui média de R$ 65,77 de faturamento, com média de apenas R$ 212,39 de inadimplência mensal, com 26,11 dias de atraso durante os meses do período de observação.

O sexto grupo identificado possui média de R$ 314,27 de faturamento, com média de apenas R$ 831,87 de inadimplência mensal, com 27,28 dias de atraso durante os meses do período de observação.

O sétimo grupo identificado possui média de R$ 138,31 de faturamento, com média de apenas R$ 413,79 de inadimplência mensal, com 24,23 dias de atraso durante os meses do período de observação.

O oitavo grupo identificado possui média de R$ 77,51 de faturamento, com média de apenas R$ 219,82 de inadimplência mensal, com 22,73 dias de atraso durante os meses do período de observação.

O nono grupo identificado possui média de R$ 76,31 de faturamento, com média de apenas R$ 380,20 de inadimplência mensal, com 35,76 dias de atraso durante os meses do período de observação.

Por fim, o décimo grupo identificado possui média de R$ 138,31 de faturamento, com média de apenas R$ 202,22 de inadimplência mensal, com 12,32 dias de atraso durante os meses do período de observação.

O resultado do modelo de segmentação comportamental aplicado aos clientes da empresa permitirá a construção de modelos de predição com base em redes neurais artificiais que façam uso de conjuntos de dados de treinamento, validação e teste mais homogêneos. O modelo de segmentação aplicado à base corporativa de clientes pode ser escorado de forma a criar bases de dados segmentadas, permitindo a separação das amostras de acordo com suas características semelhantes. Como conseqüência, as variáveis dessas amostras segmentadas conterão domínios de valor mais próximos uns dos outros, tornando as bases de entrada para a construção dos modelos mais homogênea. Esta homogeneização facilitará o processo de tornar as variáveis de entrada mais discretas, auxiliando na atribuição dos pesos iniciais nos nós da camada de input e da própria estimação de erro retro-ativo para as camadas intermediárias. Com isso, espera-se que os valores dos nós nas camadas de saída possam ser mais precisos ou, de outra forma, mais próximos dos valores reais.

Assim, a base segmentada no exemplo apresentado em dez diferentes classes de clientes será utilizada como conjunto original de dados de entrada para a construção dos modelos neurais. Dessa forma, de posse das dez diferentes amostras de dados de entrada para a construção dos modelos, agora mais homogêneas e com características semelhantes entre si, será possível desenvolver dez diferentes redes neurais artificiais, cada qual tendo uma das bases segmentadas para treinamento, validação e teste. Espera-se como resultado a criação de modelos de classificação mais assertivos, os quais terão taxas de aprendizado mais altas.

No momento da utilização do nó de score no diagrama de segmentação comportamental, o processo de pontuação da base cria algumas variáveis adicionais. Uma dessas variáveis é o segmento identificado para cada cliente, ou seja, a classe de segmentação aplicada para cada registro da base de entrada. Esta variável é denominada, no processo em questão, como _SEGMNT_ e será utilizada para estratificar a base de dados em dez diferentes conjuntos de entrada para a construção dos modelos.

A seguir, o código para a criação das bases estratificadas segundo as classes de clientes levantadas no modelo de segmentação comportamental. Este código é incluído no diagrama de modelagem dentro de um nó chamado de SAS Code.

```
data pec.cluster1
     pec.cluster2
     pec.cluster3
     pec.cluster4
     pec.cluster5
     pec.cluster6
     pec.cluster7
     pec.cluster8
     pec.cluster9
     pec.cluster10;
set EMDATA.SOMQTZEP;
if _SEGMNT_ = '1' then output pec.cluster1;
if _SEGMNT_ = '2' then output pec.cluster2;
if _SEGMNT_ = '3' then output pec.cluster3;
if _SEGMNT_ = '4' then output pec.cluster4;
if _SEGMNT_ = '5' then output pec.cluster5;
if _SEGMNT_ = '6' then output pec.cluster6;
if _SEGMNT_ = '7' then output pec.cluster7;
if _SEGMNT_ = '8' then output pec.cluster8;
if _SEGMNT_ = '9' then output pec.cluster8;
if _SEGMNT_ = '10' then output pec.cluster10;
run;
```

Este trecho de código criará dez diferentes bases SAS para serem utilizadas como conjunto de dados de entrada na construção dos novos modelos de classificação. As quantidades de casos em cada uma das novas bases segue o quantitativo da amostra gerada pela segmentação, ou seja, com 51,173 clientes no grupo 1, 22.051 no grupo 2, 17.116 no grupo 3, 23.276 no grupo 4, 17.178

no grupo 5, 9.902 no grupo 6, 23.827 no grupo 7, 48.068 no grupo 8, 19.194 no grupo 9, e, por fim, 14.868 no grupo 10, conforme apresentado na tabela 7, mostrada a seguir.

Classe	População
1	51.173
2	22.051
3	17.116
4	23.276
5	17.178
6	9.902
7	23.827
8	48.068
9	19.194
10	14.868
Total	246.643

Ilustração 87: Quantidade de clientes em cada conjunto de dados de entrada.

A seguir, na figura 57, é apresentada a distribuição populacional das classes identificadas por meio do modelo de segmentação comportamental construído, o qual foi utilizado para construir os modelos de classificação e predição da inadimplência através da segmentação da base de dados original.

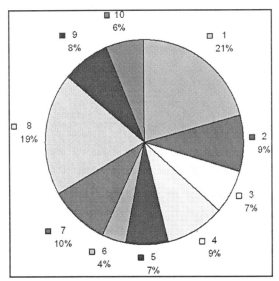

Ilustração 88: Distribuição populacional da segmentação de valor dos clientes.

11.2. MODELOS DE CLASSIFICAÇÃO COM BASE EM AMOSTRAS ESTRATIFICADAS

Analogamente à construção do modelo único para classificação dos clientes inadimplentes, que utilizou uma amostra aleatória de toda a base de assinantes da empresa, os dez modelos de predição, os quais fazem uso de amostras segmentadas de clientes, terão, da mesma forma, fluxos de processamento das informações pertinentes ao conjunto de clientes estudado. Contudo, por se tratar de modelos distintos, existe a possibilidade de adequação e ajustes específicos para cada modelo, como configurações de topologia e arquitetura da rede, critérios de seleção, técnicas de estimação de erro, dentre outros parâmetros. Este fato permite que os ajustes específicos tornem os modelos de predição construídos mais precisos e eficientes e, com isso, permitem que a média de assertividade dos dez modelos seja maior do que do modelo único.

Dessa forma, utilizando as amostras criadas com base na segmentação comportamental apresentada anteriormente, foram construídos dez diferentes modelos de classificação da inadimplência. Os resultados dos modelos são apresentados a seguir.

O primeiro modelo de classificação utilizou a amostra gerada pelo cluster 1 e gerou a seguinte matriz de confusão. Dos 51.173 casos observados, o cluster 1 apresentou 50.943 observações de clientes da classe B e apenas 230 observações de clientes da classe R. O modelo de classificação construído, utilizando-se como base a amostra gerada pelo agrupamento 1, teve assertividade de 84,96% para a classe B, ou seja, previu que 43.281 clientes eram realmente da classe B, e 7.662 clientes eram da classe R, errando, dessa forma, a previsão de 15,04% das observações de clientes bons. Analogamente, o modelo alcançou assertividade de 96,45% para a classe R, ou seja, das 230 observações de clientes ruins, o modelo previu que 222 clientes eram realmente pertencentes à classe R, e apenas 8 clientes eram da classe B, isto é, errando apenas 3,55% das observações dos clientes ruins.

O segundo modelo de classificação utilizou a amostra gerada pelo cluster 2 e gerou a seguinte matriz de confusão. Dos 22.051 casos observados, o cluster 2 apresentou 21.800 observações de clientes da classe B e apenas 251 observações de clientes da classe R. O modelo de classificação construído, utilizando-se como base a amostra gerada pelo agrupamento 2, teve assertividade de 82,89% para a classe B, ou seja, previu que 18.070 clientes eram realmente da classe B e 3.730 eram da classe R, errando a previsão em 17,11% das observações de clientes bons. Analogamente, o modelo alcançou assertividade de 96,89% para a classe R, ou seja, das 251 observações de clientes ruins, o modelo previu que 244 clientes eram realmente pertencentes à classe R e apenas 7 clientes eram da classe B, isto é, errando apenas 3,11% das observações dos clientes ruins.

O terceiro modelo de classificação utilizou a amostra gerada pelo cluster 3 e gerou a seguinte matriz de confusão. Dos 17.116 casos observados, o cluster 3 apresentou 15.262 observações de clientes da classe B e 1.854 observações de clientes da classe R. O modelo de classificação construído, utilizando-se como base a amostra gerada pelo agrupamento 3, teve assertividade de 85,78% para a classe B, ou seja, previu que 13.092 clientes eram realmente da classe B e 2.170 clientes eram da classe R, errando, dessa forma, a previsão de 14,22% das observações de clientes bons. Analogamente, o modelo alcançou assertividade de 92,14% para a classe R, ou seja, das 1.854 observações de clientes ruins, o modelo previu que 1.708 clientes eram realmente pertencentes à classe R e apenas 146 clientes eram da classe B, isto é, errando em 7,86% das observações dos clientes ruins.

O quarto modelo de classificação utilizou a amostra gerada pelo cluster 4 e gerou a seguinte matriz de confusão. Dos 23.276 casos observados, o cluster 4 apresentou 14.748 observações de clientes da classe B e 8.528 observações de clientes da classe R. O modelo de classificação construído, utilizando-se como base a amostra gerada pelo agrupamento 4, teve assertividade de 83,87% para a classe B, ou seja, previu que 12.369 clientes eram realmente da classe B e 2.379 clientes eram da classe R, errando, dessa forma, a previsão de 16,13% das observações de clientes bons. Analogamente, o modelo alcançou assertividade de 89,04% para a classe R, ou seja, das 8.528 observações de clientes ruins, o modelo previu que 7.594 clientes eram realmente pertencentes à classe R e 934 clientes eram da classe B, isto é, errando 10,96% das observações dos clientes ruins.

O quinto modelo de classificação utilizou a amostra gerada pelo cluster 5 e gerou a seguinte matriz de confusão. Dos 17.178 casos observados, o cluster 5 apresentou 10.735 observações de clientes da classe B e 6.443 observações de clientes da classe R. O modelo de classificação construído, utilizando-se como base a amostra gerada pelo agrupamento 5, teve assertividade de 81,59% para a classe B, ou seja, previu que 8.759 clientes eram realmente da classe B e 1.976 clientes eram da classe R, errando, dessa forma, a previsão em 18,41% das observações de clientes bons. Analogamente, o modelo alcançou assertividade de 88,36% para a classe R, ou seja, das 6.443 observações de clientes ruins, o modelo previu que 5.693 clientes eram realmente pertencentes à classe R e 750 clientes eram da classe B, errando em 11,64% das observações dos clientes ruins.

O sexto modelo de classificação utilizou a amostra gerada pelo cluster 6 e gerou a seguinte matriz de confusão. Dos 9.902 casos observados, o cluster 6 apresentou 6.119 observações de clientes da classe B, e 3.783 observações de clientes da classe R. O modelo de classificação construído, utilizando-se como base a amostra gerada pelo agrupamento 6, teve assertividade de 80,92% para a classe B, ou seja, previu que 4.952 clientes eram realmente da classe B, e 1.167 clientes eram da classe R, errando, dessa forma, a previsão em 19,08% das observações de clientes bons. Analogamente, o modelo alcançou assertividade de 88,57% para a classe R, ou seja, das 3.783 observações de clientes ruins, o modelo previu que 3.351 clientes eram realmente pertencentes à classe R, e 432 clientes eram da classe B, isto é, errando em 11,43% das observações dos clientes ruins.

O sétimo modelo de classificação utilizou a amostra gerada pelo cluster 7 e gerou a seguinte matriz de confusão. Dos 23.827 casos observados, o cluster 7 apresentou 15.816 observações de clientes da classe B e 8.011 observações de clientes da classe R. O modelo de classificação construído, utilizando-se como base a amostra gerada pelo agrupamento 7, teve assertividade de 82,09% para a classe B, ou seja, previu que 12.984 clientes eram realmente da classe B e 2.833 clientes eram da classe R, errando, dessa forma, a previsão de 17,91% das observações de clientes bons. Analogamente, o modelo alcançou assertividade de 89,92% para a classe R, ou seja, das 8.011 observações de clientes ruins, o modelo previu que 7204 clientes eram realmente pertencentes à classe R e 807 clientes eram da classe B, isto é, errando em 10,08% das observações dos clientes ruins.

O oitavo modelo de classificação utilizou a amostra gerada pelo cluster 8 e gerou a seguinte matriz de confusão. Dos 48.068 casos observados, o cluster 8 apresentou 47.707 observações de clientes da classe B e apenas 361 observações de clientes da classe R. O modelo de classificação construído, utilizando-se como base a amostra gerada pelo agrupamento 8, teve assertividade de 86,44% para a classe B, ou seja, previu que 41.238 clientes eram realmente da classe B e 6.469 clientes eram da classe R, errando, dessa forma, a previsão de 13,56% das observações de clientes bons. Analogamente, o modelo alcançou assertividade de 97,08% para a classe R, ou seja, das 361 observações de clientes ruins, o modelo previu que 350 clientes eram realmente pertencentes à classe R e apenas 11 clientes eram da classe B, isto é, errando apenas 2,92% das observações dos clientes ruins.

O nono modelo de classificação utilizou a amostra gerada pelo cluster 9 e gerou a seguinte matriz de confusão. Dos 19.184 casos observados, o cluster 9 apresentou 15.967 observações de clientes da classe B e 3.217 observações de clientes da classe R. O modelo de classificação construído, utilizando-se como base a amostra gerada pelo agrupamento 9, teve assertividade de 88,69% para a classe B, ou seja, previu que 14.161 clientes eram realmente da classe B e 1.806 clientes eram da classe R, errando, dessa forma, a previsão de 11,31% das observações de clientes bons. Analogamente, o modelo alcançou assertividade de 91,32% para a classe R, ou seja, das 3.217 observações de clientes ruins, o modelo previu que 2.938 clientes eram realmente pertencentes à classe R e 279 clientes eram da classe B, isto é, errando em 8,68% das observações dos clientes ruins.

O décimo modelo de classificação utilizou a amostra gerada pelo cluster 10 e gerou a seguinte matriz de confusão. Dos 14.868 casos observados, o cluster 10 apresentou 12.474 observações de clientes da classe B e 2.394 observações de clientes da classe R. O modelo de classificação construído, utilizando-se como base a amostra gerada pelo agrupamento 10, teve assertividade de 87,23% para a classe B, ou seja, previu que 10.881 clientes eram realmente da classe B e 1.593 clientes eram da classe R, errando, dessa forma, a previsão de 12,77% das observações de clientes bons. Analogamente, o modelo alcançou assertividade de 93,98% para a classe R, ou seja, das 2.394 observações de clientes ruins, o modelo previu que 2.250 clientes eram realmente pertencentes à classe R e 144 clientes eram da classe B, isto é, errando em 6,02% das observações dos clientes ruins.

A tabela a seguir apresenta os percentuais da matriz de confusão para as taxas de acerto e erro dos modelos de classificação construídos com base nas amostras de dados segmentadas pelo modelo de agrupamento. A taxa média final de acerto ficou em 84,45% dos casos, com 15,55% de erro para a classe B, dos clientes bons. Analogamente, a taxa média de acerto para a classe R, dos clientes ruins, ficou em 92,38%, com erro de apenas 7,63%. Em comparação com o modelo de classificação com base em uma única amostra de dados, o ganho na assertividade da classe B foi pequeno, de apenas 0,5%, porém, o ganho na assertividade da classe R foi de 11,38%. Como as ações de faturamento e cobrança são focadas nos clientes da classe R, o ganho percentual na classificação dos clientes bons não possui representatividade significativa. Contudo, o ganho percentual na classificação dos clientes ruins possui extrema importância, pois permite o direcionamento das ações de forma mais precisa, com menor risco de erro, e, por conseqüência, menor propensão de perda de receita em políticas diferenciadas de faturamento e cobrança.

Assertividade	Classe B	Classe R
Modelo 1	84,96	96,45
Modelo 2	82,89	96,89
Modelo 3	85,78	92,14
Modelo 4	83,87	89,04
Modelo 5	81,59	88,36
Modelo 6	80,92	88,57
Modelo 7	82,09	89,92
Modelo 8	86,44	97,08
Modelo 9	88,69	91,32
Modelo 10	87,23	93,98
Média Final	84,45	92,38

Ilustração 89: Taxas de acerto e erro dos modelos de classificação.

Dessa forma, o modelo de classificação desenvolvido na segunda abordagem, composto na verdade por dez diferentes modelos de predição construídos com base em amostras de dados estratificadas por meio de uma segmentação comportamental, alcançou uma assertividade média de 84,45% para a classe B, de clientes bons, e 92,38% para a classe R, isto é, de clientes ruins.

A figura a seguir apresenta a construção dos dez diferentes modelos e a conjunção destes em um único nó de modelagem. Adicionalmente, é apresentado o nó de score para a aplicação do modelo contra a base de dados de clientes de forma completa.

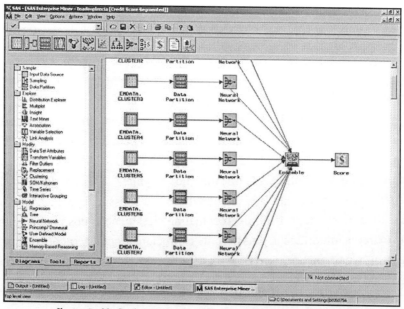

Ilustração 90: Conjunção dos dez diferentes modelos de classificação.

Conforme descrito anteriormente, a criação de dez modelos distintos para a predição da inadimplência atingiu cerca de 1% de ganho na classificação dos clientes bons. Este fato pode representar um esforço inócuo na separação das bases de dados segundo o comportamento de diferentes grupos de clientes e a posterior utilização dessas bases de dados na construção de modelos separados. Porém, o ganho na classificação dos clientes ruins ficou em mais de 11% com relação ao modelo único, o que representa um acréscimo substancial de precisão na predição dos clientes ruins, ou seja, na previsão dos eventos de inadimplência. Dado o volume total da base de dados de uma empresa de grande porte com um elevado número de clientes, este ganho pode significar milhões de reais em recuperação de receita ou redução de despesas financeiras em ações de cobrança ou faturamento e de recolhimento de impostos.

Combinando os resultados do modelo de segmentação comportamental, que dividiu os clientes em dez diferentes grupos segundo suas características e o uso dos serviços com os dos modelos de classificação, que predizem a classe dos clientes em B (bons) e R (ruins), pode-se observar que cada um dos grupos identificados possui uma distribuição de clientes entre as classes B e R bastante particular. Este fato pode se tornar na verdade mais uma das características de identificação dos grupos e faz com que os modelos de predição corroborem com o resultado da segmentação comportamental.

A tabela a seguir apresenta a distribuição das classes B e R para cada um dos grupos identificados pelo modelo de segmentação comportamental.

Grupos	Classe B	Classe R
G1	99,55	0,45
G2	98,86	1,14
G3	89,17	10,83
G4	63,36	36,64
G5	62,49	37,51
G6	61,80	38,20
G7	66,38	33,62
G8	99,25	0,75
G9	83,23	16,77
G10	83,90	16,10

Ilustração 91: Distribuição das classes B e R segundo os grupos identificados.

A tabela mostra que os grupos 1, 2 e 8 possuem quase que todos os seus clientes na classe B, e os grupos 4, 5, 6 e 7 possuem distribuições mais equilibradas dos clientes entre as classes bom e ruim. Vale ressaltar que o percentual de clientes na classe B é de quase 86% e que o percentual de clientes na classe R é de pouco mais de 14%.

No próximo capítulo, serão apresentados os resultados dos modelos de classificação com base na amostra única de clientes, e dos modelos de classificação com base nas amostras de dados segundo a identificação dos grupos pelo modelo de segmentação comportamental. Ficarão claros os benefícios financeiros associados com a segunda abordagem, ainda que as diferenças percentuais de ganho entre os modelos não sejam significativas. Especialmente em grandes empresas, pelo alto volume de clientes e transações envolvidas, cada pequeno percentual de ganho obtido nos modelos de predição pode significar milhões de reais, dado os valores financeiros relacionados com as operações comerciais destas empresas.

CAPÍTULO 12
ANÁLISE DOS MODELOS DE PREDIÇÃO

Conforme visto anteriormente, o primeiro modelo de classificação foi construído com base em um conjunto de dados de entrada que contempla todos os clientes pessoa física da empresa, os quais devem estar ativos e gerando fatura nos meses considerados na janela de observação. Este modelo alcançou um resultado de acerto médio de 82,5%, com 84% em média de acertos para os clientes bons e 81% em média de acertos para os clientes ruins.

Na segunda metodologia, foram desenvolvidos dez modelos de classificação distintos, cada qual tendo como subconjunto de dados de entrada uma amostra estratificada com base na segmentação comportamental executada para todos os clientes da base da empresa. Cada um desses modelos alcançou uma média de acertos específica, descrita na figura a seguir.

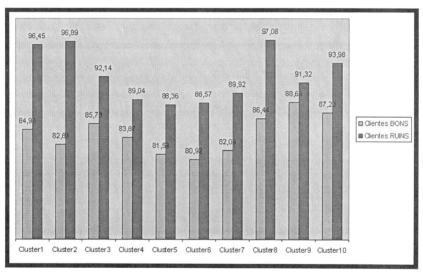

Ilustração 92: Resultados dos modelos de classificação distintos.

A taxa média de assertividade dos dez modelos ficou em cerca de 88,5%, com quase 84,5% para a classe B, dos clientes bons, e quase 92,5% para a classe R, dos clientes ruins.

Comparando as duas metodologias executadas, conforme apresentada na figura a seguir, pode-se observar que a taxa média de acertos, incluindo a assertividade na identificação dos clientes bons e dos clientes ruins individualmente, foi maior na segunda abordagem, quando se fez uso de amostras de dados de entrada estratificadas pela segmentação comportamental.

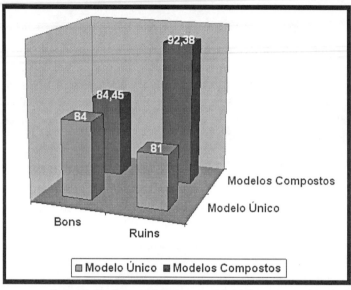

Ilustração 93: Comparação entre os modelos único e composto.

Este resultado comprova a hipótese de que a utilização de amostras mais homogêneas aumenta o poder de discretização dos dados, melhorando assim, a definição dos pesos iniciais e otimizando, desta forma, a estimação dos erros. Com uma melhor escolha dos pesos iniciais e um processo de estimação dos erros mais acurado, torna-se possível aumentar a capacidade de aprendizado do modelo supervisionado baseado em uma rede neural. Estas melhorias tornam o modelo mais especialista, porém, sem perder a capacidade de generalização da predição no momento da necessidade de execução contra outras bases de dados. O conjunto dessas características, especificidade e sensibilidade, indica o grau de confiança do modelo preditivo quanto à sua capacidade de precisão e uso em diferentes observações de dados. A verificação dessas capacidades pode ser observada por meio de um gráfico conhecido como curva ROC. Esta medida demonstra como o modelo de classificação se comporta em relação aos acertos e erros das classes preditas contra as observações reais. Este comportamento pode ser observado pelas matrizes de confusão apresentadas para os modelos construídos e analisados anteriormente.

Nos casos de classificação, nos quias a variável alvo é binária, a matriz de confusão apresenta a quantidade de casos preditos como sendo da classe 0 que realmente são da classe 0 (chamados de verdadeiro negativo), a quantidade de casos preditos como sendo da classe 0, mas que são na verdade da classe 1 (chamados de falso negativo), a quantidade de casos preditos como sendo da classe 1 e que realmente são da classe 1 (chamados de verdadeiro positivo) e os casos preditos como sendo da classe 1, mas que na verdade são da classe 0 (chamados de falso positivo).

A representação gráfica da matriz de confusão para um modelo de classificação contendo uma variável alvo binária é mostrada na figura seguir.

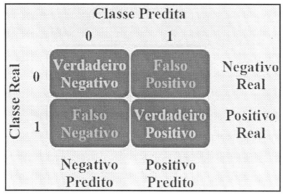

Ilustração 94: Matriz de confusão para um modelo de classificação.

A sensibilidade representa a quantidade de casos reais que foram efetivamente preditos como reais, ou seja, a quantidade de casos que foram classificados de forma correta pelo modelo. Esta medida é dada pela quantidade de verdadeiros positivos sobre a quantidade de positivos reais.

A representação gráfica para a sensibilidade de um modelo de classificação contendo uma variável alvo binária é apresentada na figura seguir.

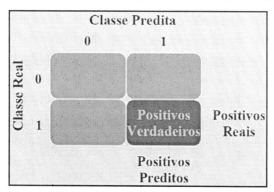

Ilustração 95: Sensibilidade de um modelo de classificação.

A especificidade representa a quantidade de casos reais que foram preditos como sendo falsos, ou seja, a quantidade de casos que foram classificados de forma incorreta pelo modelo. Esta medida é dada pela quantidade de negativos verdadeiros sobre a quantidade de negativos reais.

A representação gráfica para a especificidade de um modelo de classificação contendo uma variável alvo binária é apresentada na figura a seguir.

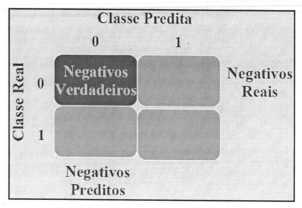

Ilustração 96: Especificidade de um modelo de classificação.

A curva ROC apresenta, dessa forma, a relação existente entre a sensibilidade de um modelo de classificação e sua especificidade, ou melhor, com relação ao complemento de sua especificidade, conforme mostra a figura a seguir.

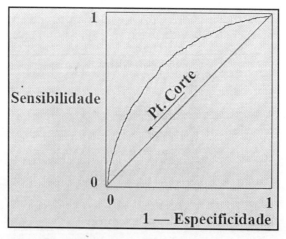

Ilustração 97: Curva ROC para um modelo de classificação.

Análise dos Modelos de Predição | 231

A curva ROC para as duas metodologias (construção do modelo a partir de uma única amostra de dados aleatória e a construção de dez diferentes modelos de classificação a partir de distintas amostras de dados baseadas em um modelo de segmentação comportamental dos clientes) é apresentada na figura a seguir.

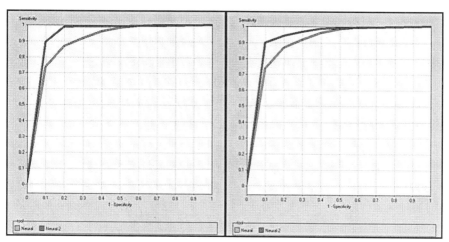

Ilustração 98: Curva ROC para as duas metodologias de
construção de modelos de classificação.

A linha em vermelho, mais escura, representa a curva ROC do modelo composto, ou seja, com base em diferentes amostras de dados, e a curva em azul, mais clara, representa a curva ROC do modelo único, isto é, com base em uma única amostra de dados de entrada. O primeiro gráfico está relacionado à sensibilidade e à especificidade das respostas para a classe R, e o segundo, às respostas para a classe B.

A curva ROC mostra que o modelo composto apresenta melhor assertividade, sendo mais sensível e específico do que o modelo único. Esta melhor acuracidade implica em maiores ganhos no momento da execução e aplicação dos modelos contra a base de clientes, tanto em termos de resposta na execução das ações de relacionamento quanto em termos de custo de execução destas ações.

Uma análise importante na comparação do desempenho dos modelos de classificação é o gráfico que apresenta os ganhos e perdas da predição. Este gráfico mostra a média de lucro no pico do primeiro decil, podendo ser apresentado de forma cumulativa e não cumulativa para cada percentil. O gráfico a seguir demonstra que os ganhos acumulados do modelo de rede neural composto apresentam valores bem maiores do que o modelo de rede neural único, e ambos possuem ganhos quando comparados com a linha base. Em modelos com forte capacidade de predição, os lucros serão máximos no primeiro decil. Contudo, observando-se os valores de lucro acumulado com relação à linha base, percebe-se que o lucro do modelo único se mantém até o percentil 40, enquanto que o modelo composto mantém o lucro para toda a amostra, ou seja, até o percentil 100. Isto significa dizer que o segundo modelo pode trazer retorno mesmo que aplicado para toda a população e que o primeiro deve ser aplicado em apenas 40% da base de clientes.

O gráfico de ganho para os modelos de classificação composto e único estão apresentados na figura a seguir. Estes gráficos são extremamente úteis para comparar o percentual de ganho dos modelos com relação à execução de ações com base na aleatoriedade da seleção dos casos. A curva em vermelho, mais escura, apresenta o percentual de ganho do modelo composto, a curva em azul, mais clara, apresenta o percentual de ganho do modelo de classificação único e a linha reta apresenta o ganho percentual bom base em ações de seleção de casos aleatórias.

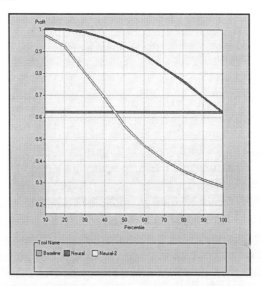

Ilustração 99: Gráfico de lucro para os modelos de predição.

No capítulo sobre aplicação do conhecimento, serão apresentados os ganhos financeiros passíveis de serem alcançados com a execução dos diferentes métodos de desenvolvimento de modelos de classificação, bem como, utilizando-se os resultados dos modelos de segmentação comportamental.

As estimativas de retorno serão baseadas nos exemplos desenvolvidos no livro e utilizarão valores hipotéticos como forma de explicitar as possibilidades de aumento de receita, redução de custo, ou mesmo, mitigação de evasão de receita.

PARTE V:
INTELIGÊNCIA

CAPÍTULO 13
APLICAÇÕES DO CONHECIMENTO

Este capítulo descreve um dos processos empresariais mais complexos, especialmente em grandes corporações. Por mais que existem ambientes de inteligência de negócios produzindo informações de apoio à tomada de decisão e aplicações de mineração de dados, o mais difícil em uma grande empresa é a utilização das informações e do conhecimento gerado em ações práticas que forneçam resultados efetivos para o negócio.

Uma utilização eficiente do conhecimento produzido pode gerar uma vantagem competitiva extremamente significativa para as corporações. Dessa forma, não basta a simples utilização dos dados transacionais, que são fundamentais no controle das operações da empresa, ou mesmo das informações produzidas com base nos dados operacionais processados. A efetiva utilização do conhecimento gerado por meio das informações inseridas nos modelos analíticos é fundamental para que as corporações possam criar um diferencial de mercado, entendendo melhor suas cadeias de suprimento e receita e, principalmente, os seus clientes e o uso que estes fazem de seus produtos e serviços. Estabelecer um plano de ação com base no conhecimento gerado por meio da mineração de dados é fator crítico de sucesso para que a empresa faça real uso do capital intelectual existente na corporação, podendo, por meio de ações ativas e reativas, se conhecer melhor e, dessa forma, se preparar de forma mais adequada para o competitivo mercado em que atuam. Essas ações normalmente fazem parte da disciplina de inteligência competitiva. Em suma, inteligência é a forma pela qual as empresas utilizam todo o conhecimento gerado, seja por geração de informações analíticas, seja por mineração de dados.

Neste capítulo serão mostrados alguns exemplos de aplicações práticas com base em informações analíticas geradas pelos ambientes de inteligência de negócios, sobretudo aquelas baseadas em aplicações de mineração de dados. A idéia principal aqui é exemplificar a utilização do conhecimento gerado por meio da definição de ações de mercado e execuções empresariais. Algumas dessas ações são hipotéticas e possuem estimativas numéricas com o foco único e exclusivo de descrever da melhor forma possível os retornos plausíveis do investimento feito em ambientes de Business Intelligence e Data Mining.

13.1. CICLO DE VIDA DA RECEITA

Um dos pontos mais importantes em processos de mineração de dados e descoberta de conhecimento é a utilização dos resultados alcançados. Além das etapas inerentes ao processo como um todo, como o levantamento dos objetivos de negócio e dos requisitos funcionais, a extração e transformação dos dados originais, a manipulação dos dados, a modelagem e a análise dos resultados, existe um etapa de extrema importância para a corporação que é a efetiva implementação dos resultados em termos de ações de negócios.

Esse plano de ação, executado com base no conhecimento levantado por meio dos resultados alcançados com os modelos de data mining é que trazem efetivamente o retorno financeiro esperado quando da implantação de projetos dessa natureza.

Dessa forma, com base no modelo de negócios relativo às empresas de telecomunicações, em especial, operadoras de telefonia, será sugerido um conjunto de ações que, baseadas nos resultados dos modelos de mineração de dados e no conhecimento levantado por meio destes, pode trazer retorno do investimento e recuperação de receita. Vale ressaltar que estas medidas são apenas sugestões que devem ser validades pelas respectivas áreas de negócio, e foram inseridas neste trabalho com o propósito de ilustrar as possíveis ações que podem ser implementadas utilizando-se os resultados do processo de mineração de dados e descoberta de conhecimento.

Dentre as ações que podem ser estabelecidas para a empresa, diversas áreas de negócio podem ser beneficiadas. A área de marketing pode definir melhores canais de relacionamento com os clientes, bem como, desenhar produtos mais adequados às necessidades dos clientes com base nas características dos diferentes grupos identificados por meio dos modelos de segmentação comportamental. A área financeira pode desenvolver políticas diferenciadas de fluxo de caixa e composição orçamentária de acordo com as características de comportamento de pagamento e não pagamentos dos clientes. Contudo, com base no escopo do presente trabalho, serão sugeridas apenas ações de garantia da receita, envolvendo planos de relacionamento com os clientes em termos de cobrança e análise de crédito.

Como última ressalva, as análises financeiras realizadas neste trabalho visam única e exclusivamente sugerir possíveis ganhos econômicos em termos de recuperação de receita. Não foi realizado um estudo financeiro com o rigor desta ciência, dado a proposta técnica do livro. A idéia básica aqui é demonstrar a viabilidade econômica de projetos de mineração de dados e descoberta de conhecimento em empresas de grande e médio porte, especialmente no que diz respeito à geração de conhecimento e inteligência de negócios.

Sendo assim, a utilização dos resultados dos modelos construídos, tanto os de segmentação comportamental dos clientes inadimplentes e o de pontuação do valor agregado dos assinantes como também os de classificação e predição da ocorrência da inadimplência, pode trazer benefícios financeiros para a empresa de forma extremamente significativa. Algumas ações simples, levantadas devido ao conhecimento adquirido pelos resultados dos modelos, podem trazer recuperação de receita para a corporação, assim como, evitar a evasão de dividas por questões de regulação de mercado e competitividade entre as empresas.

O primeiro modelo de segmentação comportamental dos clientes inadimplentes exemplificado no capítulo anterior permite a criação de ações específicas de cobrança e recuperação de receita associada a eventos de não pagamento de contas. Este modelo de cluster identificou cinco grupos característicos, alguns deles com características que permitem ações de cobrança mais brandas ou retardadas, evitando, dessa forma, despesas adicionais com as ações de cobrança.

Usualmente, as ações de cobrança são disparadas segundo eventos temporais, de acordo com a régua de inadimplência estabelecida por cada empresa. De uma forma geral, quando os clientes alcançam um determinado número de dias de inadimplência, eles recebem uma notificação de cobrança. Quando atingem outro determinado número de dias de inadimplência, eles recebem uma carta de cobrança e podem ter parte dos seus serviços cortados, passando, a partir deste momento, a não usufruir mais de certos produtos e assim por diante.

No caso de uma empresa de telecomunicações, de forma geral, quando um cliente atinge quinze dias de inadimplência, ele recebe uma carta de cobrança, informando da possibilidade de ter os seus serviços parcialmente interrompidos. Ao completar trinta dias de inadimplência, ele possui parte de seus serviços cortados, como a execução de chamadas. Ao atingir sessenta dias de inadimplência, os clientes recebem nova carta de cobrança, tendo os seus serviços de telecomunicações totalmente interrompidos, passando não apenas a deixar de executar chamadas telefônicas, mas também deixando de recebê-las. Com noventa dias de inadimplência, os clientes são enviados a uma empresa de cobrança terceirizada, na qual, para cada recuperação de receita conseguida, um percentual é destinado para estas empresas. Ao atingir cento e vinte dias, os clientes inadimplentes são encaminhados à cobrança judicial, onde além dos percentuais de destinação às empresas que executam o serviço de cobrança, parte da receita recuperada é utilizada para saldar as despesas dos processos judiciais. Com cento e oitenta dias de inadimplência, os clientes são finalmente considerados como perda definitiva de receita, não sendo mais computados como possível entrada financeira para a empresa.

Com base na régua de cobrança descrita anteriormente, o exemplo a seguir definirá algumas possibilidades de ganhos financeiros ou redução de custos operacionais relacionados aos processos de arrecadação e cobrança.

13.1.1 Ganhos financeiros por meio dos modelos de inadimplência

Cada ação associada com esta régua de cobrança representa algum tipo de custo operacional. Por exemplo, as impressões das cartas de bloqueio de quinze dias possuem um custo médio de R$ 0,10. Já as cartas de aviso de bloqueio parcial e total, associadas aos eventos de trinta e sessenta dias, possuem um custo médio de R$ 0,05 para impressão. Todas as cartas possuem um custo médio de postagem de R$ 0,70. Os processos de negativação possuem custo médio de R$ 0,80, considerando os diferentes bureaus existentes no mercado, e assim por diante. Quando os clientes atingem 110 dias de atraso, eles são encaminhados para cobrança por intermédio de empresas terceirizadas, quando incide, além dos custos mencionados anteriormente, um percentual entre 10 e 20% do valor a ser recuperado, dependendo da faixa de atraso. A partir de 180 dias de atraso, os clientes são considerados como perda e são encaminhados para cobrança judicial, onde os descontos para o pagamento das faturas variam entre 30% e 80%, também dependendo da faixa de atraso em que o cliente se encontra.

Analisando os grupos de clientes inadimplentes que foram identificados pelo modelo de segmentação, utilizado no exemplo apresentado no capítulo anterior, pode-se observar que existem classes de assinantes que apresentam comportamento não ofensor à empresa, especialmente quando estes comportamentos estão associados com os eventos de pagamento dentro da régua de cobrança utilizada pela companhia. Por exemplo, considerando o percentual de clientes inadimplentes com até 30 dias de atraso, ou seja, 27,61% do total de clientes analisados, pode-se constatar alguns números representativos. O grupo 1 apresenta 74.091 insolventes com período de atraso até o envio da primeira notificação de cobrança. Pelo comportamento observado, pode-se assumir que estes clientes pagariam suas faturas em atraso independentemente do recebimento da referida notificação. Este grupo possui em média 3 contas em aberto, totalizando 222.273 emissões. O grupo 2 apresenta 57.543 insolventes dentro do período de notificação, com média de 3 contas em aberto, totalizando 172.692 emissões. O grupo 2 apresenta 98.197 insolventes dentro do período de notificação, com média de 3 contas em aberto, totalizando 294.591 emissões. O grupo 4 apresenta 64.012 insolventes dentro do período de notificação, com média de 2 contas em aberto, totalizando 128.024 emissões. Por fim, o grupo 5 apresenta 46.647 insolventes dentro do período de notificação, com média de 3 contas em aberto, totalizando 139.941 emissões.

Em suma, dentre os clientes inadimplentes, 340.490 pagariam as contas em atraso sem qualquer ação da empresa, dado o comportamento e o histórico de pagamento dentro da faixa de quinze a trinta dias. Esse volume de clientes que pagariam suas contas independentemente de uma ação de cobrança da empresa representaria uma economia na emissão média de 957.458 envios de notificação. Levando-se em consideração que o custo médio de impressão e envio é de R$ 0,80, a despesa financeira evitada apenas com a inibição da emissão das notificações de cobrança seria da ordem de R$ 765.966,00 mensais, assumindo que estes clientes realizam o pagamento de suas faturas em atraso antes mesmo da emissão das notificações de cobrança e aviso de bloqueios parciais.

As tabelas apresentadas a seguir mostram os cálculos de recuperação de receita bruta associados com a não emissão de cartas de cobrança para determinados grupos levantados nos modelos de segmentação comportamental. Na tabela abaixo, são apresentados os custos relativos às ações de cobrança.

Custos Operacionais	
Cartas de cobrança de 15 dias	R$ 0,10
Cartas de cobrança de 30 e 60 dias	R$ 0,05
Postagem	R$ 0,70
Negativação	R$ 0,80
Cobrança terceirizada	10 à 20% da fatura
Cobrança judicial	30 à 80% da fatura

Ilustração 100: Custos operacionais com as ações de cobrança.

Na tabela a seguir, são apresentados os cálculos associados com os ganhos de receita por meio da não emissão das cartas de cobrança.

Recuperação de Receita			
27,61% dos clientes pagam até 15 dias			
Grupo	Clientes	Débitos	Emissões
G1	74.091	3	222.273
G2	57.543	3	172.629
G3	98.197	3	294.591
G4	64.012	2	128.024
G5	46.647	3	139.941
Total	340.490	-	957.458
Recuperação total			R$ 765.966,00

Ilustração 101: Recuperação de receita com a não emissão das cartas
de cobrança para determinado grupo da segmentação comportamental.

O mesmo raciocínio poderia ser feito levando-se em consideração os clientes que efetuam os pagamentos em atraso antes da régua de cobrança dos trinta e sessenta dias, ou seja, antes dos cortes parciais e totais dos serviços de telecomunicações. Contudo, é extremamente difícil estimar a interferência ou o efeito das notificações de quinze dias nos eventos de pagamento das faturas com atraso entre quinze e trinta dias. Da mesma forma, é difícil avaliar o efeito, não apenas das notificações de quinze dias, mas também do próprio corte parcial dos serviços nos eventos de pagamento para as contas em atraso entre trinta e sessenta dias. Portanto, a economia que seria possível de ser alcançada nas despesas com relação aos eventos de cobrança para faturas de trinta e sessenta dias de atraso, não será, dessa forma, contabilizada no total da recuperação de receita conseguida para a empresa por meio da implantação dos modelos de data mining apresentados neste livro.

Adicionalmente, existem algumas ações relacionadas aos modelos de classificação e predição da inadimplência que podem evitar despesas significativas para a empresa. Ainda utilizando o exemplo de empresas de telecomunicações, as quais possuem um processo de recolhimento de impostos antecipados com relação à emissão das contas dos serviços telefônicos, essa inibição de despesa pode ser maior ainda. Por exemplo, as empresas de telecomunicações são obrigadas a recolher os impostos de circulação de mercadorias e serviços no momento da emissão das faturas telefônicas. Dessa forma, independentemente do evento de pagamento por parte do cliente, quitando ou não suas contas, as empresas de telecomunicações devem, no momento da emissão das faturas, recolher o ICMS devido à fatura. Em média, podemos, para exemplificar as ações baseadas nos modelos de data mining, considerar que este recolhimento representa cerca de 25% do montante da fatura.

Dessa forma, uma ação de inibição da emissão da fatura para os clientes que possuem altíssima propensão de inadimplência, poderia evitar uma perda de receita considerável para a empresa, impedindo o recolhimento do imposto sobre circulação de mercadorias e serviços relativos às contas que possuem grande probabilidade de não serem pagas. Existem basicamente dois tipos de evasão financeira. O primeiro é referente aos valores não recebidos pelo uso da rede de telefonia da empresa, ou seja, relativos às chamadas cursadas dentro da região de concessão da empresa ou no momento da utilização do código de seleção de prestador. Por exemplo, um cliente faz uma chamada local ou uma chamada de longa distância utilizando o código de seleção de prestador da própria empresa e não efetua o pagamento da conta telefônica. Conseqüentemente, a empresa não recebe o pagamento pelos serviços de telecomunicações prestados ao cliente. O segundo tipo de evasão de receita, e mais ofensor, é referente aos valores de pagamento de interconexão para outras operadoras, quando as chamadas cursadas são realizadas entre empresas diferentes. Esta taxa diz respeito ao uso da rede de telefonia de uma operadora por outra empresa de telecomunicações. Por exemplo, se um assinante da operadora A realiza uma chamada para um assinante de uma operadora B, o trecho da chamada cursado dentro da rede da operadora de destino deve ser remunerado pela operadora de origem. Neste caso, independentemente de o cliente efetuar o pagamento de sua fatura ou não, a operadora de origem deve remunerar a operadora de destino pelo trecho da chamada cursada em sua rede.

A ação citada anteriormente evita, dessa forma, uma perda de receita propriamente dita, pois o simples fato da execução da chamada implica em recolhimento das despesas de interconexão.

Neste caso, o modelo de classificação da inadimplência pode ajudar da seguinte forma. Considere o segmento de clientes com valores de predição para a classe bom entre 0 e 0,1 que, de forma inversa, são os clientes com maior propensão de serem pertencentes à classe ruim, isto é, com percentual de assertividade entre 90 e 100%. Considere ainda o nível de precisão de 81% de acerto para as observações da classe ruim, preditas como sendo realmente da classe ruim. Esta taxa foi alcançada pelo modelo único de classificação da inadimplência desenvolvido anteriormente como forma de exemplificar o processo de construção de modelos de data mining.

A figura a seguir apresenta a distribuição dos valores de predição para as classes bom e ruim. Estes valores demonstram o quão próximo os clientes se encontram da classe bom e da classe ruim, respectivamente. Por exemplo, um valor de 0,95 demonstra que este determinado cliente pode ser classificado em determinada classe com 95% de certeza, ou, ainda, que ele está 95% próximo de uma classe e 5% próxima da outra.

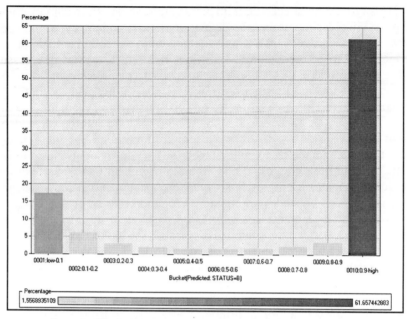

Ilustração 102: Segmentos de precisão da classificação da inadimplência.

As faixas de propensão de inadimplência mostram o quão próximo os clientes estão de se tornarem inadimplentes por mais de 29 dias ou não, ou seja, o quão próximo eles se encontram das classes bom e ruim. Porém, de uma forma geral, o modelo de predição classificou a base de clientes com uma determinada distribuição segundo as regras de negócio associadas com essas classes. A figura a seguir apresenta a distribuição populacional alcançada pelo modelo de predição de acordo com as regras de negócios associadas com a definição das classes bom e ruim. O modelo classificou 72,21% dos clientes como sendo bons clientes e 27,29% do total da base como sendo clientes ruins.

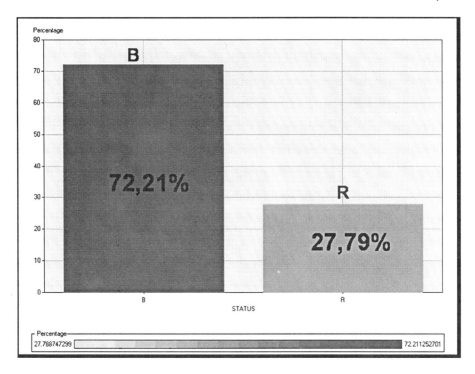

Ilustração 103: Distribuição populacional do modelo
de predição segundo as classes BOM e RUIM.

A combinação das informações mencionadas anteriormente, isto é, a propensão dos clientes se tornarem inadimplentes segundo as faixas de probabilidade estabelecidas, as características comportamentais de cada um dos grupos identificados e a distribuição populacional segundo as classes bom e ruim, levanta um novo conhecimento de negócio, o qual pode ser utilizado para estabelecer novas políticas corporativas de arrecadação e cobrança. A figura a seguir apresenta a distribuição das classes bom e ruim para cada um dos grupos comportamentais identificados.

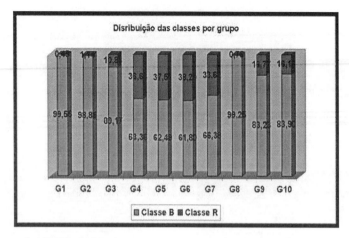

Ilustração 104: Distribuição dos grupos comportamentais segundo as classes bom e ruim.

Cada segmento de clientes, ou seja, cada cliente com valor de predição nas faixas de valores entre 0 e 0,1, 0,1 e 0,2, 0,2 e 0,3, 0,3 e 0,4, 0,4 e 0,5, 0,5 e 0,6, 0,6 e 0,7, 0,7 e 0,8, 0,8 e 0,9, e 0,9 e 1, possui um conjunto de características comuns entre si, como se fossem verdadeiros clusters de clientes propriamente ditos. Uma dessas características é o valor médio de faturamento mensal de cada faixa. Assim, cada faixa de cliente identificada pelo modelo de predição possui uma média de fatura, conforme descrito na tabela abaixo.

Faixa de Score	0,0–0,1	0,1–0,2	0,2–0,3	0,3–0,4	0,4–0,5	0,5–0,6	0,6–0,7	0,7–0,8	0,8–0,9	0,9–1,0
Média Fatura	R$113	R$108	R$138	R$118	R$139	R$91	R$228	R$229	R$100	R$104

Ilustração 105: Médias de faturamento para as faixas de score.

Considerando a distribuição populacional de cada faixa de cliente levantada pelo modelo de predição e extrapolando os percentuais populacionais identificados para toda a base de dados de clientes considerados na construção dos modelos, pode-se observar as seguintes populações em cada faixa de score, conforme apresentado na tabela a seguir.

Percentual	17,29%	5,93%	2,92%	1,86%	1,57%	1,56%	1,67%	2,22%	3,32%	61,66%
População	852.891	292.518	144.039	91.751	77.446	76.953	82.379	109.509	163.771	3.041.600

Ilustração 106: Distribuição populacional para as faixas de score.

Com isso, é possível verificar que, considerando apenas a faixa de maior propensão à inadimplência, isto é, com score entre 0 e 0,1, tem-se 852.891 clientes. Como a média de faturamento mensal desses clientes é de R$ 113,00 reais, o valor total possível de ser identificado como sendo associado aos eventos de insolvência, ou seja, de não pagamento das contas telefônicas, é de R$ 96.376.700,00. Como a taxa de acerto para as observações da classe ruim foi de 81% no modelo único de classificação, o total de clientes corretamente inibidos de terem suas contas emitidas para o primeiro segmento seria de 690.842 casos. Utilizando-se a mesma média de faturamento, o montante financeiro relativo aos eventos de não pagamento de contas é de R$ 78.065.127,00. Com isso, o valor total passível de ser evitado por meio da inibição da emissão da conta telefônica e o conseqüente não recolhimento do imposto, considerando apenas as contas com maior propensão de não serem efetivamente pagas, acima de 90% de certeza, é de R$ 19.516282,00. Considerando um comportamento linear e constante da base de clientes inadimplentes com a empresa, o que de fato, vem se mostrando verdade nos últimos anos, o valor apresentando como passível de ser evitado para a empresa em termos de receita é um valor mensal.

Naturalmente, existe o risco de se deixar de emitir uma conta para um cliente que efetuaria o pagamento da conta telefônica, dado o erro de classificação inerente ao modelo de classificação. Ainda assim, vale salientar que o ganho financeiro, mesmo considerando a faixa de clientes com score acima de 90% de propensão de não pagamento e a taxa de erro de 19% do modelo de classificação, seria significativamente compensador. Por exemplo, neste cenário, o saldo entre perda evitada e receita não faturada ficaria em R$ 5.782.602,00 mensais, ou seja, mesmo não se emitindo fatura para clientes que poderiam efetuar o pagamento, a perda evitada compensa, e muito, a receita não efetivada. Contudo, este risco pode ser minimizado por meio de definição de diferentes ações de negócio associadas com os resultados alcançados pelos modelos de data mining desenvolvidos. Por exemplo, por meio da emissão de cartas de cobrança ao invés da emissão das faturas propriamente ditas para os clientes dentre de determinadas faixas de score, ou ainda, pela inclusão neste tipo de ação de apenas os clientes com percentual de 99% de propensão de não pagamento. Com isso, diminui-se o risco de não emissão de uma conta telefônica para um cliente que possui chances, ainda que remotas, de pagamento da fatura. É obviamente, uma decisão de negócio, associado aos ganhos e perdas de receita nos eventos de inadimplência contra a empresa.

Por exemplo, considerando a melhor faixa de classificação, isto é, a faixa de clientes com maior precisão na predição da inadimplência, que no modelo em questão ficou entre 95 e 96% de assertividade, o percentual populacional dessa faixa de clientes é de 9,75% da base de observações, ou seja, 480.954 casos. Para esta faixa, a média de faturamento ficou em R$ 97,00. Com isso, o retorno possível de recuperação de receita seria de R$ 46.652.505, 00. Aplicando-se o erro de classificação do modelo, esta faixa populacional cai para 389.572 casos, diminuindo a expectativa de retorno para R$ 37.788.529,00. A parte devida ao imposto é de 25%, ou seja, R$ 9.447.132,00. Considerando o erro de classificação do modelo, a população predita de forma incorreta é de 91.381 clientes, com perda de fatura da ordem de R$ 6.647.982. O resultado final do ganho financeiro alcançado com as ações de inibição da emissão da fatura para essa faixa de clientes seria então de R$ 2.799.150,00.

A tabela a seguir apresenta um resumo dos cálculos realizados para a recuperação de receita segundo os dados característicos de um grupo comportamental e sua propensão de inadimplência dado a assertividade do modelo de predição.

Recuperação de receita	
Taxa de acerto para a classe R	81%
População correta	389.572
Fatura total correta	R$ 37.788.529
Imposto evitado (25%)	R$ 9.447.132

Recuperação de receita	
Taxa de erro para a classe R	19%
População incorreta	91.381
Fatura total incorreta	R$ 8.863.976
Receita líquida não faturada	R$ 6.647.982
Saldo de perda evitado	R$ 2.799.150

Ilustração 107: Cálculos de recuperação de receita pela não emissão de contas para determinado grupo comportamental.

Assim, considerando-se o pior caso para o retorno financeiro, proporcionado pela execução das ações definidas a partir dos modelos construídos, tem-se uma recuperação de receita da ordem de R$ 2.799.150,00 devido à inibição da emissão das contas e, conseqüente não recolhimento dos impostos pertinentes às faturas, mais R$ 765.966,00 devido à inibição dos avisos de cobrança de quinze dias. O primeiro retorno é resultado dos modelos de classificação, e o segundo retorno é resultado dos modelos de segmentação. Dessa forma, o retorno financeiro mensal esperado pela implantação dos modelos de data mining propostos, gira em torno de R$ 3.565.116,00.

Por meio da utilização da segunda metodologia, com a construção dos dez diferentes modelos de classificação, a taxa de erro na classificação dos clientes ruins é de 7,62% dos casos, fazendo com que um número maior de faturas seja inibido para clientes que realmente deixarão de efetuar os seus respectivos pagamentos. Com isso, para a mesma faixa de classificação, ou seja, para os clientes que ficaram com precisão entre 95 e 96% de probabilidade de inadimplência, considerando-se que o percentual populacional dessa faixa é de 9,75%, o total de caso a ser considerado é de 480.954 clientes. Para esta faixa, a média de faturamento é de R$ 97,00. O retorno possível de recuperação de receita são os mesmos R$ 46.652.505, 00. Porém, aplicando-se o erro de classificação do modelo, bem menor na segunda metodologia, esta faixa populacional cai para apenas 444.305 casos, diminuindo a expectativa de retorno para somente R$ 43.097.584,00. A parte devida ao imposto é de 25%, ou seja, R$ 10.774.396,00. Considerando o erro de classificação do modelo, a população predita de forma incorreta é de 36.649 clientes, com perda de fatura da ordem de R$ 2.666.191. Assim, o resultado final do ganho financeiro alcançado com as ações de inibição da emissão da fatura para essa faixa de clientes seria então de R$ 8.108.205,00.

A tabela a seguir mostra os cálculos de recuperação de receita para a segunda metodologia, isto é, o modelo de predição com base nos agrupamentos comportamentais identificados.

Recuperação de receita	
Faixa de score	95 e 96%
Média fatura	R$ 97
População	480.954
Valor total de faturamento	R$ 46.652.505,00

Recuperação de receita	
Taxa de acerto para a classe R	92,5%
População correta	444.882
Fatura total correta	R$ 43.153.567
Imposto evitado (25%)	R$ 10.788.392

Recuperação de receita	
Taxa de erro para a classe R	7,5%
População incorreta	36.072
Fatura total incorreta	R$ 3.498.938
Receita líquida não faturada	R$ 2.624.203
Saldo de perda evitado	R$ 8.164.188

Ilustração 108: Recuperação de receita com base nos modelos de predição segundo os grupos comportamentais identificados.

A diferença de recuperação de receita entre as duas metodologias, ou seja, o modelo de predição com base em uma única amostra de entrada, contemplando todos os clientes da base e um conjunto de modelos de predição, cada um deles associado a um grupo com características comportamentais distintas, significou um ganho da ordem de R$ 5.365.038,00.

Vale ressaltar que a perda evitada no processo de previsão de inadimplência é teórica e foi apresentada neste livro como forma de exemplificar os possíveis retornos advindos da implementação de modelos de data mining. Naturalmente, existe uma série de condições inerentes aos processos de cobrança, que envolvem o envio dos clientes para os bureaus de crédito, por exemplo, no caso dos clientes insolventes. Sem o envio da fatura e a confirmação de que o cliente não efetuou o pagamento nos prazos estipulados pela régua de cobrança da empresa, não é possível executar os processos de negativação. A idéia aqui foi simplesmente apresentar uma alternativa para a recuperação de receita, ou possibilidade de se evitar uma perda iminente. Não foi feito um estudo formal de retorno de investimento e viabilidade financeira com relação aos processos aqui apresentados, mas, simplesmente, uma suposição de ações de negócio com base na utilização dos resultados de um determinado modelo de data mining.

13.1.2 Ganhos financeiros por meio dos modelos de cobrança

Ainda como forma de exemplificar os resultados e benefícios possíveis por meio da construção de um ambiente de data mining, alguns casos de modelagem analítica e preditiva com relação ao processo de arrecadação e cobrança serão apresentados.

Sem a utilização de modelos analíticos e de inteligência de negócios, as ações de cobrança normalmente são direcionadas de acordo com os valores relacionados com os débitos.

Contudo, não necessariamente os maiores valores possuem as maiores chances de serem pagos. Dessa forma, existe um espaço, do ponto de vista de eficiência operacional, com redução de custos e de eficácia dos negócios, com aumento de receita, no qual a construção de um modelo preditivo pode trazer significativos benefícios para as empresas. A redução de custos pode ser obtida por meio de uma melhor priorização dos eventos de cobrança, contatando primeiramente os clientes que possuem maiores probabilidades de efetuarem os pagamentos de suas faturas, dado que os mesmos se encontram inadimplentes. A eficiência de negócios está associada com a antecipação de receita por meio da cobrança prioritária dos clientes inadimplentes com maior propensão de pagamento.

As tabelas a seguir exemplificam a troca de prioridades na cobrança dos clientes inadimplentes segundo a propensão de pagamento ao invés de uma ordenação por valores devidos.

Cliente	Valor	Cliente	Valor	Prob.
23456895343	R$ 456,43	45678934589	R$ 298,37	0,896
46634523489	R$ 403,46	17766911626	R$ 77,27	0,896
67812151635	R$ 398,40	28267300971	R$ 177,77	0,862
89989779781	R$ 370,56	21967067364	R$ 117,47	0,856
98746376634	R$ 356,76	32467856432	R$ 278,27	0,834
98734523487	R$ 342,34	19866989495	R$ 97,37	0,793
23476876423	R$ 323,46	46634523489	R$ 403,46	0,789
45678934589	R$ 298,37	30367378840	R$ 197,87	0,789
32467856432	R$ 278,27	23456895343	R$ 456,43	0,783
19256778275	R$ 258,17	98734523487	R$ 342,34	0,698
34567534578	R$ 238,07	34567534578	R$ 238,07	0,678
32467456709	R$ 217,97	19256778275	R$ 258,17	0,645
30367378840	R$ 197,87	98746376634	R$ 356,76	0,567
28267300971	R$ 177,77	23476876423	R$ 323,46	0,523
26167223102	R$ 157,67	15666833757	R$ 57,17	0,493
24067145233	R$ 137,57	67812151635	R$ 398,40	0,456
21967067364	R$ 117,47	32467456709	R$ 217,97	0,356
19866989495	R$ 97,37	26167223102	R$ 157,67	0,349
17766911626	R$ 77,27	24067145233	R$ 137,57	0,298
15666833757	R$ 57,17	89989779781	R$ 370,56	0,234

Ilustração 109: Antecipação de receita por meio de modelos de predição de cobrança.

Nas tabelas anteriores, pode-se observar que o cliente 23456895343, que está inadimplente em R$ 456,43 é o primeiro na lista de cobrança pelo critério de valores. Contudo, pela probabilidade de pagamento, ele é o nono da lista de priorização. Analogamente, o cliente 45678934589 é o oitavo na lista de prioridades segundo o critério de valores devidos e o primeiro na lista com base na propensão de pagamento, com probabilidade de 89,6% de efetuar o pagamento no caso de um evento de cobrança.

A implementação de modelos de collection score, os quais determinam a probabilidade que um determinado cliente possui de efetuar o pagamento de sua fatura, quando o mesmo se encontre em processo de cobrança, permite que a empresa possa focar suas ações de arrecadação e cobrança em determinadas estratégias, permitindo antecipação de receita e a regulação de seu fluxo de caixa. Dado o custo de capital para se buscar dinheiro no mercado e os juros aplicados em contas inadimplentes em determinados segmentos, a antecipação de receita, proveniente de ações de cobrança baseadas em propensões de pagamento, pode ser de alto impacto financeiro em algumas empresas.

Os valores relacionados aos ganhos financeiros dependerão de cada empresa de acordo com o percentual médio de clientes inadimplentes, considerando-se toda a base de clientes e a recorrência dos eventos de insolvência. Quanto maior a base de clientes inadimplentes e a freqüência em que estes clientes entram em processo de cobrança, maior pode ser a recuperação ou antecipação de receita para a empresa.

13.1.3 Ganhos financeiros por meio dos modelos de fraude

Além das tradicionais aplicações de modelos de data mining para processos de marketing e ações comerciais e de direcionamentos operacionais voltados para garantia da receita, os modelos analíticos desenvolvidos com base em inteligência artificial podem ser utilizados também em iniciativas de combate à fraude.

A despeito de existirem diversas soluções customizadas de detecção de eventos de fraude, para instituições financeiras e empresas de telecomunicações, por exemplo, estas aplicações são extremamente operacionais e monitoram os processos transacionais pertinentes ao negócio da empresa.

Com isso, o acompanhamento dos eventos transacionais, de maneira próxima do tempo real, permite a identificação e a detecção dos eventos suspeitos de fraude em uma janela de tempo na qual é possível a tomada de ações táticas e operacionais, ou para interromper a ocorrência da fraude ou para corrigir ou mitigar o problema identificado.

Contudo, ainda que existam estas aplicações transacionais que monitoram o processo operacional relacionado aos eventos de fraude, a necessidade de se implementar um processo de bastidor permanece onde as correlações entre as ocorrências de fraude, de forma isolada, devem ser identificadas e mapeadas com o objetivo de produzir uma de inteligência de fraude. Este tipo de trabalho é menos operacional e mais tático e estratégico e, pela sua natureza, requer a realização de um processamento em lote. Isto é, ao invés de se monitorar os eventos transacionais de forma seqüencial, é necessária a manipulação de um volume grande de informações, considerando uma janela de tempo maior. O histórico dos eventos de fraude, correlacionados entre si de acordo com determinados cenários e características, estabelece a possibilidade de identificação das causas da fraude, como reconhecimento de quadrilhas, problemas técnicos ou mesmo inconsistência no modelo de negócios.

O fluxo de fraude em corporações com operações transacionais clássicas, como bancos, empresas de telecomunicações, energia e outras, segue uma cadeia de processamento similar.

Tomando como base uma operação de telecomunicações, a cadeia transacional relacionada aos eventos de fraude pode ocorrer em duas vertentes principais, pela subscrição ou pelo uso. No primeiro caso, a fraude ocorre no processo de atendimento, no momento da subscrição de linhas ou determinados serviços de dados pelos clientes. Este tipo de fraude se utiliza normalmente de documentação falsa. Neste sentido, o fluxo é fundamentalmente baseado nos sistemas de atendimento ao cliente, como o CRM, no qual os pontos de monitoração devem estar associados. O segundo caso, a fraude de uso, está associado com clonagem, gatilhos de desvio do serviço e uso inadequado do mesmo. Este tipo de evento está baseado nos sistemas de processamento das chamadas, como a mediação, nos quais, analogamente ao primeiro caso, os pontos de controle e monitoração devem estar anexados.

A figura a seguir apresenta a cadeia de sistemas envolvidos nos eventos de fraude, tanto de subscrição quanto de uso.

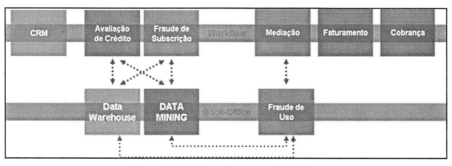

Ilustração 110: Fluxo de eventos de fraude.

A fraude de subscrição, apresentada na figura a seguir, possui características comportamentais mais estáveis, permitindo a utilização de modelos de data mining para a identificação e o reconhecimento de padrões nos eventos de subscrição. Como mencionado anteriormente, os fraudadores se utilizam normalmente de documentação falsa para a aquisição dos serviços de telecomunicações. O cruzamento das informações requisitadas no momento da subscrição com as estatísticas de recorrência e freqüência dos eventos de fraude pode ser útil no processo de identificação dos casos suspeitos.

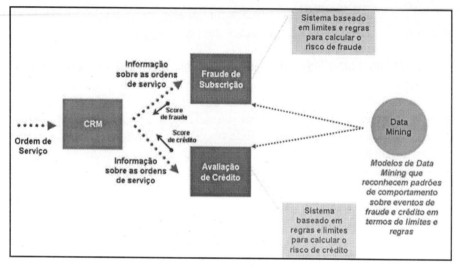

Ilustração 111: Fraude de subscrição.

Os modelos analíticos construídos para predição dos eventos de fraude de subscrição podem ser utilizados para gerar um conjunto de regras baseadas em limites. Estas regras podem ser implementadas nos sistemas transacionais como forma de auxiliar o processo de identificação dos possíveis casos fraudulentos.

Por exemplo, com base nas ocorrências pregressas de eventos de fraude, ao longo de uma determinada janela de observação e, naturalmente, contando com a marcação e a confirmação dos casos que efetivamente foram fraude, é possível se construir um modelo de data mining para predição destes eventos. A classe objetivo, ou a variável alvo, será o próprio evento de fraude, indicando a ocorrência ou não do caso a ser predito, permitindo o modelo aprender com as informações históricas.

Um modelo com essa finalidade deve ser interpretável e, portanto, passível de tradução em regras simples e implementáveis. Uma técnica extremamente eficiente para este tipo de abordagem é a das árvores de decisão, que, como descrito anteriormente, podem ser utilizadas para se definir a mapear um conjunto de regras de limites.

A figura a seguir apresenta um modelo baseado em árvores de decisão desenvolvido na ferramenta SAS Enterprise Miner que entrega, como produto final, uma descrição das regras pertinentes ao processo de predição.

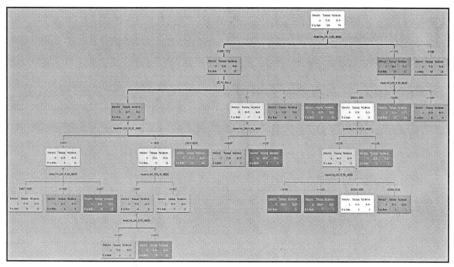

Ilustração 112: Árvores de decisão para identificação de eventos de fraude.

As regras extraídas do resultado do modelo baseado em árvores de decisão podem ser implementadas nos sistemas transacionais, que, no caso dos eventos de fraude de subscrição, estariam direcionados para as aplicações de atendimento ou CRM.

A outra modalidade de fraude está relacionada à fraude de uso, quando a utilização de determinado produto ou serviço possui um comportamento atípico ou fora do padrão. Esta identificação de padrão diferente do convencional pode estar correlacionada com o comportamento médio do universo de observação, ou mesmo relacionado com o comportamento individual de cada observação da base.

Com isso, as abordagens de identificação de suspeição de fraude podem estar associadas com o reconhecimento de um uso fortemente fora do comportamento médio, da base geral de clientes, da média de um determinado segmento ou grupo característico ou mesmo da média comportamental do próprio indivíduo.

A figura a seguir apresenta o fluxo operacional do uso dos serviços de telecomunicações, ou seja, de utilização de chamadas. Neste processo, a cadeia transacional está baseada nas aplicações de coleta das chamadas cursadas na rede de telecomunicações, na construção e separação das chamadas válidas e no recebimento destas pelo sistema de gestão de fraude.

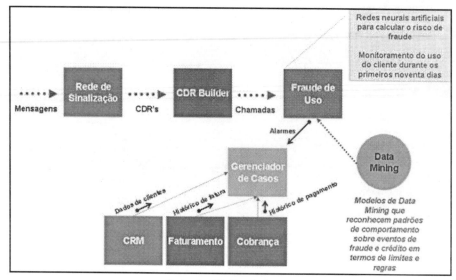

Ilustração 113: Fraude de uso.

A identificação de eventos de fraude no uso de serviços é um processo altamente operacional que deve estar baseado em eventos próximo do tempo real desde a coleta das informações, passando pelo processamento das regras de estimação de risco ou fraude até a sinalização dos alarmes e casos suspeitos. As informações de uso capturadas da rede de telecomunicações devem ser processadas e avaliadas contra uma base de conhecimento formada por regras baseadas em limites de forma a identificar possíveis casos suspeitos de fraude. Da mesma forma, as informações processadas de forma on-line devem servir de insumo para modelos de reconhecimento de alteração comportamental, como por exemplo, por meio de algoritmos baseados em redes neurais artificiais.

Contudo, ainda que este processo de identificação de eventos suspeitos de fraude de uso esteja fortemente relacionado com um fluxo transacional, a construção de modelos de data mining externo ao processo operacional pode ser de grande valia para a eficiência das identificações a serem realizadas. Um modelo desenvolvido com base em um histórico maior de informações, considerando atributos adicionais aos utilizados no modelo operacional, pode trazer um conhecimento extra ao processo de reconhecimento de casos suspeitos. Este modelo, de forma análoga ao apresentado no cenário de fraude de subscrição, pode ser desenvolvido com base em árvores de decisão. Neste sentido, o conhecimento levantado a partir desse modelo pode ser utilizado para alimentar o conjunto de regras baseadas em limites, utilizadas para identificar os casos suspeitos de fraude no processo transacional. O ajuste no conjunto de regras pode estar associado ao escopo das regras, a combinação das mesmas ou apenas aos limites relacionados com cada uma delas.

A incorporação do conhecimento gerado a partir dos modelos de data mining pode aumentar significativamente a eficiência do processo de identificação de eventos de fraude, seja de uso ou de subscrição. Essa eficiência, especialmente em grandes corporações, como bancos, operadoras de telecomunicações e empresas de energia, pode ser traduzida em milhões de reais. Cada percentual de aumento de assertividade dos modelos de predição e, por conseqüência, dos alarmes de casos suspeitos, pode significar uma forte redução dos custos operacionais associados com a análise dos alarmes gerados. Adicionalmente, um mecanismo de identificação mais acurado, com base em regras mais inteligentes e próximas da realidade do cenário de fraude, pode representar a possibilidade de antecipação da identificação do evento fraudulento que, na prática, é a interrupção mais rápida de perda de receita por parte da empresa.

13.2. CICLO DE VIDA DO CLIENTE

Conforme enfatizado neste livro, a aplicação do conhecimento gerado pelos processos de consultas analíticas, bem como, pelos modelos estatísticos e de data mining, são transformados em inteligência no momento da aplicação deste conhecimento em forma de um plano de ação de negócios.

A seguir, serão exemplificadas algumas abordagens de implantação e uso dos resultados provenientes de modelos estatísticos e de data mining em aplicações práticas, cobrindo de forma geral o ciclo de vida dos clientes.

13.2.1 Marketing Direcionado

O marketing de relacionamento, cada vez mais importante para as empresas, pode ser considerado como sendo formado por um tripé composto de três ações distintas:

1. Atração e aquisição de clientes rentáveis para a empresa.
2. Aumento do seu ciclo de vida por meio de vendas casadas e cruzadas.
3. Retenção dos clientes de maior valor para a corporação.

Cada uma destas ações pode ser direcionada através de modelos de data mining, os quais podem aumentar a eficácia de cada uma destas ações, bem como, a eficiência das iniciativas de relacionamento, vendas e retenção.

Considerando o ciclo de vida do cliente com as empresas, com as fases de aquisição, consumo e abandono, é possível descrever as ações e os modelos de data mining que podem ser utilizados para apoiar as iniciativas operacionais da empresa em cada uma das fases descritas.

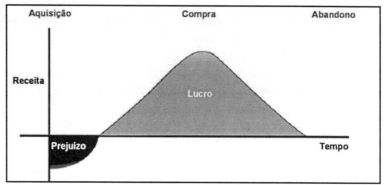

Ilustração 114: Ciclo de vida do cliente.

A idéia da utilização de modelos data mining no ciclo de vida dos clientes é otimizar a fase relacionada à aquisição, reduzindo os custos das abordagens e das ofertas, aumentar a fase propriamente dita e os valores associados ao período de consumo e estender o relacionamento dos clientes com a empresa, alongando, dessa forma, o período de consumo dos produtos e serviços.

Na primeira fase, a empresa possui um gasto operacional de adquirir o cliente, quando realiza campanhas de relacionamento, ofertas de produtos e serviços, e até mesmo fornece subsídios para determinados produtos e serviços. Nesta fase, o cliente ainda é uma aposta para a empresa, e, por este motivo, quanto mais assertivo for o processo de aquisição, menor será o risco de a empresa não alcançar lucro com este cliente.

Com isso, para que se possa realizar um processo de aquisição eficiente, é necessário identificar quais são os melhores clientes da empresa e utilizar esse conhecimento nas campanhas de marketing e vendas. Outras duas ações são extremamente necessárias e produtivas, como reconhecer as campanhas que possuem melhor taxa de retorno, utilizando dessa forma a melhor combinação de campanha, produto e cliente, e identificar quais são os produtos que são mais adequados aos clientes que serão contatados, aumentando a taxa de respostas positivas das campanhas.

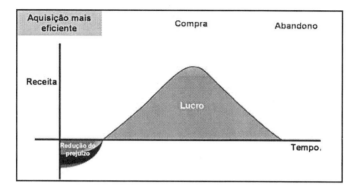

Ilustração 115: Reduzindo os custos de aquisição de clientes.

Na fase de consumo, a empresa necessita identificar o comportamento dos clientes, reconhecendo suas necessidades, os pontos fortes e fracos de cada grupo característico, e utilizar esse conhecimento para aproveitar as oportunidades de mercado no que diz respeito ao processo de vendas.

Nessa parte do ciclo, os modelos de data mining auxiliam na definição da segmentação comportamental, na qual os clientes são agrupados por suas características de consumo e comportamento, e no reconhecimento de propensões de compra e utilização de produtos e serviços.

Com base nessas informações, é possível identificar quais são os produtos complementares aos que os atuais clientes possuem, oferecendo pacotes complementares de serviços aos grupos de clientes corretos pelo canal mais adequado. Outra ação bastante eficiente é identificar, por meio dos segmentos comportamentais similares identificados pelos modelos, quais são os produtos que possuem compradores ou consumidores semelhantes, utilizando esta informação para se interpolar as vendas, tornando o processo de abordagem mais assertivo.

O cruzamento dos modelos de propensão de compra de produtos e serviços com a segmentação comportamental proporciona um alto grau de eficiência no processo de venda, reconhecendo as necessidades e perfis de consumo dos clientes, bem como, as probabilidades de aquisição de determinados produtos ou serviços. Esse cruzamento pode indicar quais são os melhores pacotes de produtos e serviços e quais clientes devem ser abordados com determinadas ofertas.

Os modelos de data mining podem ainda, com base nas informações de respostas às campanhas disparadas, identificar aquelas que são mais eficazes, de acordo com o tipo de oferta a ser feita.

Modelos de análise de sobrevivência e de lifetime value, que identificam o ciclo de vida dos clientes com a empresa reconhecendo a capacidade de consumo e o poder de compra dos mesmos, permitem que o momento mais adequado para a abordagem de determinada campanha seja estabelecido.

Sendo assim, por meio da utilização dos modelos anteriormente mencionados, é possível se estabelecer a máxima de abordar o cliente certo, no momento certo, com a oferta certa. Isto é fundamentalmente o direcionamento do marketing ao perfil de cada cliente, de acordo com suas características, necessidades e sua capacidade de compra.

Ilustração 116: Ciclo de vida do cliente com ações de cross-sell e up-sell.

A última fase do ciclo de vida do cliente com a empresa é o período de abandono. Este evento pode ocorrer de duas formas básicas. O abandono involuntário, quando o cliente, apesar de não possuir a intenção de deixar a empresa ou interromper a utilização de determinado produto ou serviço, o faz por questões de força alheia à sua vontade. Perda de emprego, mudança de endereço, morte, ou qualquer outro evento externo pode levar o cliente a um abandono involuntário. O outro tipo de evento é o abandono voluntário, quando o cliente possui o desejo de interromper o uso dos produtos e serviços da empresa ou deixá-la efetivamente. Nesse tipo de evento, a iniciativa parte do cliente que por vontade própria toma a ação de abandono, ou churn, termo comumente utilizado no mercado.

Os modelos de retenção visam identificar as probabilidades que cada cliente possui de deixar a empresa ou interromper a utilização de produtos e serviços consumidos de forma regular. Esses modelos, diferentemente dos de segmentação comportamental, nos quais não existe uma premissa de construção do modelo, não possui premissa alguma, sendo, por este motivo, denominado de modelos supervisionados. Os primeiros, de segmentação, são denominados de modelos não supervisionados.

Nos modelos supervisionados, como é o caso dos de retenção ou predição de churn, são construídos com base em variáveis alvo quando estas podem ser configuradas como eventos a serem mapeados. As variáveis alvo são previamente conhecidas em bases de dados com informações históricas, as quais compõem as informações de entrada e construção dos modelos. O método de se utilizar respostas previamente conhecidas para uma determinada variável como forma de construir um modelo que possa prevê-la posteriormente é conhecido como treinamento do modelo. Nesse processo, o modelo aprende com as respostas previamente conhecidas, criando correlação com os dados pertencentes aos dados de treinamento, capacitando-o a predizer a variável resposta, ou alvo, quando necessário.

Dessa forma, um ponto importante nos modelos de retenção e predição de churn é a definição da variável alvo, ou seja, o estabelecimento de uma regra de formação para a variável resposta, de forma que dados pregressos possam ser utilizados como treinamento e dados correntes possam ser utilizados para predição.

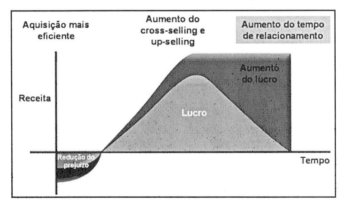

Ilustração 117: Ciclo de vida do cliente na fase de retenção.

Os modelos de retenção e predição de churn devem ser utilizados em campanhas de relacionamento com os consumidores, em ofertas de blindagem dos clientes rentáveis e em atendimentos receptivos de call centers. Estas ações permitem uma redução substancial do número de abandonos voluntários da base de clientes.

Naturalmente, existem diversas outras ações que podem ser desenhadas com base nos modelos analíticos desenvolvidos, mas, de forma geral, o marketing direcionado, envolvendo o ciclo de vida dos clientes, permeia as ações de aquisição, de aumento de vendas e de retenção dos melhores clientes.

Modelos de risco de crédito em processos de venda, de identificação de fraudes de uso e de subscrição, de prevenção de inadimplência, dentre outros, todos estes podem ser utilizados como forma de compor as informações analíticas para o apoio à tomada de decisões mais assertivas em tempo adequado, especialmente para as áreas estratégicas da empresa. O objetivo deste tópico foi retratar as ações de marketing direcionado e como a construção de uma plataforma analítica com base em modelos de data mining pode auxiliar as empresas em seus processos não só estratégicos, mas também táticos e operacionais.

13.2.2 Segmentação comportamental

A fundação para a construção de modelos analíticos que suportem ações comerciais e de marketing para todo o ciclo de vida dos clientes é a segmentação comportamental. Este modelo permite a identificação de grupos característicos de clientes, a visualização de suas necessidades e o mapeamento do uso dos produtos e serviços contratados junto à empresa.

A segmentação comportamental suporta, em conjunto com modelos de predição de vendas, a criação de diferentes ofertas de produtos e serviços na fase de aquisição de clientes. Analogamente, com base na identificação das características marcantes dos clientes, pelos grupos verossimilhantes em conjunto com modelos que forneçam as probabilidades de venda de produtos e serviços de forma composta, é possível se estabelecer ações específicas para a fase de consumo dos clientes. Por fim, ainda baseado nas características comportamentais e, novamente, em conjunto com os modelos preditivos de abandono, é possível executar ações focadas de retenção e fidelização dos clientes de alto valor.

A figura a seguir apresenta a construção de um modelo de segmentação comportamental, segundo a técnica de clustering, utilizando a ferramenta SAS Enterprise Miner.

Aplicações do Conhecimento | 263

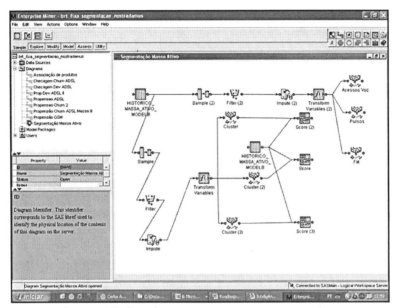

Ilustração 118: Clustering para a segmentação comportamental.

O resultado de um modelo de segmentação comportamental é a identificação de um número ótimo de grupos característicos e um indicador para cada observação, ou cliente, de qual grupo ele mais se aproxima. Dessa forma, na prática, o resultado do modelo é uma lista com as observações, ou clientes, com o indicador de grupo característico associado.

Com base nessa informação, é possível se estabelecer um mapa com os grupos característicos de acordo com os principais atributos utilizados na segmentação comportamental ou com base nas variáveis importantes ou sensíveis da modelagem. Esse mapa oferece uma visão estratégica da distribuição das características comuns dos clientes e das possibilidades de ações operacionais a serem realizadas.

A figura a seguir apresenta um exemplo de mapa proveniente de uma segmentação comportamental, identificando quatro grupos característicos e a intersecção de atributos verossimilhantes entre eles.

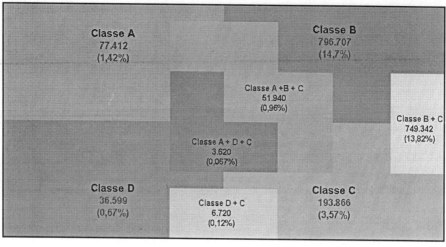

Ilustração 119: Diferenciação dos grupos característicos.

Uma das principais formas de descrever as características dos grupos levantados por meio da segmentação comportamental é a descrição das médias dos principais atributos de cada grupo ou das variáveis que se mostraram importantes ou sensíveis quando do processo de modelagem. Estes atributos representam as características mais marcantes de cada cluster encontrado e, por conseqüência, de cada cliente.

Como a segmentação comportamental considera uma janela de observação extensa, é possível, com base nas variáveis utilizadas na modelagem, estabelecer não apenas as características mais significativas, mas também o histórico de comportamento para determinados atributos. Esse histórico permite o reconhecimento de tendências no uso em cenários específicos, que podem representar oportunidades ou ameaças de negócios.

A figura a seguir apresenta uma visão simples de uma possível explanação sobre as características de um dos grupos levantados por meio de uma segmentação comportamental.

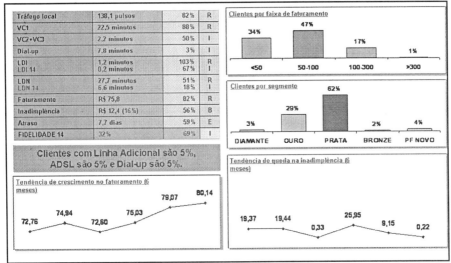

Ilustração 120: Explicação das características dos grupos comportamentais.

O modelo de segmentação comportamental serve como base para o desenvolvimento de modelos analíticos adicionais e, também, como forma de validar e comparar o conhecimento gerado por meio da modelagem preditiva com as características comportamentais identificadas pela segmentação. Por exemplo, se um determinado grupo identificado na segmentação comportamental possui como característica marcante a fidelidade com a empresa, um modelo de predição de churn deve determinar que a probabilidade dos clientes deste cluster de abandonar a empresa deve ser baixa. Em outras palavras, o modelo de predição de churn, com baixa propensão de abandono para este grupo em especial, corroborou com a identificação do cluster de alta fidelidade com a empresa.

Os cenários de mercado por si só já são ambientes dinâmicos e, por esta natureza, devem ser monitorados constantemente. O fato de uma empresa construir diversos modelos analíticos, identificando as características gerais dos seus clientes, as propensões de compra de determinados produtos e a probabilidade de interrupção do relacionamento faz com que esta empresa possa interferir no meio em que se encontra. A utilização do conhecimento gerado pela modelagem analítica permite a execução de ações operacionais que podem alterar o cenário corrente de determinado segmento.

Suponha que uma determinada empresa reconheça que esteja sofrendo forte ação da concorrência e esteja perdendo seus melhores clientes para um determinado competidor. Com base nesta informação, esta empresa pode desejar realizar uma forte campanha de retenção dos seus clientes de mais alto valor. Para viabilizar esta ação, ela pode desenvolver um modelo de segmentação comportamental e identificar os clientes de melhor potencial de consumo. Adicionalmente, ela pode construir um modelo de predição de abandono e estabelecer a propensão que cada cliente possui de deixar a empresa. De posse dos dados gerados pelos modelos analíticos, esta empresa pode cruzar os indicadores encontrados e definir uma estratégia de retenção específica para os clientes de alto valor que possuem grande chance de abandonar a corporação. Ao se executar esta estratégia em termos de ações operacionais, esta empresa estará mudando o cenário original, no qual os seus melhores clientes estavam deixando a corporação para a concorrência. Com isso, é fundamental que exista um monitoramento contínuo sobre os modelos executados, de forma a validar não apenas a assertividade dos mesmos, mas também a significância deles para os objetivos de negócio.

Por exemplo, no caso da segmentação comportamental, ao se identificar grupos bons e ruins, é natural que a empresa tente executar ações operacionais de forma a transformar clientes ruins em bons. O resultado dessas ações é a migração dos clientes dentro dos grupos característicos encontrados pelo modelo de segmentação comportamental. Assim, é importante se monitorar o movimento de migração dos clientes entre os grupos comportamentais encontrados, com o objetivo de validar as informações levantadas pelos modelos e a pertinência dos mesmos com relação aos cenários de negócios mapeados. Em último caso, dado que o movimento migratório de clientes seja alto, pode ser necessária a construção de um novo modelo de segmentação comportamental, identificando-se novos grupos característicos.

A figura a seguir apresenta a comparação de execução de modelos comportamentais em diferentes janelas de tempo, monitorando as migrações de clientes entre os clusters identificados.

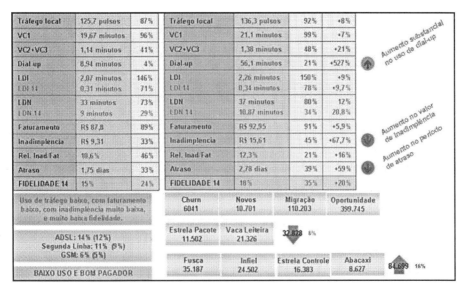

Ilustração 121: Explanação das alterações de cenários nos grupos comportamentais.

A modelagem analítica, com base em técnicas de data mining, pode ser de extrema importância para as corporações, sobretudo no que concerne ao tratamento diferenciado dos clientes ao longo do seu ciclo de vida. Cada uma das fases desse ciclo pode ter ações operacionais especificamente desenhadas de acordo com as características dos clientes, de suas propensões de aquisição, consumo e abandono.

13.3. OTIMIZAÇÃO DE GESTÃO DE CAMPANHAS

Com a crescente expansão e concorrência dos mercados, em especial, com extensão das características tradicionais, como por exemplo, a inclusão de novos produtos e serviços que podem ser oferecidos aos clientes, a gestão das campanhas de marketing passa a ser um diferencial competitivo para as corporações. Citando o exemplo de telecomunicações, a extensão de novos serviços de mídia, dados, conteúdo, convergência entre comunicação fixa e móvel, dentre outros aos tradicionais produtos de telefonia simples, muda completamente o cenário do mercado. A operação de um pequeno conjunto de produtos e serviços se transforma na necessidade de gestão de um complexo e extenso portfólio de produtos e serviços de diferentes segmentos com base em diversas tecnologias suportados por parcerias entre empresas e baseadas em compartilhamento e complementaridade de ações. Este fato ocorre também em outros segmentos de negócio, como operadores de multimídia, publicadores de conteúdo e instituições financeiras, nos quais a incorporação de diferentes produtos ao portfólio tradicional demanda a implementação de um processo de gestão das ações de relacionamento com os clientes mais robusto e eficiente.

Com isso, a execução de campanhas de marketing deve se basear na rentabilidade dos clientes, dos produtos, dos planos e dos serviços ofertados, de forma a atingir o melhor desempenho financeiro com as ações operacionais. Uma das melhores formas de proceder é utilizar todo o conhecimento a respeito dos clientes na composição dessas ações. Para se ter sucesso nessa empreitada, modelos de data mining devem ser construidos e extensivamente empregados, com o objetivo principal de se fazer uso de todo conhecimento comportamental dos clientes.

A idéia principal de um processo de automação de campanhas de marketing é utilizar as informações a respeito dos clientes de forma efetiva, identificando as melhores ações a serem executadas, com qual oferta, em que momento, e por determinado canal de contato específico. Para estabelecer um processo de automação de campanhas eficiente são necessárias pelo menos três principais características:

- Análise de clientes e campanhas: capacidade de analisar perfis e comportamentos de clientes, atuais e propensos, auxiliando as equipes de marketing na criação das melhores ofertas, com possibilidades de desenvolvimento de modelos estatísticos e de data mining para segmentação comportamental e previsão de eventos, com os quais os modelos analíticos possam aprender com os retornos das campanhas de forma automática.
- Gerenciamento de campanhas: capacidade de automatizar de forma eficiente os processos essenciais de execução de campanhas, incluindo o gerenciamento de todas as formas de comunicação por diferentes canais de contato, com rastreamento de respostas e consolidação dos resultados por meio de relatórios analíticos.
- Sistema de controle e gestão centralizado: capacidade de incorporar dados mapeados de diferentes fontes externas de informações aos processos de planejamento e execução de campanhas de marketing. As funções de análise e automação de campanhas, descritas nos itens anteriores, constroem uma visão centralizada do cliente, a partir dos sistemas de back office e canais apropriados. Estas capacidades suportam uma visão orientada ao cliente, multifuncional, criando um processo confiável e efetivo de criação e acompanhamento de campanhas.

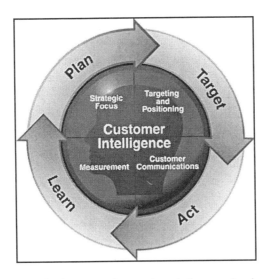

Ilustração 122: Estágios do processo de gerenciamento de campanhas de marketing.

Adicionalmente, um processo de automação de campanhas deve fornecer capacidades de gerenciamento centralizado das aplicações sistêmicas existentes, garantindo que os recursos de tecnologia da informação suportem as ações de marketing da melhor forma possível.

A figura a seguir apresenta a metodologia da SAS de gerenciamento de campanhas de marketing. Nela, pode-se observar o planejamento das campanhas, com foco estratégico; a definição do alvo a ser abordado, objetivando o posicionamento de mercado da empresa; a execução das ações operacionais, visando à comunicação com os clientes; e o aprendizado, focando na medição dos resultados alcançados.

As gerações mais avançadas de sistemas de automação de marketing combinam as funções de análise, gerenciamento, controle e execução das ações, de forma a produzir um ambiente completamente centralizado e integrado de gestão de campanhas, permitindo assim o desempenho máximo das ações a serem executadas. Dessa forma, as equipes de marketing serão capazes de aumentar o escopo e a atuação funcional das campanhas, maximizando o retorno esperado por meio de uma melhor gestão das fases essenciais de um processo de marketing que envolve planejamento das campanhas, definição do publico, execução das ações e refinamento do processo como um todo, realimentando o ciclo de forma contínua.

13.3.1 Otimização de campanhas

Em adição ao processo de automação de campanhas de marketing, existe um conceito auxiliar, que é o de otimização de campanhas.

A complexidade das ações de marketing direcionado vem se expandindo continuamente, em particular, nos canais eletrônicos. Atualmente, as empresas possuem grande dificuldade em tomar decisões sobre os públicos alvos das campanhas e sobre os posicionamentos para a melhor forma de contatar os clientes, determinando a melhor oferta, no melhor momento, pelo melhor veículo, considerando as capacidades orçamentárias e de operação dos canais. A escolha da melhor combinação pode evitar uma possível canibalização dos produtos e serviços ofertados, reduzindo as chances de insatisfação dos clientes e, por conseqüência, perda de fidelidade.

Com o aumento da possibilidade de se estender as ofertas por meio de diferentes canais e ondas de campanhas, o volume de mensagens que podem chegar ao cliente torna-se igualmente maior, fazendo com que campanhas executadas em diferentes canais possam aumentar os custos operacionais ao invés de reduzi-los. Em outras palavras, um ambiente de automação de campanhas permite uma maior capacidade de definição e execução de campanhas, considerando diferentes meio de comunicação. Contudo, a gestão dessas diferentes possibilidades requer um gerenciamento significativamente maior, sobretudo no que tange ao custo de operação.

Com isso, um processo de otimização de campanhas visa solucionar as complexas questões relacionadas à melhor combinação do conceito de melhor oferta no melhor momento pelo melhor canal. A escolha da melhor combinação passa pela consideração das limitações de operação dos canais de comunicação, pelas restrições financeiras inerentes ao processo de campanhas de marketing e, principalmente, pela janela de tempo disponível para a execução das ações, dado a oportunidade de negócio em questão.

Um processo de otimização de campanhas permite às equipes de marketing levantar substancial conhecimento acerca dos fatores que impactam no sucesso de uma campanha, como a utilização de diferentes canais de comunicação, o provável resultado de redução orçamentária e as conseqüências institucionais de uma política de contato com os clientes.

13.4. MONITORAMENTO DE DESEMPENHO

O monitoramento do ciclo de vida dos clientes é um processo de fluxo contínuo, o qual deve envolver a construção de modelos analíticos que permitam a geração de conhecimento pertinente às características dos clientes, ao planejamento das ações com base nesse conhecimento gerado e à gestão das execuções implementadas. Contudo, a captura dos resultados dessas ações com o objetivo de refinar o processo de geração de conhecimento e planejamento das ações é fundamental. Sendo assim, o monitoramento do desempenho das ações deve ser implantado como parte do ciclo contínuo de acompanhamento dos clientes.

13.4.1 Monitoramento de Desempenho de produtos

Este projeto trata da criação de visões do desempenho dos produtos da empresa durante seu ciclo de vida, monitorando indicadores de custo, rentabilidade e penetração, com o intuito de mensurar o desempenho versus a estratégia, uma convergência de aplicação analítica e de negócio para prover subsídios para a o processo de tomada de decisão.

As informações relacionadas aos produtos encontram-se espalhadas pela empresa por meio dos sistemas transacionais utilizados para suportar os processos de negócio. Para a construção de um monitor de desempenho de produtos, é necessária a criação de um repositório corporativo contendo todas as informações relevantes aos diversos produtos oferecidos pela empresa, as quais deverão ser consolidadas e associadas a métricas e indicadores de desempenho de negócio. Esta iniciativa permite a criação de um ambiente gerencial e analítico para o monitoramento dos produtos por meio de relatórios, painéis de controle, emissão de alarmes e alertas.

Contudo, para a criação de um monitor de desempenho de produtos de âmbito corporativo, o maior desafio está associado com a sincronização das informações entre os sistemas transacionais e o ambiente de Business Intelligence, dado que são freqüentes as alterações em hierarquia e composição dos produtos. Uma vez que as informações estejam congregadas e consistentes em um ambiente analítico, será possível a publicação e a criação painéis de controle de indicadores referentes ao desempenho de cada produto, permitindo o acompanhamento dos mesmos sob a ótica de custo, de receita, de rentabilidade e de penetração no mercado. Uma visão dessa natureza possibilita a otimização do portfólio de produtos de uma empresa, possibilitando a identificação dos produtos rentáveis, que devem permanecer, e aqueles que geram prejuízos, os quais devem ser retirados da base. Um ambiente desse tipo, com base em indicadores de desempenho, é um dos mais importantes mecanismos de apoio à tomada de decisões sobre a otimização de ofertas de produtos e serviços de uma corporação.

13.4.2 Monitoramento de Desempenho de Interações de Clientes

O monitoramento do desempenho de clientes diz respeito ao acompanhamento de indicadores de desempenho de negócio relacionados as interações dos clientes junto à empresa, envolvendo atividades de marketing, vendas e serviços, no sentido de apresentar relatórios e alertas de status para auxiliar o planejamento de estratégias efetivas para o desempenho esperado.

Para a medição do desempenho de relacionamento do cliente com a empresa são utilizadas métricas não financeiras, como a satisfação do cliente e valor que o mesmo possui para com a corporação.

Para a construção dessas métricas é necessária a utilização de uma variedade de tecnologias de apoio, como gerenciamento de feedback, pesquisa de mercado, tratamento de voz e text mining. Estas iniciativas estão direcionadas fundamentalmente para o entendimento da opinião e a satisfação do cliente. Adicionalmente, existem as tecnologias de data mining e os mecanismos de pontuação e classificação, os quais podem ajudar a estimar aspectos relacionados ao valor do cliente. Em ambas as iniciativas, é importante se levar em consideração que o relacionamento do cliente com a empresa é definido pelas diferentes interações que existem entre eles, por todos os canais disponíveis.

A criação de um projeto para a medição do desempenho do relacionamento com os clientes é extremamente importante para qualquer grande corporação, uma vez que a melhoria nos serviços de atendimento permite promover melhores índices de satisfação do consumidor e, por conseqüência, maior fidelização dos clientes, o que culminará na manutenção e no aumento da receita da empresa.

13.5. ALINHAMENTO DA DESCOBERTA DE CONHECIMENTO COM OS OBJETIVOS DE NEGÓCIO

Como em qualquer processo de inteligência de negócios, o primeiro passo é levantar e identificar de forma precisa os objetivos das áreas usuárias. Com base nos objetivos de negócios, são estabelecidos os objetivos dos modelos analíticos que, por sua vez, direcionam o uso de uma tecnologia ou outra. A tecnologia está associada, além da plataforma de software e hardware utilizada para a construção dos modelos, às técnicas usadas para a construção dos modelos propriamente ditos, como árvores de decisão ou redes neurais. Os resultados desses modelos analíticos podem ser traduzidos em resultados de modelos que, por sua vez, devem fechar o ciclo da informação ao serem transportados para resultados de negócios.

Fazendo uma analogia com as separações e denominações das fases mencionadas no início do livro, os objetivos de negócios podem ser considerados como sendo os dados no processo informacional. Os objetivos analíticos, ou de data mining, podem ser considerados como as informações neste fluxo de processos. Os resultados dos modelos podem ser considerados como sendo o conhecimento gerado pela tecnologia. Por fim, os resultados de negócio são alcançados por meio da utilização desse conhecimento, ou seja, pela transformação deste último em inteligência, que é a aplicação do conhecimento como forma de gerar vantagem competitiva para as corporações.

A figura a seguir apresenta ao ciclo de desenvolvimento de modelos de data mining orientados aos objetivos de negócio da empresa.

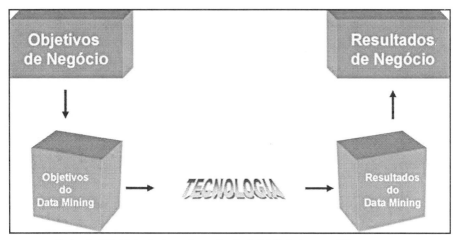

Ilustração 123: Ciclo de etapas de construção de inteligência competitiva.

Resumindo, os objetivos dos modelos analíticos devem estar direcionados e alinhados aos objetivos estratégicos da empresa. Este alinhamento é fundamental para que os resultados dos modelos analíticos possam ser utilizados como inteligência, não apenas como mais um conhecimento gerado pela empresa para auxiliar o processo de eficiência operacional.

13.5.1 Expansão dos modelos de Data Mining

De forma geral, os ambientes de construção de modelos de data mining estão focados na criação de modelos de clustering, para segmentação comportamental de clientes, e modelos de predição, para prever diversos eventos de negócio, como abandono, vendas, retenção ou risco de crédito.

Contudo, apesar de os modelos de segmentação e predição serem considerados os mais importantes, por vezes os prioritários em termos de implementação e por cobrirem um escopo relativamente extenso de aplicações de negócios, é possível, com base nas infra-estruturas relacionadas aos ambientes de data mining, a construção de outros modelos que possam suportar os processos de negócio da empresa.

Utilizando-se as ferramentas tradicionais de construção de modelos de data mining, como o SAS Enterprise Miner, é possível, por exemplo, a construção de modelos de associação, que identificam as relações fortes entre produtos e serviços freqüentemente adquiridos em conjunto pelos clientes. A utilização de modelos de associação pode ter foco na criação de planos e pacotes de produtos e serviços com bases na freqüência de compra dos itens isoladamente e em associação com produtos e serviços correlatos. Com base na confiança e no suporte das regras encontradas, é possível se criar cestas de ofertas contendo produtos e serviços extremamente correlacionados, permitindo maior eficiência nos processos de venda e distribuição.

Outra iniciativa é criar modelos de correlação, que podem ser usados para ofertar aos clientes produtos ou serviços que tenham alguma relação com algum outro produto ou serviço já obtido pelo cliente. A construção desses modelos possibilitará que, no momento em que um determinado cliente estiver adquirindo um novo produto ou serviço da empresa, seja factível a oferta de outro produto ou serviço associado ao que esteja sendo adquirido.

Uma das atividades fundamentais das áreas de planejamento estratégico é identificar como as demandas e necessidades de mercado podem influenciar na expansão das ações de negócio. Diversos modelos matemáticos podem ser construídos para se projetar esse crescimento, direcionando as atividades de planejamento de acordo com as necessidades da empresa e do mercado. Contudo, existe outra forma de se promover esse planejamento: por meio de técnicas de modelagem de dados em detrimento das técnicas de modelagem matemática. Os modelos tradicionais são extremamente sensíveis a ruídos, o que significa dizer que qualquer variação do cenário interno e externo modelado, isto é, qualquer variação no conjunto de variáveis e equações que descrevem o modelo, pode tornar o modelo inócuo ou inválido. Modelos baseados em técnicas de data mining podem criar uma representação de um evento ou cenário por meio de um modelo baseado em dados, e não em regras e premissas. Essa mudança de paradigma pode significar um modelo mais robusto e mais adaptável às variações de ruídos. Com isso, a criação de modelos de otimização voltados para o planejamento e para a expansão das ações de negócio de uma determinada empresa pode ser alcançada por meio de técnicas de pesquisa operacional ou utilizando-se algoritmos genéticos.

Adicionalmente, estes modelos de otimização, especialmente os baseados em algoritmos genéticos, podem ser utilizados para se encontrar caminhos ótimos de execução e distribuição de esforço, aplicáveis ao encaminhamento do fluxo de transações, ao desempenho logístico e à melhoria nos processos de escolha de rotas complexas.

Por fim, modelos de análise de sobrevivência podem auxiliar a empresa a identificar cada fase do ciclo de vida do cliente e a utilizar estas informações para ações focadas e específicas nos processos de aquisição, vendas e retenção.

13.5.2 Gerenciamento e otimização de modelos de data mining

Cada cliente possui uma capacidade de pagamento e de compra, a qual pode variar ao longo do tempo em cada uma das fases do ciclo de vida com a empresa. O reconhecimento das capacidades individuais de cada cliente, permeando cada uma das fases desse ciclo de vida, desde o período de aquisição, passando pelo período de consumo, até o de abandono, permite a criação de ações mais focadas às necessidades dos consumidores, tornando o relacionamento com a empresa mais eficiente e com menos atrito.

Para atender as necessidades de negócio de cada uma das fases do ciclo de vida do cliente, podem ser construídos diferentes conjuntos de modelos de data mining. Na fase de aquisição de clientes, quando o objetivo é reduzir os custos de campanhas e abordagens de ofertas, podem ser construídos modelos que indicam a probabilidade de aquisição de novos consumidores, bem como, a propensão de compra de novos produtos por parte dos clientes.

Na fase de consumo, quando o objetivo principal é aumentar as vendas, respeitando a capacidade de compra dos clientes, podem ser construídos dois conjuntos distintos de modelos, um para entender o comportamento de uso dos clientes e outro para identificar o perfil de pagamento dos produtos e serviços consumidos. Os modelos de segmentação comportamental, com vistas a atender as ações de cross-selling e up-selling, podem ser elaborados especificamente para os diferentes mercados identificados, dado as diferenças substanciais entre os clientes desses nichos. Para o segundo conjunto, podem ser construídos modelos de behavior score, com foco na análise de risco de crédito e na capacidade de pagamento. Analogamente, estes modelos podem ser construídos de forma separada, de acordo com os diferentes mercados empresariais identificados.

Por fim, para a fase de aumento do tempo de relacionamento dos clientes com a empresa, podem ser construídos modelos de retenção e fidelização, tanto para o processo voluntário, quando o cliente toma a iniciativa do abandono, quanto para o processo involuntário, no qual é a empresa que interrompe o relacionamento. Para auxiliar nas ações de retenção, podem ser construídos modelos de predição de churn, indicando a probabilidade saída dos clientes da empresa, propensão de abandono, devolução de determinados produtos e predição de cancelamento de serviços. Para reduzir o processo de abandono involuntário, por quebra de relacionamento iniciado pela própria empresa, como nos casos de bloqueio e corte de serviços, podem ser criados modelos de predição de inadimplência, identificando o risco de insolvência dos clientes e modelos de collection score, reconhecendo a probabilidade de pagamento dos clientes que já se encontram em processo de cobrança. Estes modelos visam minimizar as perdas de receita nos casos de não pagamento e na interrupção do uso dos serviços.

Todos os modelos mencionados anteriormente podem ser executados mensalmente e, por interferirem no cenário modelado por meio do conjunto de ações executadas pela empresa, os mesmos devem ser reformulados com determinada freqüência. Por exemplo, os modelos de segmentação comportamental podem possuir uma atualização de construção anual, ao passo que os modelos de propensão podem possuir uma atualização semestral, com possibilidades de redução desta freqüência para ambos os modelos, de acordo com as necessidades de negócio.

O framework de construção de modelos de data mining é descrito na figura a seguir e retrata a variedade de demandas de negócio atendidas pelo projeto, bem como, demonstra uma seqüência cronológica de construção dos modelos ao longo do tempo. A construção destes modelos e sua cronologia variam de acordo com o segmento de negócio de cada empresa.

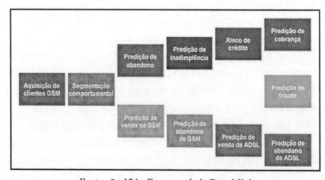

Ilustração 124 - Framework de Data Mining

Dado o alto volume de modelos executados freqüentemente e a necessidade de monitoração e atualização dos mesmos é fundamental a existência de uma ferramenta de controle e monitoração das execuções e atualizações dos modelos de data mining vigentes. Para esta necessidade, a SAS oferece uma aplicação chamada SAS Model Manager, que consiste em um repositório de modelos com metadados estruturados voltado para a criação, implantação e gerenciamento de todos os modelos da corporação.

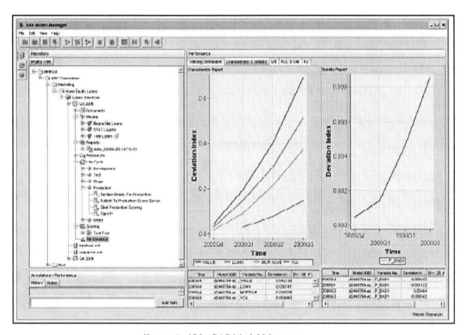

Ilustração 125 - SAS Model Manager.

Esta aplicação permite a redução do tempo de gerenciamento e implantação dos modelos de data mining para produção, fornecendo um ambiente integrado para rastreamento e monitoramento das execuçõe

13.6. PROCESSO PRODUTIVO

A construção dos modelos de data mining, em particular os de segmentação e classificação exemplificados no livro, constitui apenas em uma das etapas a serem cumpridas no momento da implantação de um ambiente analítico e de inteligência de negócios, especialmente quando o mesmo é baseado em processos de data warehouse data mining. Adicionalmente ao desenvolvimento propriamente dito dos modelos analíticos, é necessário se criar um ambiente adequado para as atividades de extração dos dados com vistas à construção dos modelos, de manipulação e transformação das bases de dados para adequar as informações disponíveis aos modelos a serem construídos, e de armazenamento dos resultados finais.

Como as informações utilizadas para a construção dos modelos podem ser provenientes de outro sistema, neste caso, de um data warehouse corporativo, é necessário, além da criação de um conjunto de programas de extração das informações relativas aos clientes, um mapeamento dos dados a serem utilizados, desde as bases de origem até as bases de destino, inlcuindo as regras de formação das variáveis e as perspectivas de negócio da empresa.

As atividades de manipulação e transformação das bases de dados para adequar as informações aos modelos a serem construídos é de extrema importância. Podem ser realizadas por meio de programas externos ao ambiente de data mining, utilizando-se ferramentas de manipulação de arquivos texto, ou dentro do próprio ambiente analítico, como no caso do SAS, utilizando código de programação da própria ferramenta de data mining.

Por fim, o armazenamento dos resultados finais propicia uma série de vantagens para o projeto como um todo. O primeiro grande benefício é a possibilidade de reutilização dos resultados em outras aplicações, em especial, no que diz respeito à comparação dos percentuais de acerto e erro atingidos pelos modelos. Um segundo benefício está relacionado com a agilidade no desenvolvimento dos modelos. Como a extração dos dados para a confecção dos modelos é feita regularmente e armazenada em um ambiente de banco de dados que contém todas as informações sobre os clientes, incluindo dados cadastrais, comportamento financeiro e uso dos serviços, os resultados obtidos pela execução dos modelos podem, dessa forma, ser armazenados no mesmo ambiente. Esta metodologia permite a criação de um ambiente único de informações de clientes, podendo ser considerado, por este motivo, como um data mart de clientes, ou um database marketing. Assim, tanto as informações necessárias para a construção dos modelos de data mining quanto os resultados alcançados pela execução destes modelos são armazenados no mesmo ambiente.

O fato de existir um ambiente único para o armazenamento de todas as informações pertinentes ao cliente, permite que não apenas o processo de desenvolvimento de modelos seja agilizada, mas também as atividades de consulta dos resultados finais seja otimizado. Com isso, os usuários finais podem fazer uso deste data mart para, além de analisar os resultados alcançados pelo modelo, estabelecer consultas analíticas sobre a base de dados disponível. Estas análises podem estar associadas inclusive à seleção de público em campanhas de relacionamento, eventos de cobrança ou inibição de faturamento. Isto é possível pois, além dos resultados dos modelos propriamente ditos, como um indicador de segmento, uma pontuação ou um percentual de risco, as informações utilizadas para construir os modelos também estão armazenadas nesta base, e, por isso, os usuários possuem uma forte capacidade de gerar consultas analíticas sobre as bases de clientes, ranqueando os mesmos segundo não apenas os resultados dos modelos, mas incluindo também, informações adicionais que foram utilizadas para se chegar aos resultados alcançados.

O fluxo operacional da informação, desde os sistemas transacionais da empresa, passando pelo data warehouse, até o ambiente de data mining, voltando ao data warehouse e, por sua vez, aos sistemas transacionais, é apresentado a figura a seguir.

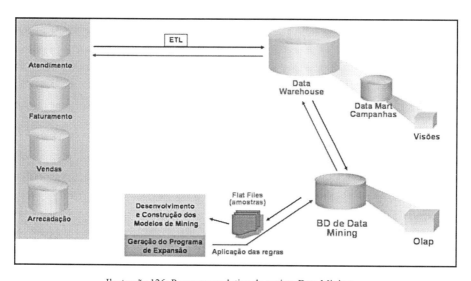

Ilustração 126: Processo produtivo do projeto Data Mining.

O ambiente de data warehouse extrai as informações dos sistemas legados e constroem as visões integradas de clientes, contendo informações de uso de produtos e serviços, comportamento de pagamento e inadimplência, dados cadastrais, dentre outras. Em seqüência, o ambiente de data mining extrai as informações de clientes pertinentes para a construção dos modelos e as armazena em um banco de dados próprio, contendo, além das informações originais sobre os clientes, as informações derivadas e transformadas sobre os mesmos. Para o desenvolvimento dos modelos, uma amostra dos dados é selecionada, e passa-se para a metodologia apresentada anteriormente, a SEMMA, proposta pela SAS para a construção de aplicações de data mining.

Após a construção e validação dos modelos, a etapa posterior é a aplicação do mesmo contra toda a base de clientes da empresa, fazendo com que o conhecimento adquirido pela aplicação das amostras seja transposto para toda a base. As consultas analíticas sobre as informações de clientes e os resultados dos modelos, bem como, a seleção de público para as campanhas de relacionamento e cobrança podem ser realizadas sobre o data mart de clientes, representado pelo banco de dados de data mining, e as visões multidimensionais, representadas pelo cubo OLAP.

A figura mostrada a seguir, apresenta a estrutura de um núcleo corporativo de data mining em empresas de grande e médio porte.

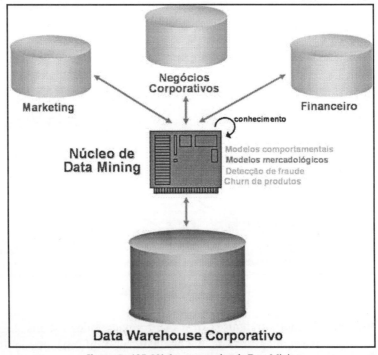

Ilustração 127: Núcleo corporativo de Data Mining.

Adicionalmente, o ambiente proposto para um projeto de data mining é composto por um núcleo corporativo de processos, no qual o desenvolvimento dos modelos fica centralizado em uma determinada área, podendo ser em tecnologia da informação, em marketing, ou mesmo no planejamento estratégico, dependendo da estrutura organizacional e da cultura corporativa de cada empresa. Esta centralização permite que o conhecimento gerado seja compartilhado pelas diferentes áreas de negócio da empresa, além de evitar a duplicação e inconsistência de trabalhos sendo feitos de forma paralela. Por meio desta proposição, cada área de negócio possui um analista de mercado, que consolida as necessidades de sua unidade e as repassa para área corporativa de desenvolvimento. Por outro lado, o projeto de data mining também pode possuir um analista de negócios, que levanta os requisitos relacionados às demandas de negócio e realiza o mapeamento necessário para validar e verificar a disponibilidade de informações pertinentes à confecção dos modelos demandados.

Cada uma das diretorias da empresa pode demandar um conjunto de requisitos e necessidades, as quais podem possuir interseções em suas funcionalidades. O objetivo do núcleo corporativo de data mining é exatamente gerir tais funcionalidades, aproveitando ao máximo essas interseções no desenvolvimento dos modelos analíticos. Durante o desenvolvimento dos modelos de data mining, alguns passos de sua execução podem ser aglutinados em um único nó, o qual pode ser reutilizado no desenvolvimento de outros modelos. Esses diversos passos podem dar origem a uma seqüência ainda maior de passos que, por sua vez, também pode ser armazenado como um stream e ser reutilizado na criação de outros modelos. A utilização desse recurso aumenta significativamente o nível de reutilização dos processos de data mining, incrementando, assim, a produtividade nas atividades relacionadas aos processos estatísticos e preditivos.

Conforme mencionado anteriormente, cada área usuária deve possuir um profissional voltado para a definição das variáveis pertinentes a cada questão de negócio a ser atendida. Esse profissional deve possuir um perfil específico de negócios, com conhecimento detalhado das atividades, produtos ou serviços relacionados ao segmento de mercado contemplado no processo de data mining. Esse profissional deverá ter perfeita sinergia com a equipe do núcleo corporativo de data mining, a qual será especificada a seguir.

Para o núcleo corporativo de data mining, a equipe prevista para atender todas as atividades pertinentes aos processos de desenvolvimento dos modelos deve possuir pelo menos os seguintes profissionais.

- Líder de projeto.
- Analistas de negócios.
- Analistas de data mining.
- Analista de ETL – Extração, Transformação e Carga.

As funções, em termos de atividades e conhecimentos necessários para o desempenho das atividades relacionadas a cada tipo de profissional, estão descritas a seguir.

13.6.1 Líder de projeto

Este profissional deverá definir a estratégia e o processo de construção de modelos de data mining como um todo, estabelecendo a abordagem de criação, desenvolvimento, teste e aplicação dos processos estatísticos e de data mining voltados para atender as diversas demandas de negócio das áreas usuárias. O líder do projeto deve ainda planejar a execução dos modelos, bem como, a expansão das regras para as bases de origem, que pode passar pelo ambiente de data warehouse e pelos sistemas legados. O controle dessas atividades também estará a cargo deste profissional, verificando o cumprimento de todas as atividades pertinentes aos projetos de data mining a serem executadas.

13.6.2 Analista de negócios

Este profissional deverá realizar o levantamento das necessidades das áreas usuárias, identificando os objetivos de um determinado processo e verificando as possibilidades de execução do mesmo. Ele deverá, ainda, dimensionar o problema, definindo, junto com o analista de negócios da área usuária, as variáveis pertinentes de inclusão nos modelos analíticos, bem como, ponderar as mesmas de acordo com sua importância no processo. Este profissional deverá conhecer em detalhe o conteúdo informacional dos sistemas transacionais, em especial, do ambiente de data warehouse, quando este for utilizado no ciclo do processo produtivo.

13.6.3 Analista de mining

Este profissional será responsável pela criação dos modelos analíticos desenvolvidos pelo núcleo de data mining. Ele deverá conhecer a ferramenta analítica utilizada para a confecção dos modelos de data mining e ter experiência na criação, no desenvolvimento, no teste e na aplicação dos modelos de forma corporativo.

13.6.4 Analista de ETL

Este profissional será o responsável pela criação dos programas de

ETL – Extração, Transformação e Carga. Estes programas serão utilizados para extrair as informações, ou dos sistemas transacionais ou do ambiente de data warehouse, fornecendo as bases de dados necessárias para a criação, desenvolvimento, treinamento e teste dos modelos analíticos. Este profissional deverá conhecer ferramentas de manipulação de arquivos texto, linguagem de banco de dados para extração de amostras de dados e verificação de conteúdo das mesmas, linguagem de programação para a validação e modificação, quando necessário, das regras de aplicação dos resultados obtidos através dos modelos de data mining.

13.6.5 Processo produtivo de mineração de dados

O processo de data mining, desde o levantamento das necessidades da área usuária, passando pelo mapeamento das variáveis necessárias, até a criação, desenvolvimento, treinamento e teste do modelo, bem como a geração dos programas de aplicação das regras e sua aplicação nas bases de dados pertinentes utilizarão todos os profissionais mencionados até agora e serão descritas a seguir.

O primeiro passo é o levantamento das necessidades da área usuária, sempre focado em um ponto específico, uma questão estratégica ou mercadológica a ser resolvida. Nessa etapa, o analista de negócios da área usuária e o analista de negócios do núcleo corporativo de data mining identificarão as variáveis necessárias para a resolução do problema em questão. O primeiro estabelecerá quais serão essas variáveis e o peso que as mesmas possuirão no desenvolvimento do modelo. O segundo verificará a existência das informações solicitadas pela área usuária, identificando e sugerindo outras informações existentes, ou nos sistemas transacionais ou no ambiente de data warehouse, enriquecendo, dessa forma, o modelo analítico a ser desenvolvido. O analista de negócio do núcleo corporativo de data mining poderá identificar a existência de modelos semelhantes, definir a reutilização de nós ou streams existentes em outros modelos desenvolvidos ou não para a área usuária em questão e otimizar o tempo de desenvolvimento, treinamento e teste do modelo solicitado.

O analista de negócio do núcleo de data mining levará então estas informações ao analista de data mining, o qual verificará as reais possibilidades de criação e execução desse modelo, dimensionando o custo de realização do mesmo em termos de esforço e tempo de desenvolvimento. O resultado desse estudo será retornado à área usuária e será estabelecida uma lista de prioridades de acordo com os processos que já se encontrem em desenvolvimento e execução no núcleo corporativo de data mining, lembrando que o mesmo realiza o atendimento de negócios para toda a corporação.

Uma vez estabelecido quais serão as variáveis constituintes do modelo de data mining, estas informações deverão ser passadas ao analista de ETL que será responsável pela criação e execução das extrações de dados a partir das bases de dados de origem, ou os sistemas transacionais ou o data warehouse. A partir deste ponto, as bases de dados a serem utilizadas como amostra, treinamento e teste para os modelos analíticos a serem construídos serão liberadas e disponibilizadas.

De posse das bases de dados, o analista de data mining poderá iniciar as análises estatísticas sobre as amostras, proceder a preparação e a manipulação dos dados, como redução e normalização dos atributos, construir o modelo, realizar o treinamento, teste e a validação do mesmo, até que este alcance seus objetivos técnicos e de negócios. Após esta fase, é necessário homologar o modelo analítico com a área usuária, verificando o cumprimento das demandas do ponto de vista de negócio. Nesse momento, o analista de data mining gerará o programa de expansão das regras, objetivando a exportação dos resultados alcançados pelo modelo para as bases de dados de origem do próprio ambiente de data mining para o data warehouse, e mesmo para os sistemas transacionais, fechando o ciclo da informação. Esses programas de expansão podem ser gerados em linguagens de programação, como C, de banco de dados, como SQL, ou por meio das próprias ferramentas de data mining, em linguagem padrão PMML – Predictive Model Markup Language.

O analista de ETL deverá, a partir do programa de expansão das regras, proceder as modificações que se façam necessárias para a exportação dos resultados nas bases de origem das informações. Essas modificações podem ser de caráter físico, em função de configurações específicas de hardware, ou por questões de otimização do processo. Assim, em conjunto com a equipe de ETL do ambiente de data warehouse, ou do time de integração de dados da empresa, responsável pelas interfaces entre os sistemas transacionais, o processo de expansão das regras poderá ser executado, fazendo com que as bases de dados fonte incorporem os resultados obtidos pelos processos de data mining.

O analista de negócios retornará à área usuária, sob a forma de relatórios, tabelas, gráficos, ou de quaisquer outras formas que se julgue necessária, os resultados alcançados com o processo de data mining, dando ciência, assim, dos trabalhos executados.

O líder do projeto deverá acompanhar todas as etapas do processo, desde o levantamento das necessidades junto à área usuária, passando pela identificação e escolha das variáveis corretas, pelo desenvolvimento do modelo, expansão das regras, até a resposta dos resultados à área usuária.

Ainda que cada profissional tenha seu perfil e saiba quais são e de que forma executar as tarefas pertinentes à sua função, cada uma das etapas do processo pode ser acompanhada por mais de um desses profissionais, fornecendo maior integração à solução encontrada, disseminando o conhecimento de resolução dos problemas relacionados ao núcleo corporativo de data mining. Isso significa dizer que existirão momentos em que toda a equipe, tanto de tecnologia da informação quanto de negócios, realizará trabalhos em conjunto, de forma integrada, gerando o máximo de sinergia no desenvolvimento das atividades.

Dessa forma, o fluxo de dados e funções dos trabalhos relacionados ao núcleo corporativo de data mining estará extremamente focado aos objetivos de negócio da empresa, fornecendo velocidade às decisões estratégicas, criando inteligência competitiva e diferencial mercadológico para a corporação.

A derivação dos modelos corporativos visa estabelecer as especificidades de cada área usuária, permitindo ao mesmo a integração dos trabalhos de atendimento das demandas e a manutenção dos conceitos de negócios definidos. Essas ações objetivam, de maneira geral, a integralização e disseminação de forma ordenada da inteligência competitiva criada a partir dos modelos analíticos gerados pelo núcleo corporativo de data mining.

Ainda que a criação de determinados modelos preditivos utilizem variáveis que são objeto do resultado de outros modelos, o núcleo de data mining não necessita implementar esses modelos predecessores ou, ainda, entregá-los à área usuária. O núcleo entregará apenas o resultado da execução dos modelos específicos. Por exemplo, a maioria dos modelos utiliza como variáveis, informações relativas à segmentação mercadológica, comportamental, credit score, behavior score ou valor do cliente. Entretanto, esses modelos bases não necessitam ser entregues à área que solicitou apenas um modelo de detecção de fraude para fins de cobrança e arrecadação. Dessa forma, o trabalho do núcleo de data mining se concentrará em estabelecer as derivações necessárias para o completo atendimento de determinada demanda da área usuária, reutilizando partes, ou o todo, de modelos já desenvolvidos, treinados e testados para outras unidades de negócio.

13.6.6 Fluxo contínuo de mineração de dados e descoberta de conhecimento

Um ponto importante nos processos de mineração de dados e de descoberta do conhecimento é a monitoração e o acompanhamento dos modelos desenvolvidos. Este acompanhamento pode ocorrer de duas formas: monitorando os resultados dos modelos diretamente ou medindo as ações de negócio executadas com base nos resultados dos modelos.

Estas duas formas de monitoração, direta e indireta, podem trazer benefícios nas diversas fases do processo de descoberta de conhecimento. O acompanhamento dos resultados pode melhorar a assertividade dos modelos, refinar os processos de entendimento dos requisitos de negócios, melhorar a preparação dos dados de entrada, otimizar as transformações dos dados originais em dados melhor preparados para a construção dos modelos, auxiliar a escolha das técnicas utilizadas no desenvolvimento dos modelos propriamente ditos e focar as análises dos resultados alcançados.

No caso dos modelos construídos e apresentados como forma de exemplificar o processo de data mining, o acompanhamento dos resultados pode trazer diferentes benefícios, alguns mais direcionados para os modelos de segmentação comportamental e outros mais específicos para os modelos de predição.

Os modelos de segmentação comportamental podem ser ajustados de acordo com as respostas alcançadas pelas ações das áreas de negócio. Com base na sugestão de não emissão de cartas de cobrança para determinado grupos característico de clientes, o monitoramento dos resultados destas ações pode auxiliar no direcionamento de correções e ajustes necessários para que os modelos possam se adequar da melhor forma à realidade. É fundamental acompanhar o comportamento dos clientes que são alvo dos modelos construídos, verificando se a não emissão das cartas de cobrança faz com que os clientes continuem pagando suas contas no mesmo período anteriormente identificado ou se, pela ausência dos avisos de cobrança, o comportamento se altera.

Para os modelos de predição da inadimplência, o monitoramento auxilia na correção dos pesos de aprendizado, aumentando a capacidade adaptativa da rede neural na predição correta das classes alvo. As ações de cobrança executadas alteram o comportamento médio dos clientes inadimplentes, e a adaptação dos modelos às novas realidades, ou comportamentos, auxilia na manutenção da assertividade. No exemplo das ações de não emissão das contas para o grupo de clientes com alta propensão de não pagamento, uma alternativa para o monitoramento dos modelos de predição é a criação de grupos de controle, que acompanham o comportamento dos clientes que sofreram a ação em comparação com o mesmo grupo característico que não sofreu a ação estabelecida. Este tipo de controle é bastante apropriado para se verificar a validade dos modelos empregados, comparando os resultados alcançados nos diferentes grupos de controle.

PARTE VI:
EXPERIÊNCIA

CAPÍTULO 14
PERSISTÊNCIA DO CONHECIMENTO

Neste capítulo, serão apresentados os conceitos fundamentais de gestão de conhecimento, bem como, as suas possíveis aplicações. Essa fundamentação é importante para a contextualização das ações de inteligência no que diz respeito à aplicação do conhecimento, não apenas aquele gerado pelas consultas analíticas, mas também pelos processos de mineração de dados e descoberta de padrões. Como vêm sendo enfatizado até aqui, para se alcançar a inteligência competitiva, é necessário se coletar os dados operacionais da empresa, transformando-os em informação analítica e consolidada, passíveis de consultas e análises do ponto de vista do negócio. A partir deste ponto, estas informações são utilizadas para se gerar conhecimento por meio, principalmente, das técnicas de mineração de dados, ou data mining, pela identificação de comportamento ou pelo reconhecimento de padrões escondidos nos repositórios de dados das empresas.

A inteligência é a aplicação do conhecimento gerado pelos processos analíticos ou pela mineração de dados. Sendo assim, a gestão desse conhecimento de forma adequada pode promover o uso e a identificação das melhores formas de aplicação, gerando, por conseqüência, inteligência competitiva para as corporações.

14.1. GESTÃO DO CONHECIMENTO

Um importante passo para a criação de valor para as empresas é gerir de forma efetiva o conhecimento gerado por processos analíticos e de inteligência de negócios. A gestão do conhecimento é a forma ideal para se coletar informações que adicionem valor ao negócio, assim como, um modelo eficiente de disseminação e compartilhamento dessas informações por toda a corporação. O armazenamento desse conteúdo pode ocorrer não apenas do ponto de vista técnico, sob a forma de dados e informações, mas também sob ótica do negócio, associado ao conhecimento e as aplicações deste, ou seja, a inteligência propriamente dita.

Sendo assim, será apresentado a partir de agora o conceito fundamental sobre gestão de conhecimento com seus princípios e as aplicações que suportam as iniciativas dessa natureza.

14.1.1 Introdução à Gestão do Conhecimento

As tradicionais visões de negócio e estruturas organizacionais vêem sofrendo diversas mudanças ao longo do tempo, sobretudo, devido às pressões de negócios e novos mercados nas economias mundiais. A concorrência e a globalização alteraram o quadro geral dessas visões tradicionais. A perspectiva da informação tornou-se cada vez mais importante, sendo um bem tangível para as corporações atuais, e, de forma natural, o conhecimento passou a ser primordial para o sucesso competitivo.

No modelo de corporação tradicional, baseado na ciência do gerenciamento, as empresas eram entendidas em termos da tecnologia que a modelava. Uma fabrica era um resumo da sua estrutura organizacional e do próprio conceito organizacional da fábrica em si, como sua linha de produção, os especialistas, as atividades departamentais, assim como, a criação e manutenção de uma hierarquia organizacional. Todos esses fatores definiam como a empresa se comportaria ao longo de sua vida útil.

Contudo, para a maioria dos empregados de um ambiente corporativo, a organização imprecisa, de forma livre, e o caos recorrente vêem dando lugar ao planejamento e a ordem organizacional.

Diversos fatores contribuíram para a quebra de paradigma na concepção dos modelos organizacionais, dentre eles:

- Os sistemas computacionais de operação, os quais eliminam a necessidade de gerenciamento intermediário.
- O conceito de matriz de gerenciamento, o qual permite que múltiplas pessoas pertençam a múltiplas organizações com um mínimo de estrutura organizacional.
- A pressão contínua dos consultores de gestão competitiva em cortar as gorduras do processo produtivo e criar uma corporação enxuta, sem os elevados custos tradicionais relacionados aos seres humanos.

O tradicional modelo de organização corporativa continua se desgastando, e o desfile de novas teorias organizacionais continua deixando de fornecer a estrutura de negócios, o foco e a direção necessária para que as empresas se desenvolvam e cresçam em um mercado extremamente competitivo.

A gestão do conhecimento deve focar fundamentalmente no processo de criação de uma estrutura capaz de relacionar o capital, os recursos humanos, os sistemas computacionais, as culturas regionais e globais e o conhecimento sobre as diversas entidades relativas ao negócio de uma corporação. Adicionalmente, um processo de gestão do conhecimento deve poder manipular e gerenciar todos esses relacionamentos mencionados anteriormente de forma efetiva e eficiente. A infra-estrutura de gerenciamento do conhecimento deve ser robusta o suficiente para levantar as principais inovações ocorridas no passado, em especial, as que obtiveram sucesso; ser flexível o suficiente para que possa ser aplicável a todos os tipos de aplicações, independentemente dos tamanhos, formatos, objetivos, e graus de complexidade; e, por fim, ser detalhada e completa o suficiente para fornecer um processo sistemático para diagnóstico de situações e cenários existentes no mercado competitivo, indicando novos direcionamentos e antecipando as próximas ações a serem tomadas.

Empresas são apenas grupos de pessoas que possuem conhecimento sobre uma área específica, e, quanto mais conhecimento essas pessoas tiverem e quanto melhor houver compartilhamento desse conhecimento, melhor a empresa atuará no mercado, desenvolverá produtos, oferecerá serviços e se destacará dos seus concorrentes de forma mais significativa. Assim, o sucesso de uma corporação está na forma de como ela lida com o conhecimento de seus colaboradores e como ela compartilha e dissemina tal conhecimento por toda a empresa, buscando encontrar as melhores soluções de negócio para os seus problemas.

14.1.2 Fundamentos da Gestão do Conhecimento

Atualmente, muitos dos princípios definidos para a gestão do conhecimento auxiliam no desenvolvimento de sistemas de biblioteca digital, também chamados de ambientes de web warehousing. A gestão do conhecimento fornece a capacidade de se mapear o entendimento de como são os principais processos de negócio da empresa. Nesse mapeamento, são identificadas as pessoas que executam todos esses processos, indicando ainda, como eles se relacionam. Os fundamentos da gestão do conhecimento podem ser utilizados para construir aplicações de web warehousing, as quais deverão causar impacto positivo na otimização dos processos corporativos. Esses fundamentos determinarão como as funções do sistema de web warehousing farão parte dos processos globais da empresa. Um ambiente de web warehouse deve estar fundamentado nos princípios da gestão do conhecimento, auxiliando diferentes processos técnicos e de negócios nas empresas. Um ambiente de gestão do conhecimento deve ajudar na identificação dos papéis e das responsabilidades individuais, melhorando os procedimentos internos da corporação. Adicionalmente, as disciplinas envolvidas na gestão do conhecimento focam no desenvolvimento de técnicas de gerenciamento das mudanças, em especial, na forma como as pessoas trabalham em grupos. A implantação de um processo de gestão do conhecimento deve permitir um aprendizado mais eficiente, certificando-se de que as aplicações estão focadas nos objetivos de negócio da empresa, trazendo, dessa forma, retorno financeiro para a corporação. Como as corporações são constituídas de pessoas, um ambiente de gestão do conhecimento deve servir como fator motivacional para a empresa e para seus colaboradores, tanto do ponto de vista de mudanças tecnológicas quanto de alterações de mercado. Por fim, as iniciativas de gestão do conhecimento devem auxiliar a elaboração de um guia para o projeto, o desenvolvimento e a implantação de um sistema efetivo de captura, persistência e disseminação do capital intelectual das empresas.

14.1.3 Princípios da Gestão do Conhecimento

A gestão do conhecimento é uma metodologia de estudo de negócios com objetivo de tentar descrever a efetividade das organizações como função de eficiência na sua forma de criar, armazenar e aplicar o conhecimento no desenvolvimento de produtos e serviços.

A teoria da gestão do conhecimento propõe que o conhecimento se constitui em uma nova moeda de negócios que auxilia na definição de como as pessoas devem se relacionar entre si para operar o negócio da corporação de forma mais eficiente e, assim, criar real valor de mercado para os clientes.

A gestão do conhecimento deve estar relacionada aos princípios de negócios, como por exemplo:

- A cadeia de valor, descrevendo como determinado negócio deve estar organizado em termos dos seus componentes funcionais.
- A missão da empresa, relacionada às proposições que determinado negócio pode fazer pelo cliente.
- A modelagem de negócios, na qual os componentes funcionais e a missão da empresa descrevem do que se trata o negócio.
- A rede de conhecimento, que indica as pessoas e organizações que compartilham o mesmo interesse em determinado assunto.
- Ao valor econômico do conhecimento, o qual descreve como as pessoas e organizações negociam o conhecimento sobre determinado tema como uma forma de moeda.

14.1.4 Sistemas de Gestão do Conhecimento

Para aplicar os conceitos relacionados à gestão do conhecimento, é preciso que se entendam os papeis exercidos ao longo do tempo pelos sistemas de informação. Os sistemas computacionais vêem auxiliando na evolução dos ambientes corporativos voltados à tomada de decisão. Ainda que esse papel venha sendo compreendido cada vez mais como fundamental no processo decisório das empresas, a natureza dos sistemas computacionais deve ser entendida como uma forma de estabelecer relacionamentos fortes entre os componentes funcionais do negócio e as pessoas envolvidas nele, não apenas como uma maquina de processamento de informações transacionais.

No início da era computacional, os computadores lidavam com dados puros e simples. Esses dados eram entendidos como uma determinada informação representada por uma seqüência de bits e não possuíam maior significado que apenas uma cadeia de caracteres ou números. Contudo, essa visão dos dados começou a ser modificada quando as áreas de armazenamento passaram a ter uma determinada estrutura, como catálogos e índices, a qual otimizava o processo de recuperação das informações persistidas. Quando os programas que acessavam os dados passaram a considerar o seu conteúdo, assim como os seus diversos relacionamentos, e quando as pessoas que interpretavam os dados começaram a criar senso crítico e significado aos dados originalmente armazenados nos repositórios, essa nova estrutura de persistência foi consolidada.

Assim, a grande descoberta de negócios foi que, se os dados originais que estavam armazenados em repositórios de informação fossem combinados com programas inteligentes que pudessem dar sentido a essa informação armazenada, poderia-se gerar conhecimento a partir de sistemas computacionais. Durante esse tempo, a indústria da computação sabia muito bem o que era área de processamento de dados e como ela funcionava. O negócio criou os dados que eram armazenados e processados pelos sistemas computacionais. Assim, os programas de computador transformavam dados em informação, as quais os usuários podiam aplicar aos seus problemas de negócios específicos. Como se pode perceber, existem três grandes componentes nesse processo, os dados, as informações e conhecimento propriamente dito. Nesse caso, os computadores gerenciam os dados, os programas os transformam em informação, e as pessoas interpretam a informação e a utilizam para criar conhecimento sobre determinado assunto.

Assim como os computadores tornaram-se mais rápidos e poderosos, as pessoas, especialmente os usuários das áreas de negócios, tornaram-se mais sofisticados. Dessa forma, esses usuários descobriram rapidamente que não queriam trabalhar com dados, mas sim com informações. Nesse novo cenário, os sistemas computacionais ganharam funcionalidades adicionais e ao invés de apenas manterem as informações gerenciais para os usuários de negócio, passaram a disseminar informações gerenciais de forma atual, fornecendo grande poder de tomada de decisões a esses usuários.

Os sistemas baseados em bancos de dados relacionais deram vida a uma nova geração de sistemas, baseados em bancos de dados multidimensionais consultados por meio de aplicações OLAP e ferramentas analíticas. Começou então a revolução dos ambientes de data warehouses e, com ela, a descoberta por parte dos usuários de como era trabalhar com tanto potencial analítico e com tamanho arsenal de informações.

Seguindo ainda o conceito de geração de informações analíticas, é possível se acrescentar novas fontes de dados, como a Internet, para a geração de conhecimento, bem como, novas metodologias e tecnologias, como os ambientes de web warehousing, para o armazenamento e a disseminação desse novo capital intelectual.

14.1.5 Aplicações da Gestão do Conhecimento - Knowledge Warehouse

Em uma economia baseada na informação, o conhecimento se torna um bem essencial para o sucesso competitivo de uma empresa. Assim sendo, se uma organização deseja crescer e torna-se mais rentável, deve saber gerenciar e explorar esse bem de forma produtiva, criando a partir do conhecimento gerado, inteligência competitiva como um diferencial de negócios.

Conhecimento é a habilidade de trazer a informação correta à luz de um determinado problema, fazendo com que as informações que se tem sobre determinada situação converta-se em conhecimento para a tomada de decisões. A tecnologia da informação pode ajudar a extrair informações pertinentes a partir das pessoas que possuem o conhecimento, transformando estas informações, espalhadas pela organização e até fora dela, em capital intelectual. Contudo, a tecnologia da informação sozinha não é capaz de transformar informação em conhecimento, para tanto, é preciso que se estabeleça um mapeamento dos processos relacionados ao fluxo informacional, criando assim, um ambiente adequado para a obtenção, geração, transferência e compartilhamento do conhecimento.

O objetivo da implantação de um ambiente para a gestão do conhecimento é estabelecer a evolução da necessidade de se conhecer os dados para a necessidade de se compartilhá-los. Existem diversas soluções de Business Intelligence que focam o processo de descoberta de informação pertinente ao negócio da empresa, buscando dados, em sua maioria, localizados nos sistemas legados da corporação. Tais soluções estão normalmente relacionadas com ambientes de data warehouse e data mining. Contudo, uma vez que as informações pertinentes estejam disponíveis para os executivos responsáveis pela tomada de decisão, será preciso, agora, associar essas informações aos acontecimentos de mercado, criando vínculos entre os dados internos da empresa, as informações externas que se têm sobre a concorrência e os cenários de negócio que se apresentam ao longo do tempo. Dessa forma, uma aplicação voltada para gerenciar o conhecimento de uma organização deve estar projetada para preservar, transferir e explorar o conhecimento entre as diversas áreas da corporação, interna e externamente, criando na empresa um fluxo de informações capaz de gerar inteligência de negócio.

Um projeto voltado para a implementação de um ambiente de gestão do conhecimento envolve tecnologia e processos, especialmente no que se refere à obtenção, armazenamento, manipulação e disseminação da informação pela empresa. Os pontos de suporte tecnológico a serem utilizados em um ambiente dessa natureza estão focados na criação de uma estrutura de comunicação, associando e-mail, chat e vídeo-conferência em repositórios de informação, como internet, intranet, banco de dados, sistemas de arquivos e documentos, e um portal corporativo, indexando as informações armazenadas nos diversos locais da organização. Por sua vez, os processos devem estar relacionados ao desenvolvimento de uma estratégia de conhecimento, identificando as áreas de conhecimento que serão capturadas, decidindo como as informações serão geradas, codificadas e transferidas; e, devem estar relacionados também à construção do capital intelectual, entendendo e estimulando os relacionamentos entre as pessoas que podem reduzir o tempo e o esforço na criação e compartilhamento do conhecimento.

No aspecto tecnológico, existem cinco frentes que servem de base para o gerenciamento do conhecimento dentro de uma organização:

- Business Intelligence.
- Colaboração.
- Transferência de conhecimento.
- Descoberta de conhecimento.
- Locação da experiência.

O contexto de Business Intelligence é contemplado através de um ambiente de data warehouse, através de consultas OLAP, processos de data mining e outras técnicas para analisar dados estruturados. A colaboração é alcançada através de ferramentas focadas nas comunidades internas e externas da empresa, as quais permitem um fluxo bidirecional entre as idéias dos colaboradores. A transferência de conhecimento é realizada através de ferramentas de educação à distância, com as quais os colaboradores podem compartilhar casos de sucesso e insucesso durante as classes virtuais. Os demais elementos, descoberta do conhecimento e locação da experiência, emergem como os novos caminhos para acessar previamente o conteúdo e a experiência humana, antes intangível do ponto de vista tecnológico e até de processo. São estes os elementos focados no momento da implantação de um ambiente de gestão do conhecimento dentro de uma organização.

Ainda que estas frentes tecnológicas sejam bastante distintas entre si, elas devem estar conectadas de alguma forma, fazendo com que as ferramentas de Business Intelligence, de colaboração e de transferência de conhecimento se integrem às de descoberta do conhecimento e de locação da experiência. Dessa forma, as informações armazenadas ou indexadas pelo banco de conhecimento, referenciado aqui como Knowledge Warehouse, poderiam se relacionar com os dados gerenciais provenientes do ambiente de data warehouse ou aos padrões e perfis levantados pelos processos de data mining, estabelecendo relações de causa e efeito para diversos cenários de mercado e de negócios. As informações provenientes de um ambiente de data warehouse ou do conhecimento gerado pelos processos de mineração de dados, relacionados com as informações do Knowledge Warehouse, podem gerar conhecimento útil para a corporação, transformando-se em inteligência de mercado e, por conseqüência, em vantagem competitiva para a empresa.

A integração entre os ambientes de data mining e data warehouse pode gerar conhecimento para a empresa através da execução de modelos estatísticos sobre as bases estruturadas deste último, objetivando a descoberta de padrões de comportamento, a identificação de potencialidades e a predição de acontecimentos. Analogamente, a integração entre o data mining e o ambiente de Knowlegde Warehouse pode gerar conhecimento através da mineração de textos sobre as bases não estruturadas do ambiente de gestão do conhecimento, à procura de padrões de relacionamento e regras associativas de conteúdo. A incorporação de processos de mineração de dados à elaboração e execução de pesquisas realizadas sobre o conteúdo do Knowledge Warehouse pode enriquecer significativamente os resultados obtidos a partir do conhecimento armazenado neste ambiente.

A figura a seguir ilustra a integração entre os ambientes de gestão do conhecimento, de data warehouse e de data mining.

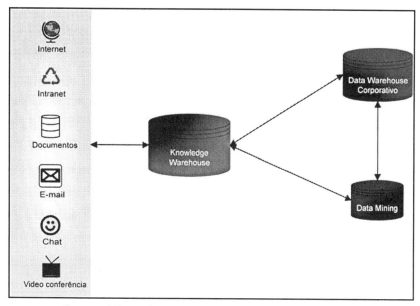

Ilustração 128: Arquitetura de informações e o fluxo do conhecimento.

A arquitetura de informações voltada para um ambiente de gestão do conhecimento tem por objetivo criar um portal de acesso às informações armazenadas no Knowledge Warehouse, permitindo aos colaborares da empresa, capturar, armazenar, manipular e compartilhar suas experiências, gerando assim, inteligência de negócios para a organização. O portal funciona como um aglutinador para as tecnologias utilizadas na implantação de um ambiente de gestão do conhecimento, além de servir de centralizador para o fluxo das informações que irão gerar o conhecimento de negócio, unindo os elementos tecnológicos necessários e fornecendo uma entrada para o conhecimento que existe dentro e fora da empresa.

A infra-estrutura informacional de um ambiente de gestão do conhecimento está baseada em três elementos essenciais, pessoas, lugares, e coisas. Por este conceito, as pessoas, não os fatos nem as coisas, devem ser o ponto focal para o processo de gerenciamento do conhecimento na organização. As pessoas trazem discernimento e experiência de negócios e requerem lugares onde possam criar e compartilhar esse conhecimento, assim como, fatos que as ajudem a encontrar os seus objetivos de negócios. Nessa abordagem, as pessoas representam os colaboradores, os clientes, os parceiros da empresa, os especialistas e quaisquer outros indivíduos que sejam essenciais ao sucesso do negócio da organização. A tecnologia deve fornecer às pessoas um mecanismo efetivo para a interação e a troca de conteúdo entre elas. Os lugares são os locais virtuais de trabalho, onde as pessoas se encontram para reuniões, para realizar um brainstorm, para aprender e para interagirem de quaisquer outras formas entre si. A tecnologia deve fornecer esses locais e equipá-los com conteúdo estruturado, ferramentas de aprendizado, tecnologias de comunicação, permitindo que esses usuários, as pessoas, possam realizar conexões para a troca de informações. Os fatos podem incluir dados, informações e processos que são criados, capturados, classificados e compartilhados por toda a empresa. O gerenciamento do conhecimento permite que os usuários finais possam acessar e aplicar esses fatos para atingirem seus respectivos objetivos de negócios.

A figura a seguir ilustra o tripé associado a uma iniciativa de gestão de conhecimento, considerando as coisas, as pessoas e os lugares.

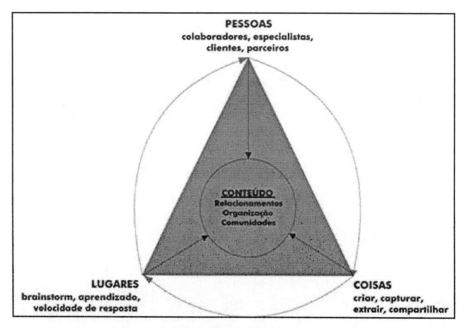

Ilustração 129: Relacionamento entre pessoas, lugares e coisas.

A implantação de um ambiente para o gerenciamento do conhecimento pode trazer um conjunto de oportunidades para a organização, bem como para os seus colaboradores, uma vez que este ambiente pode auxiliar a elevar e enriquecer seus potenciais de negócios e a gerar e compartilhar experiências de mercado de forma mais efetiva. O gerenciamento do conhecimento é um ambiente que alavanca sistematicamente informações com o objetivo de aumentar a compreensão organizacional, a inovação, a competência e a eficiência da empresa. O desenvolvimento desses indicadores se constitui em uma importante estratégia para a organização e oferece claros benefícios quando aplicados para oportunidades de negócio específicas. Por meio da implantação de um ambiente de gestão do conhecimento, a organização pode reduzir seus custos operacionais, aumentar a efetividade organizacional, defender ou aumentar o market share, aumentar a retenção dos clientes, inovar mais rapidamente que seus concorrentes e reduzir os ciclos de tempo na identificação de novas oportunidades de negócio.

A proposta para o projeto de Gestão do Conhecimento diz respeito à criação de um ambiente de busca de informações em documentos corporativos com o objetivo de compartilhamento de conhecimento.

Com o intuito de promover um ambiente de compartilhamento de conhecimento, as soluções de gestão do conhecimento possuem funcionalidades aprimoradas de coleta, com taxonomia e indexação de qualquer tipo de conteúdo, localizado tanto no ambiente corporativo quanto na internet, promovendo um ambiente on-line e corporativo de compartilhamento de conhecimento, com pesquisa e descoberta de conhecimento. O mecanismo de coleta das informações pode envolver apenas a indexação dos documentos ou sites encontrados, ou o armazenamento dos mesmos em um ambiente compartilhado de informações.

Para a busca neste ambiente, permite-se a sugestão de sinônimos e grafia correta, filtro por tipo de documento, informação sobre o grau de relevância dos resultados encontrados, pesquisa semântica, associação de palavras pesquisadas com outras entidades, dentre outras funcionalidades, no sentido de otimizar o processo de pesquisa.

Para uma solução de gestão do conhecimento é essencial que o ambiente de busca e pesquisa seja disponibilizado dentro do conceito de portal corporativo, o qual irá colaborar com a aquisição de conhecimento, assim como, a reutilização de recursos existentes, promovendo um ambiente on-line e colaborativo de compartilhamento de conhecimento. A imagem ilustrativa a seguir apresenta um modelo simplista de funcionamento de um ambiente colaborativo de gestão de conhecimento.

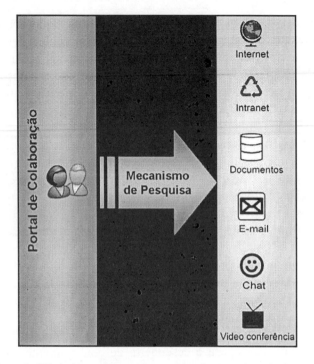

Ilustração 130: Ambiente de busca de um projeto de gestão do conhecimento.

14.1.6 Modelos de Text Mining

O conceito de text mining é a mineração em dados não estruturados com o objetivo de identificação de correlações e padrões de pertinência ao negócio. O processo de mineração de texto consiste em um mecanismo de coleta de dados, uma etapa de pré-processamento e indexação, a qual classifica entidades no texto utilizando conhecimentos de lingüística computacional para manipular as palavras segundo sua classe gramatical, fazendo inferências sobre os limites da entidade e sua classificação, a aplicação de algoritmos e a análise dos resultados. Esta tecnologia ganhou importância com o crescimento da internet e o aumento no volume de suas informações e dos mecanismos de busca.

Identifica-se que a aplicação desta tecnologia pode apresentar benefícios na identificação de padrões nos dados não estruturados, principalmente em ambientes de Call Center, capturando as informações referentes às interações com clientes objetivando analisar o comportamento e reconhecimento de padrões de acontecimentos e ocorrências. Além disso, poderá auxiliar o mecanismo de busca e classificação em um ambiente de gestão do conhecimento, otimizando tanto a pesquisa quanto a apresentação dos resultados relevantes para o negócio.

Grandes volumes de informação textual, como existentes em ambientes de Call Center, podem ser coletados de forma organizada, facilitando o entendimento dos acontecimentos e gerando inteligência sobre o processo monitorado. Feedbacks de clientes, e-mails, documentos Web, blogs, memorandos, declarações, pesquisas de satisfação, jornais, artigos, notas de clientes e muitos outros tipos de informação podem ser extraídos e processados de forma analítica por meio das técnicas de text mining. O volume de documentos dessa natureza tende a crescer continuamente, tornando cada vez mais difícil a leitura e o entendimento dos mesmos. Dessa forma, a utilização de um mecanismo automatizado de processamento e descoberta de conhecimento sobre dados não estruturados torna-se cada vez mais necessário.

O conhecimento levantado por meio de mineração de dados em informações não estruturadas pode ser combinado com dados estruturados, permitindo melhor inferência sobre processos de negócio e oportunidades de mercado.

A figura apresentada a seguir exemplifica uma aplicação de mineração de texto utilizando a ferramenta SAS Text Miner.

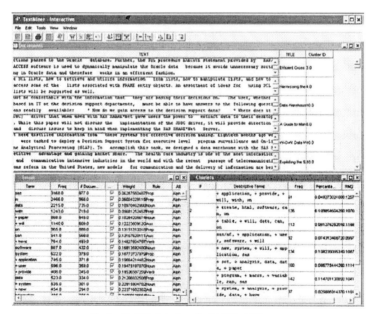

Ilustração 131: Interface do SAS Text Miner.

A utilização de ferramentas de mineração de texto permite o processamento e análise de dados não estruturados, capacitando as empresas a descobrir conhecimento e reconhecer padrões de forma automática em ambientes antes considerados impossíveis de serem utilizados.

Estas ferramentas possibilitam acesso a um conjunto variável de formatos de documentos, bem como, a diferentes línguas nativas. Por meio de análise de palavras e extração de termos, é possível se reconhecer determinada tendência ou relevância em um texto não estruturado. Adicionalmente, estas ferramentas possuem algoritmos de limpeza de textos, como erros de pontuação e ortográficos, muito comuns em Call Center.

Utilizando-se os algoritmos de text mining e uma ferramenta de visualização gráfica adequada, é possível se identificar correlações de conceitos em informações desestruturadas, capacitando os analistas para realizarem uma complexa navegação em relacionamentos escondidos acerca de entidades, frases ou termos, como lugares, pessoas, empresas, ou qualquer outra referência passível de guardar uma relação intrínseca.

Adicionalmente, os algoritmos de text mining podem analisar diferentes documentos de texto e transformar a interpretação de seus conteúdos em uma representação numérica, fazendo uso de uma técnica conhecida como SVD – Singular Value Decomposition, ou decomposição de valores singulares. Esta técnica é uma poderosa ferramenta para relacionar automaticamente termos e documentos similares, eliminando a necessidade de geração de ontologias e listas de sinônimos para determinada indústria ou segmento de negócios.

Por fim, o agrupamento de texto permite a identificação de grupos de documentos com base na verossimilhança de temas e tópicos de seus conteúdos. Um navegador taxonômico cria automaticamente classificações sobre o conteúdo analisado, permitindo ao analista focar de forma determinística um determinado assunto. Com isso, é possível a filtragem de determinados documentos de acordo com os assuntos ou determinadas características do texto.

14.2. WEB FARMING

Diariamente, temos a oportunidade de acompanhar novas revelações sobre a Internet e sobre como ela traz benefícios para a sociedade e as empresas. A atualização tecnológica da Internet é extremamente rápida e seu volume de dados cresce vertiginosamente. Como fonte de dados, a Internet pode se tornar o maior fornecedor de informações para a maioria dos ambientes de data warehouse, pois o volume de informação despejado nela cresce exponencialmente e seu conteúdo é atualizado sistematicamente, podendo ser, na maioria das vezes, mais atual do que as fontes de dados tradicionais.

A Internet torna-se, cada dia mais, a fonte primária de distribuição de informações de negócio. Contudo, a maioria das pessoas ainda acredita que o seu conteúdo possui pouco valor, em especial, por se tratar de uma fonte de dados externa gratuita. Realmente, validação e precisão não são processos normalmente relacionados à maioria dos sites. Porém, existe uma grande quantidade de sites de informações de negócios com informações validadas e fidedignas, as quais podem ser extremamente úteis para a criação de vantagem competitiva nos negócios, sobretudo, o que está relacionado ao acompanhamento das atividades do concorrente, como lançamentos de produtos, campanhas de marketing, oferta de pacotes de serviços, dentre outros. De qualquer forma, existem processos possíveis para limpeza e estruturação das informações oriundas da Internet. Uma vez organizadas de forma estruturada e normalizadas para serem incorporadas a um ambiente de informações gerenciais e de apoio à tomadas de decisões, tais informações podem ser bastante úteis para a camada gerencial, posicionando a corporação diante das ações dos seus concorrentes e do mercado como um todo.

Assim, faz-se necessário a criação de um processo sistêmico para a descoberta e aquisição de informações de negócio a partir da Internet, bem como, a estruturação desses dados de forma a serem incluídos em um ambiente de informações gerenciais, como em um data warehouse. O ambiente relacionado ao web farming possui então três grandes objetivos. O primeiro é a aquisição de conteúdo relevante ao negócio de uma determinada empresa. O segundo é estruturar tais informações de forma que elas possam ser incorporadas a um ambiente de apoio à tomada de decisões, como um Data Warehouse corporativo. Por fim, o terceiro objetivo é a execução de forma sistemática dos dois primeiros objetivos, inserindo-os em um contexto de ambiente de produção, seqüenciando suas atividades e garantindo suas finalizações com processos de contingência.

A metodologia relacionada a um ambiente de web farming consiste no processo de colher e gerenciar informações de negócios a partir da Internet. Esta metodologia é definida como um refinamento sistemático de informações baseadas na Internet, no sentido de desenvolver a inteligência nos negócios das empresas. O objetivo do web farming é melhorar um data warehouse através da integração de dados derivados de meios externos, como a Internet, e dados oriundos dos sistemas operacionais, internos à empresa. Apesar de esta metodologia possuir diversas similaridades com os ambientes de data warehouses implementados atualmente, a integração proposta pelo conceito de web farming requer algumas técnicas diferenciadas e novas tecnologias, como análises lingüísticas, visualização de informações, dentre outras.

Analogamente a um ambiente de data warehouse tradicional, os benefícios advindos da implantação de um processo de web farming dependem da forma pela qual a informação colhida no meio externo é disponibilizada e de como estas informações publicadas afetam os processos de negócios da empresa. Desta forma, é fundamental a associação da tecnologia de web farming com as pessoas que realizam as tomadas de decisões, bem como, aos processos de negócio que trazem benefícios para a empresa.

Quando implementado corretamente, uma solução web farming produz diversos benefícios. A informação colhida pode incrementar uma atividade de negócio através de uma melhor obtenção dos dados que serão disponibilizados para que as empresas possam atender seus clientes de forma mais rápida e eficiente. Esta informação colhida também pode alterar os fluxos de trabalho, criando novas necessidades e identificando novos processos, como por exemplo, a redefinição estratégica, tática ou operacional de um Call Center, em especial, de relacionamento com os clientes, ou, ainda, a criação de um programa de acompanhamento da freqüência dos clientes.

14.2.1 Colhendo as informações

O grande valor de um processo de web farming está na própria extração de informações da Internet, que está se transformando rapidamente no distribuidor primário de informações externas para diversos segmentos de negócios, como mencionado anteriormente. A maioria das grandes corporações reconhece este fato e busca se adequar a esta nova realidade. Entretanto, informações confiáveis não são realmente características de grande parte das pessoas envolvidas com a criação e publicação de conteúdo na Internet. Contudo, este perfil não é totalmente justificado. Existem diversos sites de conteúdo que possuem informações extremamente atuais e precisas. Para alguns, isso vem a ser suas metas empresariais com conteúdos baseados em pagamento de taxas ou assinaturas. Sob este aspecto, o conteúdo disponibilizado pela Internet pode ser mais organizado e claro do que os dados armazenados nos sistemas operacionais das empresas. Adicionalmente, os dados contidos nos sistemas operacionais foram desenhados e modelados para programas que suportam funcionalidades específicas, o que dificulta extremamente a tarefa de utilização desses como suporte para a tomada de decisão.

A tecnologia web farming pode ser empregada em diversos segmentos de negócios e em diferentes atividades dentro da própria empresa, como por exemplo, em programas de relacionamento aos clientes, com o objetivo de procurar entender e atender suas necessidades correntes e tentar, de alguma forma, antecipar suas necessidades futuras. Ninguém melhor para dar informações a respeito dos clientes do que os próprios clientes. Quando estão navegando na Internet, eles informam, ainda que indiretamente, quais são suas áreas de interesse profissional, suas preferências pessoais, suas necessidades, tanto em termos de produtos quanto em nível de serviços, quais são suas aspirações e desejos, assim por diante. Todas essas informações ficam como um "rastro" na Internet e podem ser capturadas e agregadas aos dados já armazenados internamente nos ambientes de data warehouse. A tecnologia web farming também deve ser utilizada para implementar a via contrária de relacionamento ao cliente, dando, ao mesmo, retorno às suas necessidades e as suas questões. Por exemplo, uma empresa que desejasse melhorar seu relacionamento com os clientes poderia associar seu data warehouse a um provedor de informações comerciais e, desta forma, monitorar periodicamente as informações sobre os clientes mais importantes. Os elementos de dados monitorados incluiriam, dentre outros, marcas comerciais, patentes, processos de litígio, balanços patrimoniais, domínios de Internet, variações do valor das ações, chamadas de emprego, fóruns de discussão e assim por diante. Estas informações seriam capturadas com uma determinada periodicidade e entregues ao data warehouse. A equipe de marketing poderia revisar toda a coleção de dados de maneira periódica com o objetivo de prever tendências de preços e o alvo das campanhas.

 Grande parte das informações críticas para o negócio de uma empresa se encontra localizada fora da própria corporação. Elas não estão armazenadas nos arquivos de contas de clientes, nem nos banco de dados operacionais ou nos ambientes de data warehouse. Para a maioria dos empreendimentos, a fonte primária de informações externas são relatórios técnicos e de marketing, análises das indústrias, balanços patrimoniais, jornais e revistas especializadas, divulgação de opiniões de especialistas, entre outras. Em determinado momento, esse grande volume de informações externas disponíveis deverá ser agregado às informações internas já existentes.

 Existem alguns lugares onde se pode extrair este tipo de informação, mais detalhada e de conteúdo mais profundo. Esses lugares são exatamente os alvos dos sistemas de web farming. Por exemplo, um determinado cliente de uma empresa possui uma necessidade urgente de investigar um produto específico. A investigação desta empresa pode resultar na identificação de um conjunto de sites na Internet, referenciando projetos de pesquisa de universidades, ou ainda, empresas e indústrias que produzem e fabricam este produto específico.

Um sistema de web farming poderia, então, pegar os vários links destes provedores de conteúdo e, sistematicamente, monitorar as alterações ocorridas nos mesmos. Desta forma, o conteúdo destes sites identificados poderia ser manipulado de forma mais específica, através da extração, validação, transformação e carga de elementos de dados pré-definidos para dentro de um ambiente de data warehouse.

14.2.2 Refinando as informações

O paradigma de conteúdo da Internet é radicalmente diferente do de um ambiente de data warehouse tradicional. A utilização ótima dos conteúdos da Internet requer refinamento disciplinado das informações, transformação de dados primários em dados validados, além de outros processos de verificação das informações. Apesar de existirem diversas similaridades com o processo de desenvolvimento de sistemas de data warehousing, a disciplina de refinamento de informações oriundas da Internet necessita de alguns procedimentos únicos. Esse processo de refinamento de informações provenientes da Internet nos sistemas de web farming consiste basicamente de quatro passos, descritos a seguir.

14.2.2.1 Descoberta da informação

O passo da descoberta está relacionado com a exploração dos recursos da Internet disponíveis com o objetivo de procurar todos os itens que estão relacionados a um determinado tópico de interesse. O processo de descoberta envolve um considerável trabalho de pesquisa, que vai além da busca em diretórios de serviços de conteúdo e direcionamento genéricos, como os sites Yahoo e AltaVista, por exemplo. O objetivo principal é localizar organizações e pessoas que criam conteúdo importante para a área de atuação de uma determinada empresa. O processo de descoberta é contínuo, pelo fato de que novas fontes de informação estão sendo criadas continuamente, ou ainda, sendo atualizadas periodicamente.

14.2.2.2 Aquisição da informação

O segundo passo é o da aquisição, que envolve manter um contexto histórico das informações, de forma que seja possível analisar conteúdos através de uma dimensão temporal. O requerimento chave neste processo é utilizar eficientemente o julgamento humano na validação do conteúdo da informação adquirida.

14.2.2.3 Estruturação da informação

O terceiro passo é o da estruturação Este passo visa analisar e transformar o conteúdo capturado na Internet em um formato utilizável, com uma estrutura mais interpretativa. Esses formatos podem ser páginas web, planilhas, documentos texto, ou até tabelas de banco de dados. Da mesma forma que se deve realizar carga de dados para dentro de um sistema de data warehouse, os dados textuais, na maioria das vezes desestruturados, provenientes da Internet, devem ser refinados em um formato numérico e tabular, no sentido de permitir análises de negócios.

14.2.2.4 Disseminação da informação

O quarto e último passo é o da disseminação, que implica em empacotar e entregar as informações apropriadas aos clientes correspondentes, ou diretamente, através da publicação destas informações, ou através de um ambiente de data warehouse. Uma solução efetiva de web farming deve suportar mecanismos de disseminação extremamente abrangentes, que vão desde um agendamento pré-determinado de execução através de uma escala de horários, até a realização de consultas ad hoc.

As informações devem trafegar nesses ambientes de forma bidirecional. O fluxo de informação que vai da descoberta até a disseminação representa o processo de refino dos dados, quando estes se tornam válidos e melhor estruturados. O fluxo inverso da informação, que vai da disseminação até a descoberta, representa o refino do controle do processo propriamente dito, no qual este se torna mais seletivo e mais discriminante.

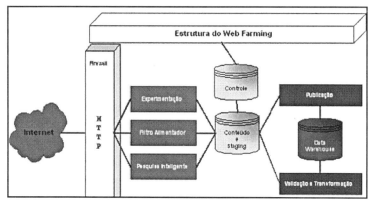

Ilustração 132: Estrutura de informações do Web Farming.

Um ambiente de data warehouse ocupa uma posição central e de extrema importância no fluxo de informações de uma aplicação de web farming. Analogamente aos demais sistemas de informação da empresa, como os sistemas legados, o ambiente de web farming fornece informações relevantes à gestão e ao estabelecimento de estratégias para a corporação e, dessa forma, deve ser incorporado à arquitetura de informações de negócios de uma aplicação de data warehouse. O resultado desse processo é a disseminação de informações refinadas e formatadas sobre a ótica de determinada questão de negócio, por mais específica que ela seja.

Ainda que a principal fonte de dados de um ambiente de web farming seja a Internet, os dados provenientes da Intranet da empresa podem, da mesma forma, ser inseridos nesse ambiente de informações gerenciais e de mercado, agregando valor aos dados externos capturados a partir da Web. As informações contidas na Intranet são em sua maioria dados sobre os processos internos da corporação e, por isso, podem auxiliar a estabelecer um cenário de concorrência mais acurado, uma vez incorporadas às informações externas à empresa.

Porém, independentemente da origem das informações que serão agregadas no ambiente de web farming, esses dados não são imediatamente incorporáveis às aplicações de data warehouse, necessitando, dessa forma, de uma formatação adequada. Por possuírem topologias de dados completamente diferentes, a incorporação de informações de um ambiente de web farming a uma aplicação de data warehouse requer um processo refinado de extração, transformação e carga, o qual tornará possível a junção das informações não estruturadas, provenientes da Internet, com as informações estruturadas, provenientes dos sistemas legados.

14.2.3 Estágios do Web Farming

A metodologia de implementação de um sistema de web farming possui basicamente quatro estágios de construção, cada um deles é realizado um após o outro, seguindo uma ordem cronológica rígida. Estes estágios de desenvolvimento têm por objetivo integrar a atividade de web farming com o data warehouse e, eventualmente, com algum tipo de sistema de Business Intelligence já implantado na empresa.

14.2.3.1 Objetivos de negócio

No primeiro estágio, é estabelecido o segmento de negócio no qual a tecnologia web farming será implementada. Esta definição é baseada no mercado e nos objetivos do empreendimento. Por exemplo, para o caso específico de um programa de gerenciamento de relacionamento de clientes, um sistema de web farming deverá ser desenhado no sentido de capturar as informações relativas aos clientes através da Internet e disponibilizá-las adequadamente para os usuários, independentemente do tipo de disseminação, direta ou indireta. Neste caso, os fatores críticos são documentados, um plano de descoberta é formulado, os provedores de conteúdo são identificados e as informações iniciais são disseminadas e compiladas dentro do escopo do negócio. É importante descrever claramente todos os fatores externos que produzirão impacto no negócio. A monitoração de qualquer fator crítico pode ser extremamente importante no processo de relacionamento com os clientes.

14.2.3.2 Homologação e infra-estrutura

No segundo estágio, a atividade de web farming é legitimada dentro da empresa. Esse processo pode se tornar demorado caso não exista participação ativa da área de negócio. Os processos de homologação de quaisquer sistemas de informações passam pela presença ativa da área usuário, e no caso do web farming não é diferente. Estas informações servirão como apoio nas atividades de tomada de decisão e, por isso, precisam estar corretas e, principalmente, atualizadas. Concomitantemente ao processo de homologação, é criada a infra-estrutura necessária para a realização das operações de produção de forma confiável, com precisão e rapidez.

14.2.3.3 Exploração do Web Farming

No terceiro estágio, a tecnologia relacionada ao web farming é explorada, especialmente na descoberta e estruturação das informações, quando são construídas as ligações para os provedores de conteúdo primário. Neste estágio, são implementados os filtros de extração e seleção para os vários provedores de conteúdo, analisando, estruturando e publicando o conteúdo extraído da Internet. Os filtros de seleção e extração são algoritmos de pesquisa estratégicos, com o objetivo de procurar os dados relevantes dos clientes nos sites de conteúdos especificados.

14.2.3.4 Armazenamento da informação

No quarto e último estágio, a informação que será armazenada no ambiente de data warehouse é estruturada, através da reavaliação dos objetivos do negócio. Esta reavaliação deve ocorrer sob o ponto de vista do esquema da aplicação de data warehouse, seguindo seu modelo de dados e a sua arquitetura de informações. Ao final desse estágio, a empresa possuirá um ambiente de data warehouse associado com uma série de outros sistemas, como aplicações analíticas, consultas OLAP, mineração de dados, o próprio web farming, dentre outros. Desta forma, a empresa estabelecerá o mapeamento das diversas entidades envolvidas no processo de gerenciamento do relacionamento com os clientes e criará um fator extremamente determinante para a obtenção de vantagem competitiva com relação aos seus concorrentes.

14.3. WEB MINING

A Internet determinou um incremento substancial na utilização de informações digitais. A Internet é um grande difusor de informações digitais, as quais podem ser obtidas a um baixo custo. As informações contidas na Internet são importantes não apenas para as pessoas, mas para as organizações também, especialmente quando decisões críticas precisam ser tomadas.

A grande maioria dos usuários realiza extrações de informações da Internet a partir de ferramentas de busca, search engines, ou navegadores Web, browsers. Contudo, esses dois mecanismos de busca não retornam necessariamente as informações que os usuários estão buscando, tanto em termos de volume quanto em termos de conteúdo.

O crescimento da disponibilização de informações on-line, combinado com a falta de uma estrutura mínima para a maioria dos dados web, proporcionou o desenvolvimento de ferramentas poderosas e computacionalmente eficientes para a mineração de informações na Internet.

Desta forma, o conceito de web mining pode ser definido como sendo o processo de descoberta e análise de informações úteis a partir de dados oriundos da Internet. A Internet envolve três tipos de informações on-line, que são os dados na própria Internet, os dados de log que informam quem são os usuários que estão navegando nas páginas web e os dados da estrutura web. Desta forma, a mineração de dados na Internet deve focar três principais assuntos, a mineração de estruturas web, a mineração de conteúdo web e, por fim, a mineração do uso da web. A mineração da estrutura web envolve a mineração das estruturas dos documentos e links contidos na Internet. A mineração do conteúdo web descreve a pesquisa automática dos recursos de informação web disponível de forma on-line. A mineração da utilização web inclui os dados contidos nos logs dos servidores de acesso à Internet, o registro dos usuários, seus perfis, suas sessões, transações e assim por diante.

14.3.1 Mineração da estrutura da Web

A maioria das ferramentas de recuperação de informações a partir da Internet faz uso apenas dos textos encontrados nas páginas Web, ignorando as informações contidas nos links entre elas. A mineração da estrutura da web objetiva estabelecer um sumário estruturado contendo informações sobre, não apenas os sites web, mas também sobre suas páginas e links. Contudo, o foco primário da mineração das estruturas das páginas web são as informações contidas nos links. Essas informações se constituem em um aspecto importante sobre os dados oriundos a partir da Internet. Dado um conjunto de documentos web interconectados, por meio dos dados contidos nos links web, podem ser descobertos fatos informativos bastante interessantes sobre as conectividades existentes no subconjunto de informações inseridas no site.

Integrado ao ambiente de web warehousing, existem algumas funções de web mining ligadas à estruturação de informações relativas aos registros das tabelas web, como por exemplo, a medição da freqüência dos links locais. Links locais conectam diferentes documentos web residentes no mesmo servidor. Essa medida descreve o inter-relacionamento entre documentos de sites distintos no mesmo servidor. Estas informações são provenientes das tabelas web armazenadas no ambiente de web warehousing no momento da realização de consultas à Internet. Essa medida pode ainda dar uma visão de integridade dos sites web, mostrando que a maioria das informações relacionadas se encontra no mesmo local. Por exemplo, uma página sobre esportes terá mais links relacionando os times de futebol do que links externos.

Outra medida é a freqüência dos registros web que contenham links que sejam interiores, ou seja, que apontam para o próprio documento. Essa medida permite a realização de uma referência cruzada com outras páginas web que apontem para o mesmo documento. Essa medida fornece ainda uma visão do fluxo das informações dentro dos documentos web. Por exemplo, um site de jornal referencia sistematicamente diversos outros itens locais, e essa medida pode identificar as informações relevantes contidas no mesmo site.

Outra medida é a freqüência dos registros web que contenham links que sejam globais, os quais apontam para diferentes sites Web. Essa medida fornece visibilidade sobre os documentos web ao redor da rede e auxilia na identificação de similaridades em conjuntos de documentos relacionados contidos em diferentes sites. Por exemplo, em uma busca sobre determinado tema, como "redes neurais", serão fornecidos diversos sites de pesquisa, os quais possuem um grande número de artigos sobre o assunto. Porém, cada um desses sites faz referência a outros sites de pesquisa, e, por causa disso, essa medida fornecerá uma boa visão sobre o inter-relacionamento entre diferentes sites com relação ao seu conteúdo ou objetivo principal.

A freqüência dos registros web que aparecem na mesma tabela, ou em entre um conjunto de tabelas, também é uma medida efetiva, e mostra o nível de replicação de documentos web dentro do ambiente de web warehousing. Essa medida pode auxiliar na identificação de sites espelhos, que contenham a mesma informação.

Outra medida importante é a quantidade média de registros webs retornados como resposta de determinada consulta, como por exemplo, "redes neurais".

Uma questão interessante é a possibilidade de se descobrir a natureza da hierarquia dos links em determinado site. Por exemplo, com relação aos sites que possuem ferramentas de busca na Internet, pode se descobrir qual a estrutura hierárquica da informação contida em sua página, como os tópicos de busca por assunto, as possibilidades de refinamento das consultas, dentre outros. Dessa forma, torna-se possível a descoberta de uma hierarquia conceitual para o armazenamento de informações para um objetivo específico, economizando-se tempo de projeto e construção de sites semelhantes.

A identificação dessas medidas são descobertas no nível inter documentos e dos próprios documentos e possibilitam a criação de modelos para classificação e agrupamento das páginas web.

14.3.2 Introdução – Web Bags

Conjuntos e bags são estruturas de armazenamento semelhantes. A diferença básica é que, quando um conjunto pode armazenar múltiplas ocorrências de um determinado membro, essa estrutura é denominada de bags. Fazendo uma analogia aos bancos de dados relacionais, os bags são como estruturas multivaloradas. Uma relação, ou seja, um conjunto de tuplas, é um modelo de dados simples e natural, passível de ser implementado em um banco de dados relacional. Contudo, os sistemas de banco de dados comerciais raramente são baseados puramente nas estruturas de conjuntos. Em determinadas situações, as relações que aparecem em sistemas de banco de dados podem conter tuplas duplicadas. Por exemplo, as declarações em SQL "select distinct" e "select sum(coluna)" podem ser melhor executadas se estruturas como bags forem utilizadas ao invés das estruturas de conjuntos. Enquanto as estruturas de conjuntos vêm sendo estudadas exaustivamente pela comunidade de banco de dados, as estruturas de bags, em especial em um contexto relacional, vêm sofrendo mais atenção recentemente por algumas razões, como por exemplo:

- Permitir que as relações contenham bags ao invés de conjuntos melhora a performance das operações de banco de dados. Por exemplo, ao realizar-se uma projeção, se a relação resultado puder ser armazenada em um bag, suas tuplas poderão ser trabalhadas individualmente. Note que ainda que o bag resultado seja grande, ele pode ser computado de forma bastante rápida.
- A possibilidade de se ter relações armazenadas como bags evita o custo de se remover as tuplas duplicadas das relações.
- As relações resultado armazenadas como estruturas bags permitem uma melhor performance nas operações de banco de dados subseqüentes, como união e intersecção, por exemplo.

Dado a alta taxa de crescimento das informações disponibilizadas na Internet, a localização de informações de interesse nos diversos conjuntos desestruturados torna-se, cada vez mais, um processo difícil de se realizar.

A utilização das estruturas representadas pelos web bags permite uma melhor visualização dos documentos web, tanto do seu conteúdo quanto dos seus links associados.

Dessa forma, essas estruturas de armazenamento das informações extraídas a partir a Internet podem ser utilizadas como fonte de mineração das próprias estruturas da Web, retirando inconsistências relacionadas à duplicação de informações, por meio da utilização de operadores web sobre as tuplas web, e relacionadas à replicação de links de documentos, por meio da utilização de operadores web sobre as tabelas web. Esse pré-processamento dos documentos web em um ambiente de web warehousing, facilita e acelera a execução dos processos de data mining voltados para a Web.

14.3.3 Mineração do Conteúdo da Web

A mineração do conteúdo da Web envolve basicamente a mineração dos dados contidos nos documentos extraídos a partir da Internet. Apesar da grande massa de dados não estruturados contidos na Internet, a mineração do conteúdo da Web é relativamente semelhante ao processo de data mining em bancos de dados relacionais. O objetivo é identificar padrões de comportamento e extrair conhecimento a partir de um conjunto de dados que, neste caso, estão relacionados a documentos web armazenados em tabelas web dentro de um ambiente de web warehouse. Entretanto, a natureza não estruturada dos dados da Internet requer uma metodologia um pouco particular para a efetivação do processo de data mining em suas bases. O conteúdo da web é formado por tipos de dados, como dados de imagem, áudio, vídeo e texto. Na maioria dos casos, em banco de dados relacionais, as informações são bem formatadas e arranjadas em estruturas tabulares bem definidas, com prévio conhecimento dos domínios dos campos das tabelas. No caso dos dados web, os documentos são totalmente desestruturados, e atributos diferentes em documentos web podem possuir semântica similar no contexto das informações web. Por exemplo, o preço de determinados produtos em uma mesma página web pode ser mostrado em figuras com números e textos com números, o que pode dificultar a comparação dos mesmos em um processo automatizado.

Outro ponto relacionado ao web mining é o próprio processo de mineração do conteúdo. A mineração de informações provenientes da Internet necessita que uma análise prévia das informações seja feita, selecionando-se os dados úteis a serem minerados. Assim, a idéia básica é aproximar o processo de data mining tradicional, realizado em dados estruturados, ao processo de mineração da web. Uma forma de se fazer isso é a criação de um ambiente de web warehousing para o armazenamento das informações extraídas da Internet.

Analogamente ao processo tradicional de data mining, a limpeza dos dados a serem minerados é de fundamental importância, e a preparação da base utilizada como amostra para o desenvolvimento dos modelos deve passar por processos intermediários, como redução das variáveis, identificação da sua importância, reconhecimento dos outliers, normalização quando necessário, análise das distribuições estatísticas, criação de intervalos de valores, dentre outros.

A mineração de conteúdo na Internet necessita selecionar previamente as informações úteis antes de estabelecer as análises e desenvolver os modelos. Não deve ser esperado que uma ferramenta de data mining voltada para a web possa realizar uma busca na Internet e descobrir o conhecimento requisitado pelo usuário, de forma simples e automática. No caso da Internet, o ideal é que a mineração seja feita primeiramente sobre os metadados do conteúdo relacionado à web. Conforme visto ao longo do livro, esses metadados podem ser representados pelo próprio ambiente do web warehousing, no qual a busca inicial por conhecimento se dá baseado na coleção das tuplas web armazenadas nas tabelas web inseridas no referido ambiente. A busca prévia nos metadados evita a pesquisa em dados redundantes, fato comum na Internet, e que pode prejudicar a performance e precisão dos modelos de data mining a serem desenvolvidos, sem mencionar na capacidade de generalização de determinados modelos analíticos quando executados contra outras bases de dados.

Uma questão de extrema importância no processo de mineração do conteúdo da Internet é a limpeza dos dados. Essa limpeza é fundamental para que o processo de data mining seja realmente efetivo e deve ser executada sobre os dados selecionados para a realização da análise. É necessário que, na preparação dos dados para o desenvolvimento do modelo, os dados passem por etapas de limpeza, transformação e enriquecimento, quando possível. No caso específico do processo de web mining, os dados provenientes da Internet são constituídos por nós e links e são formados por palavras chaves específicas. Dessa forma, alguns operadores algébricos específicos para a web devem ser utilizados para selecionar apenas as informações relevantes a um determinado modelo.

No processo de web mining, alguns tipos de conhecimentos particulares podem ser descobertos quando se realiza a mineração no conteúdo das informações oriundas da Internet. Os tipos de conhecimento a serem descobertos são relações de generalizações, como regras características, regras discriminantes, de associação, de classificação e de desvio. A identificação dessas regras possui interesse geral nas consultas à Internet, como por exemplo, descobrir uma regra que 80% das consultas realizadas em determinado site sobre algoritmos de data mining são sobre redes neurais.

A descoberta de desconhecimento "escondido" na Internet é uma das maiores funcionalidades do processo de web mining, em especial, quando essa mineração é realizada sobre o ambiente de web warehousing. Esse conhecimento descoberto pode ser bastante útil para os tomadores de decisão, auxiliando-os na identificação de comportamento anômalos ou desconhecidos na utilização ou no conteúdo da Internet. A web possui uma característica bastante particular sobre demais ambientes de informação: suas fontes de dados são heterogêneas, seus dados são bastante diversificados e desestruturados e a categorização dos seus dados é substancialmente dificultada. Muitas vezes, os usuários podem ter mais incerteza sobre o conhecimento escondido em um documento web específico do que em um banco de dados completo, como em um ambiente de web warehouse. Dessa forma, é necessário se estabelecer um processo interativo e, por vezes, iterativo, para a efetiva realização do processo de mineração sobre os documentos web. Uma linguagem de consulta específica para processos de mineração sobre os documentos web pode ser bastante útil para materializar o significado da interação entre o usuário e o próprio processo de data mining.

Essa linguagem pode ser útil também para tornar o conteúdo da Web interativo. A apresentação do conhecimento descoberto aos usuários tomadores de decisão pode ser um processo complexo e de difícil formatação. Uma interface de consulta pode facilitar a seleção dos subconjuntos de dados objeto de determinado estudo, bem como, especificar os tipos de regras a ser descobertas, a quantidade de grupos a ser classificado, o grau de interesse das regras de indução, dentre outros. De forma análoga, uma interface gráfica é útil não apenas na configuração das regras, mas também na análise dos resultados encontrados, como a distribuição das características das classes pertinentes, das regras de associação ou indução, ou a seqüência de acontecimento dos eventos encontrados na base de dados.

14.3.4 Mineração do uso da Web

Minerar o uso da Internet é descobrir padrões de utilização e acesso aos sites de conteúdo por meio de consultas sobre os logs de acesso disponibilizados pelos servidores web. Os servidores web mantêm contas de acesso para cada usuário, as quais possuem informações sobre todas as atividades de navegação ao site, como o perfil do usuário, padrão de acesso às páginas etc. Essas informações podem ser utilizadas para estabelecer o perfil de comportamento de acesso dos usuários com relação a determinado site ou, mesmo, a toda rede web.

Com relação ao ambiente de web warehousing, a mineração das tuplas web, bem como das tabelas web, pode fornecer uma visão do padrão de consulta realizada na Internet, capacitando o ambiente a estabelecer um gerenciamento ótimo dos acessos, identificando as páginas mais pesquisadas, os horários de pico e, assim, permitindo uma melhor estruturação do ambiente de consulta para os usuários.

Descoberta de conhecimento em dados oriundos da Internet é um processo mais complexo que o tradicional, devido principalmente ao grande volume de dados utilizados na mineração. Uma metodologia útil para realizar processo de descoberto de conhecimento sobre os dados web é criando-se o conceito de hierarquias. Esse conceito está relacionado à construção de classes hierárquicas de conhecimento por meio da extração e generalização de termos da web oriundos dos documentos web. Para palavras não classificadas, esses termos podem ser classificados baseando-se nas propriedades já armazenadas nas classes identificadas. Pode-se, ainda, associar pesos a cada nível da hierarquia de classes, de acordo com a importância semântica de cada um dos termos classificados.

Essas classes podem ser utilizadas para estabelecer as consultas sobre os dados web, criando-se um mecanismo de respostas inteligentes a partir de consultas diretamente realizadas ao ambiente de web warehousing. Outra aplicação é a possibilidade de se criar um template de consulta para os usuários dependendo do tipo de consulta pesquisado e do conhecimento adquirido ao longo do tempo.

ANEXO I: POSICIONAMENTO DE TECNOLOGIAS E FORNECEDORES DE BUSINESS INTELLIGENCE

Colaboração de Sabrina Martins Xavier

CAPÍTULO 15
AMBIENTE DE INTELIGÊNCIA DE NEGÓCIOS

O mapeamento tecnológico e o posicionamento dos fornecedores de plataformas para Business Intelligence apresentadas neste livro estão baseadas em pesquisas junto à uma série de empresas de consultoria, integradores de software, e fornecedores de solução, bem como, segundo as pesquisas de evolução tecnológica e posicionamento do Gartner Group.

Não existe uma seqüência cronológica de execução de projetos de inteligência de negócio, mesmo associado ao processo de evolução tecnológica. Contudo, vale salientar que esta evolução é mandatória para as empresas, sobretudo as que estão inseridas em um mercado altamente competitivo, como é o caso de empresas dos setores financeiros, varejo e telecomunicações. Para corroborar com este cenário de importância de um ambiente analítico, algumas pesquisas de institutos de pesquisa, especialmente o Gartner Group, apresentam as prioridades dos CIO's, tanto na América Latina quanto globalmente.

Em 2006 e 2007, as tecnologias relacionadas com a implementação de um ambiente de Business Intelligence figuram como a segunda prioridade dos diretores de Tecnologia da Informação na América Latin, confirmando a forte tendência de investimentos em ambientes que suportem um processo de competitividade empresarial.

Contudo, considerando o cenário global, as tecnologias que estão relacionadas com os processos de Business Intelligence são a principal prioridade dos diretores de Tecnologia da Informação em todo o mundo, considerando os anos de 2006 e 2007. Este fato mostra uma forte estabilidade no direcionamento dos investimentos de tecnologia da informação para a criação de ambientes analíticos de apoio ao processo decisório.

Essa tendência do ponto de vista de direcionamento dos investimentos, com base nas principais preocupações dos diretores de tecnologia, mostra que a área de Business Intelligence permanece como uma possibilidade concreta de, se bem implementada, gerar um diferencial competitivo para as corporações.

15.1. AMBIENTE TECNOLÓGICO

Como mencionado anteriormente, parte do trabalho realizado para a definição das evoluções tecnológicas para sistemas de inteligência de negócio foi feito com base em pesquisas publicadas por institutos de pesquisa, em especial, pelo Gartner Group.

Como forma de descrever as tendências tecnológicas, O Gartner Group estabelece um gráfico de evolução das principais tecnologias relacionadas a determinado segmento, denominado de Hype Cycle. Em uma escala de tempo, o Gartner define para cada tecnologia analisada seus graus de visibilidade e maturidade. Esse gráfico posiciona a expectativa de adoção das tecnologias ao longo do tempo.

Adicionalmente ao Hype Cycle, que avalia o grau de maturidade das tecnologias, o Gartner divulga um gráfico de posicionamento dos fornecedores de soluções, de acordo com o segmento de atuação e as tecnologias avaliadas. Esse gráfico, conhecido como Magic Quadrant, define os fornecedores de tecnologia como atuadores de nichos de mercado, visionários, desafiantes e líderes, de acordo com a habilidade de execução de sua tecnologia, e a completude da mesma.

A seguir são descritos em mais detalhes os dois gráficos utilizados no posicionamento tecnológico e de fornecedores apresentados neste anexo.

15.1.1 Hype Cycle

Dado o posicionamento de uma empresa, podemos distinguir seu grau de maturidade e sua visibilidade perante o mercado.

Não necessariamente, todas as tecnologias citadas no Hype Cycle estarão contidas em nossa empresa, mesmo assim, havendo oscilações, podemos definir o comportamento da empresa. Abaixo seguem os pontos marcados no Hype Cycle:

- Gatilho Tecnológico: Demonstração pública da tecnologia, prevalecendo o lançamento dos produtos de tecnologia onde há interesse da indústria e da mídia.
- Pico de Expectativas: Forte entusiasmo sobre o uso da tecnologia, e projeções otimistas sobre sua adoção. Essa fase é caracterizada por alguns sucessos e muitos fracassos, onde a tecnologia é levada ao limite.
- Vale da Desilusão: A tecnologia não atende as expectativas para toda a gama de utilizações previstas, e é abandonada pela mídia.
- Rampa da Iluminação: As experiências são focadas e muitos trabalhos geram um entendimento mais adequado da aplicabilidade da tecnologia, definindo melhor os riscos associados e os benefícios esperados. Nesta fase as metodologias e as ferramentas comerciais começam a ficar disponíveis,

facilitando o processo de desenvolvimento e adoção da tecnologia.
* Platô da Produtividade: Benefícios reais do uso da tecnologia são demonstrados e aceitos. Nesta fase, as ferramentas de mercado, bem como os métodos de utilização estão significativamente mais estáveis. È a fase das segundas e terceiras geração das ferramentas comercias que utilizam a tecnologia.

Conforme demonstrado na figura a seguir, uma empresa pode ser considerada pioneira se faz a adoção de determinada tecnologia durante o gatilho tecnológico ou o pico das expectativas. Nesses casos, as empresas iniciam ou alavancam a adoção das tecnologias. Este tipo de empresa assume riscos com relação à adoção de uma tecnologia na expectativa de conquistar uma vantagem competitiva ou um benefício de mercado.

Uma empresa tradicional faz a adoção de determinada tecnologia quando a mesma se encontra, fundamentalmente, na rampa de iluminação, ou seja, logo após o vale das desilusões, e antes do platô de produtividade. Este tipo de empresa deseja alcançar algum tipo de vantagem competitiva por meio do uso de uma nova tecnologia, mas não quer se submeter a muitos riscos pela sua adoção.

Por fim, quando uma empresa faz a adoção de uma determinada tecnologia apenas quando esta atinge o platô de produtividade, ela pode ser considerada conservadora. Isto significa dizer que este tipo de empresa só começa a utilizar uma tecnologia quando a mesma já foi testada, maturada, e colocada em prova pelo mercado em geral. Este tipo de empresa não deseja correr riscos pela incorporação de uma nova tecnologia, e só inicia o uso da mesma após maturação do mercado.

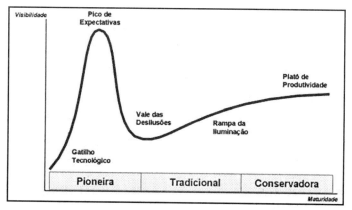

Ilustração 133: Categoria da empresa segundo adoção tecnológica.

Complementando o posicionamento das tecnologias com relação à visibilidade e maturidade, em especial no que tange a sua adoção, o Hype Cycle apresenta, para cada tecnologia, o tempo esperado para que a mesma alcance o platô de produtividade, ou seja, sua maturidade plena. As estimativas do Gartner Group consideram faixas pré-determinadas de tempo, como menos do que dois anos, entre dois e cinco anos, entre cinco e dez anos, a acima de dez anos. Como algumas tecnologias não conseguem sobreviver até o platô de produtividade, o Gartner classifica normalmente no vale das desilusões que determinada tecnologia se tornará, ou se tornou, obsoleta antes de alcançar o platô de produtividade.

Existem ainda outras interpretações que podem ser extraídas do Hype Cycle, como o grau de benefício esperado pela adoção de determinada tecnologia. O Gartner classifica este benefício em quatro diferentes níveis:

- Transformacional: o qual permite que uma empresa encontre novos meios de realizar um negócio pela adoção de novas tecnologias, resultando normalmente em um maior dinamismo empresarial.
- Alto: o qual permite que uma empresa aumente o desempenho na execução de determinados processos pelo uso de novas tecnologias, resultando em aumento de receita ou redução de custos operacionais.
- Moderado: o qual permite que uma empresa estabeleça melhorias incrementais em determinados processos que podem gerar aumento de receita ou redução de custos operacionais.
- Baixo: o qual permite que uma empresa aprimore sutilmente determinados processos corporativos, os quais dificilmente serão traduzidos em aumento de receita ou redução de custos, como por exemplo, melhorar a experiência dos seus clientes externos.

Finalmente, o Gartner Group estabelece sete diferentes níveis de maturidade quanto à adoção de determinada tecnologia, a saber:

- Embrionário: significa que a tecnologia ainda se encontra em laboratório, e não possui produto ou fornecedor formal.
- Emergente: significa que a tecnologia já possui fornecedores formais, e se encontra em piloto pelos líderes da indústria, mas ainda em sua primeira versão, por um alto custo de aquisição, e com elevado nível de customização para sua adoção.
- Adolescente: significa que o entendimento da tecnologia está amadurecendo, em termos tecnológicos e de processos, e que a mesma

já se encontra em uma segunda versão, com menor grau de customização para a sua adoção.
- Objetivo final em breve: significa que a tecnologia está provada, com rápido envolvimento dos fornecedores, e que a mesma já se encontra em sua terceira versão, com diversas funcionalidades nativas, e com metodologia associada.
- Objetivo final maduro: significa que a tecnologia já está robusta, sem muita evolução tecnológica e com diversos fornecedores disponíveis.
- Legada: significa que a tecnologia não é apropriada para novos desenvolvimentos, com alto custo de substituição ou migração, onde o foco é a manutenção do investimento.
- Obsoleta: significa que a tecnologia raramente é utilizada.

A seguir serão descritas as características associadas ao gráfico de posicionamento dos fornecedores, conhecimento como quadrante mágico.

15.1.2 Magic Quadrant

O Gartner Group utiliza os quadrantes mágicos, ou Magic Quadrants, para definir o posicionamento dos fornecedores de tecnologia, fazendo uso de uma matriz bidimensional que avalia os provedores de soluções em dois eixos. Estas dimensões descrevem os fornecedores em visão do mercado e habilidade de execução. O quadrante mágico utiliza aproximadamente quinze critérios para categorizar os fornecedores nesses dois grupos.

Para o eixo relacionado com a visão de mercado do fornecedor, o Gartner utiliza o entendimento que o provedor possui do mercado, a estratégia de mercado adotada, tanto de vendas quanto de ofertas, o modelo de negócio estabelecido, a inovação e o posicionamento geográfico.

Para o eixo associado com a habilidade de execução da tecnologia, o Gartner utiliza os produtos e serviços oferecidos pelos fornecedores de tecnologia, a viabilidade de venda das soluções segundo o custo, a penetração de execução no mercado da tecnologia, a experiência dos clientes no uso das soluções e a facilidade de operação da mesma.

Com base nesses critérios, o posicionamento no quadrante mágico pode ser categorizado em quatro grandes grupos.

- Niche players (fornecedores para nichos de mercado): São bons em um segmento específico de mercado, porém, são limitados em termos de inovação. Um dos motivos pode ser pelo fato de focarem em uma funcionalidade ou região geográfica específica ou serem novos no

mercado. Poucas implementações e poucos clientes.
- Challengers (desafiantes): Alta habilidade de execução, porém, não tem um plano definido para manter uma proposição de alto valor para novos clientes. Embora tenha um tamanho significativo e bons recursos financeiros, falta visão, inovações e um entendimento claro das necessidades do mercado.
- Visionaries (visionários): Têm uma boa visão de como o mercado está se desenvolvendo, alinhada com a visão do Gartner Group, mas não apresenta capacidade provada de execução. Pode significar uma estratégia competitiva para pequenos ou grandes fornecedores para se diferenciarem no mercado. Oferecem novas tecnologias, serviços e modelos de negócio e para se tornarem líderes ou desafiantes dependem das empresas aceitarem a nova tecnologia ou de parcerias com fornecedores para obter mais força no mercado.
- Leaders (líderes): Alta maturidade e ótima visão do mercado o que sustenta sua posição no quadrante. Têm uma grande quantidade de clientes satisfeitos.

Ilustração 134: Quadrante Mágico do Gartner Group.

15.2. TECNOLOGIAS EMERGENTES

A seguir, serão descritas algumas das tecnologias emergentes, segundo o Gartner Group, relacionadas com ambientes de Business Intelligence e Corporate Performance Management. Estas tecnologias são normalmente apresentadas no Hype Cicle do Gartner, e descrevem ainda o tempo de adoção previsto pelas empresas segundo as estimativas deste instituto de pesquisa.

15.2.1 Entity Resolution and Analysis

Utilização de funcionalidades de data mining com capacidade de identificação de associações entre entidades de diferentes classes, como pessoas, organizações e produtos. Por meio de mineração de dados pode-se identificar uma rede de afinidades entre essas entidades, que cooperam em grupo, no intuito de descobrir pessoas com atividades ilegais, ou criminosas, para detecção ou prevenção de fraude.

No momento em que essa tecnologia atingir o pico das expectativas, haverá um desafio a ser superado, que é a qualidade de dados empresariais. Para a correta associação entre entidades é de essencial importância que os dados sejam confiáveis, para não haver detecção de falsos relacionamentos entre as mesmas, desta forma, no momento da implementação dos primeiros projetos de Entity Resolution and Analysis, os problemas com a qualidade de dados irão revelar a fragilidade dessa tecnologia.

Trata-se de uma tecnologia com pequeno índice de penetração no mercado, de 1% a 5%, com grau de maturidade classificada como "Adolescente".

15.2.2 Customer Relationship Performance Management

Um conjunto de tecnologias para identificação de indicadores de desempenho de negócio, KPI – Key Performance Indicator, do relacionamento do cliente com a empresa, marketing, vendas e serviços, para prover relatórios e alertas de status aos executivos com o objetivo de ajudá-los no planejamento de estratégias efetivas para o desempenho esperado.

Para a medição do desempenho de relacionamento do cliente com a empresa, são utilizadas métricas não financeiras, como satisfação do cliente e valor do cliente, levando-se em consideração que o relacionamento do cliente é definido pelas iterações entre ele e a empresa por todos os canais disponíveis.

Apesar de esta tecnologia ser considerada ainda imatura, devido a subjetividade envolvida nas medições de desempenho, tecnologias como data mining podem prover identificação e validação quantitativa dos KPI's de iteração dos clientes, assim como previsões e simulações de um provável desempenho em determinada área. Uma variedade de soluções, como gerenciamento de feedback, pesquisa de mercado, reconhecimento de voz e text mining são requeridas para a construção do entendimento da opinião e da satisfação do cliente, enquanto que data mining e mecanismos de pontuação podem ser necessários para estimar aspectos relacionados ao valor do cliente.

A medição do desempenho do relacionamento com o cliente em qualquer grande corporação é extremamente importante, uma vez que a melhoria no serviço de atendimento ao cliente tem sido tratada com prioridade pelas grandes empresas.

Conforme dito anteriormente, a tecnologia voltada para medição do desenpenho do relacionamento da empresa com seus clientes, Customer Relationship Performance Management, é considerada ainda imatura, devido a sua subjetividade e a necessidade de implementação de outras soluções paralelas para suportar o processo de medição do desempenho do relacionamento entre cliente e empresa. Desta forma, possui um grau de penetração no mercado de menos de 1%.

15.2.3 Integrated Business Planning

As tecnologias voltadas para o planejamento de negócios integrados é o conjunto de sistemas, processos e competências que provê o alinhamento estratégico e a capacidade de modelagem que falta nos processos tradicionais de planejamento de vendas e operação. O Planejamento de negócios integrado liga o gerenciamento de desempenho para as estratégias de vendas e operação comercial, com a capacidade de modelagem estratégica, financeira e análises projetivas.

As soluções de planejamento de negócios integrado possuem como propósito principal permitir a modelagem e o alinhamento das estratégias de negócios com as estratégias operacionais das empresas.

Trata-se de uma tecnologia emergente, com grau de penetração no mercado de 1% a 5%.

15.2.4 Produtct Performance Management

É o processo utilizado para gerenciar o desempenho de produtos por toda a cadeia de valor envolvida desde a criação do produto a aceitação do mesmo no mercado. Consiste em uma metodologia para mensurar o desempenho versus a estratégia, convergência de aplicação analítica e de negocio, que provê subsídios para a tomada de decisão.

Normalmente, as informações relacionadas a produtos se encontram espalhadas por toda a empresa, em sistemas transacionais que operam para suportar os processos de negócio. Desta forma, para haver um monitoramento do desempenho dos produtos da empresa, se faz necessária a criação de um ambiente gerencial único que mantenha todas as informações relacionadas a produtos para que as regras para a criação dos indicadores de desempenho sejam construídas.

Atualmente, não há fornecedores no mercado que oferecem uma solução pronta para medir o desempenho de produtos nas empresas. Para a implementação de um projeto como este, é necessária a criação de um repositório contendo todas as informações referentes aos produtos, de forma que as mesmas sejam consolidadas e associadas a métricas de indicadores de desempenho. Uma iniciativa dessa natureza proporciona um ambiente gerencial e analítico para o monitoramento dos produtos por meio de relatórios, painéis de controle, e alertas, promovendo uma plataforma efetiva para apoio ao processo de tomada de decisão.

Apesar de essa tecnologia ser considerada embrionária pelo Gartner, devido à ausência de fornecedores que possuem uma solução robusta, e ao pequeno percentual de penetração no mercado, de 1% a 5%, existe uma forte indicação de que a implementação de um projeto de monitoramento do desempenho de produtos em grandes corporações seja factível. Uma vez que a empresa já possua na área de Business Intelligence um ambiente gerencial e analítico, capaz de produzir painéis de controle e relatórios de indicadores, é necessária apenas a inclusão de informações adicionais a respeito do ciclo de vida dos produtos.

15.2.5 Closed-Loop Performance Management

É o processo de aproximação do monitoramento de indicadores de negócio com os ajustes na estratégia decorrentes de análises de mercado, montando um ciclo de retro-alimentação para o processo de planejamento estratégico. O conceito é a combinação do monitoramento de processos e métricas de negócio, com a disponibilização de informações estratégicas e dados operacionais em tempo real. Uma solução dessa natureza deve fazer uso de tecnologias de colaboração e alertas, de forma a possibilitar aos usuários a definição, o acompanhamento e a tomada de decisão por meio de ações no próprio sistema, baseadas no resultado das análises dos indicadores.

Para a construção de uma solução como esta, é essencial a existência de um ambiente de aplicações analíticas, baseado em uma infra-estrutura de Business Intelligence, de uma aplicação de monitoramento de atividades de negócio, BAM – Business Activity Monitoring, e de ferramentas de trabalho para a execução das ações. Ferramentas de modelagem de processos, BPM – Business Process Modeling, também são importantes, pois possibilitará a otimização dos processos como parte do ciclo de retro-alimentação das atividades de planejamento estratégico.

Trata-se de um conceito considerado como adolescente pelo Gartner, e com grau de penetração no mercado de 1% a 5%, devido principalmente a complexidade do ambiente necessário para a implementação de projetos, bem como, a ausência de fornecedores que ofereçam uma solução completa.

15.2.6 Open-Source Business Intelligence Tools

É a disponibilização de tecnologia e aplicações de Business Intelligence, em forma de componentes, de forma livre e gratuita. É uma opção para empresas que necessitam de alternativas para os altos custos relacionados com as tecnologias de inteligência de negócios. Entretanto, essas soluções são pouco robustas e apresentam fraco desempenho em termos de segurança, escalabilildade, administração, metadados e interface com o usuário.

Trata-se de uma prática ainda emergente, com poucos benefícios para o negócio e pouca penetração no mercado de Business Intelligence, com menos de 1%.

15.2.7 SaaS - Business Intelligence

É definida como funções e aplicações de Business Intelligence comercializadas por fornecedores na modalidade de serviços, acessados via internet, sem a necessidade de instalação e manutenção da solução no próprio site. Tornou-se uma alternativa para pequenas e médias empresas que enfrentam problemas com alto custo de infra-estrutura em projetos de inteligência de negócios e grande tempo de desenvolvimento dos mesmos.

Trata-se de uma tecnologia classificada como embrionária e com baixo grau de penetração no mercado, com menos de 1%.

15.2.8 SOA-Based Analytic Applications

Aplicações analíticas disponibilizadas como serviços, o que possibilita usuários e aplicações consumirem funcionalidades sistêmicas na forma de serviços, além de criarem componentes de acordo com as necessidades de negócios. Não há grandes benefícios para empresas que já possuem soluções e infra-estrutura de Business Intelligence.

Trata-se de uma tecnologia considerada emergente, porém com pouca penetração no mercado, de cerca de 1% a 5%.

15.2.9 In-Memory Analytics

É uma tecnologia que provê uma alternativa para problemas de performance em aplicações de Business Intelligence, onde os dados detalhados são carregados em memória para melhor desempenho nas consultas e cálculos dinâmicos. Desta forma, não há necessidade da criação prévia de agregações e cálculos. Entretanto, a maioria das aplicações de inteligência de negócios não trabalha com 64-bits, fator determinante para a implementação deste tipo de tecnologia.

Trata-se de uma tecnologia considerada emergente pelo Gartner, e com pouca penetração no mercado, de cerca de 1% a 5%.

15.2.10 Master Data Management

É o processo onde as unidades de negócio e a área de tecnologia colaboram para conciliar, limpar, publicar e proteger as informações de bem comum, as quais devem ser compartilhadas por todas as áreas da corporação. Uma gestão corporativa dos dados garante a consistência, a precisão, o gerenciamento e a responsabilidade sobre as principais informações da empresa, provendo a capacidade de eliminação das intermináveis discussões sobre a veracidade das informações empresariais.

Uma solução de MDM é parte importante de uma solução robusta para as empresas que possuem forte comprometimento com o gerenciamento das informações corporativas, ajudando as empresas a quebrarem a barreira operacional de implementação de um projeto como este, proporcionando maior agilidade e simplicidade nas atividades de integração.

MDM é a combinação de tecnologias como CDI – Customer Data Integration, voltada para consolidação dos dados dos clientes, e PIM – Product Information Management, voltado para gestão das informações de produtos. Dessa forma, uma iniciativa de MDM foca na construção de um ambiente corporativo para a integração de dados operacionais relacionados a clientes e produtos, porém com a extensão de informações de outros domínios da empresa, como receita, custos, penetração, e outros.

Trata-se de uma tecnologia emergente que, apesar de pouca penetração no mercado, na faixa de 1% a 5%, pode trazer grandes benefícios para as empresas. A previsão é que em 2010, 70% das empresas irão utilizar a tecnologia de MDM como um processo disciplinado para atingir consistência no compartilhamento de informações de negócios, objetivando melhorar a eficiência operacional e gerando um diferencial competitivo.

15.2.11 Real-time Best Next Action

Combina as análises preditivas e a capacidade de tomada de decisões para identificação da melhor ação a ser tomada em um processo em tempo real, como nos serviços de interação com clientes, por exemplo. As análises podem ser baseadas em diferentes abordagens, como produtos com mais afinidades com o cliente ou predição comportamental do cliente. Contudo, a solução deve incluir uma capacidade de decisão, baseadas em regras ou em comportamento, para selecionar a melhor das diversas possibilidades de tratamento.

Deve-se considerar essa abordagem inicialmente apenas para interações de alto risco, como abandono de clientes, avaliação de fraude e gestão de risco.

Trata-se de uma tecnologia considerada emergente, e com baixa taxa de penetração no mercado, com cerca de 1% a 5%.

15.2.12 Search Capabilities for Business Intelligence

Capacidade de busca para indexar e recuperar informações não estruturadas nos ambientes de Business Intelligence, permitindo aos usuários a pesquisa por relatórios, métricas ou outros objetos no repositório corporativo de metadados do BI. Além de facilitar a busca de dados analíticos e gerenciais, essa tecnologia também possibilita os usuários analisarem informações de um relatório para outro sem necessidade de um mapeamento pré-definido pela TI de qual caminho de busca deverá ser percorrido.

Os principais fornecedores de soluções de Business Intelligence evoluíram suas plataformas, ou fizeram parcerias e aquisições para que essa capacidade de busca pudesse ser aplicada por mais empresas.

A capacidade de busca em ambientes de Business Intelligence, além de facilitar aos usuários finais encontrem o conteúdo que necessitam, pode possibilitar que qualquer usuário se torne um usuário de aplicações de inteligência de negócios. Para a implementação desta tecnologia em um ambiente de BI é necessário que o mesmo possua um repositório que contenha informações sobre o processo analítico como um todo, desde a captura dos dados nos sistemas transacionais até a disponibilização dos mesmos na forma de indicadores de desempenho. Um ambiente desse tipo proporciona maior capacidade analítica, maior agilidade no uso das informações, se caracterizando dessa forma como um efetivo sistema de apoio a tomada de decisão.

É uma tecnologia que está classificada como emergente, e apesar de pouca penetração no mercado, pode trazer grandes benefícios em termos de exploração do ambiente de Business Intelligence existente nas empresas.

15.2.13 Business Activity Monitoring

É a tecnologia que provê a disponibilização em tempo real de eventos operacionais, relacionados aos processos de negócios da empresa, no sentido de possibilitar o monitoramento de indicadores de desempenho operacional.

As aplicações de BAM – Business Activity Monitoring, possuem como principal propósito gerar alertas sobre indicadores de negócio, sinalizando uma oportunidade ou problema, com o objetivo claro de melhorar eficácia das operações empresariais, elevando a consciência sobre assuntos importantes da corporação, ao disponibilizar as informações no momento em que elas ocorrem.

O principal benefício das aplicações de BAM é possibilitar o monitoramento fim a fim dos processos de negócio, demonstrando possíveis anomalias em tempo-real, gerando assim a capacidade de ação sobre determinado problema de forma mais rápida, evitando que o mesmo tome proporções maiores.

Trata-se de uma tecnologia classificada como adolescente, com considerável penetração no mercado, de cerca de 20%, e que pode promover grandes benefícios para as empresas.

15.2.14 Profitability Modeling and Optimization

Tem como objetivo determinar e alocar os custos dos processos operacionais da empresa, com alto nível de granularidade. Identifica a rentabilidade de clientes e produtos baseado no custeio ABC. Permite que a organização entenda quais produtos, clientes e serviços são mais lucrativos, e naturalmente, aqueles que dão prejuízos. Esse entendimento pode direcionar a empresa para um caminho novo ou mais eficiente na condução dos negócios e na disponibilização dos serviços.

É uma tecnologia considerada quase madura, com significativo grau de penetração no mercado, de 5% a 20%, e que pode trazer grandes benefícios para as empresas.

13.2.15 Interactive Visualization

É uma tecnologia que oferece inúmeros tipos de análises multidimensionais utilizando imagens, gráficos, mapas de calor, mapas geográficos, gráficos de dispersão ao invés de apenas linhas e colunas. O tipo de visualização dos dados promovida por esta tecnologia possibilita a análise dos dados interagindo com a representação visual dos mesmos.

Os fornecedores de plataformas de Business Intelligence estão começando a oferecer esta tecnologia como um diferencial aos tradicionais relatórios de inteligência de negócios. Contudo, a utilização desta tecnologia irá atingir o ápice em torno de 2 a 5 anos, quando a adoção de Flash, Ajax e outras tecnologias de Web 2.0 estiverem mais difundidas.

Trata-se de uma tecnologia classificada como adolescente, e com baixo grau de penetração no mercado, com cerca de 1% a 5%.

15.2.16 CPM Suites

É o conjunto de aplicações, de um mesmo fornecedor, que contempla pelo menos três principais aspectos de CPM – Corporate Performance Management, como funcionalidades de planejamento orçamentário, indicadores de desempenho empresarial, custeio ABC, consolidação financeira e relatórios financeiros e regulatórios.

Essa suíte além de ajudar a gerenciar o desempenho de toda a empresa, e de ser ponte entre a estratégia e a execução operacional, alavanca os investimentos de Business Intelligence de forma a trazer consistência para relatórios financeiros e operacionais que podem melhorar a governança corporativa, ajudando no endereçamento de questões de conformidade.

Trata-se de uma tecnologia considerada quase madura, e apesar de baixa penetração no mercado, de cerca de 1% a 5%, seus benefícios são de caráter transformacional, uma vez que impacta a forma de planejamento e acompanhamento de indicadores da empresa.

15.2.17 Business Application Data Warehouses

É a combinação de capacidades de Business Intelligence e Data Warehouse que foram pré-construídas e pré-integradas para serem utilizadas em uma aplicação de negócio, como em sistemas de ERP – Enterprise Resource Planing e CRM – Customer Relationship Management. Dentro deste pacote, geralmente, são pré-definidos os extratores de dados, as funções de extração, transformação e carga, os modelos de dados, os contextos de negocio, os modelos de relatórios, as métricas, as consultas, oos cubos multidimensionais, os indicadores de desempenho, dentre outros.

Justamente por se tratar de um pacote pré-definido, não se pode esperar que este modelo atenda as expectativas em termos de usuários, necessidades suportadas, flexibilidade, grau de customização, escalabilidade e desempenho.

Trata-se de uma tecnologia quase madura, com alto grau de penetração no mercado, de cerca de 20% a 50%, porém com benefícios moderados para as empresas, devido às suas limitações de atendimento das necessidades de negócio.

15.2.18 Excel as a Business Intelligence/CPM Front End

É a utilização do Excel como uma das ferramentas de distribuição de informações das plataformas de Business Intelligence, assim como entrada de dados e manipulação de resultados de aplicações de CPM – Corporate Performance Management.

O objetivo desta tecnologia é reduzir a utilização do Excel para construção de aplicações stand-alone, assim como controlar a proliferação de planilhas por toda a organização, mantendo o Excel como uma ferramenta para distribuição de informações conectada aos aplicativos de BI e CPM.

Trata-se de uma tecnologia quase madura, com alto grau de penetração no mercado, com cerca de 20% a 50%, porém com poucos benefícios reais para as empresas.

15.2.19 Real-time Data Integration

Envolve a baixa latência no processo de captura, processamento, transformação, limpeza, qualificação e carga de dados proveniente de múltiplas origens para um ou mais destinos. A integração de dados em tempo real tem como objetivo melhorar a precisão do processo de suporte a decisão, aumentando o sincronismo das informações entre o ambiente transacional e o ambiente analítico.

Em um processo de integração de dados em tempo real, a existência de agentes de captura de informações em sistemas de banco de dados possibilita uma rápida introdução de dados no processo de integração. Adicionalmente, as etapas de transformação e qualificação dos dados poderão ser acopladas ao processo de integração por meio da execução de funcionalidades específicas orientadas a serviços.

Antes da criação de um ambiente de integração de dados em tempo real, deve-se verificar a real necessidade da baixa latência dos dados, assim como amarrar as necessidades com objetivos específicos de negócio, ao invés de fazer toda a integração de dados em tempo real.

Trata-se de uma tecnologia considerada quase madura, e com alto grau de penetração e expansão no mercado, dados os benefícios comprovados oferecidos por este tipo de abordagem.

15.2.20 Dashboards/Scorecards

São painéis de indicadores de desempenho empresarial que apresentam uma visualização intuitiva, gráficos de Gauge e sinais de alerta, incluindo alarmes que indicam o estado dos indicadores de performance de acordo com os objetivos da empresa.

Seu principal objetivo é melhorar o processo de tomada de decisão mostrando e comunicando uma melhor percepção do desempenho da empresa.

Possibilita análise detalhada das informações, descendo em vários níveis de agregação dos dados, com o objetivo de explorar o motivo do estado dos indicadores. Permite uma rápida visualização de como está o desempenho da empresa de acordo com seus objetivos mercadológicos

Trata-se de uma tecnologia madura, com alto grau de penetração no mercado e com benefícios comprovados.

15.2.21 Web Analytics

São ferramentas de relatórios e análises especializadas que são utilizadas para entender e otimizar a experiência de clientes na Web, como suas ações e suas compras.

Possui papel importante para o marketing da empresa, devido a sua capacidade de coletar, analisar e principalmente monitorar o comportamento dos clientes nos sites da Web. Permite a utilização das informações coletadas no processo de seleção de público para a geração das campanhas de marketing.

É uma tecnologia considerada quase madura, e com grande penetração no mercado, de cerca de 20% a 50%.

15.2.22 Data Mining Workbenches

Portfólio de ferramentas de data mining para concepção de modelos genéricos de negócio, contemplando todas as fases do processo de modelagem analítica.

As ferramentas podem ser utilizadas com foco em aplicações específicas de Business Intelligence, como em aplicações OLAP na análise de correlação de um grande número de variáveis, baseadas nas métricas e dimensões disponíveis.

Trata-se de uma tecnologia considerada recentemente madura, com alto grau de penetração no mercado, em torno de 50%, e com capacidade de geração de grandes benefícios relacionados com a descoberta de informações e conhecimento para as empresas.

15.2.23 Data Quality Tools

É o processo ou tecnologia utilizada para a identificação e correção de erros nos dados para suporte ao ambiente de Business Intelligence. As ferramentas disponíveis para esse processo possuem uma série de funções como limpeza, normalização, batimento, enriquecimento e monitoração dos dados.

As aplicações de BI podem apresentar sérios problemas se não houver um foco na qualidade dos dados, pois sem a confiabilidade dos mesmos, a aceitação dos usuários ficará limitada, e com isso, os benefícios provenientes das soluções de inteligência de negócios podem não ser alcançados.

É uma tecnologia considerada quase madura, e com considerável penetração no mercado, de cerca de 20% a 50%.

15.2.24 Planing, Budgeting and Forecasting

É uma das funções mais comuns em soluções de COM - Corporate Performance Management. Inclui a estratégia de planejamento orçamentário e um alto grau de funcionalidades de planejamento operacional.

A implementação de aplicações de planejamento e previsão orçamentária reduz o esforço manual existente atualmente em algumas empresas para a preparação do orçamento. Possibilita também maior facilidade para a "recriação" de previsões e a execução de simulações de diferentes cenários.

Trata-se de uma tecnologia considerada quase madura, com considerável penetração no mercado, e com benefícios comprovados para os negócios.

15.2.25 Business Intelligence Platforms

Trata-se de plataformas que possibilitam o desenvolvimento de aplicações de Business Intelligence provendo capacidades em três grandes frentes: análises, representadas por aplicações OLAP, distribuição de informações, alcançadas por meio de relatórios e painéis de alarmes, e integração de dados, contemplando a criação de um metadados corporativo.

Provê o ambiente que irá possibilitar explorações analíticas e gerenciais por parte de usuários de negócio, no sentido de aperfeiçoar e otimizar o processo de tomada de decisão.

É uma tecnologia considerada quase madura, com alto grau de penetração no mercado, e com benefícios comprovados.

15.3. POSICIONAMENTO DE FORNECEDORES

Adicionalmente ao ciclo de tecnologias, o Gartner Group apresenta o posicionamento dos fornecedores com relação às diferentes tecnologias e soluções sistêmicas. Este posicionamento é fornecido por meio de uma matriz, considerando o conjunto de funcionalidades e a habilidade de execução da solução. Este gráfico é denominado de quadrante mágico, ou Magic Quadrant.

As empresas descritas a seguir encontram-se no quadrante dos líderes de mercado, de acordo com os segmentos de tecnologia avaliados.

15.3.1 Ferramentas de BusIness Intelligence

O objetivo do quadrante mágico para plataformas de Business Intelligence é apresentar uma visão global, na visão do Gartner, dos principais fornecedores que devem ser considerados pelas empresas para desenvolvimento de aplicações de inteligência de negócios.

15.3.1.1 Business Objects

A Business Objects estabeleceu-se e tem mantido seu posicionamento no mercado como um dos fornecedores líderes em plataformas de Business Intelligence, oferecendo uma abrangente capacidade de relatórios, análises e gerenciamento de desempenho.

Sob a liderança de uma pessoa vinda da Symantec em 2005, a BO expandiu sua linha de produtos para dar maior completude a sua plataforma de BI, adicionando soluções de planejamento e consolidação orçamentária e ferramentas de integração de dados e qualificação.

Demonstrou grande feito ao integrar com sucesso a linha de produtos da Crystal em sua plataforma e está expandido sua visão para o mercado de médias empresas, com a disponibilização de sua solução como serviço.

Acredita-se que para o próximo ano haverá mudanças no quadrante dos líderes, dada a recente aquisição da Business Objects por parte da SAP.

15.3.1.2 Cognos

A Cognos reformulou a arquitetura de seus produtos, porém é focada em soluções específicas, devendo estender seu foco para abranger outras soluções de Business Intelligence.

Em sua nova versão melhorou significativamente sua plataforma de BI em termos de infra-estrutura integrada e criação de um metadados único de BI para suportar consultas ad hoc, OLAP, notificação de eventos e scorecards.

Apesar da aquisição da empresa Celequest representar uma nova oportunidade de negócio para a Cognos, melhorando sua solução de monitoramento de eventos, isso poderá atrasar mais ainda a integração das soluções da Cognos em uma só plataforma de BI.

A publicação do relatório do Gartner Group para o posicionamento de soluções de Business Intelligence ocorreu antes da aquisição da Cognos pela IBM. Com isso, referência análoga a feita para a SAP com a Business Objects pode ser realizada agora, onde provavelmente, o quadrante para o próximo ano terá uma mudança significativa.

15.3.1.3 Hyperion Solutions

A Hyperion demonstra boa visibilidade, particularmente de relatórios e análises, em suas aplicações de gerenciamento de desempenho. É um dos poucos fornecedores com habilidade de modelagem e regras de negócio, o que tem se tornado cada vez mais importante à medida que BI está sendo mais atrelado a aplicações operacionais.

É um fornecedor tradicionalmente de soluções de análise, com pouca capacidade de relatórios e integração, porém que obteve melhora significativa com sua nova plataforma, System 9.

Com a aquisição da Razza, tem a capacidade de prover um ambiente de Master Data Management, com um único repositório para todos os metadados de BI, além de estar expandindo sua capacidade OLAP, o que garante seu bom posicionamento como fornecedor de plataformas de BI.

O ano de 2007 foi realmente um ano de grandes aquisições no segmento de Business Intelligence. O relatório do Gartner novamente não considerou a aquisição da Hyperion pela Oracle. Com isso, novamente, o quadrante mágico para 2008 terá uma movimentação de fornecedores substancial.

15.3.1.4 Oracle

As aquisições feitas pela Oracle proporcionaram que ela mantenha uma suíte c grande e heterogenia de aplicações e infra-estrutura instaladas.

Apesar dos clientes da Oracle não possuírem a plataforma de Business Intelligence da própria Oracle, a recente aquisição da suíte de BI da Siebel gerou oportunidade para uma mudança na estratégia da Oracle, com o objetivo de se tornar um fornecedor de plataformas e aplicações de Business Intelligence em 2007.

A aquisição da Hyperion em 2007 consolida ainda mais o posicionamento da Oracle em se solidificar no segmento de Business Intelligence.

15.3.1.5 SAS

A SAS possui a plataforma de Business Intelligence mais abrangente do mercado, sem nenhum fornecedor a altura em termos de capacidades analíticas avançadas.

O maior desafio da SAS é a percepção da falta de usabilidade das funções oferecidas em seus produtos e a política rígida de licenciamento dos mesmos. Em resposta a isso, a SAS implementou em seus mais recentes produtos, o Web Report Studio e o Forecast Server, uma interface wizard, que facilita a utilização por parte dos usuários. Com relação ao modelo de licenciamento, a SAS tem sido mais flexível, sinalizando a comercialização dos seus produtos com preços mais compatíveis com os outros fornecedores.

Um dos principais mecanismos de viabilizar essa abordagem é o posicionamento da SAS como fornecedora de soluções, e não apenas de ferramentas. Dessa forma, a SAS pode empacotar um conjunto de ferramentas com o objetivo de atender um determinado problema de negócio. Por meio de uma ação como essa, ela pode disponibilizar uma solução específica, com uma utilização mais fácil, endereçando o problema da baixa usabilidade, e com preços mais acessíveis, endereçando o problema do licenciamento.

15.3.2 Ferramentas de CPM

A adoção de soluções de gerenciamento de desempenho está em constante crescimento com várias empresas desenvolvendo estratégias de implementação dessas. Fornecedores continuam a expandir o escopo de suas soluções por meio de desenvolvimentos e novas aquisições, e os líderes estão emergindo.

15.3.2.1 Hyperion Solutions

A Hyperion tem mantido seu alto reconhecimento no mercado e fortalecido sua presença com o lançamento da nova versão System 9. A nova versão inclui capacidade aprimorada de geração de relatórios web, tanto analíticos quanto financeiros, e provê capacidades de monitoramento das consultas e dos usuários.

Recentemente introduziu funcionalidades de planejamento e lançou arquitetura BPM, que possibilita a criação de aplicações e fluxos de processos customizados pelos usuários.

Apesar do alto preço de suas soluções, a Hyperion continua liderando o mercado de gerenciamento de desempenho corporativo.

15.3.2.2 Cognos

A Cognos tem realinhado suas vendas e foco de marketing para uma oferta de plataforma de CPM mais abrangente, o que irá lhe dar forças na competição com Hyperion e SAP.

Devido ao ser crescimento, é hoje reconhecida como um dos principais fornecedores de plataformas de CPM. Sua incorporação pela IBM dá ainda mais força ao seus conjunto de soluções, podendo içá-la à uma patamar mais elevado.

15.3.3 Ferramentas de Integração de Dados

O antigo mercado com soluções separadas para ferramentas de extração, transformação e carga, partiu para um mercado mais amplo, o de soluções de integração de dados, incluindo funcionalidades de qualificação dos dados e metadados.

Esse mercado apresenta um mix de fornecedores de diversos ramos, incluindo fornecedores de sistemas de gerenciamento de banco de dados, de plataformas de Business Intelligence e de aplicações de inteligência de negócios e analítica, assim como os próprios fornecedores de soluções especificamente focadas em integração de dados.

15.3.3.1 IBM

A IBM tem uma longa história no que se refere tecnologia de integração de dados, sendo uma das primeiras empresas a investir fortemente em federação de dados.

Se tornou o principal fornecedor de ETL após a aquisição da Ascential Software em 2005, com o produto DataStage, que logo substituiu o existente no DB2 Warehouse Manager. Além do DataStage e do Federation Server, a IBM oferece as ferramentas Information Analyzer e QualityStage para perfil e limpeza de dados, e Metadata Server and Transformation Extender para necessidades avançadas de transformações.

Possui capacidade de empacotar funcionalidades dos produtos da família Information Server em web services, podendo ser disponibilizados em um processo de integração de dados como um passo ou etapa dos processos de integração.

Demonstra forte visão do mercado dado a grande quantidade de funcionalidades que possui em sua solução de integração de dados.

15.3.3.2 Informatica

A Informatica é o maior fornecedor do mercado, com solução puramente de integração de dados, sendo reconhecida como veterana neste segmento.

Sua solução para integração de dados é o PowerCenter que, além das tradicionais funcionalidades de ETL, inclui capacidades de federação de dados. Com a aquisição da Similarity Systems em 2006, adicionou funcionalidades de perfil e qualificação de dados, começando a integrar em seu portfólio. Descontinuou sua solução stand-alone para metadados, o SuperGlue, e incluiu essas funcionalidades em um componente, o Metadata Manager, no portfólio do PowerCenter.

É respeitada pela por sua sólida consistência em tecnologia de entrega de dados, boas atualizações e experiência em serviço e suporte.

A Informatica entrou no segmento on-demand com a oferta de software como serviço, no intuito de capitalizar importância para a integração de dados, estratégia tal que outros fornecedores ainda não endereçaram.

Tem uma grande base instalada e possui iniciativas de inovação em seu produto para estender suas capacidades.

1.3.3.3 SAS Institute

A tecnologia da SAS tem sito utilizada para atividades de integração de dados por décadas. Seu produto, o Enterprise Data Integration, possui uma plataforma que suporta capacidades abrangentes, como transformação de pacotes, gerenciamento de metadados, processamento paralelo, balanceamento de carga e, com a parceria com a empresa DataFlux, adicionou funcionalidades de qualificação de dados, análise de perfil, limpeza, matching e enriquecimento. Sua ferramenta Information Map pode ser considerada como uma solução de federação de dados por prover uma camada de metadados com todos os dados de acessos transparentes para o usuário.

A SAS tem uma boa visão de mercado, evidenciada pela grande quantidade de funcionalidades, e o reconhecimento da importância de se ter uma plataforma integrada, incluindo capacidades de integração e qualificação de dados. Uma vantagem competitiva da SAS é a incorporação de funções estatísticas ao processo de integração de dados, permitindo mais controle e visão gerencial sobre o processo.

Apesar de ter um profundo conhecimento em text mining, com o produto Text Miner, a SAS ainda não iniciou esforços para integração de dados não estruturados.

15.3.4 Ferramentas de Data Mining

A SAS e a SPSS são os fornecedores líderes de ferramentas de Data Mining para suportar projetos de CRM. No entanto, uma grande quantidade de fornecedores oferece soluções complementares para a construção de modelos e processos associados com data mining.

15.3.4.1 SAS

A SAS é o maior fornecedor no mercado de Data Mining, com a mais completa série de ferramentas no mercado para preparação de dados e análises. A SAS tem a melhor ferramenta de Data Mining para trabalhar com necessidades mais críticas e complexas dos clientes.

15.3.4.2 SPSS

A SPSS tem entrado agressivamente no mercado de Data Mining. Ela passou os últimos anos adquirindo aplicações analíticas preditivas e não preditivas, e possui a visão mais ampla no que tange a execução de análises, de todos os tipos, comportamental, demográfica, de sobrevivência e não-estruturada.

15.3.5 Ferramentas de Data Quality

Com o crescimento da consciência da importância da qualidade dos dados como uma estratégia de negócio, o interesse nas soluções de Data Quality está sendo sendo difundido e disseminado pelas áreas de tecnologia e negócio das empresas.

15.3.5.1 DataFlux

A Data Flux possui parceria com a empresa SAS, atual fornecedora de soluções de Data Mining e Business Intelligence.

Adicionou capacidade de monitoramento da qualidade de dados em sua plataforma, incluindo algumas funcionalidades básicas de dashboards. Tem expandido sua plataforma ao incluir o perfil de dados e a capacidade de monitoramento em uma única arquitetura, reduzindo esforços de integração de produtos separados e melhorando a usabilidade dos mesmos.

15.3.5.2 IBM

A IBM tem a visão de que a qualidade de dados é um componente chave em seu portfólio de produtos. A nova arquitetura de seus produtos possibilitou melhorias em sua interface com o usuário e nas funcionalidades de administração, aumentando a produtividade do desenvolvedor.

Possui o maior portfólio de gerenciamento de dados, incluindo soluções de estração, transformação e carga, federação de dados, replicação e metadados, o que cria maiores oportunidades e vantagem para a IBM no sentido de possibilitar venda cruzadas com sua solução de qualidade de dados. Por seu tamanho, e forte foco em serviços, a IBM possui a melhor capacidade em termos de consultoria, serviços e suporte.

15.3.5.3 Business Objects

A Business Objects entrou no mercado de soluções de qualidade de dados em 2006 com a aquisição da ferramenta da empresa Firstlogic. A solução da BO provê uma grande quantidade de funcionalidades de qualificação de dados, incluindo perfil e operação de limpeza de dados. A principal funcionalidade na nova versão é a disponibilização de serviços de qualidade de dados em um contexto SOA.

Esta ferramenta é considerada pesada em relação às outras do mercado, o que acaba por deixar a Business Objects um pouco atrás de outros competidores do mercado no que diz respeito à visão de qualidade de integração de dados.

15.3.5.4 Informatica

A Informática entrou no mercado de qualificação de dados com a aquisição da empresa Similarity Systems, em 2006, momento este em que encerrou sua parceria com as empresas Trillium e Firstlogic. Com a aquisição, a Informática passou a ter todas as funcionalidades para análise de perfil de dados, padronização, matching e limpeza.

Possui uma ligeira vantagem sob outros competidores por poder efetuar venda cruzada com sua solução de integração de dados, bastante difundida no mercado.

Tem sido implementada em grandes empresas e em iniciativas de MDM – Master Data Management. Está bem posicionada por ter um domínio agnóstico para limpeza de dados e por ser uma das soluções mais maduras em termos de perfil de dados.

Mantém duas ferramentas distintas para perfil de dados, o Power Center e o Data Explorer, as quais pretende unificar em 2008, uma vez que as duas ofertas costumam causar confusão aos cliente.

Seus produtos de qualidade de dados ainda não estão totalmente integrados em uma única interface.

15.3.6 Ferramentas de Gerenciador de Campanhas

SAS, Unica e Teradata são os fornecedores líderes de soluções de gerenciamento de campanhas. Entretanto, outras empresas estão emergindo no mercado com funcionalidades visionárias e foco em estratégias para essa solução, com um destaque para a Siebel.

Contudo, vale ressaltar que uma efetiva integração entre os processos de Data Warehouse, Data Mining e Gerência de Campanhas, associado com os fluxos operacionais de atendimento ao cliente por meio de uma ferramenta de CRM, pode trazer benefícios intangíveis para a empresa, nos aspectos de eficiência operacional, relacionamento, atendimento e marketing e vendas.

15.3.6.1 SAS

Com grande visibilidade e importantes vitórias em implementações de gerenciamento de campanhas, contando com uma forte visão analítica, a SAS tem garantido sua posição no quadrante dos líderes.

Sua solução possui capacidades básicas e sofisticadas para a realização de campanhas, e forte capacidade analítica, como análises preditivas e otimização de cruzamento de campanhas. Com a aquisição da empresa Veridiem, lançou uma nova solução de monitoramento de desempenho de marketing, que deve melhorar as funcionalidades de relatórios e de planejamento de custos, sendo utilizado juntamente com a solução de gerenciamento de campanhas.

15.3.6.2 Unica

A Unica oferece a maior linha de soluções para gerenciador de campanhas do mercado. Apresenta liderança no que tangem às capacidades básicas e avançadas em gerenciamento de campanhas, em capacidade analítica avançada, como análises preditivas e otimização para cruzamento de campanhas. Realizou aquisições e melhorias em sua plataforma no ano de 2006. Possui interface com usuário intuitiva, possibilitando a execução de campanhas complexas e de múltiplos canais, sendo capaz de executar campanhas mais rápidas. Adicionalmente, por ter foco específico nos processos de gerenciamento de campanhas, possui uma arquitetura aberta.

Lidera com sucesso o mercado sendo referenciada como uma empresa que possui uma equipe de suporte de grande experiência e alta qualidade em execução.

15.3.7 Bancos de dados (DBMS – DataBase Management Systems)

As soluções de banco de dados adotadas pelas empresas para implementar seus ambientes analíticos podem ter, basicamente, duas vertentes. A primeira está associada com uma plataforma que possui características de processamento paralelo massivo, ou MPP – Massive Parallel Processing, extremamente importantes em ambientes de data warehousing, onde o volume de consultas é alto, e os tipos de pesquisas são variáveis no tempo. O outro tipo de plataforma está associado com as características de multi-processamento simétrico, ou SMP – Symmetric Multi Processing.

15.3.7.1 IBM DB2

Apesar de a IBM figurar apenas uma vez no quadrante mágico, ela possui além de sua oferta tradicional de sistema gerenciador de banco de dados, o IBM Data Warehouse Edition (DWE), uma oferta nomeada BCU, Balanced Configuration Unit, constituída da combinação de servidor AIX ou Linux, armazenamento, banco de dados e serviço.

A oferta de DWE inclui funcionalidades de views materializadas, paralelismo de consultas, software de gerenciamento de balanceamento de carga, integração com SAS/SPSS suportando capacidades de data mining, suporte para modelagem OLAP e particionamento de dados lógico e físico.

Na oferta de BCU, o banco de dados é otimizado devido ao controle da configuração do hardware, com gerenciamento de I/O e disco. Entretanto, a IBM ainda precisa provar sua capacidade em gerenciamento de vários workloads para se tornar um efetivo competidor neste segmento, assim como a Teradata.

A recomendação do Gartner Group é que para a evolução da solução de banco de dados para data warehouse, deve-se considerar a oferta de BCU da IBM.

15.3.7.2 Teradata

A Teradata concentra-se exclusivamente em soluções para ambientes de data warehouse há mais de 25 anos. Sempre se baseou no princípio de que o volume de dados, armazenamento, canais de I/O, memória e processamento de CPU têm de ser balanceados frente às expectativas de distribuição de carga inerentes ao processamento analítico.

Outro ponto forte da Teradata é a abordagem de uma solução completa e com a maior base instalada do mercado, tendo clientes com ambientes de data warehouses de 40TB a mais de 100TB de dados.

A solução da Teradada utiliza unidades de hardware, conhecidas como nodes, e unidades de trabalho virtuais, denominadas de AMP´s, com o objetivo de quebrar seu ambiente de execução em diferentes tarefas, permitindo assim a implementação de capacidades de alto nível de paralelismo para as consultas realizadas.

Além disso, esta solução possui características de gerenciamento de balanceamento de carga para priorização de consultas por grupos de usuários, por usuário, ou até por tipo de consulta, determinando qual tarefa irá receber mais ou menos recursos, de acordo com as prioridades pré-estabelecidas.

Embora a capacidade do sistema gerenciador de banco de dados da Teradata permaneça incontestada por seus competidores de mercado, ela enfrenta desafios relacionados tanto ao alto custo inicial de sua solução quanto à sua plataforma de servidores, por apresentar restrições de compatibilidade com algumas configurações. Diante da pressão dos competidores do mercado, principalmente Oracle e IBM, a Teradata lançou a versão para Linux, o que incidirá em menor custo de sua solução e maior competitividade com os outros fornecedores de sistemas de banco de dados.

15.3.7.3 Oracle

A Oracle é a empresa mais difundida no mercado em implementações de data warehouse, porém estudos mostram que as organizações já possuíam em varias de suas aplicações transacionais o banco de dados da Oracle, e o ambiente de data warehouse, nestes casos, freqüentemente seguem a tecnologia das plataformas já existentes nas empresas.

A plataforma da Oracle apresenta dificuldades relacionadas ao desempenho quando se trata de grandes implementações de data warehouses, acima de 10TB, por exemplo. Como um ambiente de inteligência de negócios necessita de grande quantidade de dispositivos de armazenamento, a chave para criação de um ambiente de data warehouse com a plataforma da Oracle é a implementação de uma camada de otimização física. Essas camadas de otimização são desenvolvidas por meio da construção de data marts centralizados, em uma abordagem de modelo relacional híbrido, em conjunto com um star schema, na mesma instância do banco de dados.

O posicionamento da Oracle no mercado não mudou por algumas razões. As novas versões apresentaram progresso em termos de capacidade de suportar implementações de data warehouse, apesar de nenhuma melhora significante neste tipo de iniciativa. Adicionalmente, a solução da Oracle apresenta problemas relacionados com o gerenciamento de carga e a escalabilidade. Embora o número de implementações tenha aumentado ao longo do tempo, a quantidade de usuários com modelos complexos de ambientes analíticos é escassa.

Empresas confirmam que a Oracle distribui consultas por múltiplos nós para utilizar os recursos disponíveis, no entanto não há implementações de data warehouse com utilização de clusters.

15.3.8 Servidores de Banco de Dados

Ambientes de data warehouse são caracterizados por aplicações especializadas de geração de informações analíticas, as quais vêm se tornando rapidamente aplicações de missão crítica para as empresas, aumentando dessa forma a importância estratégica e a penetração de soluções de Business Intelligence no mercado.

Nesse sentido, mais do que aplicações de missão crítica, os servidores de banco de dados para data warehouse devem ser encarados como plataformas de alta disponibilidade em operações 24x7. Os servidores de banco de dados para aplicações de data warehouse possuem alta carga de trabalho, conectando os dados operacionais às aplicações analíticas publicadas pela empresa, por meio de uma arquitetura cliente servidor, ou por uma arquitetura baseada em web. Estas funcionalidades satisfazem fundamentalmente relatórios e consultas estruturadas, as quais devem ser realizadas a partir de um repositório centralizado de dados. Dessa forma, a necessidade de estender a utilização de clusters de servidores, bem como, de execução de consultas complexas por processamento paralelo massivo, é mais do que um requerimento, mas sim, uma necessidade.

Estas necessidades específicas tornam difícil a separação entre as fronteiras de hardware e software para gerenciadores de banco de dados analíticos, da mesma forma que para componentes de conexão e armazenamento. Isso significa dizer que a partir dessas necessidades de processamento, a comparação entre plataformas deve ocorrer não apenas pelo software gerenciador de banco de dados, mas pelo conjunto de componentes da solução, o qual envolve armazenamento, servidor e rede de conexão.

Baseado nesta premissa, o Gartner Group apresenta o quadrante mágico para servidores de sistemas gerenciadores de banco de dados para data warehouse, e não apenas para sistemas gerenciadores de banco de dados exclusivamente.

15.3.8.1 Teradata

O quadrante apresentado acima mostra a NCR Teradata como líder de mercado em servidores de sistemas gerenciadores de banco de dados voltados para ambientes de data warehouse.

Apesar de, na maioria das vezes, ser uma solução financeiramente mais cara do que a de seus competidores, a Teradada oferece a habilidade de misturar novas gerações de hardware com as antigas, protegendo assim o investimento já realizado por seus clientes.

Adicionalmente, existem alguns dados de tendência de mercado que apontam uma predominância da tecnologia Teradata sobre os demais fornecedores no que diz respeito a ambientes analíticos e de inteligência de negócios. Novamente, segundo o Gartner, ao longo de 2008, IBM e Oracle permanecerão como fortes fornecedores no segmento de data warehouse, mas permanecerão delegados a um segundo lugar, atrás da Teradata. Esse evento possui 80% de probabilidade de se confirmar, segundo o Gartner Group.

15.3.8.2 IBM System p5

Os servidores da IBM tiveram uma grande evolução e todos se encontram bem posicionados no quadrante mágico do Gartner, ocupando posições no quadrante dos líderes e dos visionários, resultado de alguns fatores, como a maturidade de suas plataformas, a penetração no mercado, e a satisfação dos seus clientes.

O conceito da IBM voltado para a criação de unidades de configuração balanceada, ou BCU –Balanced Configuration Unit, irá começar a afetar positivamente o seu posicionamento, assim como, possibilitará que a IBM possa competir com ferramentas no Unix, Linux e Windows.

15.3.8.3 HP Integrity

Os produtos da HP estão posicionados em áreas diferentes no quadrante do Gartner Group, baseados em fatores como maturidade, penetração no mercado e satisfação dos clientes. Apesar do bom posicionamento do Integrity, que está no quadrante dos líderes, as outras soluções da HP estão dispostas tanto no quadrante de desafiadores quanto de ferramentas de nicho, mostrando pouca estabilidade no segmento de plataformas de banco de dados para aplicações analíticas.

**ANEXO II: TUTORIAL SOBRE
REDES NEURAIS ARTIFICIAIS**

CAPÍTULO 16
REDES NEURAIS ARTIFICIAIS

A seguir, serão abordados os principais conceitos relacionados com as técnicas de redes neurais artificiais, utilizados no presente trabalho para a confecção dos modelos de segmentação e classificação dos clientes inadimplentes. Será focada, principalmente, a fundamentação dos mapas auto-ajustáveis de Kohonen e as redes neurais MLP, de múltiplas camadas, usadas, respectivamente, para os modelos de cluster e predição.

16.1. INTRODUÇÃO AS REDES NEURAIS ARTIFICIAIS

As principais razões para a escolha da técnica de rede neural como método na implementação de um modelo de diagnóstico, agrupamento ou classificação baseado em inteligência artificial são que, em primeiro lugar, as redes neurais possuem uma capacidade intrínseca de aprendizado a partir de dados de entrada e permitem a possibilidade de generalização posterior; as redes neurais são não-paramétricas e, por isso, tornam as suposições mais precisas, independente da distribuição dos dados de entrada; as redes neurais são capazes de criar limites de decisão, que são altamente não-lineares no espaço de características; E, por último, as redes neurais se constituem em modelos não-lineares e não necessitam de suposições ou premissas sobre a distribuição das propriedades dos dados base utilizados como entrada para o modelo.

Estas redes podem ser vistas como máquinas adaptativas de memórias distribuídas, as quais são aptas a armazenar conhecimento e torná-lo disponível para utilização posterior. Nesse sentido, as redes neurais são semelhantes ao funcionamento do cérebro humano em dois aspectos fundamentais: o conhecimento é adquirido pela rede neural por meio de um processo de aprendizado e os pesos das conexões entre os neurônios, conhecidas como sinapses, são utilizados para armazenar o conhecimento. O procedimento utilizado para representar o processo de aprendizado, normalmente conhecido como algoritmo de aprendizado, é uma função para modificar os pesos das conexões da rede com o objetivo de alcançar um valor previamente estabelecido.

Os modelos de Redes Neurais Artificiais são baseados em estudos sobre o funcionamento do cérebro humano, em especial, sobre o sistema nervoso central e suas conexões nervosas. O cérebro é um computador paralelo, não-linear e complexo, quel possui a capacidade de organizar os neurônios de forma a executar determinadas tarefas ou computações. Uma rede neural é um processador de paralelismo distribuído, com propensão natural para armazenar conhecimento baseado em experiências e, então, disponibilizar esse conhecimento para utilização em ambientes de diagnósticos.

As redes neurais produzem modelos de classificação e predição por meio do paradigma de aprendizado supervisionado e não supervisionado. No aprendizado supervisionado, os conjuntos de dados incluem conhecimento como entrada, análogo as variáveis independentes em uma regressão linear, e um conhecimento de saída, análogo as variáveis dependentes em uma regressão linear. Dessa forma, a rede neural aprende ou reconhece o padrão da entrada associado ao conhecimento da saída. De forma distinta, os modelos de redes neurais baseados em aprendizado não-supervisionado não utilizam o conhecimento gerado como resultado para retro-alimentar o modelo. Ao se produzir um modelo de rede neural como forma de implementar um sistema de diagnóstico, deve-se estabelecer uma base de amostra para o treinamento da rede, com o objetivo de ensinar a rede a identificar o comportamento dos dados em determinado ambiente. Assim, o treinamento supervisionado visa minimizar a diferença entre a saída predita pelo modelo e a saída atual, ou real. Contudo, o modelo de rede neural se tona efetivo quando ele possui a capacidade de generalização, ou seja, uma vez que a rede tenha aprendido a identificar o comportamento dos dados, ele deve ser capaz de fornecer resultados confiáveis ainda que a base de entrada se altere. Isso significa dizer que o conhecimento que a rede neural adquirir deve ser generalista, isto é, se o treinamento do modelo for específico demais para os dados da base de treinamento, o modelo será, com certeza, mais acurado, porém, menos genérico, e estará voltado para as especificidades da base de treinamento, não sendo útil para outras bases de dados.

As redes neurais aprendem a identificar os padrões de uma determinada base de dados por meio da análise dos seus respectivos casos, construindo um mapeamento de entrada e saída, analogamente aos modelos estatísticos não paramétricos. Dessa forma, os modelos de redes neurais podem identificar padrões que são evidentes ou característicos para um problema em particular e armazenar esse conhecimento com uma base de inferência para classificação ou predição. O conhecimento é representado em uma rede neural pela sua própria estrutura e pelo estado de ativação e pode se adaptar às menores mudanças nas situações utilizadas como base do aprendizado.

Conceitualmente, uma rede neural artificial consiste de um conjunto de componentes de processamento interconectados entre si, formando uma rede. Uma unidade da rede é chamada de neurônio, assim como no sistema nervoso humano, e as conexões entre essas unidades são chamadas de sinapses, seguindo a mesma analogia.

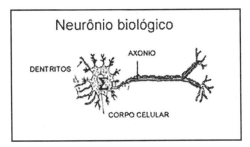

Ilustração 135: Neurônio biológico.

Dessa forma, os componentes básicos das redes neurais artificiais são os conjuntos de conexões, nos quais cada conexão está associada a um parâmetro que determina o peso da conexão. Na primeira etapa do processo, as entradas são multiplicadas pelos pesos das conexões em cada uma das unidades, ou neurônios. Na segunda etapa, as entradas ponderadas pelos pesos das conexões são somadas, resultando em um valor, chamado de valor de ativação. Na terceira e última etapa, uma função de ativação é aplicada sobre o valor de ativação obtido na saída do neurônio. O comportamento da rede varia de acordo com a função de ativação escolhida.

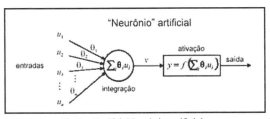

Ilustração 136: Neurônio artificial.

As redes neurais utilizam complexos algoritmos para avaliar grandes quantidades de informação simultaneamente, com o objetivo de realizar tarefas de classificação e predição. O componente central de uma rede neural é o neurônio, ou nó. O neurônio recebe um conjunto de informações de entrada xi a partir de outros nós, e multiplica cada entrada por um peso wij, que está associado a cada uma das conexões. O produto resultante dessa multiplicação é somado dentro do neurônio para gerar uma ativação $u_j = \sum x_i w_{ij}$. A ativação é transformada utilizando-se uma função de transferência $S(u_i)$ para produzir a saída do nó. Usualmente, uma função de transferência sigmoidal do tipo $S(u_j) = 1/(1 + e^{-u})$ é utilizada, onde u é a ativação.

Os neurônios são agrupados na rede em camadas, dependendo das suas conexões com o ambiente externo. Enquanto todas as redes neurais possuem uma única camada de entrada e saída, uma estrutura de rede pode possuir uma ou mais camadas escondidas, as quais permitem que a rede possa modelar funções extremamente complexas.

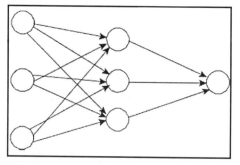

Ilustração 137: Representação das camadas de entrada, escondida e de saída.

Independente do modelo de treinamento implementado, seja ele supervisionado, no qual a saída é conhecida e o treinamento visa adaptar a saída da rede a esta, ou não supervisionado, no qual a saída não é conhecida e o treinamento visa buscar correlações na base de entrada, na maioria das vezes, o modelo resultante da adaptação dos parâmetros da rede não é interpretável, o que torna o modelo de rede neural uma verdadeira caixa-preta.

O desempenho da rede depende da forma como os neurônios estão conectados, o que define a estrutura da rede. Existem vários tipos de estruturas, e as mais comuns são redes em camadas, nas quais os neurônios estão organizados em camadas e só se comunicam com neurônios de outras camadas; memórias associativas, onde o processamento interno da rede oscila dinamicamente até um ponto de equilíbrio, o qual é associado a um padrão aprendido; e os mapas auto-ajustáveis, nos quais é permitido o agrupamento dos dados do treinamento em classes, alterando a sua própria estrutura.

O modelo mais comum para a estrutura de conexão dos neurônios é a rede em camadas. Conforme visto anteriormente, a saída do neurônio é calculada a partir das entradas ponderadas por um peso associado à conexão.

$$y = f(z) = f\left(\sum_i \theta_i u_i\right)$$

u é a entrada do neurônio, ou o valor de observação, θ é o peso da conexão, z é o valor de ativação e f é a função de ativação. Diversas funções de ativação podem ser utilizadas na implementação de uma rede neural em multicamadas. As funções de ativação mais básicas são a função linear:

$$y = f(z) = z = \sum_i \theta_i u_i$$

e a função lógica, ou de ativação por limiar:

$$y = f(z) = \begin{cases} 0, z < \beta \\ 1, z \geq \beta \end{cases}$$

β é o ponto de transição do neurônio. Nesse caso, o ponto de transição pode ser incorporado ao neurônio, o que resulta em uma função da seguinte forma:

$$y = f(z) = f\left(\sum_i \theta_i u_i + \beta\right),$$

Entretanto, a função de ativação lógica não é linear em z = β, o que dificulta a utilização de algoritmos eficientes para o treinamento da rede. A função contínua da função de ativação, que permite a implementação de algoritmos mais complexos para o treinamento da rede, é a função sigmóide:

$$y = f(z) = \frac{1}{1 + e^{-\alpha z}},$$

A função de ativação sigmóide limita a saída de um neurônio entre o intervalo 0 e 1, o que implica na necessidade de discretização dos valores da base de entrada da rede, fazendo com que os valores de observação u fiquem dentro desse intervalo.

Para determinadas aplicações, é comum utilizar uma função de ativação para limitar os valores dos dados de saída do neurônio entre o intervalo -1 e 1. Isto implica na discretização dos valores da base de entrada da rede neural, os quais terão, da mesma forma, conteúdos dentro da faixa -1 e 1. O aumento do intervalo, contudo, permite que, em alguns casos, seja alcançada uma maior performance no processo de treinamento da rede. Especificamente para estas situações, uma função de ativação bastante utilizada é a tangente hiperbólica:

$$y = f(z) = \tanh\left(\frac{z}{2}\right) = \frac{1-e^{-z}}{1+e^{-z}},$$

As técnicas de redes neurais artificiais serão utilizadas para o desenvolvimento dos modelos baseados nos métodos analíticos, tanto para o modelo de cluster quanto para o modelo de classificação.

Contudo, para a construção de modelos de data mining, o primeiro passo é a preparação de uma amostra de dados para o treinamento e o teste da rede neural artificial, tanto para o modelo de agrupamento quanto para o modelo de classificação. Dessa forma, o próximo tópico aborda a preparação da base de dados, com a junção de diversas informações demográficas e de comportamento de uso dos clientes, e a estratificação da amostra de dados para servir de fonte de informações para os modelos.

16.2. REDES NEURAIS ARTIFICIAIS MULTI-CAMADAS

O surgimento do conceito de uma arquitetura em múltiplas camadas proporcionou um crescimento substancial no desenvolvimento e pesquisa sobre as redes neurais artificiais, sobretudo, na aplicação destas técnicas em problemas reais, como marketing, finanças, saúde, dentre outras áreas.

16.2.1 Histórico das redes neurais artificiais

O conceito do neurônio artificial que tenta imitar o funcionamento de um neurônio humano foi elaborado em 1943 em um artigo escrito por McCulloch e Pitts, no qual eles discutem a Unidade Lógica de Limites, ou TLU – Threshold Logic Unit. Em 1959, Frank Rosenblatt introduziu o conceito de um perceptron, como será discutido mais adiante. Contudo, as teorias sobre redes neurais artificiais começaram a enfraquecer quando Mynsky e Papert, em 1969, publicaram o livro Perceptrons, no qual eles comprovaram que os perceptrons não poderiam resolver problemas de classificação simples, como o problema do XOR. As redes neurais artificiais só voltaram a ganhar força novamente quando as pesquisas demonstraram que perceptrons com unidades de limites não lineares, conectados em uma arquitetura de múltiplas camadas, possuem considerável mais capacidade de resolução de problemas do que perceptrons em uma camada única, com apenas uma unidade. Essa arquitetura em múltiplas camadas habilitava os perceptrons para resolverem facilmente o problema do XOR ou qualquer outro problema de classificação não linearmente separável. Em 1982, John Hopfield publicou um artigo mostrando como as redes neurais poderiam ser utilizadas para propósitos computacionais. Em 1984, Teuvo Kohonen introduziu um novo algoritmo, conhecido como Mapa de Características Organizadas, que permite a utilização de redes neurais artificiais em um processo de aprendizado não supervisionado. Este novo algoritmo proporcionou novos rumos na pesquisa de redes neurais, nas quais não era mais necessária a resposta correta para que ocorresse o aprendizado ou treinamento da rede. Em 1986, Rumelhart, Hinton e Willians escreveram um artigo de extrema importância sobre o método de estimação de erro conhecido como back-propagation, o que ocasionou um substancial aumento de atividade nesta área no final dos anos 80 e durante toda a década de 90, permitindo que as redes neurais artificiais se tornassem o que são hoje.

Como mencionado anteriormente, os primeiros modelos de redes neurais artificiais datam dos anos de 1940, quando os matemáticos, McCulloch e Pitts, em 1943, sugeriram um neurônio como um elemento de limite lógico, podendo ter duas possibilidades de estado. Cada elemento de limite possui n canais de entrada e um único canal de saída. Um canal de entrada pode estar ativo, com valor 1, ou inativo, com valor 0. O estado do elemento limite é dado por uma função de soma linear de todos os sinais dos canais de entrada, comparando posteriormente o resultado desta soma com o valor limite associado ao elemento. Caso a soma exceda o valor limite, o neurônio é "excitado", caso contrário, permanece "descansado". Os estados excitado e descansado estão relacionados, neste modelo, aos valores binários 0 e 1 e constituem a atividade do canal de saída.

O neurônio de McCulloch a Pitt é um modelo matemático do neurônio biológico, no qual a saída y é calculada a partir das entradas ui, como sugere a seguinte equação:

$$y = f(z) = f\left(\sum_i \theta_i u_i\right)$$

Na equação acima, os parâmetros θi representam os pesos das conexões sinápticas, e o valor z é o valor de ativação, onde a função f é conhecida como função de ativação. A função de ativação define as propriedades computacionais de um neurônio. Diversas funções podem ser utilizadas como funções de ativação, sendo a mais comum a função linear apresentada a seguir:

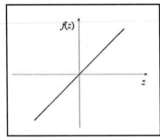

Ilustração 138: Função linear utilizada como função de ativação.

McCulloch e Pitts demonstraram que qualquer função lógica arbitrária pode ser construída a partir de uma combinação apropriada dos elementos de entrada e saída. Eles sugeriram pela primeira vez que os neurônios poderiam realizar operações lógicas. A idéia de que os neurônios poderiam exercer a função de elementos com limites lógicos foi de fundamental importância para pesquisas futuras, tendo encontrado grande aceitação em inúmeros modelos desenvolvidos posteriormente, mesmo que com sua forma modificada.

Contudo, a teoria de McCulloch e Pitts falhava em dois importantes aspectos. Primeiro, ela não explicava como deveriam ser formadas as interconexões necessárias entre os neurônios, em particular, como estas interconexões poderiam ocorrer por meio do aprendizado. O segundo aspecto, este modelo de rede depende de um funcionamento sem erro de todos os seus componentes, além de não apresentar a tolerância do erro da rede neural.

Com o aumento da capacidade de processamento computacional, tornou-se possível simular em mais detalhes a capacidade de aprendizado das redes neurais compostas de neurônios orientados a regras, como as descritas anteriormente, assim como, demonstrar a aplicação prática de cada uma desses sistemas.

16.2.2 O Perceptron

O perceptron proposto por Rosenblatt representa um importante passo na direção do desenvolvimento de modelos com maior capacidade de aprendizado. Ele se constitui em um número fixo N de elementos, cada um dos quais são supridos com um padrão de entrada por meio dos L canais.

Cada padrão de entrada é descrito por um vetor de características dos L componentes igual à $x = (x_1, x_2, ..., xL)T$, e pertence a uma das N classes de padrões. A classificação dos padrões de entrada, o número de padrões distintos necessário para esta classificação, bem como, a interpretação dos componentes xi dependem fundamentalmente da aplicação. Os componentes xi podem, por exemplo, representar níveis de cinza em uma imagem gráfica, ou, até mesmo, quantidades de uma característica mais complexa, extraídas a partir de um padrão de entrada por meio de algum tipo de pré-processamento. O perceptron aprenderá a classificação correta dos vetores padrão utilizando exemplos de classificação conhecidos durante a fase de treinamento. Para a classificação de um padrão de entrada x, cada elemento r computa um valor de saída binário yr de acordo com a seguinte fórmula:

$$y_r = \theta\left(\sum_{i=1}^{L} w_{ri} x_i\right)$$

Os coeficientes wri determinam o comportamento do elemento r. A ausência de um limite de excitação na fórmula anterior não implica em uma perda de generalidade por parte do perceptron.

Durante a fase de treinamento, cada elemento ajusta seu coeficiente de tal forma que ele reaja apenas para os padrões de entrada de sua classe Cr, com um valor de saída $y_r = 1$. Para que isso seja possível, primeiro é necessário que a existência de uma solução seja garantida, ou seja, devem existir pesos wri que permitam que a equação anterior resolva corretamente um problema de classificação. O modo como o problema é colocado e a codificação do vetor padrão x criam uma dependência para que esta condição seja satisfeita. Essa dependência funciona da seguinte maneira: com base em uma escolha particular de codificação, isto é, em uma associação de características x_1, x_2, ..., x_L para cada padrão, cada padrão corresponde a um ponto x no espaço de características. Este espaço de características possivelmente possuirá um conjunto de dimensões bastante elevado. As classes individuais Cr podem ser consideradas como subconjuntos de determinados pontos deste espaço de características. Cada elemento deve associar seu valor de saída yr de tal forma que a região do espaço pertencente aos valores de saída $y_r = 1$ incluam os pontos das classes Cr e excluam os pontos de todas as outras classes Cs, onde s seja diferente de r. Contudo, a flexibilidade de separação permitida pelos elementos limites na equação anterior é limitada. Geometricamente, cada escolha dos pesos wri corresponde a uma separação do espaço característico por um hiperplano L–1-dimensional em duas regiões, uma com $y_r = 1$ e a outra com $y_r = 0$. Se as classes no espaço de vetores padrão x estão muito concentradas no centro, então a separação desejada pelos hiperplanos não pode ser alcançada, e o algoritmo do perceptron estará condenado a falhar desde o princípio.

Dessa forma, o modelo baseado no perceptron só é capaz de classificar padrões situados em lados opostos do hiperplano. Isto significa dizer que, pelo fato do perceptron ter na sua estrutura apenas um neurônio e, com isso, não possuir uma camada intermediária, ele não é capaz de classificar padrões que não são linearmente separáveis.

Minsky e Papert demonstraram essa deficiência da estrutura do perceptron para o problema do XOR, ou "OU" exclusivo.

Suponha um mapeamento de entradas e saídas definido da forma apresentada a seguir, conforme a ilustração 149:

Entrada (x_1, x_2)	Saída
(0,0)	0
(0,1)	1
(1,0)	1
(1,1)	0

Ilustração 139: Entrada de dados representando o problema do XOR.

A utilização de uma arquitetura de rede neural com apenas uma única camada que, no caso do perceptron, é representada por apenas um neurônio, define uma reta no plano (x_1, x_2). A decisão obtida com a função de ativação abaixo separa os pontos posicionados acima da reta como sendo a saída igual a 1, e os pontos posicionados abaixo da reta como sendo a saída igual a 0.

$$y = f(z) = \begin{cases} 0, z < \beta \\ 1, z \geq \beta \end{cases}$$

A posição e inclinação da reta no plano são definidas pelos pesos das conexões entre as unidades de entrada e a unidade de saída, assim como, pelo parâmetro que determina o ponto de transição da função de ativação da unidade de saída. O ponto de transição da função de ativação é o valor limite estabelecido para os coeficientes dos elementos do perceptron.

No exemplo do XOR, não existe uma reta capaz de separar os pontos pertencentes às classes 0 e 1 no hiperplano. Esses pontos estão localizados em cantos opostos do plano (x_1, x_2) e, por este motivo, o problema do XOR é chamado de não linearmente separável.

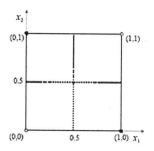

Ilustração 140: Representação gráfica do problema do XOR.

16.2.3 O Perceptron múltiplas camadas

No perceptron elementar, ou seja, de única camada, não existem neurônios escondidos. Conseqüentemente, ele não pode classificar padrões que não sejam linearmente separáveis. Contudo, padrões não linearmente separáveis são bastante comuns em problemas reais. Por exemplo, a situação do ou exclusivo, conhecido como XOR, que pode ser visto como um caso especial de um problema mais genérico, como por exemplo, pontos de classificação em uma unidade de hipercubo. Cada ponto em um hipercubo possui apenas um dos dois valores, ou 0 ou 1. Entretanto, no caso especial do problema do XOR, os quatro cantos do quadrado devem ser considerados, os quais correspondem aos padrões de entrada (0,0), (0,1), (1,1), e (1,0). O primeiro e o terceiro padrões de entrada estão contidos na classe 0, como mostrado a seguir.

$0 \oplus 0 = 0$
e
$1 \oplus 1 = 0$

$\oplus$ denota o operador de função booleano OU exclusivo. Os padrões de entrada (0,0) e (1,1) se localizam nos cantos opostos do quadrado, ainda que produzam o mesmo resultado, ou seja, 0. Por outro lado, os padrões de entrada (0,1) e (1,0) também se localizam em cantos opostos do quadrado, porém, eles estão contidos na classe 1, conforme mostrado a seguir.

$0 \oplus 1 = 1$

e
$1 \oplus 0 = 1$

O primeiro fato a ser reconhecido é o uso de apenas um único neurônio para dois possíveis resultados de entrada, representados por uma linha direta na fronteira de decisão em um espaço de entrada. Isto significa dizer que, para todos os pontos de um lado desta linha, se encontram os neurônios de saída da classe 1, e para todos os pontos do outro lado da linha, se encontram os neurônios de saída da classe 0. A posição e orientação da linha no espaço de entrada são determinadas pelos pesos sinápticos do neurônio conectado com os nós de entrada e pela indução aplicada ao neurônio. Com os padrões de entrada (0,0) e (1,1), localizados em cantos opostos do quadrado, e analogamente para os outros dois padrões de entrada (0,1) e (1,0), localizados nos outros dois cantos opostos do mesmo quadrado, fica claro que não se pode construir uma linha direta para a fronteira de decisão de forma que os padrões de entrada (0,0) e (1,1) fiquem em uma região de decisão e os padrões de entrada (0,1) e (1,0) fiquem em outra região de decisão. Isto significa dizer que o perceptron elementar não pode resolver o problema do OU exclusivo, ou XOR.

Porém, pode-se resolver o problema do XOR utilizando-se uma única camada escondida com dois neurônios. Para tanto, algumas suposições devem ser feitas, como por exemplo, que cada neurônio seja representado por um modelo McCulloch-Pitts, que utiliza funções de limites para suas funções de ativação, e que os bits 0 e 1 sejam representados pelos níveis 0 e +1 respectivamente.

Dessa forma, uma estrutura de rede neural em múltiplas camadas permite a separação das classes do problema do XOR. Uma estrutura proposta é apresentada a seguir:

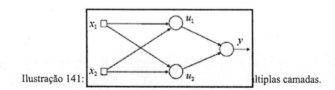

Ilustração 141: ltiplas camadas.

Em uma estrutura de múltiplas camadas, os parâmetros das camadas e os valores de transição definem duas retas no plano, uma para cada camada intermediária. Dessa forma, a função de ativação nas unidades da camada intermediária realiza um outro conjunto de decisão, diferentemente da rede com arquitetura de uma única camada, o perceptron. Para os pontos acima da reta, a saída da função de ativação será igual a 1, e para os pontos abaixo da reta, a saída da função de ativação será igual a 0. Com isso, cada unidade da camada intermediária divide o plano em duas regiões. As conexões da unidade de saída permitem calcular uma combinação linear das decisões realizadas pelas duas unidades da camada intermediária, de forma a ajustar a saída da rede com a saída desejada.

O resultado dessa combinação linear é o gráfico apresentado a seguir, no qual a área cinza escuro está associada com a classe igual a 1 e as regiões cinza claro estão associadas com a classe igual a 0. Dado que as informações de entrada estão contidas nas regiões cinza escuro e cinza claro, a rede neural com arquitetura de múltiplas camadas resolve o problema do XOR.

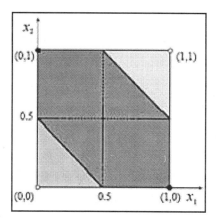

Ilustração 142: Representação gráfica dos dados do problema do XOR.

Apesar de bastante simples, o problema do XOR mostra que uma estrutura de rede neural com arquitetura de múltiplas camadas possui alta capacidade de separar classes não linearmente separáveis. Apesar de não representar um problema significativamente complexo, as classes não linearmente separáveis são encontradas em grande parte dos problemas de reconhecimento de padrões.

16.2.4 Backpropagation

As redes neurais artificiais possuem normalmente estruturas com diversas camadas de conexão de neurônios em série. A primeira camada é usualmente reservada para os padrões de entrada. Todos os neurônios desta camada enviam conexões para todos os neurônios da próxima camada. Este processo prossegue até que a última camada seja alcançada, onde os padrões de atividades constituem a saída da rede, ou a camada de saída.

Cada camada individualmente pode realizar uma parte da transformação nos padrões de atividade das camadas precedentes. Para cada perceptron, correspondente essencialmente com uma única camada, pode-se observar uma séria limitação das possibilidades de transformação entre as ocorrências de entrada e saída. Dessa forma, uma importante questão neste processo está relacionada em como se superar as limitações dos perceptrons através das diversas conexões em série e, conseqüentemente, nas concatenações de suas transformações.

Em oposição ao perceptron, a rede feed-forward em camadas contém unidades escondidas que não estão conectadas diretamente as linhas de entrada e saída. Então, o estado de atividade destes neurônios não pode ser afetado diretamente pelo mundo externo, pode somente ser influenciado indiretamente por meio do circuito interno da rede neural. O teorema de convergência do perceptron garante que os pesos de uma rede neural com apenas uma única camada de unidades pode ser treinada com um número finito de passos de adaptação. Entretanto, este teorema não pode ser generalizado para as redes feed-forward com camadas escondidas. Como as camadas escondidas são afetadas apenas indiretamente pelos sinais de entrada, o seguinte problema aparece: se uma determinada tarefa é executada de forma errada, não fica claro qual dos pesos foram responsáveis pelo mal resultado e como eles podem ser alterados. Este problema é conhecido como o credit assignment problem e foi uma das razões que decretaram a morte do perceptron e de seus sucessores multi-camadas nos anos 60.

O algoritmo back-propagation é uma interessante metodologia para resolver o problema descrito anteriormente. Um procedimento é descrito para uma rede com três camadas, uma de entrada, uma escondida e uma de saída, conforme mostrado na figura a seguir.

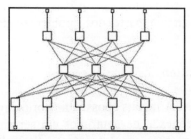

Ilustração 143: Rede neural artificial em três camadas.

O algoritmo back-propagation oferece uma aproximação para a trajetória no espaço de pesos computados por meio do método de "descida excessiva". Quanto menor for o parâmetro da taxa de aprendizado, menores serão as mudanças nos pesos sinápticos da rede a partir de uma iteração para a próxima e, assim, mais suave será a trajetória no espaço de pesos. Este aprimoramento, contudo, é alcançado pelo custo de uma menor taxa de aprendizado. Por outro lado, se for definido um parâmetro de taxa de aprendizado muito alto, com o objetivo de acelerar o tempo de aprendizado da rede, as grandes alterações nos pesos sinápticos obtidas como resultado pode fazer com que a rede se torne instável, ou oscilatória.

Uma atualização seqüencial dos pesos dos nós é talvez a melhor prática para se implementar o algoritmo back-propagation. Para este modelo de implementação, o ciclo do algoritmo, utilizando-se uma amostra de treinamento, é descrito a seguir.

- O primeiro passo é a inicialização. Assumindo que não existe nenhuma informação prévia disponível, escolha os pesos sinápticos e os limites a partir de uma distribuição uniforme na qual a média é zero, e na qual a variância é escolhida para se fazer o desvio padrão dos campos locais induzidos dos neurônios situados na transição entre as partes linear e saturada da função de ativação sigmoidal.
- O segundo passo é a apresentação dos exemplos de treinamento. Apresente a rede com um determinado período de exemplos de treinamento. Para cada exemplo no conjunto, ordenado de alguma forma, execute a seqüências de cálculos para frente e para trás descritas nos itens 3 e 4 a seguir.
- O terceiro passo é o cálculo para frente (forward computation). Calcule os campos locais induzidos e os sinais da função da rede pelo procedimento "para frente" através da rede, camada a camada.
- O quarto passo é o cálculo para trás (backward computation). Calcule os gradientes locais da rede neural. Ajuste os pesos sinápticos da rede na camada escondida de acordo com uma determinada regra de generalização, baseada principalmente na taxa de aprendizado.
- O quinto e último passo é a iteração. Repita os cálculos para frente e para trás sob os pontos 3 e 4 apresentando períodos específicos de exemplo de treinamento à rede até que o critério de parada de treinamento seja alcançado.

A ordem de apresentação dos exemplos de treinamento deve ser randomizada, ou seja, apresentados de forma aleatória sob os diferentes períodos de treinamento. Os parâmetros associados ao momento e a taxa de aprendizado são tipicamente ajustados, normalmente de forma decrescente, na medida em que o número de iterações de treinamento aumenta.

16.2.5 Topologia da rede

A topologia de uma rede neural artificial é determinada pelo número de camadas da rede construída, o número de nós em cada camada, e a natureza da função de transferência, utilizada para alimentar os nós intermediários segundo os seus pesos e os valores dos nós de entrada.

A otimização da topologia de uma rede neural artificial é provavelmente a fase que mais dependente de ações humanas, como a experiência e intuição dos analistas de data mining. No processo de construção de modelos de data mining, a fase de refinamento da topologia da rede neural é a mais subjetiva de todo o processo. A contribuição composta de uma variância e uma propensão para o erro quadrado médio em um modelo de regressão pode ser representada por meio de uma função de um modelo de complexidade. As redes neurais artificiais podem executar estimativas imparciais para um conjunto de treinamento com o objetivo de arbitrar uma precisão significativa e alcançar uma consistência assintótica, que se aproxima de um determinado limite sem nunca alcançá-lo. As aproximações universais possuem um alto custo, mas um modelo de rede neural artificial verdadeiramente imparcial, como por exemplo, uma rede neural com um número infinito de nós escondidos, pode exibir uma variância relativamente grande, ser extremamente sensível às características individuais do conjunto de treinamento e pode, ainda, possuir uma boa execução em termos de resultados quando uma amostra livre de ruídos é utilizada como dados de entrada. Com o objetivo de atenuar a influência dos ruídos de uma amostra de entrada, os quais normalmente afetam as reais medidas analíticas, pode-se aplicar uma restrição à topologia da rede neural para permitir alguma indução ou propensão no modelo. Isto pode ser feito por meio de alguns recursos específicos, como a redução do número de camadas, do número de nós e conexões da rede neural, de restrições na forma das funções de transferência, ou pela utilização de um conjunto de monitoramento para decidir sobre a parada do treinamento. As diferentes fases do processo de otimização da topologia de uma rede neural artificial seguem um fluxo de execução relativamente constante, contendo alguns dos seguintes passos:

1. Construir uma rede neural artificial com um determinado número de nós e uma quantidade arbitrária de nós na camada escondida. Treinar

a rede neural por meio de diferentes conjuntos de dados, com pesos iniciais escolhidos randomicamente e calcular a mediana para o erro de monitoramento.
2. Atribuir zero ao número de falhas.
3. Caso exista mais do que uma variável de entrada, ir para o passo 4, caso contrário, ir para o passo 9.
4. Remover as variáveis de entrada com menor sensibilidade para o modelo.
5. Re-treinar a rede neural e calcular a mediana para o erro de monitoramento.
6. Caso o erro de monitoramento da referência seja menor do que o novo erro, executar o passo 7, caso contrário, executar o passo 14.
7. Recolocar as variáveis de entrada removidas no passo 4 e remover as próximas variáveis de entrada com menor sensibilidade.
8. Se o número de falhas é igual ao número de nós de entrada, ir para o passo 9, caso contrário, voltar para o passo 5.
9. Caso exista mais do que um nó de entrada, executar o passo 10.
10. Remover um nó escondido. Re-treinar a rede neural e calcular a mediana do erro de monitoramento.
11. Caso o erro de monitoramento da referência seja maior do que o novo erro, executar o passo 12.
12. Colocar de volta o nó escondido removido anteriormente.
13. Se a falha não for igual ao número de nós de entrada, voltar para o passo 2.
14. Atribuir o novo erro de monitoração ao erro de monitoração de referência. Atribuir zero ao número de falhas. Voltar para o passo 9.

16.2.5.1 Número de camadas

A terminologia utilizada para descrever a topologia das redes neurais artificiais pode variar de acordo com os autores. Alguns deles consideram que a camada de entrada é apenas um simples buffer, ou seja, uma área utilizada para armazenamento temporário das informações sobre os nós.

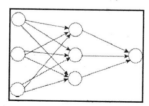

Ilustração 144: Arquitetura de rede neural com topologia 3:3:1.

Na figura anterior, a rede neural artificial possui três camadas com uma arquitetura 3-3-1, contendo três nós para as camadas de entrada, três nós para a camada escondida, ou intermediária, e um nó para a camada de saída.

A propriedade teórica da aproximação universal vem sendo comprovada para as redes neurais artificiais com apenas uma camada escondida e sua recomendação de execução é para a utilização de modelos com calibração multivariada, exceto quando o relacionamento com o modelo tende a ser descontínuo. Neste último caso, a adição de mais camadas escondidas se faz necessário.

È possível adicionar conexões diretamente entre as camadas de entrada e saída de uma rede neural. Quando as variáveis de entrada possuem uma contribuição conjunta para o valor de resposta, umas lineares e outras não lineares, estas conexões diretas podem tratar a parte linear, e uma rede neural artificial clássica constrói a parte não linear do modelo. As conexões diretas podem acelerar o processo de aprendizado, além de tornar a interpretação do modelo mais fácil nas situações nas quais os descritores são heterogêneos. Foi observado que as redes neurais artificiais conectadas diretamente aprenderam mais rapidamente nas fases de treinamento inicial e intermediária, porém, as redes neurais sem as conexões diretas convergiram com menor calibração e menor erro de predição. Na teoria, uma rede neural artificial sem conexões diretas pode alcançar a mesma performance preditiva que uma rede neural com conexões diretas, de forma que redes neurais sem conexões diretas devem ser escolhidas preferencialmente, especialmente quando o objetivo é reduzir o número de parâmetros ajustáveis.

16.2.5.2 Número de nós de entrada e saída

As redes neurais artificiais podem modelar múltiplas respostas simultaneamente, contudo, é recomendável modelar uma resposta de cada vez, e, dessa forma, utilizar um único nó de saída. Uma exceção a esta regra é para situações nas quais se deseja prever várias respostas correlacionadas, como por exemplo, as concentrações de diferentes tipos de clientes em um cenário de sistema fechado, como uma determinada empresa de um segmento de negócio específico. Neste caso, todas as respostas podem ser modeladas simultaneamente por meio de uma única rede neural contendo um nó de saída para cada resposta.

Para configurar o número inicial de nós de entrada, duas metodologias são possíveis. A primeira, conhecida como stepwise addition approach – metodologia de adição gradual, consiste em iniciar o treinamento da rede com um número deliberadamente pequeno de variáveis de entrada e ir adicionando novas variáveis paulatinamente, até o momento em que o monitoramento ou a performance de predição da rede neural não seja melhorado mais. A segunda, conhecida como stepwise elimination approach, consiste em se iniciar o treinamento da rede com um número deliberadamente grande de variáveis de entrada e ir gradualmente removendo, ou podando, alguns destes nós até que o monitoramento ou a performance de predição da rede neural pare de melhorar.

Ambas as metodologias podem ser utilizadas, e nenhuma recomendação definitiva pode ser dada com relação à qual delas é a melhor. A escolha de uma ou outra irá depender da amostra de dados a ser utilizada como entrada, do objetivo ser alcançado, do modelo construído e da topologia da rede. Cada uma das metodologias possui suas vantagens e suas limitações. Se componentes principais são selecionados de acordo com valores apropriados e seus scores utilizados como entrada, o método de adição gradual – stepwise addition – leva, na maioria das vezes, a resultados mais satisfatórios e mais rápidos, pois toda informação necessária está normalmente contida nos primeiros poucos, mas representativos, componentes principais. Entretanto, pode ocorrer o caso no qual a maior parte da informação está contida nos componentes principais, por exemplo, de 1 a 5, mas alguma informação adicional importante também pode estar contida no componente principal 10. Durante o método de adição gradual, a performance da rede neural artificial pode estagnar, ou mesmos degradar, entre os componentes principais 6 e 9, e, desta forma, as chances de o componente principal 10 ser incluído no modelo final são bem pequenas.

Quando o método stepwise elimination é utilizado, deve ser incluído deliberadamente um grande número de variáveis de entrada no conjunto inicial do treinamento da rede. As variáveis irrelevantes podem ser eliminadas posteriormente, mas as variáveis relevantes que não foram incluídas na modelagem inicial não serão testadas subseqüentemente. Análogo ao processo executado com o método stepwise addition, a utilização de componentes principais também pode ser extremamente útil na elaboração e treinamento da rede neural. A utilização dos valores dos componentes principais como entrada traz vantagens significativas para o treinamento do modelo. Fazendo uso de técnicas clássicas, como validação cruzada, teste de redução do valor apropriado, dentre outras, pode ser estimado um pseudo-ranking para a matriz de dados de entrada. Assim, uma vez selecionados uns poucos componentes principais adicionais, 5 ou 6, por exemplo, os quais podem ser considerados para uma possível não linearidade do modelo, a rede neural artificial pode iniciar o treinamento com estes componentes principais sendo utilizados como conjunto de treinamento inicial. O conjunto de treinamento inicial pode variar tipicamente entre 10 e 15 componentes principais. Uma desvantagem do método stepwise elimination é que ele pode consumir um tempo de processamento extremamente alto, tornando impraticável sua utilização caso as variáveis de entrada sejam removidas temporariamente por causa dos erros gerados, ou mesmo pelos testes executados quando do treinamento da rede, dado que as possibilidades de combinação podem ser muito grandes.

Em computação neural, a relevância de uma variável para um determinado modelo é chamada de sensibilidade. A otimização da escolha do conjunto de variáveis de entrada pode ser acelerada caso um método de estimação da sensibilidade para cada uma das variáveis seja implementado. Diversos métodos podem ser propostos para executar esta estimação de sensibilidade. O método mais comum é normalmente referido como diagrama de Hinton, que consiste na atribuição de uma sensibilidade para cada variável de entrada, proporcional a magnitude média de suas conexões associadas na rede neural artificial. Esta atribuição pode ser representada por um mapa de duas dimensões contendo caixas quadradas de tamanho variável. As variáveis candidatas a serem retiradas do conjunto de entrada são aquelas que possuem o menor valor de sensibilidade. Apesar de sua grande popularidade, este método possui severas limitações práticas e teóricas. Este método está baseado em uma analogia com a clássica técnica de Regressões Lineares Múltiplas, na qual a magnitude de um coeficiente de regressão reflete a importância do relacionamento que existe entre os descritores associados e as respostas da rede neural. Em um modelo de rede neural artificial, as variáveis de entrada que possuem uma contribuição linear para a resposta podem ser modeladas na porção linear de uma função de transferência do tipo sigmoidal, a qual pode estar associada com pesos da magnitude baixo ou médio. Por outro lado, as variáveis não lineares podem ser modeladas na parte côncava da função de transferência, a qual está associada com os pesos altos para a magnitude. Dessa forma, o método de classificação do diagrama de Hinton não está baseado na relevância intrínseca de uma variável para com o modelo, mas, simplesmente, na natureza da contribuição desta variável para a resposta do modelo. As variáveis de entrada lineares são sistematicamente assinaladas como sem importância, mesmo quando elas contribuem explicitamente para o modelo. Este tipo de metodologia só fornece resultados altamente confiáveis quando o conjunto de dados é totalmente linear, casos nos quais não existem pontos de utilização de uma rede neural artificial.

Dois métodos baseados em variância para a determinação da sensibilidade das variáveis de entrada foram propostos recentemente por Despagne e Massart.

Estes métodos foram desenhados para situações nas quias as variáveis de entrada são ortogonais, o que normalmente ocorre nos casos em que os scores são componentes principais. Ambos os métodos são baseados na estimação da contribuição individual de cada variável de entrada para a variância da resposta a ser predita. No primeiro método, as contribuições são determinadas por uma modelagem parcial. Primeiramente, a rede neural é treinada para estimar os parâmetros do modelo:

$$\hat{y} = f(x_1, x_2, ..., x_n)$$

Após o treinamento, a sensibilidade de cada variável de entrada xi é calculada como uma resposta predita, utilizando-se um treinamento para a rede neural no qual todas as variáveis de entrada, exceto as variáveis x_i são configuradas para zero.

$$\hat{y} = (x_i) = f(x_i)$$
$$S_i = \sigma^2_{\hat{y}(x_i)}$$

No segundo método, as contribuições separadas de cada variável de entrada para a variância da resposta estimada são derivadas de uma equação de propagação da variância para combinações não lineares de variáveis. No caso de um modelo de duas variáveis (x_1, x_2), esta equação pode ser a descrita a seguir:

$$\sigma^2_{\hat{y}} = \left(\frac{\partial \hat{y}}{\partial x_1}\right)\sigma^2_{x_1} + \left(\frac{\partial \hat{y}}{\partial x_2}\right)\sigma^2_{x_2} + 2\frac{\partial \hat{y}}{\partial x_1}\frac{\partial \hat{y}}{\partial x_2}(COV)_{x_1 x_2}$$

Desde que os scores para os componentes principais sejam ortogonais, o termo de covariância pode ser negligenciado, e, assim, a sensibilidade da variável de entrada é calculada da seguinte forma:

$$S_i = \left(\frac{\partial \hat{y}}{\partial x_1}\right)^2 \sigma^2_{x_1}$$

Aplicando-se a regra de medidas lineares diversas vezes, pode-se obter uma expressão analítica que permita a determinação da sensibilidade Si no fim do treinamento da rede neural. A característica mais importante destes dois métodos baseados na variância, tanto o de modelagem parcial quanto o de propagação da variância, é que eles podem fornecer resultados extremamente estáveis. Quando redes neurais artificiais possuindo a mesma topologia são treinadas com diferentes conjuntos de dados, os quais possuem pesos iniciais randômicos, elas podem convergir para diferentes mínimos locais na superfície de erro, os quais podem ser qualitativamente iguais e pertos um do outro.

Uma vez que a sensibilidade de cada variável de entrada tenha sido estimada, é fortemente recomendado que ao menos uma tentativa de retirada da variável com menor valor para a sensibilidade seja executada, e, após isso, efetuar o re-treinamento da rede neural, monitorando a qualidade dos resultados obtidos por este processo cíclico. Se o erro monitorado decrescer após a retirada desta variável, a mesma poderá ser considerada irrelevante para o modelo e pode, assim, ser retirada permanentemente do mesmo. Caso contrário, a variável escolhida para ser removida do modelo deve ser colocada de volta e uma nova tentativa, escolhendo-se outra variável com baixa sensibilidade, deve ser feita. Dado que modelos mais econômicos devem ser escolhidos preferencialmente nos casos de calibração multivariada, pode ser proposta uma metodologia de eliminação gradual – stepwise – das variáveis de entrada. Por exemplo, considere que ME(k) seja o erro monitorado na k-ésima experiência ou tentativa e que ME(k+1) seja o erro monitorado na próxima tentativa após a remoção da variável de entrada marcada como baixa sensibilidade. Assim, se ME(k+1) for menor ou igual à τ ME(k), então a variável de entrada marcada deve ser removida. Caso contrário, a variável de entrada marcada com baixa sensibilidade deve ser devolvida ao modelo e outra variável deve ser escolhida como tentativa de remoção. Na fórmula anterior, τ é o fator de tolerância, o qual pode ser ajustado para diferentes valores. É sugerido, contudo, que o fator de tolerância seja configurado para 1,1. Aumentar este valor significa remover mais variáveis de entrada do modelo, e, com isso, existe o risco de se perder algumas fontes de variância relevantes. Entretanto, o fator τ não deve ser menor que 1, pois, neste caso, a rede neural pode ter como resultado um fraco desempenho em sua habilidade de generalização.

Para um dado conjunto de variáveis de entrada, a performance da rede neural artificial irá variar de acordo com o número de nós existentes na camada escondida. Então, a otimização do número de variáveis de entrada e do número de nós existentes na camada escondida deve ser realizada em conjunção, ou seja, a cada passo, uma otimização do número de variáveis de entrada deve ser realizada, e, após isso, uma otimização do número de nós da camada escondida também deve ser realizada. Sucessivamente, deve-se otimizar o número de variáveis de entrada e o número de nós na camada escondida até que o erro monitorado pare de decrescer.

16.2.5.3 Número de nós da camada escondida

Um limite superior para o número de nós da camada escondida é da mesma ordem do número de amostras de treinamento utilizadas. Foi comprovado posteriormente que uma rede neural artificial com n nós sigmoidais na camada escondida poderia se aproximar da resposta de 2n -1 amostras de treinamento. Estes resultados suportam a idéia de que não é necessário se utilizar um grande número de nós na camada escondida para se adequar aos relacionamentos multivariados complexos. Ao contrário, um número grande de nós na camada escondida acentuam a probabilidade de um supertreinamento da rede neural. Desta forma, é recomendado que se reduza sistematicamente o número de nós da camada escondida, o quanto for possível, com o objetivo de se alcançar modelos mais simples, porém mais robustos.

Kanjilal e Banerjee apresentaram uma estratégia para reduzir o número de nós da camada escondida de uma rede neural artificial. O método é baseado na ortogonalização da camada escondida da matriz de saída por meio da decomposição de valores singulares, depois que a convergência bruta tenha sido alcançada. Existe um algoritmo baseado em um conceito bastante similar que permite a calibração de todas as amostras utilizadas no treinamento da rede neural sem a necessidade de se monitorar o conjunto de entrada de dados. O postulado inicial é que a rede neural artificial com um grande número de nós na camada escondida é relativamente insensível às condições iniciais de treinamento, mas sua habilidade de generalização é pior que uma rede neural com uma camada escondida de tamanho reduzido. O esquema proposto consiste em se iniciar o treinamento da rede neural com um número deliberadamente grande de nós na camada escondida, até que um valor arbitrariamente baixo para o erro seja alcançado. Então, o método de decomposição de valores singulares deve ser executado sobre a camada de nós escondidos da matriz de saída H, conforme fórmula abaixo.

$$H_{kxh} = U_{kxk} \cdot S_{kxh} \cdot V_{hxh}^T$$

Na fórmula, h é o número de nós da camada escondida e k é o número de amostras de treinamento da rede neural. O número r de valores singulares dominantes na matriz diagonal S, determinada pelo critério de variação do raio, é considerado como o número de nós da camada escondida necessário para determinada rede neural artificial. Uma nova rede neural pode ser construída com apenas r < k nós na camada escondida, e as novas matrizes de pesos iniciais podem ser determinadas pelo método dos mínimos quadrados, ajustando desta forma a camada escondida da matriz de saída para a seguinte equação.

$$H' = [U_1\ U_2\ ...\ U_r]$$

O treinamento é então retomado a partir da rede neural podada, com o subseqüente melhoramento da habilidade de generalização.

A redução do número de nós da camada escondida pode também ser feita pelo método de tentativa e erro, da mesma forma que a otimização do número de variáveis de entrada. É sempre uma boa idéia se comparar a performance de um modelo com um nó na camada escondida com um modelo mais complexo, dado que muitos conjuntos de dados em uma calibração multivariada são apenas levemente não lineares. A vantagem de modelos com um nó na camada escondida é que os resultados que eles produzem são estáveis e independentes do conjunto de pesos aleatórios iniciais. Além disso, um modelo com um nó na camada escondida pode ser reduzido a uma regressão sigmoidal, que pode ser mais facilmente interpretada. Em um estudo de calibração baseada em extrapolação, Estienne et al mostraram que o erro predito de uma rede neural artificial em um conjunto de dados é reduzido em 50% por meio da utilização de apenas um nó na camada escondida.

16.2.5.4 Função de transferência

O teorema de Kolmogorov declara que uma rede neural artificial com combinações lineares de n (2n + 1) com aumento monotônico das funções não lineares de apenas uma variável é capaz de ajustar qualquer função contínua de n variáveis. O uso mais comum de funções de transferência não lineares são as funções sigmóide ou tangente hiperbólica, as quais são delimitadas, facilmente diferenciáveis e apresentam uma porção quase linear no seu centro, de forma que os conjuntos de dados que são apenas levemente não lineares também possam ser modelados. Essas duas funções são bastantes populares porque permitem ajustar um número significativamente grande de não linearidades, contudo, outras funções também podem ser utilizadas como funções de transferência. Por exemplo, existem formas de se executar calibrações em redes neurais artificiais com dados univariados utilizando na camada escondida, combinações de sigmóide, tangente hiperbólica e funções quadráticas, de forma a acomodar diferentes tipos de resposta não linear, em regiões de diferentes espectros.

A função de transferência da camada de saída pode ser linear ou não linear. Em muitas situações, se o número de nós da camada escondida é suficiente, toda a modelagem é feita na própria camada escondida. Foi observado que em algumas situações, nas quais os dados eram, em sua maioria, lineares, funções de transferência de saídas não lineares poderiam introduzir distorções nas respostas a serem preditas. Contudo, se uma função de transferência de saída linear é utilizada, qualquer nó linear na camada escondida pode ser substituído por uma conexão direta entre as camadas escondida e de entrada. Isto acontece porque duas transformações lineares sucessivas podem ser reduzidas para apenas uma, e, assim, o número de parâmetros ajustável da rede neural artificial pode ser reduzido também.

Entretanto, o procedimento mais seguro é tentar executar ambos os tipos de funções de transferência, lineares e não lineares, durante o processo de otimização da topologia da rede neural, e basear a decisão de acordo com a forma dos resíduos resultantes dos modelos construídos, considerando sempre o mesmo conjunto de variáveis.

16.3. TREINAMENTO DA REDE

Um tema de fundamental importância na construção de bons modelos de redes neurais artificiais é o processo de treinamento da rede. Existem diversas questões envolvidas no processo de treinamento de um modelo preditivo; dentre elas, o tipo de algoritmo de aprendizado; as decisões de parada do treinamento da rede, que evitam os problemas de supertreinamento e a conseqüente perda de generalização; a importância da interpretação do modelo resultante e, conseqüentemente, dos resultados obtidos; as medidas que indicam a capacidade preditiva da rede neural; e, por fim, os objetos periféricos ao modelo desenvolvido. Os assuntos relacionados ao treinamento da rede neural serão abordados de maneira individualizada a seguir.

16.3.1 Algoritmos de aprendizado

Dentre os diversos modelos de aprendizado, duas técnicas podem ser distinguidas de forma bem particular, o aprendizado incremental e o aprendizado batch, ou em lotes. O primeiro, o aprendizado incremental, consiste em atualizar sucessivamente os pesos da rede neural após a estimação do erro associado, de acordo com a resposta predita para cada amostra apresentada de forma aleatória. Já no aprendizado batch, o erro de todas as amostras de treinamento, sobre cada iteração, primeiramente são somados, e os parâmetros são ajustados com base nesta soma. O primeiro método tem como vantagem a superposição dos componentes estocásticos na atualização dos pesos. Este fato pode ajudar bastante a rede neural a escapar de um mínimo local de uma superfície de erro em um hiper-espaço de pesos. Como desvantagem, o método de aprendizado incremental pode ser podado até que a rede neural tenha sucessivos passos em direções opostas, o que pode tornar o processo de aprendizado extremamente lento. O aprendizado em batch fornece um método de estimação mais acurado para os vetores de gradiente, além de uma convergência mais rápida. Contudo, estas vantagens demandam mais capacidade de armazenamento e processamento da infra-estrutura computacional onde está sendo executada a rede neural. A eficiência relativa de ambos os métodos é normalmente independente do conjunto de dados como amostra de treinamento. O método de aprendizado incremental parece particularmente mais adaptado para conjuntos de treinamento bastante homogêneos, ou ainda, para aplicações de controle de processos on-line, nos quais a composição do conjunto de treinamento é constantemente modificada.

O treinamento de uma rede neural artificial é tipicamente um problema relacionado à otimização, e diversos métodos estão disponíveis para a execução desta tarefa. Ainda que não seja possível, nem tampouco o objetivo deste trabalho, rever todos os métodos de otimização de redes neurais disponíveis, os principais tipos de algoritmos existentes serão sumarizados e suas particularidades descritas a seguir.

O algoritmo de gradiente descendente realiza uma minimização descendente excessiva na superfície de erro dos parâmetros ajustáveis do hiper-espaço. Este algoritmo foi descrito e popularizado por Rumelhart e McClelland em 1986. Contudo, uma convergência excessivamente lenta do algoritmo básico e sua tendência para cair em diversos mínimos locais da superfície de erro despertaram a necessidade de se criar melhoramentos no processo, como a adição de um termo de momento na atualização dos pesos. Esse termo permitiu suavizar a superfície de erro e atenuar as oscilações na base dos diversos vales do hiper-espaço. A velocidade do algoritmo pode ser significativamente aumentada por meio do uso de parâmetros adaptativos, como taxas de aprendizado e taxas de momento, para cada peso da rede neural artificial. Esta é a base dos algoritmos delta-bar-delta e delta-bar-delta estendido, os quais tem sido aplicado com relativo sucesso nos processos de calibração de variáveis múltiplas.

Uma convergência rápida pode ser alcançada por meio do método de otimização de segunda ordem, baseado na determinação, ou aproximação da matriz de Hessian de derivativos secundários parciais relacionados com funções de custo. Estes métodos possuem tipicamente um tempo de convergência menor do que os métodos de gradientes ou de seus derivativos. No método de Newton-Raphson, a matriz de Hessian é utilizada para ajustar as direções descendentes de cada passo, e, neste caso, a convergência é alcançada em um único passo, caso a superfície de erro seja quadrática, com contornos elipsoidais. Atualmente, um dos métodos de segunda ordem mais populares e eficientes para o treinamento de uma rede neural é o algoritmo de Levenberg-Marquardt, que pode ser considerado como uma combinação entre o gradiente descendente e o método de otimização de Newton-Raphson. Para casa passo, um parâmetro adaptativo permite que o algoritmo transite suavemente entre as direções dos gradientes e as direções do Newton-Raphson. A matriz inversa de Hesian é então estimada e interativamente atualizada para evitar cálculos tediosos ou desnecessários. A otimização do gradiente conjugado é uma técnica de segunda ordem alternativa que também utiliza a matriz de Hessian. Porém, este algoritmo é formulado de tal forma que a estimação e o armazenamento da matriz de Hessian sejam completamente evitados. Na otimização de gradientes conjugados, cada nova direção de pesquisa é escolhida de forma que se corrompa o mínimo possível a minimização alcançada no passo anterior, em contraste com a trajetória espiralada observada com o método de gradiente. Este método é garantido para se alocar o mínimo de qualquer função quadrática de n variáveis na maioria dos n passos.

Algoritmos genéticos também têm sido usados no treinamento de redes neurais artificiais. Este método de busca global permite superar o problema relacionado aos mínimos locais, mas com um consumo bem maior dos recursos computacionais, pois cada indivíduo da população representa um modelo diferente de rede neural. Adicionalmente, um determinado número de parâmetros deve ser configurado para se definir o tamanho da população e o modo de evolução do algoritmo genético. Isto faz com que este método não seja facilmente implementável.

O método de otimização aleatória consiste em se executar sucessivos passos randômicos no espaço de pesos e descartar todos aqueles que não produziram redução na função de custo. Contrariamente ao clássico método back-propagation, a busca aleatória é garantida para se encontrar mínimos globais, mas o tempo e o esforço computacional gastos é tão grande que este método dificilmente é utilizado na prática. Ao invés disso, os algoritmos genéticos e a otimização aleatória podem ser utilizados como técnicas preliminares para se otimizar o conjunto inicial de pesos em um treinamento de uma rede neural.

Após este ajuste inicial, o treinamento da rede pode prosseguir utilizando-se dos métodos baseados no algoritmo back-propagation, por exemplo.

16.3.2 Decisão de parada do treinamento

Conforme mencionado anteriormente, o conjunto de dados de monitoramento deve ser utilizado com o objetivo de reduzir a tendência da rede neural de supertreinar o modelo, e dessa forma, de superajustar os dados de treinamento. A evolução do erro de monitoramento deve ser acompanhada durante todo o processo de treinamento da rede neural. A freqüência da estimação do erro de monitoramento deve ser determinada pelo usuário e preferencialmente realizada após cada iteração. Valores consecutivos para o erro de monitoramento são armazenados em um vetor, e, assim, diversos critérios podem ser aplicados para reter o melhor conjunto de pesos. Dentre as possibilidades, pode-se citar como exemplos, o treinamento da rede neural para um grande número de iterações definidas previamente, retendo o conjunto de pesos correspondente à curva mínima para os erros de monitoramento; a parada do treinamento e a retenção do último conjunto de pesos tão logo o erro de monitoramento fique abaixo de um valor limite pré-estabelecido; ou a parada do treinamento e a retenção do último conjunto de pesos tão logo a diferença entre dois erros de monitoramento sucessivos fiquem abaixo de um valor limite pré-estabelecido.

Algo que também deve ser checado é se o erro do treinamento está razoavelmente baixo com relação ao número de iterações retidas e se a representatividade entre os conjuntos de monitoração e treinamento está assegurada. Uma forma bastante usual para detectar a ausência de representatividade entre os conjuntos de monitoração e treinamento é quando a curva da raiz quadrada média dos erros para ambos os conjuntos, de treinamento e monitoração, estão separadas por uma grande lacuna na região onde elas achatam. Alternativamente, é possível que o erro de monitoramento ótimo seja alcançado enquanto o erro de treinamento ainda esteja alto. Isto pode acontecer devido às chances de correlação, como por exemplo, quando o conjunto inicial de pesos randômicos faz com que o modelo se aproxime do mínimo local na superfície do erro de monitoramento. Em ambos os casos, tanto no caso de grandes lacunas entre as curvas relacionadas aos erros de monitoramento e treinamento quanto no mínimo antecipado para o monitoramento, a diferença na divisão dos dados entre os dois subconjuntos devem ser considerada.

A sensibilidade de uma solução baseada em uma rede neural artificial para as condições iniciais é uma questão bastante importante. Para ajustar um dado conjunto de dados não lineares, uma rede neural pode desenvolver diversas combinações de funções de transferência, as quais podem fornecer erros de treinamento similares, ainda que por meio de diferentes formas de modelo e distintas habilidades de generalização. O uso de um conjunto de monitoramento reduz os riscos de um superajuste da rede neural para um determinado conjunto de treinamento. Contudo, pode acontecer que o conjunto de treinamento seja, da mesma forma, superajustado, devido a uma chance de correlação com os pesos utilizados. Dado que o erro de monitoramento é utilizado como um critério para a determinação do fim do treinamento, um erro de monitoramento aparentemente baixo pode levar a uma retenção, ou escolha, de um modelo com baixa capacidade de generalização. Para superar os efeitos de acordo com as chances de correlação, diversas tentativas devem ser executadas, utilizando-se diferentes conjuntos de pesos iniciais randômicos. É difícil de se estimar um valor exato para o número de tentativas de execução, mas Tekto et al. sugerem algo em torno de dez vezes. Com o objetivo de eliminar a influência de soluções isoladas, com baixos valores para o erro de monitoramento devido ao erro de monitoramento superajustado, uma metodologia robusta consiste em reter a topologia correspondente à menor mediana do erro de monitoramento sobre as tentativas replicadas. Uma vez que a topologia tenha sido estabelecida, o conjunto de pesos que leva ao valor de erro de monitoramento mais perto da mediana pode ser retido como o modelo final. É recomendado, porém, testar o modelo retido como o modelo final contra o conjunto de validação antes de se executar predições sobre amostras de dados desconhecidas.

16.4. INTERPRETAÇÃO DOS MODELOS

As redes neurais artificiais possuem mais a oferecer do que um modelo empírico simples. A sensibilidade apresentada anteriormente descreve a influência relativa das diferentes variáveis de entrada de um modelo final. Adicionalmente, o exame das projeções das amostras nos nós das camadas escondidas de uma rede neural é muitas das vezes apenas informativo.

Um método para visualizar a forma de contribuição de diferentes variáveis de entrada de uma rede neural também foi proposto por Estienne et al. Da mesma forma que o procedimento para determinação da sensibilidade das variáveis de entrada, esta metodologia também é baseada em no conceito da modelagem parcial. Ela consiste em apresentar os modelos parciais para cada variável. Um procedimento estatístico baseado em tentativas replicadas, após a adição de ruídos randômicos no modelo de variáveis de entrada, e na análise da variância para a ausência de ajuste permite identificar as variáveis com uma contribuição para o modelo significativamente não linear.

Recentemente, diversos grupos de pesquisa vêem investigando a estimação de intervalos de confiança estatística para modelos de predição utilizando redes neurais artificiais. Dathe e Otto derivaram um intervalo de confiança utilizando o método bootstrap. Após encontrar a topologia ótima de uma rede neural, eles eliminaram uma porção da matriz de calibração e a preencheram randomicamente com amostras replicadas a partir da porção remanescente. Um número arbitrário nsets de matrizes de calibração é criado, e nsets modelos são construídos com base na topologia pré-definida. Um conjunto de teste externo é utilizado para predizer as respostas com cada um dos modelos de rede neural desenvolvidos com um mínimo de auxílio externo, ou bootstrapped, e desvios padrão das respostas preditas podem ser calculados. Derks e Buydens também trabalharam no cálculo dos intervalos de confiança e compararam três formas de desenvolvimento. A vantagem da metodologia bootstrap é que ela deriva intervalos de confiança que contém todas as fontes de variabilidade, como ruídos experimentais, erros de modelo, efeito de diferentes conjuntos de pesos aleatórios, dentre outros, produzindo, assim, o pior caso de estimação possível. A desvantagem desta metodologia é que os intervalos de confiança derivados correspondem a uma topologia de rede neural, e não apenas a um único modelo com um conjunto de pesos fixo.

16.4.1 Medidas da habilidade de predição

Diversas estatísticas são utilizadas para medir a habilidade de predição de um modelo de rede neural. No caso de n<p, a soma dos quadrados do erro de predição, PRESS é calculado da seguinte forma:

$$PRESS = \sum_{i=1}^{n}(y_i - \widehat{y}_i)^2 = \sum_{i=1}^{n}e_i^2$$

y_i é o valor atual de y para o objeto i, e é o valor y para o objeto predito i a partir do modelo sob avaliação. O fator ei é o resíduo para o objeto i, ou seja, a diferença entre o valor predito e o valor atual y, e n é o número de objetos para os quais é obtido por uma predição.

O erro quadrado médio de predição (MSEP) é definido como sendo o valor médio do PRESS.

$$\text{MSEP} = \frac{\text{PRESS}}{n} = \frac{\sum_{i=1}^{n}(y_i - \hat{y}_i)^2}{n}$$

Essa raiz quadrada é chamada de raiz do erro quadrado médio da predição, RMSEP:

$$\text{RMSEP} = \sqrt{\text{MSEP}} = \sqrt{\frac{\sum_{i=1}^{n}(y_i - \hat{y}_i)^2}{n}} = \sqrt{\frac{\sum_{i=1}^{n}e_i^2}{n}}$$

Todas essas quantidades fornecem a mesma informação. Na literatura, parece que os valores RMSEP são preferidos com relação aos outros, em parte porque eles são dados na mesma unidade que a variável y.

Uma questão de extrema importância é o que se esperar do valor RMSEP. Se o modelo final está correto, ou seja, não existe influência, então as predições oferecerão, na maioria das vezes, mais precisão do que aqueles modelos obtidos pelo método de referência, devido ao efeito médio da regressão. Contudo, este fato não pode ser provado a partir de medidas nas amostras de validação, os valores de referência os quais foram obtidos com o emprego do método de referência. O valor RMSEP é limitado pela precisão do próprio método de referência. Por esta razão, o valor RMSEP pode ser aplicado no estágio de otimização como um tipo de valor objetivo, ou variável alvo. Um método alternativo para se decidir a complexidade do modelo é então selecionar a complexidade mais baixa que leva a um valor RMSEP comparável com a precisão do método de referência.

16.4.2 Objetos afastados do modelo

Quando um modelo é construído, é possível se checar novamente as possibilidades de existirem outliers no espaço XY, ou seja, objetos que não se encaixem bem no modelo construído. A dificuldade com isto é que cada objeto afastado da maioria da população influencia o modelo obtido, freqüentemente a cada um dos objetos estendidos, de forma que não é possível ver que os objetos estão fora do modelo verdadeiro. Diagnósticos baseado em distância a partir dos modelos obtidos podem então não ser efetivos. Considere um caso univariado linear. Suponha que um determinado outlier A para um modelo verdadeiro atraia a linha de regressão, mas não possa ser identificado como um outlier, pois sua distância para a linha de regressão obtida não é significantemente alta com relação aos outros objetos. Assim, esse determinado objeto A é então chamado de influenciador do modelo. O procedimento recomendado então é se concentrar na busca de cada um dos objetos influenciadores existentes na amostra de dados de entrada.

Centner et al. propuseram um procedimento baseado na idéia de se discriminar as situações nas quais um outlier verdadeiro altera o modelo, resultando em um grande acúmulo nos erros de validação cruzada. Estas situações ocorrem quando um alto valor para o erro de validação cruzada está relacionado simplesmente a uma predição incorreta de um ponto altamente elevado que não é um outlier. Uma metodologia similar àquela baseada na validação cruzada não pode ser aplicada em redes neurais artificiais. Como conseqüência, uma limitação desta metodologia é que a identificação de outliers é baseada em modelos de validação cruzada lineares. Um exemplo é que um outlier para um modelo linear pode não ser um outlier para um modelo não linear. Dessa forma, só se pode utilizar este método para assinalar possíveis ouliers, e não como uma metodologia de identificação positiva de outliers.

Algoritmos genéticos podem ser aplicados para a seleção de subconjuntos de dados de acordo com um determinado critério a partir de uma grande população. Este fato levou Walczak a desenvolver um programa bastante evoluído. Este programa utiliza uma versão simplificada da técnica de algoritmos genéticos para selecionar subconjuntos de objetos por meio da minimização do RMSEP como um critério para se limpar os subconjuntos de objetos. O percentual de possíveis ouliers nos conjuntos de dados deve ser selecionado antecipadamente. O método permite a presença de 49% dos pontos de afastamento, ou seja, o conjunto de outliers, mas a seleção de um número alto coloca em risco a eliminação de certas fontes de variação a partir de um modelo e subconjunto puros. Um subconjunto puro deveria então conter ao menos 90%, senão 95%, dos objetos. Outros algoritmos baseados no uso de seleção de subconjuntos puros vêem sendo propostos por Hadi, Hawkins e por Atkinson e Mukira. Infelizmente nenhum destes métodos tem sido estudado de tal forma que eles possam ser recomendados para serem utilizados na prática.

Caso possíveis outliers sejam detectados, a decisão final deveria ser feita com base na comparação dos resultados da predição de um modelo de rede neural com ou sem amostras assinaladas em seu conjunto de treinamento. Se o modelo obtido após a remoção do outlier candidato possui claramente o menor RMSEP, ou um RMSEP similar, mas com uma complexidade menor, o outlier deverá ser removido. Se apenas poucos outliers candidatos permanecem após este passo, não mais que três, por exemplo, só se podem utilizar modelos de rede neural para os quais cada uma das combinações possíveis de dois ou três outliers foram removidos. Se um outlier, e certamente se mais do que uns poucos outliers são rejeitados, pode-se considerar que talvez exista alguma coisa fundamentalmente errada, e deve-se, então, rever todo o processo, incluindo as medidas, os processos e medição e as seleções iniciais das amostras.

16.5. PONTOS FORTES E FRACOS DAS REDES NEURAIS

O grande poder das redes neurais artificiais é sua habilidade de predizer de forma bastante acurada as saídas de problemas extremamente complexos. As redes neurais são uma das técnicas mais utilizadas em estimação de performance, ou em saídas numéricas contínuas, as quais são mais populares no mercado financeiro e industrial.

Sua capacidade de aprendizado, de forma supervisionada ou não supervisionada, ou seja, com ou sem uma variável objetivo, que pode ser utilizada no treinamento da rede, permite que as técnicas de rede neural possam ser utilizadas em um universo muito grande de problemas, com uma assertividade bastante grande. Sua capacidade de adaptação, bem como sua flexibilidade em problemas de monitoramento de comportamento, permitem que as redes neurais possam ser utilizadas em processos de detecção de fraude, classificação de clientes, predição de risco, dentre outros problemas de negócio.

Contudo, existem algumas críticas às redes neurais, em especial, com relação à sua capacidade de interpretação. Apesar de serem muito utilizadas em modelos de predição, elas não se constituem em modelos totalmente compreensíveis. Isto é mais verdadeiro principalmente nos primeiros modelos, quando as implementações de redes neurais eram consideradas como "caixas pretas". Porém, com as novas ferramentas disponíveis atualmente, com mais funcionalidades para a interpretação dos resultados, assim como, para o acompanhamento e configuração dos passos de construção de uma rede neural, esse ceticismo é altamente discutível.

Uma segunda crítica bastante comum conferida as redes neurais é a sua suscetibilidade ao supertreinamento. Se uma rede neural com alta capacidade para aprendizado é treinada utilizando um pequeno conjunto de dados de exemplo para suportar esta capacidade, a rede primeiramente dedica-se ao aprendizado das tendências gerais dos dados. Esta característica é desejável, mas, a partir daí, a rede começa a aprender continuamente sobre as características específicas dos dados de treinamento, e, isso sim, não é desejável. Uma rede deste tipo é dita como tendo memorizado o conjunto de dados de treinamento e, assim, perdido sua habilidade de generalização. A grande dicotomia da utilização das redes neurais artificiais é o ponto de equilíbrio entre sua capacidade de especificação e seu poder de generalização. Ela não pode ser específica demais para os dados de treinamento, a ponto de ficar "viciada" ao comportamento dos mesmos e perder assertividade em outros conjuntos de dados, nem tampouco genérica demais com relação aos exemplos utilizados durante o treinamento, a ponto de não predizer eficientemente as respostas a serem descobertas. Analogamente à crítica anterior, as ferramentas atuais possuem um conjunto de algoritmos próprios para evitar ao máximo o supertreinamento das redes neurais, por meio de monitoramento nos resultados obtidos com as amostras de treinamento e teste.

O supertreinamento, ou treinamento excessivo, pode ser medido periodicamente checando-se os resultados obtidos com as amostras de treinamento e teste. Os primeiros estágios nas sessões de treinamento produzem resultados com baixas medidas de erro em ambos os conjuntos de dados, tanto de treinamento quanto de teste. Este processo segue a menos que a capacidade da rede seja maior que a necessária, ou até que existam muito poucos conjuntos de dados no arquivo de treinamento. Se em algum ponto durante a fase de treinamento os dados de teste começarem a produzir resultados piores, ainda que os dados de treinamento continuem a melhorar os resultados, o supertreinamento é identificado e o processo deve ser interrompido.

Por fim, uma última crítica as redes neurais é com relação à velocidade de treinamento. As redes neurais requerem muitos passos para a sua construção. Isto significa que a criação de um modelo de rede neural acurado pode consumir um tempo extremamente elevado de desenvolvimento, treinamento, teste e validação. É justo mencionar, entretanto, que todos os modelos de regressão requerem um tempo de convergência, e, apesar de o algoritmo back-propagation poder ser realmente lento, o treinamento da rede pode ser dramaticamente acelerado por meio da utilização de métodos como o de gradientes conjugados, como o proposto por Groth, dentre outros.

16.6. MAPAS AUTO-AJUSTÁVEIS

Os mapas auto-ajustáveis tratam de modelos cuja ordem dos neurônios exerce um importante papel. Uma preocupação relevante é como os neurônios deveriam organizar suas conectividades com o objetivo de otimizar a distribuição espacial de suas respostas dentro das camadas. Neste caso, o propósito da otimização é converter a similaridade de sinais em proximidade dos neurônios excitados. Neurônios com tarefas similares podem então se comunicar por meio de conexões especiais com caminho mais curto. Esta propriedade é bastante importante nos casos de processamento paralelo massivo. Uma conseqüência adicional de uma otimização como esta é a formação de mapas topográficos para os sinais, ou dados, de entrada, nos quais os relacionamentos similares mais importantes entre os sinais de entrada são convertidos em relacionamentos espaciais entre as respostas dos neurônios. Esta conversão pode ser vista como um processo de abstração, suprimindo os detalhes triviais e mapeando as características e propriedades mais importantes junto com as dimensões do mapa.

Uma teoria importante sobre as possibilidades de mapeamento de características e propriedades dos sinais de entrada foi proposta por Kohonen e terminou por embasar o método dos mapas auto-ajustáveis. É a teoria dos vetores de quantização, descrita a seguir.

16.6.1 Vetores de Quantização

As redes de vetores de quantização são redes competitivas que podem ser vistas como estimadores de densidade não supervisionados, ou auto-associadores, quase que totalmente relacionados com a análise de cluster por k-means. Cada unidade competitiva corresponde a um cluster. O centro de cada um deles é chamado de semente do cluster. A lei de aprendizado de Kohonen é um algoritmo on-line que procura pela semente do cluster mais próxima para cada caso de treinamento e move esta semente "vencedora" para uma posição mais próxima do caso de treinamento. A semente é movida para uma porção da distância entre ela mesma e o caso de treinamento, e a proporção é especificada pela taxa de aprendizado.

A redução da taxa de aprendizado faz com que cada semente seja a média de todos os casos associados aos seus clusters, garantindo a convergência do algoritmo para um valor ótimo da função de erro. Isto significa dizer que a soma do quadrado das distâncias euclidianas entre os casos e as sementes faz com que o número de casos de treinamento tenda para o infinito. A lei de aprendizado de Kohonen com uma taxa fixa de aprendizado não converge. Pela teoria de aproximação estocástica, a convergência requer que a soma de seqüências infinitas de taxas de aprendizado seja infinita, enquanto que a soma do quadrado das taxas de aprendizado deve ser finita.

O vetor de quantização de Kohonen é normalmente utilizado para o treinamento off-line, onde os dados referentes aos casos de treinamento são armazenados. Neste caso, a lei de aprendizado de Kohonen pode ser aplicada para cada caso do conjunto de dados do ciclo de treinamento diversas vezes, configurando o treinamento incremental. A convergência para um ótimo local pode ser obtida quando o tempo de treinamento tende para o infinito caso a taxa de aprendizado seja reduzida de forma adequada.

A lei de aprendizado de Kohonen é uma aproximação do modelo de k-means, que é uma aproximação para a estimação de mistura normal pela máxima probabilidade, assumindo que a mistura de componentes, isto é, os clusters, possuam uma matriz de covariância esférica e igual à amostra de probabilidades.

16.6.2 Mapas auto-ajustáveis de Kohonen

Os mapas auto-ajustáveis são redes competitivas que fornecem um mapeamento topológico a partir do espaço de entrada para os clusters. Os mapas auto-ajustáveis são programados para agrupamento, visualização e abstração, e foram inspirados pela forma como as diversas impressões sensoriais humanas são mapeadas neurologicamente dentro do cérebro, como as associações entre os estímulos correspondentes com as relações espaciais e os neurônios. Nos mapas auto-ajustáveis, os neurônios, ou neste caso, os clusters, são organizados em uma rede, na maioria das vezes, de duas dimensões, mas também, de apenas uma dimensão. Existem ainda os casos, porém raros, de redes de três ou mais dimensões. Esta rede existe no espaço que é separado a partir do espaço de entrada, onde qualquer número de entradas pode ser usado, enquanto o número de entradas é maior que a dimensionalidade do espaço da própria rede. O método baseado nos mapas auto-ajustáveis tenta encontrar clusters de tal modo que quaisquer dois clusters que estejam próximos entre si no espaço da rede tenham sementes próximas umas das outras no espaço de entrada. Contudo, o contrário pode não ser verdade, ou seja, sementes que estejam perto entre si no espaço de entrada não correspondem necessariamente a clusters que estejam próximos entre si no espaço da rede.

O algoritmo de Kohonen para os mapas auto-ajustáveis é bastante similar ao algoritmo do próprio Kohonen para o vetor de quantização. A diferença primária entre os dois algoritmos é que os mapas auto-ajustáveis de Kohonen requerem uma função principal, a qual normalmente é uma função que não incrementa a distância entre as sementes no espaço da rede.

Os mapas auto-ajustáveis trabalham "amaciando" as sementes de maneira similar aos métodos de estimação principal. Contudo, este amaciamento é feito de preferência nas vizinhanças do espaço da rede, ao invés do espaço de entrada.

Nos mapas auto-ajustáveis de Kohonen, assim como nos vetores de quantização, é necessário se reduzir a taxa de aprendizado durante o treinamento da rede para se obter a convergência desejada. Contudo, uma vantagem do algoritmo em batch para a criação de mapas auto-ajustáveis é que neste caso não existe taxa de aprendizado. A grande vantagem dos mapas auto-ajustáveis de Kohonen sobre os mapas auto-ajustáveis em batch é que no modelo de Kohonen é menos provável ficar "travado" por causa de configurações erradas relacionadas com o ótimo local, por exemplo, para dados altamente não lineares. Contudo, para muitos conjuntos de dados realísticos, as curvas principais diferem muito pouco dos componentes principais. Como resultado, é possível evitar configurações erradas por meio da inicialização de sementes para pontos espaçados regularmente ao longo do primeiro componente principal ou no plano para os dois primeiros componentes principais. Ainda assim, é aconselhável utilizar um tamanho inicial grande para a vizinhança e diminuí-lo durante o treinamento. Para se conseguir uma boa disposição topológica, é recomendado que se defina o tamanho final da vizinhança maior do que um. A determinação de um bom tamanho para a vizinhança requer normalmente um método de tentativa e erro.

REFERÊNCIAS BIBLIOGRÁFICAS

ABBOTT, Dean W.; MATKOVSKY, I. Philip; ELDER IV, John F. An Evaluation of High-end Data Mining Tools for Fraud Detection. IEEE International Conference on Systems, Man, and Cybernetics, San Diego, CA, October, pp. 12-14, 1998.

ADELMAN, Sid; MOSS, Larissa Terpeluk. Data Warehouse Project Management. Addison Wesley, 2000.

ATKINSON, A.C.; MULIRA, H.M. The stalactite plot for the detection of outliers. Statistics and computing, v. 3, pp. 27-35, 1993.

BALAKRISHINAN, Karthik; HONAVAR, Vasant. Intelligent Diagnosis Systems. Jornal of Intelligent Systems, v. 8, n. 3/4, pp. 239-290, 1998.

BERSON, Alex; SMITH, Stephen J. Data Warehousing, Data Mining and OLAP. McGraw-Hill, 1997.

BOUKERCHE, Azzedine; NOTARE, Mirela; SECHI, M. Anoni. Behavior-Based Intrusion detection in Mobile Phone Systems. Journal of Parallel and Distributed Computing v. 62, pp. 1476-1490, 2002.

BRAUSE, R.; LANGSDORF, T.; HEPP, M. Credit Card Fraud Detection by Adaptive Neural Data Mining. Interner Bericht - Fachbereicht Informatik, Robert-Mayer-Strasse, pp. 11-15, 1999a.

BRAUSE, R., Langsdorf, T., Hepp, M. Neural Data Mining for Credit Card Fraud Detection. 11th IEEE International Conference on Tools with Artificial Intelligence, 1999b.

BURGE, P.; SHAWE-TAYLOR, J.; COOKE, C.; MOREAU, Y.; PRENEEL, B.; STOERMANN, C. Fraud Detection and Management in Mobile Telecommunications Networks. In Proceedings of the European Conference on Security and Detection ECOS 97, London, 1997.

BURGE, Peter; SHAWE-TAYLOR, John. An Unsupervised Neural Network Approach to Profiling the Behavior of Mobile Phone Users for Use in Fraud Detection. Journal of Parallel and Distributed Computing v. 61, pp. 915-925, 2001.

CALDERON, Thomas G.; CHEH, John J. A roadmap for future neural networks research in auditing and risk management. International Journal of Accounting Information Systems v. 3, pp. 203-236, 2002.

CENTNER, V.; MASSART, D.L.; DE NOORD, O.E.; DE JONG, S.; VANDEGINSTE, B.M.; STERNA, C. Elimination of Uninformative Variables for Multivariate Calibration. Analytics in Chemistry, v. 68, pp. 3851-3858, 1996.

CHEN, Jie; PATTON, R. J. Robust Model-Based Fault Diagnosys For Dinamic Systems. Kluwer Academics Publishers, 1999.

CHLAPOUTAKIS, George. The use of Neural Networks in Telephone and Credit-Card Fraud Detection. University of Sunderland, Department of Computer Science, 2002.

DATHE, M.; OTTO, M. IR-Spectroscopy - computer-program for the interpretation of infrared spectra. Fresenius Journal of Analytical Chemistry, v. 354, pp. 829-832, 1996.

DAVENPORT, Thomas H.; HARRIS, Jeanne G. Competing on Analytics – The New Science of Winning. Harvard Business Scholl Press, 2007.

DAVIS, Jim; MILLER, Gloria J.; RUSSEL, Allan. Information Revolution – Using the Information Evolution Model to Grow your Business. Wiley, 2006.

DERKS, E.P.P.A.; BUYDENS, L.M.C. Aspects of network training and validation on noisy data - Part 2. Validation aspects., Chemometrics and Intelligent Laboratory Systems, v. 41, n. 2, pp. 185-193, 1998.

DESPAGNE, F.; MASSART, D.L. Variable selection for neural networks in multivariate calibration. Chemometrics and Intelligent Laboratory Systems, v. 40, n. 2, pp. 145-163, 1998.

ESTIENNE, F.; PASTI, L.; WALCZAK, B.; DESPAGNE, F.; JOUAN-RIMBAUD, D.; MASSART, D.L.; DE NOORD, O.E. A comparison of multivariate calibration techniques applied to experimental NIR data sets. Part II: Predictive ability under extrapolation conditions. Internet Journal of Chemistry, v. 2, n. 19, 1999.

FAYYAD, U. E.; PIATETSKY-SHAPIRO, G.; SMYTH, P.; UTHURUSAMY, R. Advances in Knowledge Discovery and Data Mining. AAAI Press, 1996.
FLETCHER, R., Practical Methods of Optimisation. v.1: Unconstrained Optimisation. John Wiley & Sons, New-York, 1980.

GOLDBERG, David E. Genetic Algorithms in Search, Optimization and Machine Learning. Addison-Wesley, 1989.

GOMES, Elisabeth; BRAGA, Fabiane. Inteligência Competitiva – Como transformer informação em um negócio lucrativo. Editora Campus, 2004.

GROTH, Robert. Data Mining – Building Competitive Advantage. Prentice Hall PTR, 2000.

HADI, A.S.; SIMONOFF, J.S. Procedures for the identification of multiple outliers in linear models. Journal of American Statistical Association, v. 88, pp. 1264-1272, 1993.

HASTIE, Trevor; TIBSHIRANI, Robert; FRIEDMAN, Jerome. The Elements of Statistical Learning – Data Mining, Inference and Prediction, Springer, 2001.

HAWKINS, D.M.; BRADU, D.; KASS, G.V. Location of several outliers in multiple regression data using elemental sets. Technometrics, v. 26, pp. 197-208, 1984.

HAYKIN, Simon. Neural Networks – A Comprehensive Foundation. Macmillian College Publishing Company, 1994.

HOLLMÉN, Jaakko. User profiling and classification for fraud detection in mobile communications networks. Dissertation for the degree of Doctor of Science in Technology, University of Technology, Department of Computer Science and Engineering, Laboratory of Computer and Information Science, Helsinki, 2000.

HOPKINS, B. A new method for determining the type of distribution of plant individuals. Annuals of Botany, v. 18, pp.213-227, 1954.

HORNIK, K.; STINCHCOMBE, M.; WHITE, H. Multilayer Feedforward Networks are Universal Approximators. Neural Networks, v. 2, pp. 359-366, 1989.

HUSH, D.R.; HORNE, B.G. Progress in supervised neural networks: what's new since Lippmann. IEEE Signal Processing Magazine, v. 1, pp. 8-37, 1993.

ISERMANN, R. Supervision, Fault-Detection and Faul-Diagnosis Methods – An Introdution. Control Engeneering. Practice, v. 5, n. 5, pp 639-652, 1997.

JACOBS, R.A. Increased Rates of Convergence Through Learning Rate Adaptation. Neural Networks, v. 1, pp. 295-307, 1988.

KANJILAL, P.P.; BANERJEE, D.N. Generalized Multiprotocol Label Switching: An Overview of Routingand Management Enhancements. IEEE Communications Magazine, v. 39, n. 1, p.145-150, 2001.

KIMBALL, Ralph. Data Warehouse Toolkit. Makron Books, 1998.

KIMBALL, Ralph; REEVES, Laura; ROSS, Margy; THORNTHWAITE, Warren. The Data Warehouse Lifecycle Toolkit. Wiley, 1998.

KIMBALL, Ralph; MERZ, Richard. The Data Webhouse Toolkit – Building the Web-Enable Data Warehouse. Wiley, 2000.

KOHONEN, T. Self-Organization and Associative Memory. Springer-Verlag, Berlin, 3rd Edition, 1989.

KOLEN, J.F.; POLLACK, J.B. Advances in neural information processing systems. v.3, ed. Lippmann, R.P., Moody, J.E., and Touretzky, D.S., Morgan Kaufmann, San Mateo, CA, 1991.

KOLEN, J.F.; POLLACK, J.B. Advances in neural information processing systems, v.3. ed. Lippmann, R.P., Moody, J.E., and Touretzky, D.S., Morgan Kaufmann, San Mateo, CA, 1991.

LAWSON, R.G.; JURS. P.J. New index for clustering tendency and its application to chemical problems. Journal of Chemical Information and Computer Science, v. 30, n. 1, pp. 36-41, 1990.

LIPPMANN, R.P. An introduction to computing with neural nets. IEEE Computer Society, v. 3, pp. 4-22, 1987.

LOONEY, C.G. Pattern Recognition Using Neural Networks: Theory and Algorithms for Engineers and Scientists. Oxford University Press, New York, 1997.

LOZANO, J.; NOVIC, M.; RIUS, F.X.; ZUPAN, J. Modelling metabolic energy by neural networks. Chemometrics and Intelligent Laboratory Systems, v. 28, n. 1, pp. 61-72, 1995.

MASTERS, T. Practical Neural Network Recipes in C++. Academic Press, Boston, 1993.

MATTISON, Rob. Web Warehousing and Knowledge Management. McGraw-Hill, 1999.

MCCULLOCH W.S.; PITTS W. A Logical Calculus of the Ideas Immanent in Nervous Activity. Bull. Math. Biophys, v. 5, pp. 115-133, 1943.

MELOUN, M.; MILITKÝ, J.; FORINA, M. Chemometrics for analytical chemistry. v.1: PC-aided statistical data analysis, Ellis Horwood, Chichester, Inglaterra, 1992.

MILLER, Gloria J.; BRÄUTIGAM, Dagmar; GERLACH, Stefanie V. Business Intelligence Competence Centers – A Team Approach to Maximizing Competitive Advantage. Wiley, 2006.

MINAI, A.A.; Williams, R.D. International Joint Conference on Neural Networks. v.3, 1990.

MITCHELL, Melanie. An Introduction to Genetic Algorithms. Bradford Book - MIT Press, Cambridge Massachusetts, 1998.

MOELLER, R. A. Distributed Data Warehousing using Web Technology. AMACOM, 2000.

MYNSKY, M. L.; PAPERT, S. Perceptrons: An intruduction to.Computational Geometry. MIT Press, Cambridge Massachusetts, 1969.

NAES, T.; KOWALSKI, B.R. Multivaiate calibration. John Wiley & Sons, New York, 1989.

OLLA, Phillip; PATEL, Nandish V. A value chain model for mobile data service providers. Telecommunications Policy, v. 26, n. 9-10, pp. 551-571, 2002.

PINHEIRO, Carlos A. R.; EBECKEN, Nelson F.F.; EVSUKOFF, Alexandre G. Identifying Insolvency Profile in a Telephony Operator Database. Data Mining 2003, pp. 351-366, Rio de Janeiro, Brasil, 2003.

PINHEIRO, Carlos A. R. Revenue Recovering with Insolvency Prevention on a Brazilian Telecom Operator. SIGKDD Explorations special issue on Successful Real-World DataMining Applications, Estados Unidos, 2006.

PINHEIRO, Carlos A. R. Neural Network to identify and prevent bad debt in Telephone Companies. Proceedings of the First International Workshop on Data Mining Case Studies, IEEE International Conference on Data Mining, pp 125-139, Louisiana, Estados Unidos, 2005.

PINHEIRO, Carlos A. R. Web Warehousing – Extração e Gerenciamento de dados na Internet. Axcel Books, 2003.

RICH, Elaine; KNIGHT, Kevin. Inteligência Artificial. Makron Books, 1994.

RITTER, Helge; MARTINETZ, Thomas; SCHULTEN, Klaus. Neural Computation and Self-Organizing Maps. Addison-Wesley New York, 1992.

ROSENBLATT, F. The Perceptron: A Probabilistic Model for Information Storage and Organization. in the Brain. Psych. Rev., v. 65, pp. 386-408, 1958.

RUD, Olivia Parr. Data Mining Cookbook. John Wiley & Sons, 2001.

RUMELHART, D.E.; MCCLELLAND, J.L. Parallel Distributed Processing. v.1, MIT Press, Cambridge, MA, 1986.

RUSSELL, Stuart; NORVIG, Peter. Artificial Intelligence – A Modern Approach. Prentice Hall PTR, 1995.

SHAWE-TAYLOR, John; HOWKER, Keith; BURGE, Peter. Detection of Fraud in Mobile Telecommunications. Information Security Technical Report, v. 4, n. 1, pp. 16-28, 1999.

SMITS, J.R.M.; MELSSEN, W.J.; BUYDENS, L.M.C.; KATEMAN, G. Chemometrics. Intelligent Laboratory of Systems, v. 22, n. 165, 1994.

SONTAG, E.D. Advances in Neural Information Processing Systems. v.3, ed. Lippmann, R.P., Moody, J.E., and Touretzky, D.S., Morgan Kaufmann, San Mateo, CA, 1991.

SVOZIL, D.; KVASNICKA, V.; POSPÍCHAL, J. Introduction to multi-layer feed-forward neural networks. Chemometrics and Intelligent Laboratory Systems, v. 39, n. 1, pp. 43-62, 1997.

TETKO, I.V.; LIVINGSTONE, D.J.; LUIK, A.I. Neural Network Studies. 1. Comparison of Overfitting and Overtraining. Journal of Chemical Information and Computer Science, v. 35, pp. 826-833, 1995.

WALCZAK, B. Outlier detection in multivariate calibration. Chemometrics and Intelligent Laboratory Systems, v. 28, n. 2, pp. 259-272, 1995.

WEISS, Sholom M.; INDURKHYA, Nitin. Predictive Data Mining – A pratical guide. Morgan Kaufmann Publishers, 1998.

A Segurança da Informação nas Empresas

Autor: *George Dawel*
135 páginas
ISBN: 85-7393-364-X

Talvez seja por procurar uma resposta a essas e outras perguntas que você esteja buscando um livro como este! Se você ainda não encontrou uma resposta convincente, que lhe confirme a importância da segurança das informações, este livro é escrito para você, não importa se sua posição é a um executivo, se está ocupando uma função técnica ou se é apenas um usuário de computadores. Na verdade, este livro vai além de simples respostas, provocando reflexões sobre o assunto.

É possível que você esteja convencido(a) de que precisa proteger suas informações e que tenha até encontrado uma resposta como "a segurança é necessária para que ninguém a utilize de forma indevida, sem meu consentimento, causando-me algum prejuízo". Muito bom!

Indo além, pergunte-se: vale a pena investir em projetos de segurança? Como saber se o investimento compensa para a empresa? Você vai pedir o cálculo do retorno sobre o investimento? Uma análise de custo-benefício? Ou seria melhor calcular a taxa interna de retorno? Francamente, você confiaria nessas análises? Será esta uma questão meramente técnica? Como a segurança da informação pode causar impacto nos negócios da sua organização?

À venda nas melhores livrarias.

EDITORA CIÊNCIA MODERNA

Impressão e Acabamento
Gráfica da Editora Ciência Moderna Ltda.
Tel. (21) 2201-6662